HANS NATONEK

Letzter Tag in Europa

Gesammelte Publizistik
1933–1963

Herausgegeben von
Steffi Böttger

Lehmstedt

www.lehmstedt.de

Gestaltung und Umschlag: Mathias Bertram, Berlin
Herstellung: CPI Moravia Books

ISBN 978-3-942473-69-9

PRAG
1933–1938

DAS LETZTE BLATT

Die Straßen des frühen Morgens waren noch still und traumversponnen. Die Nacht des 5. März, die »Siegesnacht« der Wahlschlacht von 1933,[1] hatte die Stadt in einer lethargischen Erschöpfung zurückgelassen. Es war ein banger Schlaf, dem Ungewissen entgegen. Von den Weinhängen draußen kam der herbe Duft aufbrechender Erde. Nach einem kurzen Schlummer auf dem Redaktionssofa empfand Ferdinand Keßler, ehe die Tagesarbeit begann, das Bedürfnis, frische Luft zu schöpfen, um nach dem irrsinnigen Zahlenwirbel dieser Nacht zur Besinnung zu kommen.

Sind wir besiegt? überlegte er im Ausschreiten, und wären wir es, was hätten wir zu tun? Auf keinen Fall Unterwerfung, auf keinen Fall die Rotationsmaschine in entgegengesetzter Richtung laufen lassen.

Keßler hatte bisher, trotz Reichstagsbrand[2] und der ihm folgenden Panik, die Zeitung unverändert gehalten: Sie blieb linksbürgerlich, ungebeugt, mutig, sauber, ein Sammelbecken aller antifaschistischen Elemente; keine kapitalstarke Zeitung von »Weltblattansehen«, nur das wache Gewissen einer mittleren, süddeutschen Stadt, deren Bevölkerung zum großen Teil moralisch hinter Keßler stand.

Das nächste, überlegte Keßler, was zu tun ist: die Redaktionskonferenz verpflichten, lieber anständig unterzugehen, als schmählich zu kapitulieren. Keßler kannte seine Mannschaft. Es waren Leute von »links bis rechts«. Sozialisten, Demokraten, Konservative, sehr verschieden in ihren Überzeugungen, aber geeint in ihrem Haß gegen den Nazismus und in ihrer Liebe zur Freiheit. Sie alle wußten, daß man auf sein Lieblingsdogma verzichten muß, wenn man den gemeinsamen Feind schlagen will. Hier war, vielleicht auch gefordert durch die Berufsleidenschaft, eine Front zustande gekommen, an der es sonst fehlte. »Wir tun hier an dieser Stelle unsere Pflicht«, pflegte er in den letzten erregenden Wochen zu sagen, »so, als ob es gerade auf uns ankäme und als ob wir berufen wären, ganz Deutschland das Beispiel zu geben.«

Es war eine übernächtigte, bleiche Redaktionskonferenz. Alle Mann hatten bis drei Uhr morgens am Rundfunk und an den Telephonen gearbeitet. Keßlers Gesicht war eingefallen, aber straff, jede Furche vor Entschlossenheit gespannt. An den Häusern gingen zögernd da und dort Hakenkreuzfahnen hoch, ängstlich und matt, wie die weiße Flagge der Kapitulation.

»Die Stadt hat sich prachtvoll gehalten«, sagte Keßler.

Es war nicht zuletzt das Verdienst ihres unermüdlichen Gewissens, der tapferen »Tribüne«.

»Trotz Terror, Verboten und Verfassungsbruch haben die Nazis hier keine 30 Prozent erreicht.«

»Es ist doch alles umsonst«, sagte Otto Meißner, der stellvertretende Chefredakteur, »wir sind auf einer umbrandeten Insel; sie ist nicht zu halten. Wir sind nur noch eine Fiktion, sinnlos.« Er nahm die Brillengläser ab und wischte sich die Augen, um seinen Kameraden nicht ins Gesicht zu schauen.

So sehen heute Millionen Deutsche aus, dachte Keßler, geschlagen, ohne geschlagen zu sein. Sie verbreiten die Niederlage wie die andern den Sieg, und die Entscheidung ist doch noch gar nicht gefallen. »Ich möchte auch lieber die Feder hinhauen und mit dem Gewehr in der Hand kämpfen, wäre nur irgendwo ein offener Widerstand zu spüren.«

»Quark in den Knochen statt Mark«, brummte Josef Klier; man konnte es auf Meißner beziehen oder auf all die übrigen, vom Sozialismus bis zur Reichswehr, die stark genug gewesen wären, den Nationalsozialismus zu erledigen. Klier war der Jüngste, ein strohblonder Bayer, Anhänger des Kronprinzen Ruprecht;[3] hinter seiner schwerfälligen Gelassenheit verschanzt, war er jeder Hingabe fähig.

»Was haben wir zu tun, Kameraden?« Eine große Ruhe ging von Keßler aus. »Die Überlegung ist einfach. Jeder auf seinem Platz. Ich weiß, keiner von uns ist gewillt, sich gleichschalten zu lassen. Das ist unsere Kraft. Das schreckliche Unglück ist, daß die Parole ›Rette sich wer kann!‹ viel zu früh ausgegeben wurde, noch ehe das Schicksal des Schiffes besiegelt war. Es war niemand da, der den Befehl gab: ›Alle Mann an Bord!‹, sondern man flüsterte nur: ›Sauve qui peut‹ – und mache sich davon. Es fehlte uns im innerpolitischen Kampf die Schützengraben- und Sportdisziplin, die Standhaftigkeit bis zum letzten Augenblick, die Entschlossenheit zum Nahkampf.« Seine Augenbrauen über den blitzenden Augen zogen sich zusammen. »Ob jetzt der Augenblick gekommen ist, euch zu sagen: Rette sich, wer kann?«

»Wir bleiben bei dir, solange es geht«, sagte Josef Klier. »Es ist nämlich so«, rollte er in seinem harten, schwerfälligen Fränkisch, »daß irgendwo in dieser großen Sauerei einmal etwas Ordentliches geschieht, sonst war die ganze Schreiberei ein Dreck.«

Alle stimmten ihm zu; nur Meißner fistelte: »Wir allein werden es nicht ändern und aufhalten.« Sein kurzsichtiger Blick kroch irgendwo in den Winkel, als ob er etwas sehe.

»Mit dieser Latrinenparole haben sie Deutschland in die Scheißgasse und die Nazis zur Macht gebracht.« Wenn Klier wütend war, bemühte er sich, manierlich hochdeutsch zu sprechen.

»In diesem Betrieb finden immerhin hundertzwanzig Menschen ihr Brot.« Meißners Stimme war bleifarben wie sein Gesicht.

»Wir sind um einer Idee willen da!« sagte Keßler, der als Sohn des Verlegers Mitbesitzer war. »Ohne diese Idee sind wir nichts; es gibt kein übleres Gesindel als jenes, das jeden Selbstverrat begeht, nur um am Suppentopf zu sitzen und schmatzen zu können. Dann wird der Suppentopf zum Selbstzweck, schlimmer noch: Man unterschiebt dem schäbigen Selbsterhaltungstrieb am Ende gar eine Idee. Wir können aufhören, aber wir können uns und unsere Leser, die an uns glauben, nicht preisgeben!«

Er lügt, dachte Meißner, er spielt Vabanque, weil die Partie verloren ist. Er wird mit seinem »Frontgeist« die Zeitung und uns alle ruinieren.

»Wir sind in diesem Augenblick Soldaten in einer belagerten Festung«, sagte Keßler, »solange ich hier stehe, wird sie nicht ausgeliefert.« Seine übermüdeten Augen waren ganz hell und brennend von einer unterirdischen Verzweiflung. »Wer glaubt, daß er auf einem verlorenen Posten steht und daß eine solche Position nutzlos ist, der ziehe ab und bringe sich in Sicherheit.«

Er musterte die Kollegen. Keiner rührte sich. Sein Blick blieb auf dem Gesicht Georg Löwitts haften. »Du bist am stärksten gefährdet, du bist als einziger – wie sagt man das nur – ›rassisch belastet‹. – Flieh!«

Löwitts Fluchtgesicht, ein weichendes Panikgesicht, das gegen die wachsenden Schatten einer tödlichen Trauer vergeblich ankämpfte, wehrte heftig ab.

»Also dann an die Arbeit«, schloß Keßler die Konferenz.

Die Zeitung erschien in unveränderter Haltung, ruhig, fest: den Eingeschüchterten, die sich daran aufrichteten, eine wahre Herzensstärkung. Bis auf ein paar Drohbriefe und eingeschlagene Fenster geschah nichts. Der Sieg war damals noch nicht so komplett, und in der Siegesbesoffenheit der ersten Tage ließ man den Außenseiter ungeschoren.

Am 8. März durchlief das alte Zeitungsgebäude das Gerücht, die andere bürgerliche Zeitung, ein mittel- bis rechtsparteiliches Blatt, sei von den Nazis besetzt. »Jetzt kommen sie!« gellte Meißner. »Ich habe es ja immer gesagt, individueller Widerstand ist nutzlos.«

Bald darauf drückte er sich ungesehen aus dem Haus. Wenn diese hoffnungslosen Selbstmörder sich selber in die Luft sprengen, dachte er, so will ich meinen Kopf retten, und sonst will ich nichts; das ist meine persönliche Aktion. Und er ging ins braune Parteibüro, um sein Alibi und seinen Protest gegen die Haltung der Zeitung zu Protokoll zu geben und sich als neuer Chefredakteur des Blattes zur Verfügung zu stellen.

Mit der Besetzung des anderen Blattes aber verhielt es sich so: Ein kleiner unbewaffneter SA-Mann hatte eine »parteioffizielle« Meldung abzugeben. Als er im Vorzimmer sichtbar wurde, lief eine hysterische Stenotypistin mit dem Schrei »Sie kommen! Wir werden besetzt!« durch den Korridor und alarmierte das Zeitungsgebäude. Der Direktor in seiner Kopflosigkeit rief den Pförtner an, den Eingang mit dem neuen hydraulischen Stahltor zu verschließen. Der Chefredakteur ließ »seine Herren« antreten und sagte beinah feierlich: »Meine Herren, es ist soweit.« Er rief die Parteileitung an und teilte ihr mit, daß die Zeitung voll und ganz in aller Ordnung der NSDAP übergeben werde und daß die Herren ihre absolute Loyalität versichern. Man möchte von jeder betriebsstörenden Besetzung absehen.

Die Lokalinstanz war über dieses plötzliche Angebot verdutzt, um so mehr, als auch das andere, widerspenstige Blatt sich durch den stellvertretenden Chefredakteur Meißner auslieferte. Nicht weniger überrascht, zunächst peinlich, war auch der kleine ängstliche SA-Mann, als er das schwere Stahltor aus der Versenkung emporsteigen sah und sich gefangen glaubte. Am Korridor jedoch erwartete ihn in strammer Aufstellung mit erhobenem Arm und gewölbtem Bauch der gesamte Redaktionsstab, um ihm, der zu dieser Aufgabe nicht bestellt war, gewissermaßen die Schlüssel der Schriftleitung zu übergeben. Er entledigte sich seines kleinen Auftrages, der parteioffiziellen Mitteilung, und nahm die Zeitung dankend in Besitz.

Ganz anders wirkte der Ruf »Sie kommen!« auf die Entschlossenen. Keßler hatte den gesamten Betrieb zusammenrufen lassen. Das war eine Mannschaft, die wußte, worum es ging. Die Zeitung, die sie druckten, war ihre Zeitung, und das Wort, das sie setzten, verpflichtete sie, als hätten sie es selber geschrieben. Mit Hämmern und mit großen Schraubenschlüsseln kamen sie, entschlossen, ihr Werk zu verteidigen.

»Kameraden«, sagte Keßler, »wir sind allein, und es ist eine große Feigheit im Lande. Sie werden euch über den Haufen schießen, und wir haben leider keine Waffen. Aber – sie sollen unsere Maschinen nicht haben. Nicht einmal unser Apparat ist gleichschaltbar.«

Die Leute verstanden. Der riesige Stereotypeur Irrgang schwang eine Hacke in der hocherhobenen Hand, als wolle er das ganze Gebäude in Trümmer schlagen. Eine Gruppe junger Sozialisten, die schon seit einigen Tagen die Leitung bewachten, wurde in den Höfen und rings um das Haus als Vorposten aufgestellt. Das schwere Gittertor wurde geschlossen. Es war ein alter, verschachtelter Fuchsbau, ein ehemaliges Kloster aus dem 17. Jahrhundert, mit vielen Höfen und versteckten Ausgängen. Der Elektriker legte vom Starkstrom des Maschinenraums eine Leitung zum Haupttor, um sein Gitterwerk elektrisch zu laden. Das Gas unter den Bleikesseln der Linotype erlosch. Die Manuskripte für die Morgennummer waren schon an die Setzer verteilt.

»Das ist unsere letzte Ausgabe», sagte Keßler, »die können sie noch lesen.«

Dann brach ein fröhliches Gehämmer los. Die fleißigen Hebearme der Setzmaschinen zerbrachen. Die Matrizen verschwanden, die Bleilettern der Setzerkästen schmolzen im Feuer der Stereotypie. »Sie sollen unser Alphabet nicht mißbrauchen!« sagte Löwitt und warf einen Setzkasten um. Die Walzen der beiden Rotationsmaschinen, ihre Zahnräder, Kugellager und Antriebe wurden unbrauchbar gemacht. Die Männer arbeiteten stumm und verbissen, wie im Hochbetrieb eines Akkords, ein Stöhnen zwischen den Lippen. Im Papierlager wälzte man die weißen Papierrollen in den Farbenstrom der umgekippten Fässer. Es war wie ein Rausch und wie eine Befreiung, ein gründlicher Abbruch, und immer rascher ging der Atem der Leute. Während sie den Maschinen die Eingeweide aus dem Leibe rissen, schrien sie: »Es lebe die Freiheit!« Und: »Das ist für den Reichstagsbrand!« – »Und das ist für den Mord an Hennig!« (Der Verleger des sozialistischen Blattes, Eugen Hennig, war gestern bei einem Überfall auf die Zeitung niedergeknallt worden). »Auf daß wir wiederkommen und aufbauen!« schrie Keßler im Getöse, und sein Gesicht war weiß, und seine Augen weinten auf eine trockene Art. »Es lebe Ruprecht!« schrie Josef Klier. »Es lebe ein freies Deutschland!« schrien alle.

Seltsam war der Anteil der Zerstörung, den Löwitt zu leisten versuchte; es war seinen Händen nicht gegeben, er ahmte nur nach, mit seinem schmerzlich angespannten Gesicht, was die Fäuste der andern gründlich verrichteten, als hätten sie es mit dem Feind persönlich zu tun. Ihm war, als ob er das alles nur träume oder viele Jahre später dichte, damit die schmähliche Tatenlosigkeit der Kapitulation wenigstens eine Ausnahme habe ... Aber nein, es war Wirklichkeit, und mit einer tiefen Lust empfand er die Zerstörung.

»Zu ethischen Überlegungen ist jetzt nicht mehr die Zeit«, sagte Keßler im Vorübergehen zu Löwitt. »Wir sind die letzten, unser Beispiel kommt zu spät. Hätten sie überall den äußersten Widerstand der Zerstörung gefunden, es bliebe Deutschland viel Schlimmes erspart. Man muß, wenn es nicht anders geht, zerstören können, wie die Russen einst ihr Land von Smolensk bis Moskau verwüsteten, um es vor dem Eindringling[4] zu retten.«

Die Posten meldeten, daß die Nazis im Anmarsch seien. »Und jetzt auseinander!« kommandierte Keßler. »Rette sich, wer kann!« Der Abschied war kurz. »Wir werden eines Tages wieder hier arbeiten! Und mit gutem Gewissen. Wir haben wie brave Soldaten die Festung gesprengt, ehe wir sie verlieren. Der Kampf geht weiter, draußen und hier. Lebt wohl!«

Vor dem Haupttor erhob sich Geschrei und großer Tumult. Dann wurde es still. Die Zeitungsräuber hatten sich etwas zurückgezogen und berieten. »Ich glaube«, sagte Keßler, »jemand hat sich die Pfoten verbrannt.«

Mit Klier verließ er als letzter durch einen der verborgenen Ausgänge das völlig umgepflügte Arbeitsfeld.

Um das leere Zeitungshaus zu erobern, mußten die Nazis die Feuerwehr rufen, die die elektrischen Drähte beseitigte und den Brand löschte, der durch Kurzschluß entstanden war.

zwischen 1933 und 1940

UNSERE ALTEN LEHRER

Manchmal gedenkt man auch der alten Lehrer. Irgendwo müssen wir doch die Menschen, die uns etwas bedeuteten, verwahren, ehe sie für immer entschwinden. Wozu denn hat der Mensch Gedächtnis und Erinnerung?

Kürzlich schrieb mir ein Studienrat, daß in den Schulgeschichten, nicht nur in den meinen, die Lehrer ziemlich schlecht wegkämen. Es wimmle nur so von Tyrannen, Quälgeistern, Ungerechten und Verständnislosen. Das sei ein bißchen schmerzlich. Man wolle doch das Beste.

Als ich diese Zeilen las, sah ich die Gesichter vieler alter gütiger Lehrer auftauchen und hielt eine stille Gedächtnisstunde ab.

Da war der Geschichtsprofessor Franzik,[5] ein alter Herr und Hagestolz mit langen, stelzenden Beinen in engen schwarzen Hosenröhren. (Damals war die Altersgrenze bis an die Siebzig hinaufgerückt.) Sein Vortrag lief behaglich leiernd und einschläfernd ab, knarrend und dennoch melodiös wie eine abgenutzte Spieldose. Während er sprach, strich er seinen kleinen weißen Schnurrbart; es war, wie wenn man einen alten weißen Kater streichle, er schnurrte.

Zwischen Lehrer und Schüler entwickelt sich häufig unbewußt ein stillschweigendes Abkommen – wenigstens war das damals so.

Unser Abkommen lautete: Stört ihr mich nicht, dann störe ich auch nicht. Er war ein korrekter Pensumsmechanismus, vollkommen sachlich, aber streng. Unbeteiligt und altersstarr blickten seine kleinen Brillengläser im Nickelrand geradeaus, ohne Ansehen der Person.

Wir nahmen gerade die Geschichte des alten Griechenland durch, als er mich auf das Podium rief. Durch die verschiedenen gelblichen Vorhänge strömte die pralle Junisonne wie flüssiger Bernstein. »Also sag mir mal«, schnurrte er leiernd und strich sein weißes Schnurrbärtchen, »was verstehen wir unter Hegemonie?«

Still ... Man hörte die Fliegen summen. Was verstehen wir ... wir ...wir, damit bin also auch ich gemeint. Wie hieß jenes nie gehörte Wort? Auf dem Katheder liegt das schwarze Taschenbuch des Professors und wartet auf die Zensur. Es geht auf Semesterschluß. Wenn ich jetzt eine 5 ... Um mich dreht sich das Klassenzimmer. Die Finger arbeiten krampfhaft und nervös. Wenn jetzt der Schuldiener Hitzeferien läuten würde ... Aber solch ein rettendes Eingreifen gibt es nur in den Lesebüchern. Wir hätten das Thermometer stärker anpusten sollen; Professor Franzik wiederholt seine Frage; sie kommt aus der Ferne und verhallt. Er hat aufgehört, sein Schnurrbärtchen zu streichen. Gleich wird er mich in die Bank zurückschicken und ein Ungenügend ins schwarze Taschenbuch schreiben.

Da wendet er langsam seinen grünlichen, unbeteiligt-altersstarren Blick auf mich. Das Auge hebt sich gleichsam über die enge Sachlichkeit des Brillengestells hinweg. Er sieht das Bürschlein vor sich in voller Panik. Er sieht das Menschlein in seiner bleichen Angst. »Also, Hans Egge,[6] das werden wir gleich haben, das ist doch gar nicht so schwer. Athen war die mächtigste Stadtrepublik in Griechenland. Politisch und kulturell führend, hat Athen sich gegen die Kriegszüge der Perser siegreich behauptet. Seine Vormachtstellung in Griechenland war also gesichert. Und diese Vormachtstellung nennt man – nun, Hans Egge?«

»Hegemonie«, sagte ich mit ausgetrockneter Kehle.

»Na, siehst du«, nuschelte er und strich befriedigt sein Schnurrbärtchen.

Und eben jetzt läutete der Schuldiener die Hitzeferien ein, in drei heftigen, triumphalen Intervallen, nicht etwa mit einer elektrischen Klingel, nein, mit einer richtigen metallenen Glocke, und es klingt mir heute in den Ohren, als würden die Dome ihren Segen auf den alten Professor herunterläuten.

Das war vielleicht der größte pädagogische Erfolg des Professor Franzik. Eine kleine Abweichung des sachlich-unbeteiligten Blicks, und er sah ein Gesicht; und ein Gefühl, vielleicht ein väterliches, ward in dem alten Junggesellen gerührt.

Nun werde ich nie wieder vergessen, was Hegemonie ist. Und ich brauche nur an jene Geschichte zu denken, und ich weiß, daß die Güte, vor allem, die Hegemonie im Leben hat und unverlierbar ist.

Ende Juli 1933

DER KLEINE HERR DR. WINTERFRIED

Von acht bis neun war die Klasse mucksmäuschenstill. Von neun bis zehn war sie außer Rand und Band und tanzte dem Professor auf dem Katheder herum. Das kam, weil von acht bis neun Professor Pohle Unterricht erteilte, von neun bis zehn aber der kleine Herr Winterfried.

Es war einfach unnachahmlich, wie Professor Pohle in die Klasse trat; wie er sich mit einem großen Schritt aufs hohe Podium schwang, wie er die Bankreihen musterte und abschließend von oben herab sagte: »Platz nehmen! Man reiche mir eine Feder!« und das Klassenbuch aufschlug. Man hat es oder hat es nicht, dieses Eintreten, diese Beherrschung der Menschen auf den ersten Blick. So tritt ein geborener Dresseur in den Raubtierzwinger, wie Professor Pohle in das Klassenzimmer trat. Eine unsichtbare Peitsche schien unhörbar zu knallen. Er hatte einen schwarzen, nach unten gedrehten Schnurrbart, dessen Spitzen aber unvermutet nach oben stießen. Er trug das dunkel glänzende Haar in der Mitte gescheitelt. Seine kleinen braunen Augen kreisten hell und munter im Schulraum; ihnen entging nichts, und wenn sie sich verschleierten, war der unvermutet zustoßende Blick um so gefährlicher.

Wir anerkannten respektvoll seine Kraft; wir haßten sie nicht, auch wenn sie uns hart anpackte. Gewiß, viele von uns erzog sie zu Duckmäusern und Kriechern mit verkrümmtem Rückgrat; die Starken aber wurden an seiner Kraft nur noch stärker.

Um neun Uhr kam der kleine Doktor Winterfried. Er hatte einen tiefen, weichen Blick hinter großen, runden Brillengläsern. Sein ovales Gesicht von durchschimmernder Weiße endete unmotiviert in ein rötlich-blondes Spitzbärtchen, und der Kopf in makelloser Kahlheit lief gleichfalls ein wenig spitz zu – oft benutztes Modell für Karikaturen auf der Schultafel. Als Winterfried eintrat, sagte er ein freundlich-gedehntes: »Guten Morgen!« Aus einer Ecke rief ein Lümmel im gleichen Tonfall: »Prost Mahlzeit!« Das war die erste Begegnung – und da hatte Professor Winterfried auch schon verspielt. Sein Klassenmartyrium war besiegelt.

Jungens sind zitternde Instinktwesen, kleine grausame Tiere, jenseits von Gut und Böse. Mit den harten, unbekümmerten Augen der Jugend sahen wir in der Ausstrahlung der Güte nur Lächerlichkeit und Schwäche, die leicht auszubeuten waren. Am wildesten trieben es die Duckmäuser, die unter Pohles Peitsche krumme Rücken machten. Den gutgearteten Elementen, selbst wenn sie sich aus falsch verstandenem Klassengefühl an den Quälereien und dem Schabernack beteiligten, war dabei nicht wohl zu Mute.

Eines Tages, als Professor Winterfried wieder einmal vergeblich den dreisten Lärm der zügellosen Klasse zu beschwören versuchte, öffnete sich mit jenem energischen Ruck, den wir kannten, die Tür. Wie gebannt stand die Klasse aufrecht in der plötzlichen Stille. Sicherlich hatte Professor Pohle schon eine ganze Weile draußen gelauscht. »Platz nehmen!« sagte der Zauberer, als wäre es seine Unterrichtsstunde. »Man reiche mir eine Feder.« Und nun schrieb er jedem Dritten wahllos einen vernichtenden Sittenvermerk ins Klassenbuch. Es war eine Massenexekution. »Aber es sind doch vielleicht auch Unschuldige …«, stammelte Doktor Winterfried. Pohle achtete gar nicht darauf, blätterte, schrieb, jeder Dritte kam dran, wie's traf. Freistellen und Stipendien fielen, Versetzungen waren bedroht. Die Klasse folgte mit Entsetzen dieser gedehnten, qualvollen Prozedur. Jeder dritte. Pohle nannte, während er bedächtig schrieb, immer die Namen: »Erwin Feldhammer«. Er nahm einer Witwe ihr Kind. Wenn sie den Schulzettel bekam, bedeutete das Kummer und Angst. Jeder zählte am Namensalphabet aus, ob *er* an die Reihe käme. Es war einer jener beklemmenden Augenblicke, in denen die offene Rebellion an einem Faden hängt. Aber der Faden riß nicht.

Die Auflehnung hätte auch von Doktor Winterfried ausgehen können. Er durfte diese Amtshandlung, die in seine Lehrstunde eingriff, nicht dulden. Pohle war nicht sein Vorgesetzter.

Aber anstatt sich diese »kollegiale« Hilfe energisch zu verbieten, litt er um seine Schüler, die ihn in diese Situation gebracht hatten. Jetzt war erst recht alles Ansehen verloren. Der Rechtsraum, der Amtsbezirk; das einzige, was der Mensch in seinem Beruf besitzt, war zerstört.

»So.« Pohle legte die Feder hin und erhob sich. Wie aus Holz, aufgerichtet, stand die Klasse. »So muß man es machen, Herr Kollege. Ich empfehle mich.« Wir waren damals noch zu jung, um zu spüren, wieviel Geringschätzung in seinen Worten lag.

Für den Rest der Stunde geschah kein Unfug mehr.

Seit diesem Tag gab es viele, die Pohle haßten, und einige wenige, die Winterfried liebten. Doch es änderte sich nichts an dem Verhältnis zwischen den Schülern und den beiden Lehrern. Immer noch herrschte musterhafte Ordnung unter Pohles Zucht, in Winterfrieds Deutschstunden aber Auflösung und – seit Pohles Eingreifen – gedämpfter Unfug.

Der eines Tages unternommene Versuch, Kraft und Strenge nachzuholen, aufzutrumpfen und zu imponieren, wobei der Dr. Winterfried den Professor Pohle nachzuahmen sich mühte, scheiterte kläglich. Mit seinen kurzen Beinchen versuchte er in einem weiten Satz das hohe Podium zu nehmen, um groß und gebietend auszusehen wie Pohle: »Platz nehmen«; und wäre beinahe gestürzt. Er schlug das Klassenbuch dröhnend auf das Pult – wir lachten nur. Er spielte uns eine Parodie des energiegeladenen Professors Pohle vor. Zurufe von allen Seiten: »Caesar ante portas – Winterfriedchen möchte gern.« Der Primus Süßmilch in der ersten Bank sprang auf, drehte sich zur Klasse und schrie: »Feige Lümmels, vierzig gegen einen!« Er bekam seine Dresche. Die Situation war für Winterfried noch schlimmer geworden. Wenn schon Süßmilch dem Professor beispringen mußte ...

Das rötlich-blonde Spitzbärtchen zitterte; Winterfried kam

vom Podium herunter, als verzichtete er auf seine Erhöhung, und klein und schmächtig stand er nun zwischen uns Sechzehnjährigen. Und auf- und abgehend im Mittelgang zwischen den Bankreihen, als liefe er Spießruten, die Augen wie nasser Samt, bleichen Angesichts, daß die Zornadern bläulich marmorierten, sagte er leise und gefaßt: »Ihr wollt freie Jungens sein? Sklavenseelen! Nur mit der Peitsche kann man euch entgegentreten wie ein Dompteur den wilden Tieren. Hussah, Platz nehmen – aufstehen, ich werde mir die Bürschlein vornehmen – eintragen – fünfern[7] – das ist die Behandlung, die euch ziemt!« Ein Haß gegen Pohle brach durch, schwand aber gleich wieder und verwandelte sich in Klage und Trauer. »Ist denn die Güte hilflos euren Fußtritten preisgegeben? Ihr wollt die Faust spüren, alle, ob im Beruf oder daheim – wenn man nun aber ohne Fäuste auf die Welt gekommen ist? Es lohnt nicht, in einer Welt zu leben, in der nur der Stärkere Recht hat.« – Und da es bis auf einiges Kichern der Herzensrohen und Stumpfen ziemlich still geworden war, leitete er ohne Übergang und immer noch auf- und abgehend mitten zwischen uns, zum Tagespensum über; Hölderlin, Novalis und Jean Paul, das unter dem Lärm der letzten Stunde sich nicht recht entwickeln konnte. Und dabei beruhigte sich sein Herz.

Keine Deutschstunde hat mir jemals mehr gegeben als dieser Aufschrei. Er entschleierte mir einen Blick in die Tiefe, aus der mir eine blendende Helligkeit entgegenschlug. Warum ist die Güte schwach, warum ist die Macht ungütig? Darüber hatte ich mir noch nie Gedanken gemacht, und ich faßte es auch damals noch nicht. Ich hatte es getrieben wie die anderen und fand es selbstverständlich, daß man dem Pohle parierte und dem Winterfried auf der Nase herumtanzte. Aber mußte das so sein?

Winterfried ging zugrunde. Pohle hat es bis zum Rat im Unterrichtsministerium gebracht. Irgend etwas, man könnte es das Böse nennen, hat den kleinen Dr. Winterfried Schritt um Schritt an den Rand der Welt gedrängt, wo der Abgrund sich auftut, und in den sprang er hinab.

Aber ich glaube, im Gedächtnis vieler Schüler, die nun erwachsene Männer sind, wird der kleine Winterfried länger leben als Ministerialrat Pohle. *10. August 1933*

»Bitte schlagen Sie Ihre Atlanten auf!« Ich höre deutlich das Klappern der Deckel. »Die Karte von Südeuropa!« Die Seiten rauschen. »Suchen Sie die Breiten zwischen dem 40. und 45. Grad nördlich vom Äquator!« Es war jene Breite, die ich liebe, die milde, gemäßigte, die sanft geschwungene Gürtelpartie Europas, südlich der Alpen, die Ränder des Mittelmeers. Meine Hand fuhr über geliebte Orte. In die abschweifende Träumerei meines Traums drang wieder die harte Stimme: »Ihre Aufgabe ist, in einer dreiviertel Stunde einen Aufsatz über den 40. Breitengrad zu schreiben!« Ich wurde ganz schülerklein, legte mich zurecht, nahm die Feder in die Traumhand und schrieb brav und gehorsam den verlangten Aufsatz zum südlichen Breitengrad. Im Traum werden Stammler bekanntlich zu fließenden Rednern, und die Pein des Schulaufsatzes wird durch eine unkontrollierte Leichtigkeit überkompensiert. Und ich schrieb im Traum das Thema vom 40. Breitengrad, dem meine Neigung und Sehnsucht gehört.

Der 40. Breitengrad ist nicht der unsre; das allein wäre schon Zauber genug, die beständige Sehnsucht der Menschen wachzuhalten, die eine Süd-Sehnsucht ist. In den Breitengraden von Kiel, Königsberg, Moskau zu leben, ist ein tragisches Geschick, das sich seit der Völkerwanderung zur Gewohnheit erhärtet hat und irreparabel geworden ist. Völker und Individuen wurden dahin verschlagen; sie sind wie verirrte Kinder, aus deren Gedächtnis die verlorene Urheimat nie ganz entschwindet. Man sucht die Wiege der Menschheit an den Küsten des Mittelmeers, und wenn es ein Paradies gab, lag es bestimmt am üppigen Gürtel der Erde. Das können die Nordmenschen nie vergessen, und deshalb sind sie so ruhelos, gereizt, verworren, zu hart oder zu sentimental, »faustisch«, stolz auf den Norden, an dem sie leiden, und voll Geringschätzung für den Süden, von dem sie träumen.

Die Reisenden, die im März an den Garda-See fahren, geraten schon jenseits des Brenners in eine seltsame Erregung und in Ekstase, wenn sie aus dem Coupéfenster die ersten Leberblümchen sichten, die den heimischen um ganze vier Wochen voraus sind. Es ist die kleine Sensation, den Frühling um vier Wochen früher zu haben, als die Armen dort oben im Norden. Eine Palme, die überwintert hat, ohne zu erfrieren, erregt zärtliches Staunen. In den Reisebüchern wird mit einer gewissen leisen Feierlichkeit, die sich vom trockenen Führerton abhebt, vermerkt, an welcher Stelle der Reisende, der der Provence entgegenfliegt, den südlichen Himmelsstrich erreicht, gleichsam die Grenzscheide der Klimate. Seit undenklicher Zeit immer wieder die gleiche Entzückung beim Anblick der am blauen Himmel scharf konturierten Zypressen und Pinien, die meistens verwechselt werden (weshalb sich die mnemotechnische Unterscheidung empfiehlt: Zypressen sehen aus wie zugeklappte Regenschirme; die offenen umgestülpten Regenschirme sind die Pinien).

In jenen Breitengraden leben glückliche Menschen; zumindest solche, die es leichter haben können, glücklich zu sein, weil die Sonne sie nähren hilft. Zwischen dem 50. und 55. Breitengrad leben wir. Prag z. B. liegt auf dem 50. Breitengrad.

Im Süden sieht man mehr freiwillige, im Norden mehr unfreiwillige Müßiggänger. Die Parole, unter der sich die Vertreibung aus dem Paradies vollzog: im Schweiße deines Angesichts sollst du dein Brot essen, hängt wahrscheinlich mit einem katastrophalen Klima-Umbruch zusammen. Man muß arbeiten, um warm zu werden. Diese Arbeitswärme kann sich in den nördlichen Breitengraden bis zur religiösen Besessenheit steigern. Auf dem 45. Breitengrad, wo die Männer selbst noch an späten Novembernachmittagen sich an die weißen Mauern der Hafenquais und Gärten lehnen und die aufgespeicherte Sonnenwärme spüren, ist jener Grundsatz weniger imperativ. Man macht dort aus der Arbeit keine Religion, wie etwa in den Breitengraden um Moskau, sondern beurteilt sie wesentlich ruhiger, skeptischer, nüchterner. Auch verlockt der Azurhimmel, die durchsichtige Luft, der Formen- und Farbenreichtum zu einer gelassenen Betrachtung der alltäglichen Schönheit, die man unbewußt einatmet, wie die Lunge die bessere Luft. Ich wüßte nicht, woran sich das Auge eines Bewohners der nördlichen Industrie- oder Kartoffelzone halten soll.

Aber der liebende Gott aller Himmelsstriche hat den in die nördlichen Breiten verschlagenen Menschen (abgesehen vom Frühling, den sie inniger ersehnen als anderswo) eine komplizierte

Denkart gegeben, mangelndes Glück in Energie umzuwerten, so daß sie, was karg und wenig liebenswert ist, dennoch lieben; aus der Beeinträchtigung und Erschwerung ihres natürlichen Lebens entwickeln sie großartige Hochspannungen, Hochstimmungen, Hochöfen, künstliche Sonnensysteme, die sie das verlorene Paradies vergessen machen sollen.

15. Februar 1935

KLEINE MÄRCHEN VON HEUTE

Das Parabellum

Es war einmal ein Sivispacem,[8] von Beruf Ingenieur, der brachte eine Erfindung auf den Weltmarkt, eine Maschinenrepetierpistole, die unter dem Namen Parabellum bald in allen Ländern Eingang fand.

Dieses Parabellum war aber nicht eine gewöhnliche Maschinenpistole, durchaus nicht. Ingenieur Sivispacem wurde nicht müde, zu versichern, daß seine Patent-Parabellumpistole das garantiert einzige Mittel sei, um den Dauerfrieden zu sichern.

In allen Ländern entwickelte sich im Interesse des Dauerfriedens eine blühende Parabellumindustrie, und die Sivispacem-Fabrikanten und ihre Ingenieure verdienten damit massenhaft Geld.

Die Arsenale starrten vor Parabellummaschinenpistolen; es war alles bereit, nun konnte er ausbrechen, der Dauerfriede. Doch statt dessen ging – welch unangenehme Überraschung – eines Tages eine Parabellumpistole los, der Dauerfrieden wurde einstweilen bis auf unbestimmte Zeit vertagt und die halbe Welt mittels Parabellum in Trümmer gelegt.

Die Sivispacem-Leute traten zusammen und stellten nach langer Untersuchung fest: Am Parabellum liegt es nicht. Wir haben es nicht gewollt. Wir wollten den starken Parabellumfrieden. Es muß ein kleiner Konstruktionsfehler vorliegen.

Darauf beriefen sie eine Reihe von Sachverständigenkonferenzen ein. Und wenn sie nicht am Parabellum gestorben sind, tagen sie noch heute.

Zauber-Ei

Es war einmal eine Bäuerin, die verkaufte auf dem Lübecker Wochenmarkt Eier. Da kam ein Mann, zerschlug eins vor ihren Augen und nahm ein Zweimarkstück aus dem Ei; ebenso ging es mit einem zweiten und dritten Ei. Die Bäuerin weigerte sich nun, ihren Vorrat zu verkaufen. Als der Käufer weggegangen war, zerschlug sie ihre sämtlichen Eier, fand aber in ihnen keine Zweimarkstücke mehr.

Die gute Frau hätte beim sechsten Ei aufhören sollen. Aber da hatte der Wahn sie schon gepackt. Wenn im zehnten Ei ein Zweimarkstück steckte, war der Schaden nicht nur gedeckt, sondern auch noch ein Gewinn erzielt. Nach der ersten Mandel[9] konnte das Zweimarkstück auch noch alles gutmachen. Nun war kein Halten mehr. Das Eiweiß floß in Strömen. Der Berg der Eierschalen wuchs. So ging's in blindem, wütendem Starrsinn bis zum ersten Schock.[10] Zuletzt saß die Frau weinend auf den Trümmern ihrer Hoffnung.

Es gibt frische und faule Eier, und wenn dir ein Magier tausendmal sagt, daß in den Eiern etwas Besonderes enthalten sei, glaub ihm nicht. Und selbst wenn er vor deinen Augen alles kaputtschlägt und ein Wunder tut, glaub ihm nicht! In den Dingen ist immer nur, was in ihnen sein kann: in dem Zauberer der Schelm, in den Getäuschten der Wahn und die Enttäuschung und in den Eiern das nahrhafte Omelette.

5. März 1935

DAS GLÜCK IM PAPIERKORB

Der alte Hunold ist zweiundsiebzig Jahre und oben in der Buchbinderei quasi als Faktotum tätig. Er will nicht pensioniert, er will beschäftigt sein, und da der Alte dem Haus über fünfzig Jahre treu gedient hat, tut man ihm den Willen. Er macht Botengänge, kleine Handreichungen und hat seine Beschäftigung, die keine ist. Es hat den Anschein, als wäre der Begriff Faktotum extra geschaffen, um eine überflüssige Tätigkeit milde zuzudecken. So eine leere, ausgediente Menschenhülse, durch die immer noch ein Rinnsal von Pflicht und Arbeit rinnt, hat etwas Rührendes. Überdies ist der alte Hunold ein leidenschaftlicher Markensammler. Mitunter macht er sich ein »Bewerbchen«,[11] d. h. er fingiert einen Anlaß, um sich im Büro umzutun. Bei dieser Gelegenheit erhält er dann und wann von mir einige ausländische Briefmarken, die ich von den Umschlägen abgelöst habe. Aber ich bin dahinter gekommen, daß er weniger auf die Briefmarken erpicht ist als auf das Jagd- und Finderglück beim Kramen in meinem Papierkorb. Dann und wann, wenn ich in mein Zimmer komme, finde ich ihn über den Briefabfall gebeugt, und seine runzligen Hände wühlen erregt wie die eines Goldwäschers im Schlamm. Verlegen richtet er sich dann auf, erledigt sein »Bewerbchen« und schlurft aus dem Zimmer. Die Ausbeute ist gar zu kläglich, da wir vorwiegend Inlandkorrespondenten haben. Deshalb beschließe ich, ein wenig nachzuhelfen. Ich kenne schon den Turnus, in dem der alte Hunold hinunterkommt, und habe mir ein paar exotische Briefe verschafft, die ich in meinen Papierkorb mische. Das ist immer ein großer Tag für den alten Hunold: das Ablösen der Briefmarken – einige sitzen so fest, daß man sie ins Wasser tun muß wie Blumen. Es geht halt nichts über selbstgefundene Briefmarken. Ich stelle mir das so ähnlich vor, wie einem echten Jäger auch nur der selbstgeschossene Hase schmeckt.

Aber meine Briefmarkenbeziehungen sind sehr dünn, und also ist Hunolds Jagdgebiet, mein Papierkorb, schlecht bestellt. Da sah ich im Schaufenster einer Papierhandlung eine Menge kleiner Pergamentbeutel, aus denen das bunte Gewimmel vieler exotischer Postwertzeichen leuchtete. Wie einfach, einem alten Mann ein Vergnügen zu bereiten! Ich kaufte das kleine Sortiment, schrieb mit verstellter Schrift ein paar Umschläge von verschiedener Farbe und Gestalt – an was man alles denken muß! – und praktizierte diese »Auslandspost« in den regulären Abfall des Papierkorbs. Nun konnte ich den alten Hunold häufig beim vergnügten Wühlen in den Papierschätzen überraschen. Er hat die Freude des Finders, und ich die still beobachtende Lust, vergleichbar dem Vergnügen, mit dem ein Tierfreund im Winter die hungrigen Vögel das gestreute Futter aufpicken sieht. Der alte Hunold wunderte sich zwar über die regen Auslandsbeziehungen, die die Firma mit einem Mal unterhielt, aber er hatte noch keinen Verdacht geschöpft, der Alte. Aber eines Tages kam er, zwinkernd mich durchschauend von unten an, hob den Zeigefinger und sagte nichts weiter als: »Na, Sie sind mir ja einer ...« Was für einer ich bin, hat er mir nicht gesagt. Und er zeigte mir einen Briefumschlag mit einer Kaiser-Franz-Joseph-Kreuzermarke aus dem Jahre 1881. Da war es natürlich vorbei.

So unvollkommen und von Halbheiten strotzend sind unsere wohlgemeinten, menschenfreundlichen Handlungen. Und dennoch, wenn ich noch so weit zurückdenkend mich einer guten Tat besinnen möchte, ich finde nichts Besseres als einen kleinen Briefmarkenbeutel, aus dem ich meine bunte Saat in den Papierkorb streue.

23. März 1935

WETTLAUF

Der Dichter A ist erfolgreich, aber krank. Der Dichter B ist erfolglos, aber kerngesund.

A: Und nicht das Geringste am Herzen? (lauernd) Aber die Leber?

B: Vollkonunen einwandfrei, du kannst dir die Aufzählung der Organe ersparen!

A (fast in bittendem Ton): Und nicht einmal Sodbrennen?

B: Auch das nicht; körperliche Beschwerden sind mir fremd. Mein Vater ist 87, meine Mutter 81. Beide kerngesund und rüstig. Makrobiotik, Langlebigkeit, mußt du wissen, vererbt sich. Das liegt in unserer Familie. Ich werde mindestens 80 Jahre alt. Deswegen kann ich mir auch Zeit lassen. Ich komme erst noch, später ...

A (resigniert): Ich habe Angina pectoris. Ich lebe nicht lange. Mein Vater starb mit 45 Jahren, meine Mutter mit 49. Du wirst mir meinen Nekrolog schreiben. Versprich es mir. Wirst du?

B: Aber wer sagt dir denn, daß du nicht trotzdem gut und gern 70 Jahre alt werden kannst?! Was sind denn schon die Gesetze der Vererbung? Übrigens, ich verspreche es dir; ich werde deinen Nekrolog schreiben. Ich werde dafür sorgen, daß man dich nicht vergißt.

(Und ich, denkt er, beginne erst dann.)

A (bitter): 80 Jahre alt zu werden ... Ich lebe nicht lange, ich weiß es.

B (denkt): Wie gerecht ist die Natur. Es wäre doch unerträglich: wenn Gesundheit und Ruhm ... Natürlich muß der, der nicht lange lebt, frühzeitig ernten. Ich habe Zeit ...

*

Zwei Jahre später ist das Begräbnis des Dichters B, der ungeachtet strotzender Gesundheit einem Gehirnschlag erlegen ist.

A schreibt ihm – entgegen allem Programm – einen wirklich schönen Nekrolog, der das eigenartige, aber nicht voll entfaltete Talent des Heimgegangenen würdigt.

Wie gütig von der Natur, denkt er, daß sie der schwachen Begabung einen ungewöhnlich starken Glauben an die Lebenskraft gab: so blieb ihm stets die Hoffnung nahe und die Enttäuschung erspart. Ich spornte mich mit einem Blick auf das nahe Grab, er aber glaubte einen weiten Weg vor sich, ließ sich Zeit, sagte: später, später; starb früh und doch rechtzeitig. Im närrischen Wettlauf zwischen Vertröstung und Verbitterung ging der weise Tod durchs Ziel.

1935

TROST FÜR PECHVÖGEL

Ein Pechvogel ist ein Mensch, der keinen Mut zum Glück hat. Mut zum Glück? Wer hat den nicht? Doch, es gibt solche Typen. Mit dem Verzicht auf das Glück beginnt das Pech. Wenn einer sagt, das schaffe ich nicht, so etwas ist mir nicht beschieden, unsereinem fällt das Butterbrot stets auf die bestrichene Seite – ein armer Teufel, wie der muß hübsch bescheiden sein; wer so redet, immer mit Wenn und Aber, immer unter einem unterirdischen Druck und im Gefühl des Zurückgestoßenseins, der hat die beste Anlage, sich zu einem Pechvogel zu entwickeln.

Und wer die Anlage dazu hat, dem wird zu einer Serie von Ereignissen, die nichts als pechös sind, nichts fehlen.

Denn wo Pech ist, kommt Pech dazu; so wie Gold dazukommt, wo Gold ist. Das ist das Grundgesetz des Pechvogels. Das wird schon – wie alles – in der Bibel erkannt. Der typische Pechvogel ist schon äußerlich als solcher zu erkennen: gedrückte, geduckte Haltung, die dem Malheur keinen Widerstand entgegensetzt. Ein schleichender Gang, am Rücken an der Mauer entlang; ein Mangel im sicheren Auftreten. Im wahrsten Wortsinn: der Pechvogel tritt unscheinbar, leise, unhörbar auf. Er ist der geborene Leisetreter; es ist, als wollte er die Aufmerksamkeit des Lebens von sich ablenken, weil dieses Leben ja doch nur Pech für ihn bereithält. Er duckt sich, er macht sich klein, um übersehen zu werden. Er ist sozusagen gar nicht da. Aber das nützt ihm nicht. Erwischt wird er doch und erst recht. Das Schicksal findet ihn unter Millionen heraus. Seine Taktik ist grundfalsch. Er glaubt, durch ein Sich-Unscheinbar-Stellen, durch eine graue Anpassung an sein eigenes Schicksal – Mimikry der Seele – den Tücken des Daseins zu entgehen. Gefehlt! Er ruft sie durch sein Verhalten ununterbrochen herbei. Er ist wie vom Unglück hypnotisiert und verfolgt. Und vor allem: er lebt in völliger Unkenntnis, wo sein Glück ist und wie es aussieht. Er tastet und tappt nach einem fremden, ihm nicht gemäßen Glück – kein Wunder, daß alles schief geht.

Denn auch für den Pechvogel gibt es ein Glück, das ihm zugemessen ist. Hans im Glück, der in Wahrheit Hans im Pech ist, diese tiefsinnige deutsche Märchengestalt, hat den wunderbaren Instinkt für das Mißlingen. Der Goldklumpen, der ihm gegeben ist, ist ihm eben nicht – gegeben, höchstens geliehen. Das irdische Gut, ganz gleich ob Kuh, Gans, Schleifstein, haftet nicht in seinen Händen. Er ist das Gegenstück zum König Midas, dem sich alles, was er berührt, in Gold verwandelt – ein prachtvolles Symbol für die Kehrseite des Erfolges. Hans im Glück ist der Typus des Erfolglosen.

Man sieht in diesem ewigen Märchenbeispiel, daß das Pech auch sein Glück hat. Hans im Glück ist das Glück im Pech. Andererseits hat auch der Erfolg sein Pech. Denn König Midas wird seine goldige Begabung, die alles zu Gold macht, sehr fatal. Vor dem Übermaß des Glückes, daß Polykrates hat, wendet sich der Gast mit Grausen. Wenn man einen kostbaren Ring ins Meer wirft, und am nächsten Tag bringt der Koch das Juwel, das er im Magen eines Fisches fand, so ist ein solches Glück von Pech nicht mehr zu unterscheiden. Die Glücksserie ist nicht minder beängstigend als eine Pechserie. Dies ist nicht nur ein Trost für Pechvögel, sondern eine gültige Wahrheit.

*

Schon im Kinde kündet sich das »Gesetz« an. Man achte darauf, wie ein Kind sich beim Spielen verhält, wie es zu seinen Gefährten steht, ob kameradschaftlich oder blasiert; ob es aus einer Balgerei, an der es gar nicht beteiligt war, regelmäßig mit einer Beule hervorgeht; wie es sich benimmt, wenn es fällt; ob es sich die Nase blutig schlägt, seine Kleider zerreißt, wie es das Widerwärtige hinnimmt; ob just eine Pfütze da ist, wo es stürzt. Hier sind die ersten Fingerzeige. Und wenn dann noch die Erwachsenen drauflos zanken: »Du Tolpatsch, aus Dir wird nichts Rechtes, immer bist du dort, wo die Hiebe fallen!«, wenn sie so reden, anstatt über die kleinen Malheurs hinwegzusehen; dann sind schon die besten Voraussetzungen gegeben. Im empfänglichen Gemüt des Kindes hinterlassen solche Erlebnisse und vor allem die Vorwürfe der Erwachsenen tiefe, geheime Spuren. Das frühe Erlebnis zur Entmutigung ist die Grundlage kommenden Pechs.

Diese Entmutigung wäre in der Kindheit leicht wegzusprechen, wegzusuggerieren. Frißt sie sich aber erst ein paar Jahre ein, dann ist der Typus des Pechvogels so gut wie geformt.

In dem simplen Sprichwort »Jeder ist seines Glückes Schmied« steckt die Wahrheit einer tiefen psychologischen Einsicht. Der Schmied seines Unglücks hämmert immer auf die gleiche Stelle, gleichsam auf den eigenen Daumen, wiewohl es weh tut, aber er hämmert weiter; er zieht den Daumen nicht weg. Ist der Pechvogel ein Melancholiker (der eine wesentliche Spielart des Unglücksmenschen ist), dann ist er sozusagen der genießende Ästhet seines Schmerzes. Ist er ein Pessimist, macht er aus seiner Leiderfahrung ein System. Ist er ein Heroiker wie Nietzsche, dann macht er aus trivialem Pech einen Lebenshymnus, indem er Leid überwindet.

*

Komisch sind nur die kleinen Unglücksraben und die Pechvögel mittleren Grades. Vor dem titanischen Malheur, vor den Nackenschlägen mit der Keule eines Gottes verstummt das Gelächter. Es ist auffallend, daß das Pech des Nächsten das ergiebigste Thema des Humors ist. Der lächerlichste Ritter von der traurigen Gestalt, Don Quichotte de la Mancha, hat nichts als Pech. Das Gelächter bei Wilhelm Busch geht stets auf Kosten der anderen, die ziemlich viel und ziemlich derbes Malheur haben. Und Chaplin ist der Mensch, dessen Lebensraum sich unverbrüchlich just unter dem stürzenden Blumentopf befindet. Dieser fallende Blumentopf hat tausendfältige Gestalt. Tausendfältige Möglichkeiten hat das Stolpern und Stürzen, das Hart-am-Abgrund-Vorbei, der Regen und die Traufe. Der rechte Pechvogel entgeht dem Sturz, um in eine Kalkgrube zu fallen. Und auf jeden Fall torkelt er in unser Gelächter. Der Abgrund ist sozusagen dem Tragiker reserviert. Der Pechvogel ist kein Tragiker, nur er selbst nimmt sich allenfalls tragisch. Schadenfreude ist die Empfindung, die er auslöst, nicht Erschütterung. Sein spezielles Seelenpech, wenn er erwartet, daß wir ihn als tragische Figur ansehen. Man darf dem Pechvogel nicht den Gefallen tun, ihn zu bemitleiden; das Mitleid verdirbt ihn vollends. Viel wichtiger ist es, ihn dahin zu bringen, daß er über sich selber lacht. Der Pechvogel ist der Kategorie der Narren näher als der Kategorie der tragischen Menschen. Und ein Narr soll über sich selber lachen können.

An alle Pechvögel der Welt: Tut nicht so, als wärt ihr ausersehen zu leiden! Verwechselt euch nicht mit den Märtyrern. Es reicht nicht. Die Unglücksmiene kommt euch nicht zu. Das Leidensgesicht ist eine Überheblichkeit. Gott treibt mit euch nur kleine Späße. Ihr seid in die Welt gesetzt zu ihrer Belustigung. Versucht, den Widerschein des Gelächters auf eurem Gesicht einzufangen. Mitzulachen seid ihr da!

1935

BRIEF AN DAS PRAGER TAGBLATT. NAPOLEON AUCH HEUTE NOCH NATIONALHELD

Im Sonntagsblatt wird zu dem Napoleon-Werk Octave Aubrys »St. Helena«[12] einleitend bemerkt, daß »Napoleon noch immer der Nationalheld Frankreichs sei und nicht etwa Pasteur«. – Die auffallende Napoleon-Renaissance, die wir in der Literatur erleben (weil Napoleon das unerreichte Vorbild einer vollkommenen Despotie ist), darf nicht zu der Meinung verleiten, als ob Napoleon im Bewußtsein des französischen Volkes irgendeine Rolle spiele. Nicht einmal der Zauber seiner Persönlichkeit und das große Epos seiner Laufbahn sind im Durchschnittsfranzosen lebendig. Beweis, daß die beiden großen Erinnerungsmale Napoleons, die Vendômesäule,[13] auf deren Spitze die cäsarische Figur des Korsen schwebt, und sein porphyrner Sarkophag unter dem bläulichen Licht der Kuppel des Invalidendoms,[14] nicht im entferntesten die nationale Bedeutung haben wie etwa das Grab des unbekannten Soldaten unter dem Triumphbogen.[15] Sogar die Jungfrau von Orleans[16] und erst recht der 14. Juli der Großen Revolution haben ihren Volkstag, indes die große Legende Napoleon *nur* ihr literarisches und Fremdeninteresse besitzt. Charakteristischerweise heißen nur ein Luxushotel und eine Bar an der Champs-Élysées, in die kaum jemals ein Franzose kommt, »Napoleon« …

21. April 1936

BERÜHMTE LIEBESPAARE – EIN BISSCHEN ANDERS

I

Die bekannten Bankfirmen Montague und Capulet in Verona haben sich fusioniert. In der Finanzwelt Oberitaliens wird die Verschmelzung der beiden Häuser, die seit Jahren heftige Prozesse gegeneinander führten, lebhaft begrüßt. Romeo Montague, der einzige Sohn des Seniorchefs, wurde in den Aufsichtsrat der Firma Capulet gewählt.

Sie waren auch nicht mehr die Jüngsten. Julia zählte schon 24 Jahre, hatte drei Kinderchen, und Romeo wog 80 Kilogramm. Er hatte sich eine dumme Redensart angewöhnt: »Nachtigall oder Lerche – alles eins!«[17] Julia konnte es schon nicht mehr hören.

Sie saßen auf dem Balkon und schwiegen. Julia stichelte an einer Handarbeit. Romeo las den neuen Kurszettel von Venedig. Zu denken, dachte Julia mit einem schrägen Blick, daß Romeo mit einer Strickleiter auf diesen Balkon geklettert ist ... Die Strickleiter würde bestimmt zerreißen. »Hast Du was gesagt?«

Romeo gähnte. »Ach, weiter nichts, ich lese da eben, in Venedig habe sich ein Liebespaar umgebracht, sie 16, er 20, weil die Eltern ihrer Heirat Hindernisse in den Weg legten. Zu dumm, diese Leute. Wenn's nicht so traurig wäre, möchte man sagen, daß sie Prügel verdienen.«

Und für diesen Mann, denkt Julia, habe ich einst gesagt: Schlägt alles fehl, hab ich zum Sterben Kraft!

»Natürlich, du hättest dich niemals getötet«, sagte sie, »wenn es damals schief gegangen wäre. Heb mir den Fingerhut auf!«

»Doch, vielleicht doch«, erwiderte Romeo und suchte ächzend den davongerollten Fingerhut (wiewohl ich es mir wirklich nicht mehr vorstellen kann, dachte er). »Wenn mich damals der Bote nicht erreicht hätte, der mir die Nachricht brachte, daß du mich, nur scheintot, in der Gruft der Capulets erwartest, hätte ich mich möglicherweise ... vielleicht auch getötet.«

Wahrscheinlich wäre ich, denkt er, zu Rosalinde zurückgekehrt.

Und ich hätte vielleicht den Paris geheiratet, denkt Julia.

Romeo ließ den Kurszettel fallen und räkelte sich (es war die Stunde seines Nachmittagsschläfchens).

»Nachtigall oder Lerche – alles eins; sag selber, steht es dafür, sich umzubringen?«

II

»Rette sie!« Auch dieser Wunsch ging Faust in Erfüllung. Es gelang ihm, mit Hilfe Mephistos Gretchen aus dem Kerker zu befreien.

»Die Kindsmörderin Margarete Scholz«, stand im nächsten Wochenblatt, »ist auf unerklärliche Weise in der Nacht vor ihrer Hinrichtung aus dem Turm verschwunden. Man vermutet, daß ihr Galan, der übelbeleumdete reisende Privatgelehrte Heinrich Faust mit Hilfe von übersinnlichen Kräften die Flucht ermöglicht hat. Die Behörden haben die Verfolgung des sauberen Paares aufgenommen.«

Faust hat sich in Straßburg habilitiert und lebt mit Gretchen in glücklicher Ehe. Jeden Sonntag machen sie einen Spaziergang vor die Tore der Stadt, aber kein Pudel zieht mehr seine magischen Kreise ... Gretchen ist eine brave Hausfrau, ein bißchen sehr genau, und in Faustens Studierstube herrscht Ordnung. Gretchen gibt sich die größte Mühe, mehr zu sein, aber es gelingt ihr nicht. Und Faust hat nicht ganz das gehalten, was er im ersten Teil versprach ...

Warum wehrt sich alles gegen eine solche freundliche Lösung? Warum muß Gretchen untergehen und geopfert sein? Warum sträubt sich Gretchen, von Faust gerettet zu werden? Ihr Instinkt im Wahnsinn reicht viel tiefer und ist unendlich hellsichtiger als Faustens unzulänglicher Rettungsversuch. »Du mußt übrig bleiben!« sagt sie im Kerker. Ob sie ahnt, wie viel von ihrem Entschluß, sich retten zu lassen oder unterzugehen, für die Weltliteratur abhängt! In diesem Augenblick schwingt eine ungeheure Entschließung, auf ihr steht ein ganzes sittliches Weltgebäude. Ein Gretchen, das nicht das Opfer ist, die Hingabe über Raum und Zeit hinaus, würde Faust zum Leben eines braven Durchschnittsgelehrten verurteilt haben. Sie wäre gerichtet, wenn sie gerettet worden wäre.

III

Als Peer Gynt unmittelbar nach der Hochzeit verschwand, wartete Solveig vier Wochen auf Nachricht von ihm, dann leitete sie durch die Polizeidirektion in Christiana ein Fahndungsverfahren ein, das ergebnislos blieb. Die skandinavischen Sender gaben die Vermißten-Anzeige durch – Größe 1,85, hellblond, strahlend blaue Augen. Besondere Merkmale: Ähnlichkeit mit Hans Albers ... Und als ein Jahr vergangen war, forderte Solveig von ihrem Anwalt, er möge Peer Gynt für tot erklären lassen, damit sie wieder heiraten könne. Es sei ihr nicht zuzumuten, länger als ein Jahr auf einen verschollenen, weltflüchtigen Strolch zu warten.

Peer Gynt, der überhaupt nur deshalb in die Welt hinausgezogen war, um nach einem abenteuerlichen Leben als Gescheiterter zu Solveig heimzukehren, erfuhr, daß niemand ihn im Fjord erwartete, und blieb bis an sein Ende als glücklicher Besitzer von Diamantenfeldern in Südafrika.

6. September 1936

DER SPIEGEL

Am Brückenkopf von Kehl errichteten die Franzosen zu Beginn der großen Revolution einen Grenzpfahl mit der Aufschrift: »Ici commence la terre des hommes libres.«

Das ist ein stolzes, freudiges Wort, das zwei Reiche scharf voneinander abgrenzt. Nach kurzen Episoden (Terror, napoleonische Diktatur), die diese Inschrift auslöschten, tauchte sie wieder unzerstörbar empor. Jetzt steht der unsichtbare Grenzpfahl nicht nur bei Kehl, sondern rings um Deutschland.

Wie ein unbeliebter Mensch unersättlich ist, von außen Anerkennung einzusammeln, so lauscht und lauert Deutschland auf ein Echo der Welt. Es ist, als ob ein häßlicher Mensch fortwährend in den Spiegel schaue, um die Bestätigung zu erhalten: du bist der Schönste im ganzen Land. Aber der Spiegel, kühl und objektiv, sagt nur: du bist häßlich. Und der Spiegel soll es büßen. Rings um Deutschland sind tausende Spiegel, und in diesem wahren Spiegelkabinett irrt der Hitlerismus wütend umher, taumelnd, unfähig sich selbst zu erkennen. Welch eine Qual, zwischen den Spiegeln zu leben, auf denen wie auf Grenztafeln geschrieben steht: Hier beginnt das Land der freien Menschen …

An Deutschlands Grenzen stehen Tafeln mit der unsichtbaren Aufschrift: Achtung, hier beginnt das Land der blinden Spiegel!

Eine noch unausgeschöpfte Vorstellung Swiftscher Grauenhaftigkeit: In einem Land wird der Spiegel abgeschafft. In die leeren Räume stellt man irgendein künstliches Bild und sagt: Siehe, das sind wir! So schön sind wir, so über alle Maßen herrlich. Und alle Spiegel der Welt haben uns so zu sehen und nicht anders!

Der Spiegel, dieses Imago und unergründliche zweite Ich, hat für den Primitiven etwas Unheimliches und Gespenstisches. Das Tier bleibt stumpf vor dem Spiegel und zeigt eine scheue Abwehr; der Wilde hat Angst vor seinem Spiegelbild und flieht vor ihm. Der Mensch der europäischen Gesittung prüft sich im Spiegelbild und erkennt sich lächelnd auch noch in der Entstellung und Verzerrung, ohne daß sich deswegen seine Züge entstellen und verzerren. Nur die Despotie möchte den Spiegel zerschlagen, weil sie ihr eigenes Bild nicht erträgt. Für sie gibt es keine Einsicht und

Umkehr. Sie kann nur leben, indem sie die Erscheinungen und Gesichte abwehrt. Das Böse verträgt keine Art von Spiegelung. Ja, man kann es geradezu daran erkennen, wie es auf ein Spiegelbild reagiert.

27. März 1937

LIEBE IN DIESER ZEIT. DIE »RASSENSCHANDE«

Rassenschande?[19] Für wen?

Für den, der dieses Wort erfunden hat.

Ein Scheidungsprozeß in Wien, zum erstenmal erscheint in der Urteilsbegründung als Motiv die gegenseitige unüberwindliche Abneigung aus Rassenverschiedenheit. Der Richter in Wien hat offenbar etwas läuten hören ... Und einer der beiden Ehepartner, der eine morsche Ehe auflösen wollte, hat sich das dümmste Dogma zunutze gemacht.

Es ist eine Erfahrungstatsache, daß es zwischen Christen und Juden eine gegenseitige unüberwindliche Anziehung der beiden Geschlechter gibt. Die große Liebe ist nicht nur Nächsten- sondern auch Fernstenliebe, Drang, das Andersartige zu erkennen. Es ist, als hätte die Natur selber ein freundliches Zeichen gegeben, das urewige Judenproblem sanft in einem Schoß zu begraben ... Aber gerade diese unleugbare Anziehung (Beweis dessen: fast eine halbe Million »Mischlinge« in Deutschland) ist eins der Hauptmotive des Antisemitismus.

✡

Ein reichsdeutscher Jude, in glücklichster Ehe mit einer »Arierin«, sagte zu seiner Lebensgefährtin: »Ich kann von dir das Opfer nicht verlangen, dein Volk und Vaterland zu verlassen und mir nach Palästina zu folgen. Du bist frei.« Und die Frau, lächelnd: »Frei? Opfer? Ich bin Jüdin geworden, heimlich, hinter deinem Rücken, ich habe Unterricht genommen, ich habe gelernt, wie ein frommer Jude lernt. Ich gehe mit dir.«

Ist das eine Mischehe?

✡

Grausige, tragische Grotesken hat die Streichersche Rassenpornographie angerichtet. Ein ausgezeichneter (sagen wir, um den Fall zu verschleiern) Museumsdirektor in Düsseldorf hat seine jüdische Frau monatelang verborgen gehalten. Sie war einfach nicht mehr vorhanden. Er hat sie nur heimlich besucht. (Ein künftiger Sittenschilderer mag die Triebsteigerung durch Verbote und drohende Nähe des Schandpfahls beschreiben). Schließlich hielt die Frau diese »Ehe« auf Schleichwegen, diese Entwürdigung des Verstecktseins nicht mehr aus. Sie liebten sich und konnten auseinander nicht kommen; aber lieber wollte sie sterben, als den Beruf des Mannes zerstören. Da verfiel sie auf eine tolle »rettende« Idee. Sie vernichtete ihre sämtlichen Papiere und behauptete, auf der Überfahrt nach Südamerika auf einem Dampfer zur Welt gekommen zu sein. Das Schiff sei untergegangen, ihre Eltern seien ertrunken, sie sei gerettet worden und in einem brasilianischen Kloster aufgewachsen.

Schwer nachzuprüfen. Es ist eine Erfahrungstatsache, daß man eine Absurdität am besten durch eine noch größere, frechere Absurdität übertrumpft.

*

Auf dem Semmering lernt ein Reichsdeutscher eine schöne blonde Frau kennen. Wovon spricht man? Von der Judenfrage. Überall. (Diese maßlose Unterschätzung eines Problems, das man sich aufschwätzen ließ, ist der Triumph der größten Charlatanerie der Weltgeschichte.) Der Herr aus Deutschland macht der blonden Frau den Hof. Während sie auf einer sanften Schneewiese herabgleiten: »Die Juden haben doch arabisches Wüsten- und Negerblut in den Adern, nicht wahr, Gnädigste; es ist doch eine ziemliche Unterlassung der Natur, daß die Juden nicht Farbige sind, man wüßte doch gleich, woran man ist.« – »Ich bin Jüdin.« Sagt die Dame, die aussieht, als käme sie direkt aus der Edda. Der Herr setzt sich vor Schreck und Verblüffung in den Schnee. Die Dame gleitet davon. »Pardon!« ruft der Hundertprozentige hinterher und rappelt sich aus dem Schnee: »Im Ausland bin ich kein Antisemit.«

(In Heines »Romanzero«[20] findet man den Parallelfall: Die reinblütige spanische Donna liebt den schönen fremden Ritter und haßt Mücken und Juden. »Laß die Mücken und die Juden, spricht der Ritter, freundlich kosend.« Und empfiehlt sich zuletzt als der Sohn des Rabbi Israel von Saragossa.)

✡

Die Rassenschande macht vor Gräbern nicht halt; der infame Begriff entwickelt sich konsequent zur Grabschändung. In den ersten Tagen nach der Rassengesetzgebung, nach dem tragischen 1. April,[21] kamen zwei junge Deutsche, die eine aussichtsreiche Beamtenkarriere eingeschlagen hatten, verzweifelt zu ihrer Mutter: »Alles ist zu Ende! Warum hast du uns das angetan, Mutter! Wir müssen uns erschießen!« Einen Augenblick steht die Mutter erstarrt da, eine deutsche Niobe unaustilgbarer Rassenschande, die die Unschuldigen ein sinnloses Gesetz büßen läßt. Dann kommt ein großer Entschluß über die unglückliche Mutter und sie sagt mit einer steinernen Gefaßtheit: »Seid ruhig, Kinder, der Mann, mit dem ich verheiratet war, ist nur Euer Ziehvater.« Und sie nennt den Namen des gleichfalls verstorbenen Mannes und behauptet, daß die beiden Söhne aus dem ehebrecherischen Verhältnis mit ihm entsprossen seien. »Noch heute gebe ich es zu Protokoll.« Und die Söhne sind gerettet. – Gerichtet aber ist ein Rassensystem, das die edle Gleichheit von Gottes Ebenbild so greulich verzerrt und hilflose Menschen in solche verzweifelte Bedrängnis treibt.

✡

In den Niederungen der Sexualität, dem eigentlichen Bereich Streichers, der durch die »Rassenlehre« und »Blutsreinheit« nur ideologisch verbrämt wird, sieht das dann so aus: Das Strichmädchen auf der Berliner Friedrichstraße, flüsternd: »Na, kleener Schwarzer, 'n bißken Rassenschande jefällig?«

Oder: Ein Herr, der von einem Mädchen angesprochen wird: »Es tut mir aufrichtig leid, es geht nicht, ich bin nämlich Jude.« – Das Mädchen: »Das sagen sie jetzt alle, faule Ausrede, weil sie kein Geld haben.«

✡

Das Neueste, würdiges Produkt der Rassengesetzgebung, ist der »Gold-Digger« der Rassenschande nach dem weiblichen Gangstermuster Amerikas, wo sich junge Mädchen an ältere Herren heranmachen und sich eine kleine Zärtlichkeit als Insult oder Heiratsversprechen teuer bezahlen lassen (der Unterstützung der entrüsteten Frauenorganisatoren dürfen sie sicher sein). Ähnlich, aber noch viel schlimmer, gehen in Deutschland Frauen auf Abenteuer mit Nichtariern aus. Nach vollzogenem Delikt meldet sich ein in seinem rassischen Empfinden tief verletzter Deutscher und droht mit der Anzeige, die mit schwerer Zuchthausstrafe gleichbedeutend ist. Was bleibt dem armen Kerl übrig, als die indirekte Rassenschande teuer zu zahlen und lebenslänglich einen Blutsauger auf dem Hals zu haben?

Es ist eine Lust, in Deutschland zu lieben.

Frühjahr 1937

DAS BEISPIEL HEINE – ODER DIE FALSCHE ANALOGIE

Aus Prag wird uns geschrieben:

Den bürgerlichen Zeitungen der besseren Leute ist das Thema Emigration fatal. Es ist eine allzu menschliche ordinäre Tendenz, sich vom Unglück zu distanzieren, und die satten Ratten wollen bekanntlich, sagt der Emigrant Heine,[22] mit den hungrigen Ratten nichts zu tun haben.[23] Je länger eine Emigration dauert, umso schwieriger und unverdaulicher wird sie für die Umwelt und für sich selbst. Die Emigration muß unablässig gegen ihre eigene Erstarrung und Lähmung und überdies gegen die feindselige Ablehnung im Gastland ankämpfen, und schließlich führt sie ja auch noch die Auseinandersetzung mit ihrem Todfeind – sie hat also genug zu tragen. An Größe und Leiden. Es schwinden nicht nur die Mittel der Hilfsfonds, sondern auch die Teilnahme macht sich achselzuckend dünn: »Die Emigration dauert zu lange ...« Charakteristisches Eingeständnis, daß die Umwelt mit diesem einzigartigen, urmenschlichen Phänomen nichts anzufangen weiß.

Umso erstaunlicher und erfreulicher, daß sich ein Leitartikel des

»Prager Tagblatt« zu einer Apologie der Emigration aufschwingt oder herabläßt.[24] Zuviel der Ehre, möchte man beinahe sagen und zu wenig Verständnis – und Konsequenz. Die weltgeschichtlichen Analogien von dem aus Palästina emigrierten Apostel Paulus bis zu Heine, Börne und Masaryk sind schmeichelnd und rührend ... die Emigration kann sich die tränenfeuchten Augen auswischen. Die Industrie- und Konfektionseinwanderung wird warm in Schutz genommen, »hingegen ist es vollkommen richtig, daß man die Emigranten hier in Prag verhindert, sich politisch in einer Weise zu betätigen, die dem Staate in den Nachbarländern Schwierigkeiten und Verstimmungen erzeugen muß.«

Wie, und dennoch wird das kämpferische Apostolat, das im heidnischen Ausland die katholische Kirche organisierte, werden die Kämpfer Heine und Börne als Vorbilder der Emigration genannt! Wie reimt sich das mit dem »vollkommen richtig, daß der Kampf der Emigration als inopportun zu verhindern ist, falls er Verstimmung im angegriffenen Nachbarland erzeugt!« Und welche Äußerung der kämpferischen Emigration erzeugt im hysterisch empfindlichen Deutschland keine Verstimmung! Unter solchem Widerspruch zerreißt die Apologie, und sichtbar wird das ungeduldige Achselzucken: Die Emigration dauert zu lange ...

Nehmen wir die Parallele beim Wort: Ein Heine, ein Masaryk als Emigrant hier und heute. Unvorstellbar. Denn ihr politischer Kampf würde zweifellos in Hitler-Deutschland zumindest »Verstimmung erzeugen«. Die einzige Emigration, die in Deutschland keine Verstimmung erzeugt, ist die stumme.

Der Fall Heine in der Emigration. Ganz abgesehen von der stattlichen Rente seines Onkels Salomon – das reaktionäre Deutschland seiner Zeit, der Preußenadler mit der Pickelhaube, war nicht das absolut tödliche Deutschland unserer Zeit, das seine Gegner »ausrottet«. Es hätte einem Heine nicht genügt, sich gegen dieses tödliche Deutschland mit einem »Wintermärchen«[25] zu wehren, sondern sein abgründiger Haß hätte ihm den Unwillen aller gemäßigten Leitartikler zugezogen (von der Verstimmung Deutschlands ganz zu schweigen). Heine wäre ein Hasser und Kämpfer, oder er würde, wie Kurt Tucholsky, der der Heine dieser Emigration war, dem Schweigen, der Verzweiflung, dem Tod verfallen.[26]

Worin unterscheidet sich diese Emigration von vielen vorangegangenen, so daß alle Analogien zunichte werden? Durch eine würgende Hoffnungslosigkeit; um Lebensatem zu gewinnen, muß man einen starken Charakter oder sehr viel Illusionismus haben oder dieser Hoffnungslosigkeit sonstwie entrinnen, z. B. durch Assimilation an das Gastland. Alle diese Fälle kommen in zahlreichen Spielarten vor, und jede Spielart hackt wütend auf die andere ein, Schiffbrüchige auf einem Floß, als wäre der andere der Feind. Der innere Streit der Emigration ist ein Hohn auf die Einheitsfront. Aber diese Verzweiflung, die sich mit ihren grotesken Verdächtigungen, psychotischen Schnüffeleien und dogmatischen Rechthabereien Luft macht, ist noch nicht das Schlimmste. Das Schlimmste ist, daß die kämpferische Emigration dem Gastland, das schwächer ist als der tödliche Nachbar, unbequem ist und sein muß. Die Sache der Emigration ist zwar die Sache der Demokratie und Menschlichkeit, aber mit den Interessen der Wirtschaftsverflechtung und der Sicherheit nicht identisch. Und darum: nur keine Verstimmung erzeugen! So ist es für Skandinavien inopportun, sich für den verhinderten festgehaltenen Emigranten Ossietzky einzusetzen,[27] weil darunter die Wal-Lieferung nach Deutschland leiden könnte. Das ist es. Die drohende Faust braucht keine Waffe, sie braucht nur ein Clearing zu schwingen. Der Kampf der Emigration droht in der stinkigen Vertranung der Politik zu ersticken.

Mai 1937

DIE STRASSE DES VERRATS

Peter Nyman hat in seinem »Prozeß«[28] mit Nazi-Deutschland – schuldig-unschuldig – Frau, Kinder, Freundin, sich selbst, alles verloren. In tragikomischer Verlorenheit irrt er durch Berlin ...[29]

Als die Aufforderung kam, sich auf dem Polizeirevier zu melden, mit Paß und Papieren, war Peters erste Regung: nicht hingehen, fliehen. Eine Ehrenurkunde werden sie mir schwerlich überreichen. Aber gehorsamer Bürger, der er war, und im Gefühl seiner seit dem Umsturz bewahrten Harmlosigkeit, ging er hin. Zwanzig Jahre preußischen Normaldaseins stumpfen die kühnen Instinkte der Auflehnung und des Abenteuers ab. Man hat vergessen, daß man einst, in der Zeit der Vorfahren, ein schutzloses, gejagtes Wesen war, das sich zwischen den drohenden Obrigkeiten listig und tapfer hindurchschlängeln mußte.

Schon der Geruch einer überheizten Amtsstube hat etwas Lähmendes, als wäre sie mit einem Gas angefüllt, das den Eintretenden sofort in Schuld- und Ohnmachtsgefühle stürzt. Peter hob zögernd und unbestimmt die Hand zum halbdeutschen Gruß, nur bis zur Brustwarze, weiter kam die Zeitlupenbewegung nicht –

»Nu nich mehr nötig« knurrte der Beamte halblaut – »ausgebürgert!«

Nur das *eine* Wort. Die Preußen sind von jeher sparsam.

Peter erstarrte, und alles wankte – so einfältig war er. Das Wankende wankte noch einmal. Das Haus war schon eingestürzt, jetzt schmissen sie noch die übriggebliebene Scheibe ein, weil sie gründlich und systematisch waren. Nach dem Berufstod kam noch ein Stückchen Tod. Sie töten in kleinen Ratenzahlungen, dachte er, wie die chinesischen Scharfrichter, die den Delinquenten langsam zerstücken.

Trotz dieser Überlegung war er blöd genug, oder stellte sich nur so, zu sagen: »Pardon – oder vielmehr Verzeihung, warum, ich bin doch loyal, ich habe mir nicht das geringste zuschulden kommen lassen ...«

Zum Kotzen und lächerlich, was ich da sage, fühlte er. Und inmitten der Verdunkelung und Zerstörung ein kleines Aufleuchten der Bewußtheit, das ihn fast beglückte: Das Schlimmste ist, daß sie einem den Kopf und das Rückgrat zerschlagen und die Seele verdrecken. Er schnappte nach Luft, wie einer, der schon im Versinken und Ertrinken, sich wieder hochstößt.

»Det is uns ejal«, sagte der Beamte, »wir haben nur auszuführen, was uns von oben aufjetragen is.«

Er nahm Peter die Papiere ab, den Paß, den heiß umstrittenen, das angenehme Ferngefühl in der Brusttasche, den Schutzbrief der Bürgerschaft, die Zugehörigkeit – wie lächerlich, wie vergeblich das alles, zu nichts waren die Ängste und Aufregungen nütze, als er ihn Margrets Händen entriß – ob es nicht mit vielen Dingen so ist, hinter denen wir keuchend herjagen – ach, wie ich mich nach einem krampf- und illusionslosen, natürlichen Leben sehne ...

Wiewohl ihm der Boden unter den Füßen davonglitt – die Konsequenzen dieser Amtshandlung waren noch nicht abzusehen –, prüfte er die Schärfe seiner Beobachtung. Er betrachtete den Beamten, als wollte er ihn zeichnen; das war einmal ein strammer Sozialdemokrat, die Angst und das schlechte Gewissen sitzen in den Winkeln seiner trüben Augen – arme Hunde sind wir alle –, und jetzt ist er, ohne es zu wissen, das winzige Exekutionsorgan eines großen Prozesses: Immer klarer wurde es ihm, daß er mitten in einem Prozeß stehe, um dessen Sinn der Angeklagte Nyman rang, und er war auf das Urteil gespannt.

Wenn man das Polizeibüro verläßt, gelangt man linker Hand gleich auf den Kurfürstendamm. Peter mußte ihn überqueren, um nach Hause zu kommen. Man nennt es gewohnheitsmäßig immer noch »nach Hause«, die Sprache ist konservativ wie das Gefühl. Aber die Unterschicht des Bewußtseins ist ehrlicher und konsequenter. Er ging verkehrt, er hatte den Ortssinn verloren. Nach Hause – wo war das? Nach dem hellen Augenblick der Besinnung schlug die Panik wieder über seinem Kopf zusammen. Wie ein Schwimmer, dessen Kräfte bei hohem Wellengang versagen, trieb er dahin, auf und nieder. Es war, als vollziehe er den Zustand der Heimatlosigkeit, der über ihn verhängt worden war. Er irrte umher, plan- und ziellos, landstreicherhaft hinausgestoßen in diesen fremden Weltstadtraum. Die Autobusse waren wie Mastodons, die durch diese steinerne Wildnis brausen. Das Pflaster wich unter seinen Füßen wie schwankender Morast.

Ein blaßblauer Himmel verdämmerte. Ein breiter roter Streif des Sonnenuntergangs schloß im Westen eine unendlich lange Straße ab. Wenn ich immer geradeaus gehe, dachte er mit verstörtem Lächeln, komme ich nach Paris, zu Ruth. Auf welchem Weg aber komme ich zu denen, die ich verlassen mußte? Entblößt und preisgegeben, wie er war, stand er am Kreuzweg aller Kreuzwege, in der Ausweglosigkeit. Er blieb stehen und blickte verloren um sich. Er hatte sich im Berliner Westen verlaufen, wie man, aus einem tiefen schrecklichen Traum hochgerissen, sich in seinem eigenen Zimmer nicht zurechtfindet.

Stundenlang war er seit seiner Staatenlosigkeit so herumgeirrt. Plötzlich fand er sich wieder am Kurfürstendamm, jenseits des Olivaerplatzes. Die Lichter und der rote Dunst über den Dächern taten ihm weh, es war sein obdachloses Heimweh, das ihn jedem Schmerz öffnete. Er erinnerte sich all der Abende vieler vergangener Jahre, und er ging sie, völlig verwandelt, noch einmal, diese Straße der Verantwortungslosigkeit, des Pseudogeistes, des Egoismus, des Luxus, des unechten Radikalismus, der Verspieltheit, des Zynismus – ach versprengt und hinabgeweht all dies und seine Repräsentanten, in Tod, in die Verschollenheit und ins Exil. Auch er war sie einmal geschlendert, ein deutscher Schriftsteller – er war es gewesen ... Jetzt stand er an einer Ecke der Prachtstraße, im schlimmsten Exil, das es gibt: daheim entrechtet und fremd, in der inneren Emigration, ohnmächtig, sich zu regen. Übrigens war es ein stiller Trost, daß er sich hier, auf dieser öligen Stromschnelle, nie recht zu Hause gefühlt hatte. Nun also, jetzt bin ich so weit, das Kostüm fällt ab, und übrig bleibt der Fremdling, der ich im Grunde immer war ... Bin ich jetzt unten durch und sehe die Welt von der anderen neuen Seite? Gehts nimmer tiefer und komme ich der Sache jetzt auf den Grund? Wirft mir Gott einen Strick zu, auf daß ich mich hinaufziehe oder aufhänge?

So komisch verloren als Fremdling an einer Ecke zu stehen, war die letzte Konsequenz der Vereinzelung und des Unvermögens, in Reih und Glied zu marschieren? Tut man es nicht, marschiert die Zeit über einen hinweg. Man muß es frühzeitig lernen, sich mit Kampfgefährten zu verbünden. Sein Sohn soll es draußen lernen; er soll unter den politischen Ideen die gerechteste und menschlich umfassendste wählen; er soll kämpfen lernen, wie man ein Handwerk oder eine Sprache lernt. Ich habe es versäumt – ist es schon zu spät, lern' ich es nimmermehr? Wie lange noch werde ich schweigen und mit den Schwachen schwach sein? So »frei« herumzugehen, so verloren, so abgetrennt von seiner Bestimmung – ist das nicht fast ebenso schlimm, wie »Moorsoldat« zu sein und »hinter Stacheldraht«?[30]

Er war im streitbaren Selbstgespräch bis zur Konditorei von

Dobrin heruntergegangen, den die Juden mit dem ihnen eigenen häßlichen Talent zur witzigen Selbstverspottung »Jud Süß« nannten. Vielen begegnete er, die die Straße des Verrats gingen: Ullstein- und Mosse-Redakteuren, die ehemals für Bert Brecht und Breitscheid durchs Feuer gingen, in dem sie jetzt am liebsten die Zeitungsbände bis 1933 verbrannt hätten, um alle Spuren zu tilgen ... Sie blickten ostentativ in die Luft, wenn sie Peter sahen. Keine Angst, dachte er, ich grüß euch nicht unter den Linden. Ich bin zu ehrlich, um euch zu verachten, wie sichs gehörte. Ich möchte euch eher in die Kategorie der armen Hunde einreihen. Ihr habt mit Überzeugungen geflirtet, aber nie für sie gekämpft. Ihr werdet auch die Verräter eures neuen, allzu neuen Nazitums sein. Ich kenne den Prozeß der langsamen Abtötung des Gewissens – hab alles selber durchgemacht und bin hindurchgegangen. Ich trage noch die schmählichen Spuren der Unterwerfung. Ich weiß, wie die Sorge um die Seinen, die Angst vor dem Hunger, vor dem Nichts, die Drohung der Gewalt den Menschen korrumpiert. Ihr findet das Übel nicht so schlimm und möchtet ihm eine gute Seite abgewinnen, weil ihr eure Kurfürstendamm-Bequemlichkeit nicht aufgeben wollt, ihr ehemaligen »Linken«. Ihr seid der Dreck im Uhrwerk der Zeit; ihr könnt das Verderben aber nicht aufhalten.

Als ob sich aus dem imaginären Gesprächspartner, mit dem er sich unterhielt, ein realer herausgeschält hätte, stand plötzlich Richard Dierks vor ihm.

»Sie sind nach Berlin emigriert?« fragte er Peter, und seine Augen, zwei munter gesprenkelte, dunkle Vögel, zwinkerten unverwüstliche Schelmischkeit, die man seiner formelreichen, witzigen Prosa nachrühmte. »Kommen Sie, trinken wir irgendwo einen Kaffee – möglichst irgendwo, wo man nicht gesehen wird – wie ist das mit uns: sind *Sie* mehr belastet als ich, oder bin *ich* es mehr als Sie, so daß ich Sie oder Sie mich mich kompromittieren, falls wir zusammen gesehen werden?« Er hatte wie immer die Situation erfaßt.

»Wo wohnen Sie eigentlich?«

Ein Kurzschluß und eine leere Dunkelheit entstand in Peters Kopf, ähnlich wie vorhin, als er ausgebürgert aus dem Polizeibüro heraustrat, unter einem Himmel von ungeheurer Gleichgültigkeit, dessen große Freiheit er noch nicht erfaßte. Wo wohne ich eigentlich?

»Nun?« fragte Dierks und seine gesprenkelten Augen funkelten neugierig und spöttisch.

Peter verzog die Stirn vor Anstrengung. Er hatte die Straße vergessen, vergessen, wo er wohnte, die Ereignisse hatten alles ausgelöscht. Es war mehr als eine Gedächtnisstörung, es war der symptomatische Ausdruck der Zerstörung jedes Daheimseins ...

»Es ist eine Nebenstraße des Kurfürstendamms, auf der linken Seite, in der Richtung nach Halensee ...«

Dierks, der nicht wußte, was alles vorangegangen war bis zu dieser Stunde der Zerrüttung, tippte diskret an seinen Kopf und sagte leise: »Vollkommen weich ... Aber unverzagt, das werden wir gleich haben«, und er begann mit großer Geläufigkeit alle Nebenstraßen des Kurfürstendamms aufzuzählen, bis er die richtige fand. »Wissen Sie die Hausnummer? Sollen wir dem verlorenen Kleinen ein Täfelchen mit der Adresse um den Hals hängen?«

»Daß wir noch dasitzen mit ziemlich heiler Haut, ist ein kleines Wunder«, sagte Dierks und rauchte winzige russische Zigaretten; in seiner Hand war ein unaufhörliches Vibrieren. (Ziemlich heile Haut? dachte Peter; nun, die meine ist hübsch durchlöchert, und er stellte im Stillen eine Liste seiner Verluste auf ...) »Sie sind doch auch ein verbrannter Autor ...«[31] – Dierks war einer der »Verbranntesten« – »ich habe doch gelesen, daß man Ihre letzten beiden Bücher ...«

»O nicht der Rede wert«, sagte Peter.

»Mich haben sie gründlich verbrannt, auf dem Gendarmenmarkt,[32] ich stand dabei und sah zu und brüllte mit, und so bin ich – « er klopfte dreimal auf Holz – »durchgeschlüpft. Ich habe nicht das Zeug zum Märtyrer. Sogar mein Bankkonto hat die Gestapo wieder freigegeben.«[33]

»Warum sind Sie nicht fortgegangen, ins Ausland? Bitte, das soll keine Vorwurfsfrage sein, zu der ich am wenigsten berechtigt wäre.«

»Das ist nicht mit einem Satz zu beantworten. Viele Gründe, oder vielmehr der eine und einfachste: ich habe mich an diese Straße so gewöhnt, sie hält mich fest, sie ist meine ›Scholle‹ und sogar mein ›Blubo‹. Ich werde vor Heimweh krank, wenn ich anderswo bin. Der bloße Gedanke an die Emigration in Paris oder Prag treibt mir den kalten Schweiß auf die Stirn.«[34] Er wischte sich ihn ab. »Die Emigration würde mir Herz und Hirn leersaugen. Für manche Menschen ist sie die wahre Hölle, ein langsam erstickender Tod – dann schon lieber die heimische Hölle. Ich könnte draußen nicht eine Zeile schreiben. Ich habe von der Linksgesinnung gelebt, und nicht schlecht«, sagte er mit zynischer Selbsterkenntnis, »aber es liegt mir nicht, dafür zu leiden. Darum habe ich mich unterworfen und feierlich gelobt, mich zu bessern und habe mein rein rheinländisches Blut bis zur Urgroßmutter nachgewiesen, alles tadellos, also hier gibt es nichts zu tippen. Sie haben mich – Bewährungsfrist – in den Verband aufgenommen, und dann haben sie mich wieder hinausgeschmissen. Sie haben mich zugelassen, damit ich in die tiefe Kniebeuge gehe und damit sie mir dann einen Fußtritt versetzen können.« Er knirschte mit den Zähnen. »Daß man vor diesen Sadisten den Kotau machen muß ..., daß man vor ihnen kriecht und scharwenzelt – und dann doch noch hinausfliegt. Wenn eines Tages die Sache umkippt«, flüsterte er, »werde ich als erster den ›Reichsverband‹ stürmen und in der Kartothek das Aktenstück Dierks vernichten, und viele andere werden es ebenso tun.« Mit spitzbübischem Behagen verweilte er bei der Vorstellung, wie die Belasteten von anno x die fatalen Spuren ihrer Gleichschaltung verschütten werden.

»Können Sie denn so leben, ich meine, ganz abgesehen vom Seelischen, auch materiell?«

»Och, ja, es macht sich, man tarnt sich so durch, im Inland mit einem Strohmann, im Ausland zieht der gute Name Dierks.«[35]

»Und Ihre Kritik an den deutschen Zuständen?«

»Ruht. Ein gebrannter Autor fürchtet die Gestapo. Ich habe mich entpolitisiert. Keine Zeile für das Dritte Reich wie die Poertschens und was sonst hier noch kreucht und fleucht. Lieber schreibe ich Pipi-Geschichten.«

Es entstand ein Schweigen. Die Zeitkritik war Dierks Stärke, dachte Peter – sie war seine Schwäche, wie man sieht ...

Jetzt nahm Dierks das Fragen auf: »Warum sind *Sie* noch hier? Bei Ihnen liegt der Fall doch anders. Sie haben hier nichts zu verlieren« (und überdies, dachte er, von der herrschenden Meinung schon angesteckt, ein Jude kann überall zu Hause sein).

Nein, nichts mehr zu verlieren, schon alles verloren, dachte Peter. »Ich habe noch einiges in Ordnung zu bringen, eine Ehescheidungssache[36] und anderes«, sagte er. Davon abgesehen, hatte er eine ähnliche Angst vor der Fremde wie Dierks.

»Ich weiß«, sagte Dierks leise, »daß die draußen mich verachten. Ich habe von den Juden ungeheuer viel gelernt, wie Sie von den Deutschen – aber so wie Sie mit diesem Erworbenen hier nichts anfangen können, so würde ich mir in der Emigration furchtbar verloren vorkommen, und das, was ich den Juden verdanke, würde sich – wie eine Infektion, die virulent wird – gegen meine geistigen Väter und Lehrer wenden, und jedenfalls wäre ich sehr unglücklich, wie ein deutscher Jude, der ein Deutscher ist, hier unglücklich sein muß. Wenn Sie herauskommen, sorgen Sie für ein bißchen Verständnis für die, die, mehr oder weniger sauber, hier geblieben sind. Die draußen sollten auch einmal ihre Optik und ihren Standort revidieren, anstatt sich immerzu etwas darauf zugute zu halten, daß sie draußen sind ... Es ist eine schreckliche Lehrzeit, und Völker und Individuen bekommen alle Jahrhunderte mal die Zuchtrute ...«[37]

Juni 1937

DAS GUTE HAAR

Die Indianer nehmen ihrem Feind den ganzen Skalp, sie lassen ihm kein gutes Haar.

Der Mitteleuropäer skalpiert seine Gegner anders; gleichsam analytisch, methodisch, bis an dem Menschen kein gutes Haar mehr bleibt.

Durch die Methode des Absprechens, des flüsternden Herumsprechens, ja sogar schon mit einer süffisant geringschätzigen Miene, einem Achselzucken erzielt man leicht den gewissen Haarausfall. Und wenn dem so entstandenen Glatzkopf ein gutes Haar wächst – gleich ist es wieder weg.

Unergründlich, aus welcher Bosheitstiefe die Lust kommt, jemandem nicht ein gutes Haar zu lassen. Das entgegengesetzte Bemühen, dieses Haar zu suchen, und gerade am Widersacher, und sogar mit der Lupe, würde zu sehr schönen Wachstumsergebnissen führen. Aber dieses ethische Haarwuchsmittel ist noch nicht entdeckt.

Was man den Leumund nennt – ein Wort und Ding, von dem man schreckliche Träume haben könnte –, das ist ein gefräßiges Tier, das sich häufig vom guten Ruf nährt. Nichts hat es mit dem großmütigen Leu zu tun, aber die Traum-Etymologie wirft alles durcheinander und macht aus dem Leumund einen greulichen Löwenuntier-Rachen mit spitzen Zähnen, mit Haaren auf diesen Zähnen, eben jene »guten Haare«, die die Beute, Trophäe und Nahrung des Leumunds sind … *8. Juni 1937*

LEGENDE VOM KUNSTMALER

Er trug seinen letzten Anzug, sein letztes Paar Schuhe, und unter beiden Armen Bilder in Öl, die in grünes Tuch und braunes Packpapier eingeschlagen waren. So stieg er viele Treppen; wenn man all die Stufen zusammenzählen würde, reichten sie bestimmt bis an die Wolken … und immer höher und vielleicht – weiß man es denn? – bis an Gottes Thron.

Kulhanek hatte ein würdiges Gesicht, volles weißes Haar und sah nicht so aus, als ob man ihm ein Almosen geben könnte, wiewohl er das eben tat, was einem Menschen zu tun noch übrig bleibt, wenn ihm schon gar nichts anderes übrig bleibt. Er versuchte, von Haustür zu Haustür gehend, seine Bilder zu verkaufen.

Der Widerstand begann schon bei seiner leisen, übrigens zutreffenden Versicherung, er sei akademischer Kunstmaler, und er möchte unverbindlich seine Bilder zeigen. Er kam nicht einmal so weit, die Gemälde aus ihrer Verhüllung zu schälen. Man lehnte das Ansinnen, die Bilder anzusehen, teils verwundert und teils entrüstet ab, als wäre es eine Zumutung. Bilder schaut man sich nur in der Kunsthandlung an und allenfalls in einer Ausstellung, aber nicht an der häuslichen Türspalte. Wie ihn das kränkte, daß man seine Landschaften und Stilleben nicht einmal sehen wollte. Sie waren nicht schlechter, waren auch nicht besser als tausend andere

Landschaften und Stilleben, die in der ganzen Welt gemalt werden. Aber da sie an den Vorzimmertüren mit bescheiden bittender Stimme feilgeboten wurden, erlitt ihr Wert einen tiefen Sturz, weit unter ihr mittleres Niveau.

Gott verdroß diese kalte Gleichgültigkeit der Menschen, und der treppensteigende alte Mann kam ihm immer näher; denn Himmel und Erde sind verbunden durch ungezählte Stufen, auf denen die Kreatur, ein seiner selbst unbewußter Engel, auf- und niedersteigt, und die Himmelsleiter besteht aus den irdischen Stufen des Leids, sagt der Dichter. Der Kunstmaler Kulhanek war nur scheinbar der Kunstmaler Kulhanek, in Wirklichkeit hatte ihn Gott zu einem Sendboten gemacht. Nur wußte es Kulhanek nicht. Er wußte nicht, daß seine Bilder unter dem grünen Tuch und dem braunen Papier sich in die Engel Raphaels und die Heiligen Grünewalds verwandelten, in dem Augenblick, da ein Mensch sie zu sehen und zu kaufen begehrte. Aber wie konnte er es wissen oder die Leute es auch nur ahnen, da die Bilder ja verhüllt blieben, die ihnen für hundertfünfzig oder zweihundert Kronen angeboten wurden. Man denke, so außergewöhnliche Ware für 150 oder 200 Kronen.

Das war so einer von Gottes Späßen, eine seiner heimlichen Prüfungen. Wenn etwa der Agent Wendrisch in der fünften Etage gesagt hätte: »Bitte treten Sie näher, Herr Kunstmaler, ansehen kann man es sich ja mal«, und der Alte hätte hocherfreut das Bild aus dem grünen Tuch geschält, und Herr Wendrisch hätte gesagt: »Nun, 150 Kronen, das ist zwar für meine Verhältnisse ein bißchen viel, ich verdiene nur wenig ...«, also man stelle sich vor, der Agent Wendrisch hätte für diesen Betrag sagen wir einen Greco gekauft von tausendfachen Wert – ? Aber Wendrisch hat nur gesagt: »Kommt gar nicht in Frage – lassen Sie die Bilder nur eingepackt, tut mir leid – keine Verwendung.«

Und so kommt es, daß Kunstmaler Kulhanek keine Ahnung hat, als prüfender Sendbote Gottes an den Haustüren zu klingeln, und die Wendrischs wissen nicht, daß, wenn sie die Türen weit öffnen und die enthüllten Bilder gütig ansehen würden, der Engel ihnen köstliche Gaben brächte, fast so wertvoll wie ein Murillo – weiß Gott.

29. Juni 1937

Die Lakaien standen mit verschlossenen, verhängten Gesichtern am Schloßtor von Balmore. Alles war zur Spazierfahrt der Königin bereit. Die Pferde schlugen mit ihren Hufen den Kies, kerzengerade stand die Peitsche in der Luft; nur etwas fehlte noch – abgesehen von der Königin. Dieses Fehlende, das war es, das eine unsichtbare Spannung verbreitete, vom Oberhofmarschallamt bis zu den Stallungen. Ob auch heute wieder der Kellermeister mit den diskreten Körbchen ... Da kam er schon mit der vorgeschriebenen, verschlossenen, verhängten Miene, hob den Deckel des rückwärtigen Kutschkastens und versenkte darin das Ungewisse, Vielumflüsterte. Ein unmerkliches Zucken ging über die gesenkten Augenlider. Nur das etwas zu rote, gedunsene Gesicht des Leibkutschers Quash befand sich nicht ganz in der vorbildlichen Verfassung.

Das war nun schon seit über einem Jahr die unabänderliche Gewohnheit bei jeder größeren Ausfahrt der Königin Victoria. Persönliche Order der Queen, flüsterte man, die der neue Hofmarschall von dem verstorbenen übernommen hatte – also schon ein Stück Tradition, die man ohne Kritik und Frage zu wahren hatte.

Das Gerücht kam von unten, aus dem Kreis der Lakaien; Quash scheint an seinem Entstehen hauptsächlich beteiligt zu sein. Zugleich aber konnte der neue Hofmarschall nicht umhin – er hatte lange mit sich gerungen –, den Minister und Vertrauten der Königin, Lord Disraeli-Beaconsfield, auf eine befremdliche Eigentümlichkeit, auf eine alte Order der königlichen Hofhaltung aufmerksam zu machen.

»Sind Sie dessen auch sicher?« fragte Beaconsfield ungläubig.

»Es liegt eine unzweifelhafte Order der Königin vor, aus dem Jahre 1869.«

»Für jede Ausfahrt der Königin, sagen Sie?«

»Für jede, zumindest für die größeren Spazierfahrten, wie sie die Königin im Hochland von Balmore zu unternehmen liebt.«

Beaconsfield verzog den Mund und die buschigen, noch immer dunklen Brauen. »Und eine ganze Flasche?«

Der Hofmarschall nickte betrübt.

»Und sogar Whisky?«

»Es darf nach der Order der Königin auch Kognak sein«, sagte der Hofmarschall, und es klang wie eine Entschuldigung. Die beiden alten Herren sahen sich stumm an; in ihren Gesichtern war der gleiche Ausdruck: Unsere Königin – – das ist entsetzlich ...

Wenn es die Öffentlichkeit und das Ausland erfährt ... dachte Beaconsfield, und die Falten um seinen Mund wurden noch tiefer. »Die Königin von England und Kaiserin von Indien trinkt täglich eine Flasche Whisky.« Unvorstellbar. Man wird über uns herfallen, ich sehe schon die Karikaturen in den Witzblättern: das Britische Weltreich, schwankend auf der Spitze einer Whiskyflasche.

»Es ist nichts dagegen zu machen – ich sehe keine Möglichkeit, da einzugreifen – das sind gewissermaßen ungeschriebene Kronrechte.«

Disraeli nahm das »Geheimnis« ins Grab.

*

Das Gefürchtete geschah. Das Gerücht wurde publik.

Die Jahre, die Ereignisse waren dahingerollt: Kriege, Aufstände, Reformen, Kabinettswechsel – zwölf glücklich bewegte Jahre des britischen Imperiums rauschten dahin, aber das Geflüster um die ahnungslose Königin verstummt nicht. Man verheimlicht vor ihr die Zeitungen, die sich mit der in ihren späten Jahren erworbenen Angewohnheit teils wohlwollend, teils spöttisch beschäftigen. Ein Schüler Daumiers veröffentlicht in einem Pariser Witzblatt eine Karikatur: Die kleine alte Dame holt in ihrer Kutsche eine Whiskyflasche hervor, die sie in dem weit gebauschten würdigen Taftkleid verborgen hielt.

Als Gladstone eines Tages in Balmore weilt und von der Königin aufgefordert wird, sie auf der Ausfahrt zu begleiten, erkühnt sich der alte Minister – immerhin ist er achtzig und die Königin erst siebzig, also darf er es wagen. Glatt heraus: er spricht gegen den Alkohol, er befürchtet nachteilige Folgen für die Gesundheit Ihrer Majestät. Überdies nehme die Öffentlichkeit Anstoß, und kurzum, er beschwört die Königin als ihr ältester Berater ...

Victoria blickt den alten Mann, der beinahe auf die Knie fällt, verständnislos und erschreckt an: »Ist Ihnen nicht gut – einen Whisky?«

Gladstone stöhnt: »Whisky – es ist also wahr, daß Ihre Majestät ...«

»Gladstone, was reden Sie für wirres Zeug?«

»Die ganze Welt glaubt es. Seit Jahren. Hier«, und er zückt die in seiner Brusttasche verwahrte, vergilbte Order an den königlichen Haushalt und reicht sie der Königin. Die starrt das Papier an, denkt angestrengt nach – und plötzlich sieht sie sich auf einer Fahrt wie dieser durch das Hochland von Balmore, genau erinnert sie sich, wie der Lakai neben dem Kutscher beinahe umgesunken und vom Bock gestürzt wäre, und wie sie aufschrie: »Whisky oder Kognak – rasch!« Und wie sie den ohnmächtigen Lakaien in der Kutsche neben sich bettete und befahl: »Rasch ins nächste Gasthaus.« Das nächste Gasthaus im Wald von Balmore war ein »teatotaler« ohne einen Tropfen Alkohol, aber inzwischen war der Lakai gottlob zu sich gekommen. Und als dann die Kutsche in das Schloß zurückkehrte, gab die Königin dem Hofmarschall den strikten Befehl, von nun an ein für allemal dafür zu sorgen, daß bei jeder Ausfahrt eine Flasche Whisky (oder Kognak) im Kutschwagen läge für den Fall, daß jemand ohnmächtig wird.

Die alte Königin überlebte den Lakaien und den Leibkutscher, der sich zu Tode trank, und einen zweiten, der, wiewohl ein braver bewährter Mann, liederlich wurde – alles überlebte die Queen, sogar ihr eigenes Zeitalter, nur die Order blieb und wurde von den Nachfolgern buchstabengetreu erfüllt, die den Sinn der Anordnung greulich mißverstanden.

»Gladstone – und das hat man von mir geglaubt – Victoria und Whisky!«

Sie öffnete den Kutschkasten – und richtig, da lag eine frische Whiskyflasche auf Grund der königlichen Order von 1869. »Gladstone, meine Kutscher und Leibjäger des letzten Jahrzehnts haben auf mein Wohl täglich eine Flasche Whisky geleert – und alles auf meine Kosten ...«

15. Oktober 1937

EIN MANN
NAMENS WOHLFAHRT

Er hieß Theodor Wohlfahrt,[38] wie aus einem Roman von Gustav Freytag, dessen Figuren für ihr Wohlverhalten schöne Namen bekommen: die guten heißen Wohlgemut und die schlechten Itzig.[39] Ich glaube, ich habe ihn gekannt, den Doktor Wohlfahrt, Notar und Rechtsanwalt in Hamburg. Ich sehe ihn vor mir: einsachtzig groß, Gardemaß, Hauptmann der Reserve, im tadellosen dunklen Paletot mit spiegelnden Seidenrevers, im Knopfloch das Bändchen des Eisernen Kreuzes erster Klasse. Der Blick blau und streng, das Haar neutral, die Nase kräftig, aber gerade, über einem kleinen Schnurbart.

Im Grunde war er kein Antisemit, aber er hatte einen besonderen Blick, der hart und kalt wurde – zumal seit 1933 –, wenn er Juden ansah. Er hielt auf Distanz. Er war Hanseat durch und durch, national, Papen war der Mann seiner Wahl, aber Hitler das Idol seiner Bewunderung.

Diese deutsche Normalexistenz ging aufrecht in das Jahr 1933 hinein. Aber die Senatoren im Ratskeller, die Freunde, Feldkameraden, wichen ihm verlegen aus. 1934 nahm man ihm das Notariat, 1935 die Advokatur, 1936 besaß er nur noch die gute, etwas ramponierte Garderobe, den ungebeugten, unbeugsamen Rücken und das Eiserne Kreuz erster Klasse, und dieses in jedem symbolischen Sinn. 1937 bezog er, der Mann dieses Namens, Wohlfahrts-Unterstützung, selbstverständlich nicht die jüdische, nein, er ist kein Jude, sondern die der Stadt Hamburg. Ehemalige Freunde, die ein schlechtes Gewissen haben, lassen ihm heimlich etwas zukommen. Doktor Wohlfahrt, von all dem unberührt, schreitet gestrafft und mit einem Eisernen Kreuz durch Hamburg, sein Auge blitzt stolz und unbeteiligt über die Schicksalsgenossen hinweg.

Er hat zwar nichts mehr, aber er ist ein stattlicher Mann, und die Frauen mögen ihn gern, vielleicht erst recht. Ehemalige Freunde lassen ihm wohlgemeinte Warnungen zugehen. Um Gotteswillen, Mensch, haben Sie ihre Papiere in Ordnung, viermal vier Geburts- und Trauscheine, Großmütter väterlicherseits und Großväter mütterlicherseits. Wenn er wenigstens fünfzig Prozent gut hat … Doktor Wohlfahrt hat dafür nur ein gleichgültiges Achselzucken. Was kümmert ihn, einen durch und durch nationalen Deutschen, diese fixe Idee der andern. In seiner Verblendung rührt er das glühende Eisen an, ihn wird es nicht verbrennen, ihn nicht! Einkünfte, Titel, Beruf – Nichtigkeiten im Grunde – kann man ihm nehmen. Aber nicht seinen männlichen Stolz, sein Recht auf Liebe, auf Geliebtwerden, das Intimste, das Letzte, das Unantastbare.

Durch den fadenscheinigen stattlichen Paletot wird das geheime Hiobs-Zeichen sichtbar, die Staatsanwaltschaft hat das Material beisammen (das allein einen Roman ergäbe), anonyme Anzeigen des Sexualneids und viermal vier volljüdische Geburts- und Trauscheine; sie schlägt zu. Wohlfahrt wird verhaftet.

Vor Gericht hätte er sein Los mildern und mit dem Strafschema von einem Jahr Zuchthaus davonkommen können. Aber er wollte nicht. Der Bewunderer Hitlers wird zum Rebellen, der Nürnberg, das Sinai der Rassen-Sexualgesetzgebung, leugnet.[40] Sie existiert für ihn nicht; er weiß nicht, was das ist, ein Jude sein. »Ich bin keiner; ich sehe nicht so aus, ich fühle nicht so, ich bin ein Deutscher. Ich kann lieben, wen ich will, das geht niemanden was an.« (Goethe: »Wenn ich dich liebe, was geht es dich an!«)[41] »Und ich werde lieben, wen ich will. Das lasse ich mir nicht nehmen!«

Da steht er, ein deutscher Jude, Hiob, Michael Kohlhaas, Don Quixote in einer Person, und geht aufrecht und mit einem Eisernen Kreuz, fünfundfünfzigjährig, für zehn Jahre ins Zuchthaus – also ins Nichts. Hinter ihm her sagt der Vorsitzende kopfschüttelnd: »Er hatte die fixe Idee, ein Deutscher zu sein.«

25. November 1937

DER ÜBELNEHMER

In einem amerikanischen Warenhaus war einmal ein Mann beschäftigt, der nichts anderes zu tun hatte, als die Beschwerden und Grobheiten des Publikums entgegenzunehmen. Der Direktor, ein moderner Psychologe, der diesen Posten geschaffen hatte, war der Meinung, daß Schimpfen die Kauflust fördere. Man muß den Leuten Gelegenheit geben, an einem Blitzableiter, an einem Watschenmann etwas abzureagieren. Mögen sie nur schimpfen, wenn sie nur kaufen.

Aber die wandelnde Beschwerdestelle, durch eine Armbinde kenntlich, ging im Gewoge der Käufer untätig umher und bettelte mit stummen Blicken, an- und ausgeschimpft zu werden. Es ging in dem Warenhaus alles wie am Schnürchen, das Publikum war zufrieden, und der Beschwerdemann, der nichts zu tun bekam, zitterte um seinen Posten.

Um der Kündigung zu entgehen, kam ihm die Idee, für weniges Geld ein paar arme Teufel als Übelnehmer und Krachmacher in eigener Regie zu beschäftigen. Nun bekam der Mann, der nichts anderes zu tun hatte, als das Übel der Übelnehmer entgegenzunehmen, zu tun, und der Direktor war zufrieden; seine neue Institution hatte sich bewährt.

Dies ist, soweit man auch blickt, der einzige Fall, das Übelnehmen etwas einbringt. Vor Nachahmung wird gewarnt. Dieser Beruf ist gewissermaßen überfüllt. Es gibt so viele Männer und Frauen mit dem ewig beleidigten, vorwurfsvollen Gesicht, denen nichts recht zu machen ist und die sich dauernd zu beschweren scheinen – damit ist nichts zu verdienen, damit setzt man nur zu ...

Übelnehmerische Menschen beiderlei Geschlechts haben in ihrem Gesicht und Wesen etwas Altjüngferlich-Verbittertes und ähneln Tante Amalia. Was tut Tante Amalia? Sie sitzt auf dem Sopha und nimmt übel.[42] Grundsätzlich und alles. Davon kann man nicht leben.

zwischen 1937 und 1939

ZIGEUNERMUSIK

Zigeuner musizieren immer im Stil ihres Adoptivlandes, und sie musizieren gut. (Aus einer Studie über Zigeunermusik)

Eine Weinstube in Temesvar (Ungarn), 1913.[43]

Schwarzhaariger Zigeuner hat eine ungarische Melodie gespielt. Das Publikum klatscht begeistert Beifall.

Palfy Istvan (hingerissen schluchzend): »Joj, wie mochst du dos,

Bruderherz, daß du uns spielst aus Seele heraus und in Seele hinein, als wärst du Magyar ember. Joj istenem, bist du nur hergelaufenes Zigeiner, host nicht unser Blut. Wo nimmst du dos her, bitteschön? Bist großer Kinstler, muß dir Nejd lossen, – igazan. Hot dich gestreift Genius der Nation. Komm, ich muß dir geben ajn Kuß.«

Er befeuchtet mit den Lippen eine Fünfzig-Kronen-Note und klebt sie dem Primas auf die Stirn.

Der Zigeuner, mit unverändert traurigem Gesicht, fiedelt weiter durch die Zeiten.

*

Eine Weinstube in Timisvara (Rumänien), 1938.

Weißhaariger Zigeuner hat eine rumänische Melodie gespielt. Das Publikum klatscht begeistert Beifall.

Ein rumänischer Musikant (erhebt sich): »Ihr scheint noch immer nicht die gebieterischen Zeichen der Zeit begriffen zu haben! Der Zigeuner ist die Weltgefahr. Er schmeichelt sich in unser Herz. Er bemächtigt sich in infamer Weise unserer Musik. Unsere erdverbundenen Musiker darben, während der Zigeuner täglich Gulasch frißt. Das muß anders werden! Der Stolz der Nation gebietet ...«

Stimme aus dem Hintergrund: »– daß nur echtgebürtige Rumänen Gulasch essen und Geige spielen ...«

Der rumänische Musikant: »Sehr richtig! Der Zigeuner nimmt die Gestalt seines jeweiligen Aufenthaltslandes an; er versteht es, die Musik aller Vaterländer zu spielen. Er hat keine Heimat.«

Stimme aus dem Hintergrund: »Wenn er nur zigeunerisch spielen würde, würdet ihr schreien, daß er die Musik der Nation verschmäht. Wenn er die Musik der Nation spielt, schreit ihr, daß er sie annimmt. Was soll er tun?«

Der rumänische Musikant: »Das ist es eben! Das ist das Zigeunerproblem, das sofort gelöst werden muß! Er ist nicht wert zu spielen. Er ist nicht wert zu leben! Es ist gefährlich, ihn spielen und leben zu lassen!«

Der alte Zigeuner geigt versunken, als ginge ihn der Lärm ringsum nichts an, immer trauriger wird sein Spiel.

Die Zuhörer (hingerissen, aber wütend, daß sie hingerissen sind, umjubeln den rumänischen Musikanten, wiewohl er keine Musik macht, sondern redet): »Hinaus mit ihm! Er darf nicht spielen! Er zersetzt uns! Wir sind schon ganz zersetzt. Es ist höchste Zeit! Jagt ihn! Ein Zigeuner kann keine Musik machen!«

Eine Weinflasche fliegt gegen die Stirn des alten Zigeuners, trifft gerade die Stelle, wo vor fünfundzwanzig Jahren Palfy Istvan 50 Kronen hingeklebt hat.

Die Musik bricht ab. *5. Februar 1938*

EIN MENSCH FÄLLT UM. TYPOLOGIE DER STRASSE

In allen Großstädten der Welt wird ein Bruchteil von Promille der Bevölkerung vom harten Asphalt gepackt und stirbt auf dem Pflaster. Der große Sumpf schluckt sie auf. Die Clochards in Paris, die Obdachlosen in New York, die vagierenden Hausierer in Wien, der uralte slowakische Flötenspieler in Prag – sie fallen eines Tages um, oder mitten in der Nacht, in einem Straßenwinkel, unter einem Baum, in einer Bahnhofsecke, unter einem Brückenbogen, und sterben.

Der Tod auf der Straße ist nicht überall gleich; auch er hat sein eigentümliches, ortsübliches Ritual, sein folkloristisches Gepräge unter der brausenden Begleitmusik der großen Städte. In übertreibender Typisierung sieht das so aus:

Prag

Ein Obdachloser, vor Entkräftung umgefallen, hat sich einen der mageren Bäume des Wenzelsplatzes ausgesucht, um zu sterben. Vielleicht stammt er vom Lande, und ein dunkles Gefühl trieb ihn zu diesem letzten Halt, ein Instinkt, daß es besser ist, unter einem Baum zu liegen als unter dem unbeteiligten, nächtlichen Großstadthimmel.

Aber der Straßen-Baum hat keine Rinde, sondern ein eisernes

Schutzgitter, eisern ist sein Humusboden, seine Wurzeln sind Kabeldrähte, und seine Krone gibt keinen Schutz.

Um den unbekannten Gefallenen bildet sich ein stummes, respektvolles Spalier in Kreisform. Es ist nicht Herzenshärte, sondern Scheu und Unbeholfenheit, die die Zuschauer hemmt, helfend einzugreifen. Vielleicht auch das Wissen um die Nutzlosigkeit. In gemessenem Schritt, der dem Grad der Ansammlung entspricht, nahen zwei Wachleute. Das Spalier öffnet sich, sie treten in den ausgesparten Kreis des Todes; sie schauen, betrachten, mehr nachdenklich als tätig. Dann begibt sich der eine Polizist zum nächsten Telephon. Der andere hält indessen Wache. Und dann geschieht – gar nichts, außer daß der Kreis wächst und abbröckelt, daß hundert verschiedene Gedanken furchtsamer und ergebener Natur durch die Köpfe ziehen und daß die Autos tuten und die Straßenbahnen kreischen. Der da liegt, rührt sich nicht. Er hat Zeit; nur uns vergeht sie. Viel Zeit vergeht, ehe der rettende Wagen kommt, mit den matten Scheiben und dem roten Kreuz, der nichts mehr zu retten hat. Das dunkle Häuflein Nichts, Mittelpunkt des Kreises, zum ersten- und letztenmal Mittelpunkt, wird unter dem Baum aufgehoben, als wärs ein Blatt von ihm.

Wien

»Da kann ma nix machn.«

»Hin is er.«

»Da schau her ...«

»Verhungern lassns die Menscher. A Schand is's.«

»Sei stad ...«

»Und ka Wachmann kimmt. Schlamperei ölendige!«

»Pst!«

Ein Schutzmann, mit einer Taschenlampe leuchtend: »Dös werma gleich han.«

Der Tote springt auf, schüttelt sich vor krampfhaftem Lachen: »Dös Kitzeln kann i net ertragn, Herr Offizial, dös macht mi narrisch ...«

»War eh nur a Betrunkener. So an Auflauf um an Rausch!« – Leicht enttäuscht ab.

Berlin

1. Schutzmann: »Platz da!«

2. Schutzmann: »Natürlich, Papiere nich in Ordnung!«

Leises Volksgemurmel.

3. Schutzmann: »Hat jemand etwas zu bemerken?«

Passant: »Immerhin, ein Mensch stirbt.«

Geheimpolizist: »Wer flüstert hier?«

Die Menge wächst. Trillerpfeife. »Straße frei!« Das Überfallkommando kommt angebraust.

Polizeioffizier: »Was gibt's?«

Wachtmeister, steht stramm: »Ein Mensch, ein Staatenloser, stirbt.«

Polizeioffizier: »Formular K5/8146/römisch VI, Totenschein, lästiger Ausländer.«

Wachtmeister: »Det erste ordentliche Papier, wat er in die Hand bekommt.«

London

Zwei Arbeiter, über einen Menschen gebeugt: »Ist Ihnen schon besser, Sir?«

»Noch einen Schluck. Ist der Whisky dem Herrn angenehm?«

Der marode Landstreicher wird in ein luxuriöses Krankenhaus gebettet, das, wie aus dem Erdboden gewachsen, im Augenblick da ist.

Der Arbeiter: »Entschuldigen Sie, Sir, daß unsere Hände nicht ganz einwandfrei sind, aber wir haben gerade Mörtel gerührt.«

Paris

Spät in der Nacht. Eine Dame taumelt benommen und sinkt nicht ohne Charme in sich zusammen. Sie erhebt sich und fällt nach ein paar Schritten wieder aufs Pflaster. Das Spiel wiederholt sich. Die Passanten haben noch nichts bemerkt. Ein Garçon vor einer Caféterrasse stellt die Dame auf die Beine – vergeblich. Absinth – Koks – Morphium?

Ein junger Taxichauffeur: »Madame scheinen nicht ganz wohl?«
Keine Antwort.
»Kann ich etwas für Madame tun?«
»Nach Hause.«
Er trägt sie ins Taxi und setzt sie behutsam in die Ecke.
»Wohin?«
Die Dame schläft. Tut nichts, denkt der Chauffeur pfiffig, schaltet ein und fährt los. Er fährt kreuz und quer durch Paris. Er fragt die Dame nach ihrer Adresse. Keine Antwort. Er fährt weiter. Der Taxameter tickt sich in die dreistellige Zahl. Paris ist groß.

Der galante Chauffeur öffnet den Wagenschlag, nimmt dann das Handtäschchen. Kein Sou.

Da kommt die Dame zu sich und nennt ihre Adresse: »Rue des Ecoles, keine zehn Minuten von hier.«

Der galante Chauffeur nimmt die Dame, trägt sie behutsam an die erste Straßenecke, setzt sie ab, stellt sie auf, bis sie das Gleichgewicht hält und fährt davon, vorbei an der Rue des Ecoles.

Im Morgengrauen und Regen der menschenleeren Straße sinkt die Dame aufs Pflaster. *13. Februar 1938*

DIE LÄHMUNG

Als der Terror der Großen Revolution seinen Höhepunkt erreichte, geschah eines Tages nach einem Augenzeugen-Bericht der immer noch nicht erschöpften Archive das Folgende:

Der vierte Karren, der die zum Tode Verurteilten von der Conciergerie[44] zum Grève-Platz[45] brachte, war soeben abgefertigt worden. In jedem Wagen hatten höchstens elf Menschen Platz. Der fünfundvierzigste Delinquent dieses Todesschubs – es war ein Tag der Hochfrequenz – blieb unbeachtet im Hof der Conciergerie stehen, die Hände vorschriftsmäßig auf dem Rücken gefesselt, mitten in der schaulustigen, vergnügt schwatzenden Menge. Denn der Tod hatte damals keinen Schrecken, und der Schrecken war eine Gewohnheit wie alles.

Die überlasteten Schergen und sonstige Justizfunktionäre übersahen im Tumult des Aufbruchs den Mann, der im letzten Karren keinen Platz mehr fand. Seine Frage: Wann geht der nächste Wagen? wurde überhört. Im Galopp verließ der Transport den menschenwimmelnden Hof.

Und da: keiner der tausend Gaffer wagte es, dem Mann die Fessel zu lösen, wie wohl sie die Möglichkeit hatten. Dieser selbst wagte es nicht wegzulaufen und sich zu verbergen, obgleich er es hätte tun können. Erstaunt blickte der Vergessene um sich, und dann, unter lautem Rufen lief er hinter dem Karren her, seinen Tod reklamierend, durch viele Straßen von Paris, denn der Weg von der Conciergerie zum Grève-Platz ist weit. Dieser Dauerlauf durch Paris, hinter der Guillotine her, das ist die letzte Disziplin eines durch den Terror entwerteten Lebens. Gossin hieß der Mann.

Eine exemplarischere Wirkung des Schreckens ist nicht denkbar. Hier ist seine klassische Illustration. Andere Zeiten, anderer Terror. Er ist subtiler geworden, zweifellos, aber auch universaler. Im Prinzip ist die Lähmung die gleiche. Es ist eine rein persönliche Geschmackssache, ob man ein Leben der Einschüchterung, der Gewissensbeugung, der Stummheit, der seelischen und physischen Aushungerung dem raschen, schmerzlosen Tod der Guillotine vorzieht. So oder so, die Furcht preßt dem Leben jeden Wert und jede Würde ab, so daß sich die Schwachen dem Schrecken freudig hinwerfen.

26. Februar 1938

DEUTUNG EINES ZWEIKAMPFS

Verschanzt und überdies durch eine tiefe Schlucht getrennt, lagen sich die beiden Mächte sprungbereit gegenüber. Aber keiner wagte, dem Gegner an die Gurgel zu fahren, wiewohl sie durch Waffengeklirr und Geschrei die eigene Angst zu übertönen und sie dem Gegner beizubringen suchten.

»So geht das nicht weiter«, sagte Goliath, »das muß ein Ende haben!«

Das war nun ein schreckliches Gesicht, das da unter Trompetengeschmetter aus der Schlucht aufstieg. Eine riesige Bulldogge mit Froschaugen, der vierschrötige, kolossale Leib um und um gepanzert; seine Schultern waren mit Erz ausgestopft, das ganze Gold der reichen Philister war in seiner Rüstung. Sein Spieß war wie ein Mastbaum, zehn Schildträger mußten ihn schleppen. Seine Beine waren wie Säulen, unter den Sohlen trug er dickes Blei. – Wehe, wer unter diese stampfenden Füße geriet! – Die um Saul duckten sich tiefer in ihre Verschanzung. Mit dem da kämpfen – unmöglich!

Es entspräche nicht der Wahrheit, zu behaupten, daß David sich nicht gefürchtet habe. Die alten Schriften lieben die einfachen, klaren Motive, darum erscheint der Knirps ein bißchen heldisch herausgeputzt.

»Ich will kämpfen«, sagte David; seine Gefährten schlugen sich hohnlachend an die Stirn, wiewohl ihnen gar nicht zum Lachen war. »Der Hirtenbub aus Bethlehem, der Träumer, das Nichts will kämpfen! Womit will er kämpfen! Mit seiner Hirtengerte? Mit seiner Leier? Er ist der Kleinste unter seinen Brüdern, und er will kämpfen – gegen den da!«

Da sagte David: »Nimmer entfalle einem Menschen das Herz um den da!« Wer gab ihm das ein? Was trieb ihn in den aussichtslosen Kampf?

Da er darauf bestand, trugen sie ihn in nicht ernstzunehmender Bereitschaft allerhand Waffen und Harnische herbei, schienten und panzerten ihn, stülpten ihm einen viel zu schweren, hohen Helm aus Erz auf den Kopf, damit er größer erscheine. Was lag daran, wenn er umkam, es war seine Sache, und der ungleiche Zweikampf gab bestimmt einen netten Zeitvertreib.

Man sah nicht, daß David unter seiner Rüstung zitterte. »So kann ich nicht kämpfen, so gepanzert, wie ihr mich herrichtet. Ich habe das nicht gelernt.« Ich bin kein Kämpfer von Beruf, dachte er, aber jetzt kann ich nicht mehr zurück.

Er riß sich das Blech und Eisen, das ihm den Hals abdrückte, vom Leibe, und stand fast nackt da, die Beine in armseligen Sandalen, einen Hirtenkittel, der die Brust offen ließ, über dem Oberkörper.

Rasch legte sich der durchtriebene Knabe aus der Not eine Tugend zurecht. Wenn ich mich ganz klein stelle, komme ich noch am ehesten durch. Entweder wird Goliath sich meiner Nichtigkeit erbarmen, oder Gott wird, ja muß ein Einsehen haben, wenn ich so in meiner ganzen Schutzlosigkeit und Nacktheit dem gepanzerten

Riesenkerl entgegentrete. Das hat auch den Vorteil, daß er mich nicht ernstnehmen wird. So spielte er ein vermessenes Doppelspiel mit Gott und Goliath und trat seinen Kampf an. In seiner Hand war kein Schwert.

Aus den Verschanzungen hüben und drüben reckten sich die Köpfe. »Er ist verrückt!« sagten die Antiphilister. »So gegen einen Goliath anzugehen! Er ist verloren. Als ob einer mit einem Federkiel gegen eine Felswand rennen würde!«

»Eine Unverschämtheit!« schrien die Philister. »Dieser Lausekerl, der keine zehn Heller in der Hosentasche hat, wagt das von Gog und Magog eingesetzte Oberhaupt anzugreifen! Er wird ihn in der Luft zerreißen!« Und alle waren gespannt wie bei einem unerhörten Schauspiel.

Sie standen sich gegenüber; furchterregend der eine, der andere lächelnd und in einer lässigen Haltung. Aber das war nur Schein. Am liebsten wäre David an Goliath herangetreten, hätte zaghaft seinen ehernen Panzer berührt und gesagt: »Du bist so mächtig, und sieh, ich bin nur ein armer geringer Mann – Mann ist zuviel gesagt – ich reiche dir kaum bis zum Nabel, es wäre höchst unvornehm von dir, mich zu vernichten.«

Dem Goliath quollen die Augen über vor Wut, und sein Bulldoggengesicht verzerrte sich. Wie durfte so Ungleiches ihn, vor dem alle zitterten, herausfordern! Bin ich ein Hund, daß so ein Nichts mich mit dem Stecken anzugreifen wagt! Der Anblick dieses Bürschleins machte ihn unsicher und erregte ein beklemmendes Angstgefühl im Zwerchfell. So ein Sandkorn ...! In diesem Augenblick erhob sich ein Wind und wehte in seinen breiten, offenen Mund ein Sandkorn, das ihm in die unrechte Kehle geriet. Er hustete und spuckte und lief ein bißchen bläulich an, und seine Augen waren voll Wasser, und durch dieses Wasser sah er – einen Augenblick lang – den hübschen, rötlich gelockten Knaben in einem zärtlichen, regenbogenfarbigen Licht, wie wenn durch eine Glaskugel ein Sonnenstrahl fällt. Ihn wandelte die Lust an, den Jungen mit einer großmütigen Geste herbeizuwinken: Ich tu dir nichts, Kleiner, ich gebe dir tausend Schafe zu deinen zehn ...

Aber rasch schüttelte er, indem er seinen Panzer klirren ließ, die milde Anwandlung ab.

In diesen Sekunden vor der Entscheidung, da noch alles in der Schwebe war, dachte David: »Wie gut wär' es, mit dem Greulichen Frieden zu machen!«

Aber jetzt war keine Zeit mehr; Goliath war immer noch fast blind vom husten- und tränenreizenden Sandkorn, schwang den riesigen, viel zu schweren Wurfspieß, das Schaustück des Schrekkens, und David rannte ziemlich planlos gegen den Koloß, zwischen seine Säulenbeine hindurch und rund um ihn herum, wie ein Wiesel um einen Baum. Goliath, gleichfalls kreiselnd, geriet durch das Schwergewicht des Panzers und Spießes in zu rasche Rotation, sein Helm aus Erz rutschte vom zurückgebeugten Kopf aus der Stirn – da klemmte David sein Stöckchen unter die Achsel, um die Hände für die Jungensschleuder frei zu bekommen, und etwas Spitzes ritzte Goliaths Stirn, seine schwächste Stelle. Wie ein großer Sandsack, aus dem der Sand herausläuft, sackte er zusammen.

In tiefer Nachdenklichkeit saß er neben dem Gefällten und hörte nicht den Jubel der Seinen und die Panik der anderen. Eigentlich mußte nach der Natur der Dinge mit mir geschehen, was jetzt mit ihm geschieht. Wie kann man da triumphieren ... Warum läßt Gott uns so furchtbar messen? Wie ist das nun: Was ist groß und was ist klein, was ist stark und was ist schwach? Außer mir weiß nur noch Gott, wie es steht; er hat ein Sandkorn geschleudert gegen die erzgepanzerte Macht, damit durch alle Zeiten ihr Hohlklang und ihre Nichtigkeit ertöne. *19. März 1938*

DER BRIEF AN DEN ATTACHÉ

Er liebte sie. Sie aber liebte einen Attaché. So beginnt diese Geschichte.

Es war im Zwischenakt des Films. Bis zu diesem Augenblick, da Paul verdrossen die großformatige, fremde Zeitung zu entfalten versuchte, war Franzi, seine Sitznachbarin durch Zufall, Gnaden, seinen Annäherungsversuchen hartnäckig ausgewichen. Mit einemmal hellte sich ihr abweisendes Gesichtchen auf. Der veränderte Ausdruck und die kleine Verlegenheit machten es noch lieblicher. Die zarte Blässe der Wangen belebte sich. »Pardon«, sagte sie, als er ihr mit dem großen Zeitungsblatt unabsichtlich zu nahe gekommen war. – »Oh bitte« – und ganz unvermittelt und überraschend: »Das ist doch eine spanische Zeitung, nicht wahr? Sie sprechen spanisch?« Erfreut faltete er die Zeitung zusammen. Der Bann war gebrochen. Man könnte sagen, daß sich die beiden durch die Zeitung kennengelernt haben.

Er war nach der anfänglichen Ablehnung schon zufrieden, daß sie sich für morgen Nachmittag mit ihm in einem Kaffeehaus verabredete. Die Sinnesänderung hing offenbar mit der spanischen Zeitung zusammen – aber wie?

Franzi bemühte sich, so unbefangen und liebenswürdig zu erscheinen, wie es sich für ein normales Rendezvous gehört. Paul fand sie reizend, wenn auch etwas zerstreut und seltsam abwesend. Das wird sich geben, dachte er. Ihre Unruhe wuchs: sie übertrumpfte sie durch eine ungeschickte Koketterie. »Ich habe eine große Bitte«, brachte sie plötzlich und verlegen vor, »es ist wahrscheinlich ungewöhnlich, aber sie könnten mir damit einen großen Gefallen erweisen. – Sie lasen doch gestern eine spanische Zeitung.« – Schon wieder diese spanische Zeitung; wo sollte das hinaus? Sie griff streichelnd nach seiner Hand und ließ sie gleich wieder los. Sie gab ihm eine kleine Hoffnung und annullierte sie sofort, als er ihr Haar zu küssen versuchte (niemand konnte es in der geschützten Sofaecke sehen). Sie schämte sich ihres berechnenden Spiels. »Sie müssen mir, bitte, zuerst einen Brief in spanischer Sprache schreiben.« – »Aber bitte, mit Vergnügen!« – »Jetzt gleich. Ich werde ihn diktieren und Sie werden ihn übersetzen. Er spricht nämlich nur spanisch und ich nur deutsch. – Sie können sich gar nicht vorstellen, wie schwer das für uns ist – und ich möchte ihm so gern in seiner Sprache alles sagen ...«

Sie bestellte Papier und Tinte. Ihre graublauen Augen waren ganz dunkel vor Erregung. »Mit Vergnügen«, stammelte er immer noch, und die Phrase grinste ihn an. Ihm wurde ein bißchen frostig ums Herz, aber er ließ es sich nicht merken. Das hatte er nicht vorausgesehen, daß das Rendezvous ein Vorwand des Mädchens war, ihn als Dolmetsch der Liebe zu benützen.

»Bitte«, sagte er sachlich, »ich bin ganz Ohr und Feder und nichts als das.«

Sie begann zu diktieren, zögernd, mit viel Unterbrechungen und Korrekturen; immer wieder überwand die Liebe ihre Scheu, sich vor dem fast fremden Mann zu offenbaren.

»Liebster Enrique!« diktierte sie. »Ich bin so unendlich sehnsüchtig nach dir. – Nein, lassen Sie unendlich weg. – – Warum hast du mir so lange nicht geschrieben? Bist du mir bös, weil ich mich nicht gleich entscheiden konnte, im kommenden Herbst mit dir nach Paris zu reisen? Chéri, mein Entschluß steht fest: Ich komme mit dir, wohin du willst, ich gehe mit dir bis ans Ende der Welt und auch nach Peru ...« Die Feder hielt inne, als wollte sie Atem schöpfen; einen Augenblick schwebte sie über einem Abgrund ... – »Ich liebe dich. Ich sage es dir in deiner schönen Sprache, damit es dir ganz tief ins Herz dringe. Wenn meine Eltern es mir verbieten, mit dir zu gehen, werde ich heimlich abreisen. Das wollte ich dir sagen. Jetzt weißt du, wie sehr ich dich liebe und daß ich alles tue, was du verlangst – – – !«

Sie atmete auf. So jetzt wird er mich verstehen. Es ist seine Sprache, es ist seine Leidenschaft.

Der Brief war an den Attaché der Peruanischen Gesandtschaft, Enrique José y Gonzales, z. Zt. Venedig-Lido, Hotel Imperial, adressiert.

Paul hatte sich für einen Augenblick entschuldigt. In der Telefonzelle rief er die Peruanische Botschaft an. Ein Attaché Enrique José y Gonzales war dort unbekannt. – »Falls sich ein Mann dieses Namens für ein Mitglied unserer Gesandtschaft ausgibt, handelt es sich zweifellos um einen Hochstapler und Betrüger. In Venedig-Lido, sagen Sie? Wir werden der Sache nachgehen und das Weitere veranlassen.«

An seinen Tisch zurückgekehrt, bestellte Paul ein Glas Wermut. Der fertige Brief lag noch vor ihm auf dem Tisch. Plötzlich stieß er mit einer abrupten Bewegung das Glas um, und die Flüssigkeit ergoß sich über die Schrift.

»Zu ungeschickt«, tadelte er sich, »nun muß ich den Brief noch einmal schreiben.« Und Paul schrieb in tadellosem Spanisch: »Enrique, Sie Lump! Ich bin unendlich glücklich, daß ich durch eine günstige Fügung im letzten Augenblick erfahren habe, mit wem ich es zu tun hatte, und welches Glück mir bevorstand. Mein Entschluß steht fest: Es ist aus. Wagen Sie es nicht, wieder vor meine Augen zu treten, Herr Attaché. Gehen Sie bis ans Ende der Welt und wo der Pfeffer wächst. Sie sind dort bestimmt besser aufgehoben als hier. So, das wollte ich Ihnen gesagt haben. Auf Nimmerwiedersehen!«

Franzi verlangte den Brief zu sehen und überflog prüfend den Text. »Das sind doch zum Teil andere Worte …«

»Ja, ich habe die erste, etwas zu nüchterne Übersetzung verworfen. Jetzt erst ist in dem Brief die ganze Glut Ihres Herzens. Der Herr Attaché wird seine Freude haben. Und Sie werden mit mir zufrieden sein, Franzi.«

»Werden Sie mir auch seine Antwort übersetzen – ja?« Wieder lockte ihr Blick, zärtlich und vielversprechend. »Sie sind so lieb …«

Aber Franzi hatte keine Gelegenheit mehr, seine Dolmetschdienste in Anspruch zu nehmen. Von Peru war nicht mehr die Rede …

30. April 1938

ECKENSTEHER DER WELTGESCHICHTE

I. Austerlitz

Der Marktfleck Hollitsch[46] im nördlichen Mähren besteht aus einer einzigen Straße, die direkt ins Polnische führt. Winzige, verschlafene Häuschen, links und rechts, und in der Mitte die Andeutung einer Fahrbahn, ein breiter Morast, den der Frost festgestampft hat. Es war eine eisige Dezembernacht, als eine Kavalkade von zehn Reitern durch den stillen Ort gebraust kam. Die wenigen Öllichter hinter den Scheiben erloschen mit einem Schlag, als ob die Hütten sich tiefer ins Dunkel duckten. Nur am Ende des Dorfes trat ein Mann mit einem Licht vor die Türe seiner strohgedeckten Behausung und stellte sich dem Ereignis. Es geschah gerade in dem Augenblick, als die galoppierenden Schatten innehielten und ein Reiter vom Pferd sank.

Der Mann aus der Hütte trat näher und leuchtete.

»Czartoryski, ich kann mich nicht mehr im Sattel halten.« Ein Schüttelfrost zerbrach die Stimme. Das Gesicht, von der Ölfunzel neugierig der pechschwarzen Finsternis entrissen, war jung und von verwöhnter Glätte, aber schmerzverzerrt und angstbleich.

»Was ist vorgefallen?« fragte Schlapanitz mit einer interessiert-besorgten Miene, »darf ich dem Herrn mein bescheidenes Haus ...?«

»Es wird das Beste sein«, sagte jener, der mit Czartoryski angeredet wurde, auf französisch.

»Hier können wir nicht bleiben«, wimmerte der Kranke und krümmte sich. »Das ist der Bauch«, stellte er sachkundig fest. »Czartoryski, wenn uns die französische Avantgarde erreicht, sind wir verloren!«

Schlapanitz äugte scharf.

»Was stehst du da und gaffst, du Gaffer?« fuhr Czartoryski den kleinen Mann an. »Hast du einen Wagen?«

»Einen Wagen? In ganz Hollitsch gibt es nur einen Mistwagen, und in den möchte sich kein kranker Herr setzen. Doch könnte ich ihn bis zum Morgen in meiner Hütte bergen und pflegen. Die Herren Kosaken mögen sich dort im Wald verstecken, die Herren Verfolger werden vorbeireiten, wie sollten sie auch vermuten, daß gerade bei Schlapanitz eine Hoheit oder Exzellenz oder dergleichen ...«

»Bei Schlapanitz?« Der Kranke zuckte zusammen. »Was schwätzt der Kerl? Führ mich ins Haus. Hast du was Warmes?«

Der Häusler von Hollitsch hängte den Rock seiner Frau vor das Fenster, daß kein Licht hinausdringe. Er bettete den fremden Herrn im einzigen Raum der Hütte, machte Tücher heiß, legte sie ihm auf den Leib und gab ihm was Scharfes zu trinken. »Selbst gebrannt«, sagte er nicht ohne Stolz. »Das ist gut fürs Gedärm.« Die ganze Familie stand herum, sieben kleine Schlapanitze. Fürst Czartoryski jagte sie fort.

»Ah, das tut gut«, sagte Zar Alexander auf französisch, »Liegen ... ruhen.«

Schlapanitz nickte unsicher.

»Ob der Mann französisch versteht?«

»Ausgeschlossen«, sagte Czartoryski spöttisch, »hier an der

Grenze Ihres Reiches versteht kein Mensch Französisch.« Um sich zu überzeugen, fragte er ihn in französischer Sprache nach seinem Namen. Schlapanitz hielt geistesgegenwärtig seine Hand vor den Mund. Erst auf die deutsche Frage antwortete er: »Ich heiße Schlapanitz, Euer Gnaden.«

Czartoryski lachte bitterbös auf. »Schlapanitz!«

»Ja, ich heiße so nach einem Ort ganz nahe bei Austerlitz.«[47] Der Kranke stöhnte auf. Schlapanitz erneuerte die heißen Wickel.

Der Fürst stampfte auf. »Das wissen wir wahrlich, daß Schlapanitz bei Austerlitz liegt«, sagte er auf Französisch. »Das haben wir zu spüren bekommen. Das ist gerade der Ort, Sire, wo sich unsere Truppen auf Ihren Befehl und wider meinen Rat den französischen Garden gestellt haben. Schlapanitz bei Austerlitz –«

Sein grollender Hohn über die schmähliche Flucht vermischte sich mit mancherlei Privatem. Seit Jahr und Tag ging das Geflüster, daß die Fürstin Czartoryski und der Zar –

Bei Austerlitz, dachte der Bewohner von Hollitsch. Austerlitz kenn ich. Was ist bei Austerlitz geschehen? Er fühlte einen unbekannten Schauer über den Rücken rieseln.

»Es wäre besser gewesen, Sire, Sie wären in Petersburg geblieben. Was wird Rußland sagen, wenn wir so zurückkehren, ohne die Armee. Die Feinde Eurer Majestät werden hervorkriechen und sich des Tages erinnern, da Ihr gottseliger Vater, der Zar Paul eines ›plötzlichen Todes‹ starb ...!«[48]

Großer Gott, dachte Schlapanitz, was geschieht in meiner Hütte?

»Schweigen Sie, Fürst Czartoryski«, flüsterte Alexander schwach.

»Sehen Sie denn nicht, daß ich leide?«

»Es ist nur ein Durchfall«, sagte Czartoryski kalt. »Angst macht Durchfall. Es ist der Durchfall von Schlapanitz oder die Schande von Austerlitz, ganz wie's beliebt.«

Alexander stöhnte. Schlapanitz beugte sich mit Kräutertee, dem er etwas Schnaps zusetzte, über den Kranken.

Czartoryski ließ nicht locker. »Wie ein Gott hat Napoleon gefochten!« Beim Namen Napoleon durchzuckte es Schlapanitz bis in die Zehenspitzen.

Dieser Pole, dachte Alexander, jetzt zeigt er sein wahres Gesicht.

Er fieberte. Mit einem Verfolgten, dem die Dysenterie[49] in den Eingeweiden wühlt, kann man so umspringen. In diesem Zustand ist man kein Zar mehr. Wozu hat man einen Adjutanten, wozu führt man Krieg, wozu ist man ein Großer dieser Welt? Wenn man im Elend liegt, ist Schlapanitz Adjutant.

Sein Kopf glühte. »Ich befehle Ihnen zu schweigen, Fürst Czartoryski! Schlapanitz soll nicht wissen, daß er einem Zaren den Bauch wärmt. Niemand darf es erfahren! Niemand! Wir sind bei Schlapanitz nicht geschlagen worden! Es gibt kein Schlapanitz! Wir werden das Wort verbieten. Wer es ausspricht, den schick ich nach Sibirien! Wenn dieser Mensch etwas ahnt, laß ich ihn von meinen Kosaken umbringen! Wo sind meine Kosaken? Wo ist Kutusow? Er hat mir gutgetan, dieser Schlapanitz. Nennen Sie mich ›Hauptmann‹, Czartoryski, auf deutsch, laut und deutlich ›Hauptmann Tscherkajew‹, ich schäme mich vor Schlapanitz, er darf nicht wissen, daß er Zeuge war von Austerlitz …«

Die Hände des kleinen Schlapanitz zitterten, als er dem Zaren ein Stück Leinwand, das er in Schneewasser getaucht hatte, auf die fiebrige Stirn legte. »Herr Offizier sollen jetzt ruhen«, sagte er.

Alexander nickte erleichtert: Schlapanitz ahnte nichts … In der stickigen Hütte von Hollitsch schlief er ein, mit einem tiefen Wunsch, daß alles vorüber sei, die Größe, der Ruhm und die Schuld und all die verruchten Dinge, die um den falschen Glanz geschahen …

Schlapanitz konnte in dieser Nacht nicht schlafen. Große Dinge geschehen, dachte er, große Dinge können so klein werden, daß sie unter einem Strohdach Platz haben – des bin ich Zeuge. Ich stand am Weg, als sie vorbeikamen. Ich muß es mir notieren, für die Kinder. Heut ist der 5. Dezember. Kinder, es ist gefährlich, dabeizusein, aber es ist schön … Dabeisein, schauen, denken und überleben, wir Kleinen überleben viel, wenn wir so tun, als ob wir von nichts wüßten …

Aber daß ihr mir niemals spottet, weil ein Kaiser Bauchschmerzen hat.

Seit dem Erlebnis jener Nacht suchte Schlapanitz jede Gelegenheit, im Lande und jenseits der Grenze »dabeizusein«, viel herumzukommen. In Breslau erfuhr er, daß sich oben in Tilsit der Kaiser Napoleon und der Zar Alexander begegnen und versöhnen würden.[50]

Zwar, Tilsit war weit, aber man konnte die Lust, zuzuschauen, mit dem Geschäft verbinden.

Es goß in Strömen und gab nichts zu sehen, es sei denn viele französische Marschälle und Kosakenhetmane, die über das Holperpflaster des Städtchens sprengten. Aber solche Bagatellen würdigte ein Schlapanitz, in dessen Hütte ein fliehender Zar genächtigt hatte, keines Blickes. Mit Ausdauer faßte er unter seinem Regenschirm Posten und hatte das Glück, den Zaren ganz aus der Nähe zu sehen, wie er am Fluß, dessen Rauschen der Regen übertönte, aus der prächtigen Kalesche stieg, um in einem überdeckten Kahn in das mächtige Zelt zu fahren, das mitten in den gelben Hochwasserfluten des Njemen auf einem großen Floß errichtet worden war. Ich bin es, Herr Offizier, zwinkerten seine verfälteten Augen, Schlapanitz, unweit Austerlitz, erinnern sich Majestät noch an Hollitsch, keine zwei Jahre sind es her, ich bin derjenige, der Ihro Majestät warme Tücher auf dero hochgeborenen Leib ... Aber schon schloß sich hinter der strahlenden Erscheinung der Purpur des goldgefransten Zeltvorhangs mit den herrlichen gestickten »N« Napoleons und den doppelköpfigen russischen Adlern.

Ach, jetzt ungesehen da drinnen im Zelt dabeisein und zuhören zu können wie damals in Hollitsch, dachte Schlapanitz. Er hatte gar nicht bemerkt, daß ein einsamer Reiter auf einem ärmlichen Gaul sich am Flußufer gegenüber dem Zelt aufgestellt hatte. Unbeweglich und unbeachtet, wie Schlapanitz selbst, stand er im Regenguß, der an seinem grauen, preußischen Offiziersmantel niedertroff. Der hochgeschlagene rote Kragen war schon ganz verwaschen. Wie Schlapanitz starrte er sehnsüchtig auf das verschlossene Zelt. Der Regen trommelte auf seinen Tschako und rann in Bächen über sein Gesicht. Das Pferd hielt den Kopf müde gesenkt wie sein Herr.

»Möchte der Herr Offizier sich nicht meines Regenschirms bedienen?« Seltsame Vorstellung, ein preußischer Offizier mit einem Regenschirm ...

Aus der nahen Mühle kam ein Bursche gelaufen und übergab dem Reiter einen Zettel. Der las ihn, nickte, steckte ihn ein und wartete weiter. Schlapanitz ergriff die Gelegenheit, seine Neugierde zu befriedigen, und fragte, wer denn der Offizier sei, der hier im Regen so geduldig auf seinem Posten ausharre. »Ein Offizier?« lachte der Bursche. »Ihr seid wohl fremd hier, das ist der König von Preußen«,[51] und er lief weiter, um sich rasch ins Trockene zu bringen.

Lange betrachtete Schlapanitz den in sich versunkenen Reiter, der sich ab und zu im Steigbügel reckte, um die Nässe abzuschütteln. So habe ich mir den König von Preußen nicht vorgestellt, dachte er. Aber schön ist er in seiner Schwäche und Trauer, so menschlich in seinem Besiegtsein und seiner Ausgestoßenheit; rührend und unvergeßlich, wie er dasteht und auf die Entscheidung des Siegers wartet, – so klein und hilflos wie wir alle ...

Gar zu gern hätte Schlapanitz ein kleines Gespräch mit ihm angeknüpft. Aber ihn als König anzusprechen, wagte er nicht. Die Schattengestalt im weiten Radmantel und mit dem altmodischen Tschako sah aus, als wollte sie unerkannt bleiben. »Ach, lieber Herr«, raffte sich Schlapanitz endlich auf, »möchten der Herr Offizier nicht heimreiten? Es ist ein greuliches Wetter, und die Konferenz kann noch lange dauern, der Herr Hauptmann werden einen schrecklichen Schnupfen davontragen.« Die traurige Reiterfigur rührte sich nicht. »Ja ja, lieber Herr, da möchte man wohl dabeisein, wie die Grenzen da drüben im Zelt gezogen werden, und möchte wissen, wie sie die Welt verteilen.« Aber nicht einmal ein Blick des Erstarrten streifte ihn.

»Aber«, fuhr Schlapanitz fort, unbeirrt von dem Schweigen, »was wird von all dem über Jahr und Tag noch übrig sein? So wenig wie von diesen vorbeiströmenden Wellen.«

Endlich eine Bewegung des landlosen Königs, des Besiegten von Jena.[52] »Meint Ihr?« Es hatte in dieser verknappten Frage eine Menge Hoffnung Raum. »Meint Ihr wirklich?«

»Wirklich Majestät.«

Friedrich Wilhelm zuckte zusammen und errötete vor Verlegenheit. Er blickte auf seinen Gesprächspartner hinab, riß sein Pferd herum und sprengte davon.

III. Auf dem Weg nach Elba

Eine Wand von dichten Zypressen, dunkelgrüne Schutzmauer gegen den Mistral, warf einen breiten Schlagschatten auf die blendend weiße Landstraße. Es war schwül; die Sonne der Provence hatte schon sommerliche Kraft. In die Richtung auf Aix fuhren dunkel verhängte Reisewagen. Die Ortschaften waren voller Bevölkerung wie an einem Jahrmarktstag. Die Landleute scharten sich zusammen in Erwartung eines Schauspiels und einer vergnügten Empörung, die nichts kostete.

Es war beim Pferdewechsel und in den Wirtshäusern alles leidlich gegangen. Man hatte zwar neugierig den »Bluthund Bonaparte« zu sehen verlangt und die Sachen des russischen, österreichischen und preußischen Kommissars durchsucht, ohne »ihn« zu finden.[53]

In der Ortschaft Orgon fragte die vierschrötige Wirtin den österreichischen General, der seinen Tschako tief ins Gesicht gezogen hatte und sich in eine Ecke der Gaststube drückte: »Wo ist der heruntergekommene Lump, der elende Bettler, dieser Bonaparte?«

»Er ist vorausgefahren«, sagte der Österreicher.

»Will man ihn in Elba ersäufen?«

»Freilich, freilich«, murmelte der General.

Natürlich hatte Napoleon schon vorher auf einsamer Landstraße zweimal die Kleider mit denen seiner Begleiter gewechselt. Hinter Orgon schien ihm auch die österreichische Generalsuniform nicht mehr sicher genug. Eingeschüchtert durch das Gespräch mit der Wirtin von Orgon, zog er das Wams eines Stallburschen an, steckte die weiße Kokarde der Bourbonen an Mantel und Hut und ritt als Herold und Vorreiter den Wagen voran.

Die Nachrichten aus Aix waren beunruhigend. Die Menge kochte und hatte sich geschworen, den Zug nicht passieren zu lassen. »Ah, diese Provencler«, knirschte Napoleon, »sie haben mir nie ein gutes Regiment gestellt. Können wir dieses verfluchte Aix nicht auf Nebenstraßen umgehen?«

Man hielt Rat. »Einer muß Napoleon vorstellen«, sagte der russische Kommissar, General Schuwalow. Die Lage war in der Tat bedrohlich. »Sie werden unsere Wagen visitieren.« Der österreichische Kommissar wandte sich verächtlich ab. »Wer soll sich jetzt noch für Napoleon totschlagen lassen?«

Die Wagen fuhren auf holprigen Waldwegen um die Stadt Aix herum. Eine Schar Bauern und Winzer, Männer und Frauen stürzten sich auf die Kutschen. »Da ist er!« kreischte eine Frau und zerrte einen kleinen Mann in Dreispitz und in grünem Waffenrock aus der Wagenecke, in der er zusammengeduckt saß, die rechte Hand aufs Herz gepreßt. Die Begleiter waren ausgestiegen und sahen zu, wie der Kaiser geschlagen wurde. Als es lebensgefährlich wurde, sagte der russische Kommissar, General Schuwalow: »Schämt Ihr Euch nicht? Ihr seht doch, er ist wehrlos, erledigt, verlassen, ein Unglücklicher! Laßt ihn laufen, er ist bestraft genug!« Die Worte taten ihre Wirkung. Man ließ von dem Gedemütigten ab, und die Kutschen konnten ihren Weg nach dem Einschiffungshafen Frejus fortsetzen.

Ehe Napoleon die Fregatte nach Elba bestieg, wurde Schlapanitz mit einigen Goldstücken entlassen, nachdem man ihm zuvor die Uniform des Kaisers ausgezogen hatte. Völlig zerschlagen legte er sich zu Bett, nicht ohne vorher in sein Büchlein zu notieren: »Endlich habe ich Bonaparte gesehen. Nur weiß ich nicht, welcher von den vieren es war: der russische, österreichische, preußische General oder der bourbonische Vorreiter. Ständiger Kostümwechsel unterwegs. Bin als Napoleon verprügelt worden. Zu weit vorgewagt. Es war ein Fehler. Nie der Historie zu nahe kommen, meine Kinder. Nur aus der Distanz zuschauen ...«

*

Die Notizen des Herrn Schlapanitz vererbten sich auf die inzwischen groß gewordenen sieben kleinen Schlapanitze, die längst nicht mehr in Hollitsch lebten. Aber schon die Enkel wußten von den eigentümlichen Begegnungen ihres Großvaters nur vom Hörensagen. Und die Urenkel, unsere Zeitgenossen, hatten davon gar keine Kenntnis mehr. Aber der seltsame Drang ihres Vorfahrs war in ihnen als eine Art Schicksal und Gesetzmäßigkeit wirksam. Überall an den Kreuz- und Schicksalswegen der Geschichte stehen sie, beobachtend, glossierend, kopfschüttelnd und vieles überlebend; mitunter auch höhnisch lächelnd, aber das hätte ihnen der Urgroßvater bestimmt untersagt. *27. Mai 1938*

DIE DISSIMILANTEN

Der jüdische Nationalismus hat einen neuen Begriff geschaffen: den Dissimilanten.

Das furchtbare Leid der Juden macht diese für den gleichen Bazillus empfänglich, dem die Zerstörung des deutschen Judentums zuzuschreiben ist. Sie verleugnen, mehr noch, verwerfen eine der größten Leistungen und Eigenschaften des Judentums: die Assimilation. Fort mit der schmählichen Angleichung! rufen sie, unglückselige Schüler des nationalsozialistischen Rassismus. Unterscheiden, dissimilieren wir uns! Auf Biegen und Brechen. Der Assimilant ist ein Verworfener, ein Schimpf; der neue geforderte Typus ist der Dissimilant. So kann man es wöchentlich in den jüdischen Zeitschriften deutscher Sprache lesen, die sie übrigens vorzüglich schreiben, wie echte Deutsche, anstatt in der proklamierten Dissimilation bis ans konsequente Ende zu gehen und nur hebräisch zu drucken.

Nach den grauenhaften Enttäuschungen, die die Assimilation erfahren hat, ist diese leidenschaftliche Preisgabe zu verstehen. Es ist eine Art Invertierung. Ein Teil der Juden läuft invers, in die entgegengesetzte Richtung, von sich selbst fort, angeblich zu sich selbst zurück, in Wahrheit von seinem Werte fort in ein Rassenschema. Juden auf der Flucht sind unerschöpflich in der Erfindung neuer Fluchtmöglichkeiten. Eine davon ist die Dissimilation; sie ist ein Akt der Verzweiflung und des Stolzes; beides. Ein typisch jüdisches Gefühl, in das sie hinein getrieben wurden. Die Dissimilation ist das nicht minder krankhafte Gegenstück des häufigeren jüdischen Selbsthasses, der gleichsam in den wahnsinnigen Ruf ausbricht: Fort mit uns, wir sind unser Unglück! Ist es zu verwundern, wenn das Judentum unter der grauenhaften Qual und Prüfung sein Gleichgewicht verliert und von einem Extrem – Selbsthaß und Selbstverleugnung – in das andere – Dissimilation – taumelt? Die jüdische Wiedergeburt aus der Not kann etwas Großes sein; aber es geht nicht, daß man aus der Not krampfhaft eine jüdische Renaissance macht.

Ich kenne einen Wiener Fall von unvergleichlicher Symbolik. Ein Jude der Abstammung nach, der als Österreicher der Wahl, der Bestimmung und Leistung Hervorragendes auf kulturellem Gebiet geschaffen hat, hat aus Schmerz, Ingrimm, Trotz und Stolz sein Deutschtum hingeworfen und ist, sozusagen mitten auf der Ringstraße, in ein östliches Ghettotum »zurückgekehrt«, das er nie gekannt hat. Aus der vollkommenen, ihm gemäßen Assimilation, aus der er vertrieben wurde, hat er sich in eine extreme Dissimilation geschleudert; mit Ringellöckchen, Bart und Kaftan. Seine Dissimilation besteht darin, daß er, der deutsch-europäische Jude, sich als Ost- und Ghetto-Jude verkleidet (der übrigens ebenso seinen Wert und seine Würde hat wie sein jetzt preisgegebener Bruder).

Es kann einem leid tun um die taumelnde Verwirrung des Judentums, die so weit geht, daß ein hauptsächlich von Juden gemachtes deutsches Prager Blatt den Roßtäuscher-Begriff »Nicht-Arier« als selbstverständlich akzeptiert. »Obgleich Leopoldi Nichtarier war«, schreibt das Blatt, »war er dennoch ein beliebter Wiener Volkssänger«.[54]

Er war eben kein Dissimilant, sondern ein Assimilant. Jetzt wird der Jude Leopoldi wie so viele andere nach Palästina gehen oder nach Südamerika. Im Grunde beginnt erst jetzt für ihn die Assimilation: die Anpassung an das Judenschicksal. Man muß nur den Gedanken zu Ende denken, so schwer es in der allgemeinen Verwirrung auch fallen mag. Die heute geschmähte, hundertjährige Assimilation war ein natürlicher Prozeß; die palästinensische Heimkehr, der Zionismus, ohne seine Notwendigkeit und Großartigkeit in Zweifel zu ziehen, ist die gewaltigste Assimilation, die der mitteleuropäische Jude je durchgemacht hat.

2. Juni 1938

DER BEDINGUNGSREFLEX

Der berühmte russische Physiologe Pawlow hatte nach langwierigen Experimenten entdeckt, daß ein Hund bei einer bestimmten Fleischnahrung ein bestimmtes Quantum Magensäfte sekretiert, das durch gleichzeitige Trompetentöne[55] noch gesteigert wird. Diese Übung wurde durch einige Zeit fortgesetzt; dann hat Pawlow die Fleischgabe weggelassen und nur noch Trompetentöne verabreicht. Und der arme Hund hat die gleichen Magensäfte produziert, als ob er nahrhaftes Fleisch bekommen hätte. Das nennt man den Bedingungsreflex. Er ist eine Art physiologische Assoziation.

Ein kluger, weißhaariger Prager Internist hat die übertragene und übertragbare Bedeutung dieses Bedingungsreflexes sehr wohl erkannt, wenn er behauptet, es gäbe eine Menge Leute, die eine gewisse wichtige morgendliche Verdauungsfunktion nicht erfüllen können, wenn sie nicht ihr Leib- und Morgenblatt haben. Sein Fehlen bedingt unweigerlich unliebsame Störung. Die Anwendung des Bedingungsreflexes kann zeitungstechnisch gar nicht hoch genug eingeschätzt werden. Wer durch langjährige Übung diesen Trakt des menschlichen Organismus influenziert, herrscht konkurrenzlos. Sogar ohne Fleisch; der Trompetenton genügt.

Bücherschreiben, Film, Theater hängen eminent mit dem Pawlowschen Bedingungsreflex zusammen. Wer sich auf ihn einzuspielen versteht, beherrscht das Publikum. Es kommt nicht darauf an, eine wirkliche Sättigung hervorzurufen, sondern die Illusion einer Sättigung. Hand auf dem Magen: »Gott, hab' ich gelacht!«

Es gibt Autoren, bei denen einem die Augen zufallen; sie sind gut vor dem Einschlafen zu lesen – man kann sich auf sie verlassen. Allerdings ist bei ihnen die Überraschung nicht ausgeschlossen, daß man die schläfernden Augen erschreckt weit aufreißt. Denn die Stillen sind die gefährlichen Durchschauer. Die Unterhaltenden sind die Harmlosen; angenehme Sekretion ist gesichert.

Die Funktion des Satirikers, dieser getreuesten Opposition S. M. der Menschheit, stößt auf Widerstände, die sich zu seinen Lebzeiten in Haß und Totschweigen äußern; denn er reizt ein unzugängliches und ein empfindliches Organ: das Gewissen und die Galle. Karl Kraus ist endlich tot.[56] Man kann tun und schreiben, was man will; es ist wie ein befreites Aufatmen: Gott sei Dank, der drohende Lehr- und Zuchtmeister ist nicht mehr da. Sogar verehren kann man ihn, »ohne in die Fackel zu kommen« (Kuh).

Die Art, wie die Mitmenschheit den Satiriker verträgt, das ist eine untrügliche Probe auf ihren Wert, die sie noch nie bestanden hat. Der süße Narr darf stinken, und der bittere wird hinausgeprügelt (so ungefähr bei Shakespeare).[57] Der Satiriker reicht den Menschen klares Wasser, und sie behaupten, keinen Durst zu haben; er reicht ihnen die Medizin, und sie sagen, es sei Gift, und überdies seien sie gesund. Er gibt den Hungernden Nahrung, und sie verlangen die Sudelei, an die ihr Bedingungsreflex gewöhnt ist.

18. Juni 1938

DIE GROSSE LIEBE DES HERRN VON AROUET

Sie kam aus der Provinz, aus Nantes, mit einem pompösen Namen, der wie eine zu lange Schleppe hinter ihr herschleifte. Die kleine, reizende Person wurde von diesem prunkvollen Familienschild, das aber – niederer Beamtenadel – nicht viel zu bedeuten hatte, geradezu erdrückt: Sie hieß Suzanne Catherine Gravet de Corsembleu de Livry.[58] Aber ihr Vater war bloß Direktor im Finanzdepartement, und sie war gar nichts, nur sehr hübsch, lebte bei einer Tante in Paris und nannte sich Schauspielerin, wiewohl sie noch nie eine Bühne betreten hatte.

Seitdem die wunderbare Adrienne Lecouvreur vom Theâtre Français durch den Adel ihrer Kunst den Adel des königlichen Hofes gewonnen hatte und in ihrem Haus sogar die Vettern Ludwigs XV. empfing, schwanden alle gesellschaftlichen Vorurteile gegen diesen Stand, und es war der glühende Traum junger gutgewachsener Mädchen, Schauspielerin zu werden.

Suzanne Catherine hatte einen jungen Autor, François Marie Arouet, der sich auch Voltaire nannte, kennen gelernt. Hinter ihrem träumerischen, von langen Wimpernfransen verschleierten Blick verbargen sich alsogleich eine Menge sehr wacher Überlegungen: Herr Arouet hat ein neues Stück, den »Ödipus«, geschrieben, dessen weibliche Hauptrolle Adrienne Lecouvreur, mit der er befreundet ist, spielen soll. Alle Welt spricht von diesem Herrn von Arouet, nicht wegen seines »Ödipus«, sondern weil er wegen eines beleidigenden Chansons gegen die Herzogin von Berry ein paar Monate in der Bastille zubringen mußte, aus der er soeben entlassen wurde.[59] Einen besseren, rascheren Weg zur Bühne finde ich so leicht nicht als diesen Herrn Arouet – zwar gefällt er mir nicht besonders mit seinen hochmütigen messerscharfen Lippen und seiner schmächtigen Figur, außerdem gilt er als sehr frivol, es wird nicht einfach sein, ich bin auf alles gefaßt ...

Es bedurfte gar nicht der naiven Künste ihrer neunzehn Jahre. Nach der langen Haft verliebte sich Voltaire sofort in Gravet; zart und leidenschaftlich zugleich; spielerisch und dennoch ganz ergriffen. So war sein Herz: wenn es begehrte, liebte es, und wenn es liebte, war sein Gefühl etwas Unbedingtes wie ein Blitz.

Von all dem spürte Suzanne Catherine nur: er will mich verführen. Gut, dachte sie, aber nicht gleich. Sie hatten die lärmenden Tanz- und Spielsäle des Palais Royal verlassen und spazierten unter den stillen Arkaden des großen Gartens. Schweigen, Mondschein, Blumenduft.

»Ich liebe Sie ...« Voltaires schmale Lippen bewegten sich kaum. Es war, als ob er unter der Wucht der drei Worte stöhnte, wiewohl er sie leicht und beinahe beiläufig aussprach wie: ein schöner Abend heute.

»Sie wissen, Herr von Arouet«, erwiderte Suzanne Catherine, von einem einzigen Wunsch getrieben, »daß ich mich auf das Theater vorbereite. Geben Sie mir die Rolle in Ihrem neuen Stück und verschaffen Sie mir die Bekanntschaft der Mlle Adrienne Lecouvreur, ich möchte für den letzten Schliff einigen Unterricht bei ihr nehmen.« Für den letzten Schliff, sagte die Illusionistin, die weder vom Theater noch von der Liebe eine Ahnung hatte.

Voltaire, der die Dürftigkeit ihrer Empfindung nicht spürte und ihren provinziellen Dialekt nicht hörte, umfing Suzanne Catherine, ohne sie zu berühren, mit seiner Glut. »Warum muß es Mlle Lecouvreur sein? Sie ist eine herrliche Schauspielerin – aber nur von ihrem eigenen Herzen hat sie ihren Unterricht erhalten, schwere, süße, leidvolle Lektionen, unter denen sich ihre Kunst entfaltet hat; sie kann Ihnen ihre Leidenschaften nicht einpflanzen; Sie könnten bei ihr nur lernen, zu reden, wie sie redet, aber nicht zu fühlen, wie sie fühlt, und das allein macht ihre Größe aus. Und alles andere wäre nur Nachahmung, also ohne Wert. Die Größe der Lecouvreur ist ihre unendliche, aufopferungsvolle Liebe, durch die sie für einen Mann, den Grafen Moritz von Sachsen, leidet. Können Sie das bei ihr lernen? – o bitte, gern will ich Sie zu Mlle Lecouvreur bringen. Aber ich glaube, ja ich weiß: nicht bei ihr können Sie lernen, worauf es allein ankommt: Leidenschaft, selbstlose Hingabe. Sie haben noch nicht geliebt ...« Die fünf Worte schwebten zwischen Frage und Feststellung.

Suzanne Catherine schwieg und errötete. Voltaire hätte sie am liebsten in die Arme genommen und in seine unweit gelegene Wohnung getragen, bis hinauf in die Mansarde, solche Herkuleskräfte fühlte er in sich, wenn auch nur imaginär. Bei seiner schwächlichen Konstitution zog er es klugerweise vor, eine Kalesche heranzuwinken.

»Nur bei mir kannst du lernen, was dir fehlt, um eine große Schauspielerin zu sein; ich bin der Richtige, nur ich ... denn die Vorschule des Theaters ist die Liebe.« –

Und als die Nacht schon sehr tief war, entwarf er oben in seiner Mansarde mit leichter, beglückter Hand, noch trunken, einen Stundenplan: » ...und am Abend gehen wir ins Theater, und ich werde dir an jedem Ton, an jeder Geste zeigen, worin eine Schauspielerin groß und warum sie unecht ist, und dann werden wir mit heiteren Freunden soupieren, und dann fahren wir zu uns, und die Nacht wird aufgeteilt zwischen Liebe und Arbeit, auf deinen süßen Knien werde ich die Verse eines neuen Stückes dichten, dessen Hauptrolle dir auf den unvergleichlichen Leib geschrieben ist. Und am Nachmittag, wenn die sich neigende Sonne Paris vergoldet, werden wir Arm in Arm ausfahren, und am Abend sitzen wir in irgendeinem kleinen Theater und ...« Der schimmernde Stundenplan verlor sich im Kreis unendlicher glückseliger Phantasien.

*

Nach mehrwöchigem Unterricht hielt Voltaire Suzanne Catherine für reif genug, die reizende Anfängerin in der Erstaufführung des

»Ödipus« dem Publikum vorzustellen. Aber das Publikum war anderer Meinung als der verliebte Dichter. Man lärmte, lachte, pfiff und fand Mlle Suzanne Catherine Gravet de Corsembleu de Livry durchaus unzulänglich.[60] Ihr unmöglicher Provinzialdialekt trivialisierte die Verse des Dichters, der so ins Verderben mit hineingezogen wurde. Wutentbrannt stürzte der junge Autor auf die Bühne, um das Publikum, dessen schadenfrohe Lust sich von Minute zu Minute steigerte, mit einer flammenden Ansprache umzustimmen. Und als er sich sogar, völlig von Sinnen, mit dem gezückten Degen schützend vor die zitternde Catherine stellte, da war das Schicksal des Abends durch das Gelächter besiegelt.

Aber nicht nur das Schicksal des Abends. Am nächsten Tag war Suzanne mit ihrem Liebhaber geflohen. Es war ein Freund Voltaires, und diese Entdeckung tat besonders weh. Die Unzufriedenheit der Schülerin mit ihrem Unterricht ist durch einen frivolen Abschiedsbrief beglaubigt:

»Unser Freund hat mich entführt«, schrieb sie, »weil wir glauben, daß, wenn ich noch länger bei Ihnen bliebe, Sie nichts Rechtes mehr schaffen würden. Sie haben zu viele Verse, und nicht zu deren Vorteil, auf meinen Knien geschrieben. Ihre Lektionen waren zwar leidenschaftlich, aber dennoch zu theoretisch und haben mir jedenfalls nicht genügt. Ich habe in der Liebe, wie Sie sehen, einiges, aber in der Schauspielkunst, von der ich mich trenne, nichts gelernt. Ich überlasse Sie den Musen! Adieu!«

So abgefertigt, versank Voltaire in einen tiefen erkennenden Schmerz, wissend, daß ihm keine Geliebte bleiben würde als der Ruhm.

9. Juli 1938

NOBLES VOLK

Am siebenundzwanzigsten Oktober des Jahres 1918 war Prag noch die gedrückte Hauptstadt einer österreichischen Provinz. Aber der Untergang lag in der Luft, die Unentwegten rechneten mit den ungarischen und Tiroler Truppen, für den Fall, daß es »zu etwas käme«. Was wußte die herrschende Schicht, angelogen von der erfolgreichen tschechoslowakischen Auslandsrevolution!

Der deutsch-böhmische Oberleutnant X. tat in der Nacht zum achtundzwanzigsten Oktober seinen Inspektionsdienst wie üblich. Alle Soldaten-Urlaube waren eingestellt. Nur der tschechische Gefreite Chodicek war nicht in seiner Kaserne. Er hatte eins über den Durst getrunken, gleichsam in Vorahnung eines Sieges. Er torkelte vergnügt, harmlose tschechische Lieder singend, durch die einsame nächtliche Straße. Der Oberleutnant X. stellte ihn: Warum er nicht in der Kaserne sei? Chodicek stand nicht ganz stramm; er konnte nicht. Chodicek benahm sich ungebührlich; er rülpste. Der Oberleutnant packte ihn, in Erfüllung seiner Dienstpflicht, an der Bluse. Chodicek riß sich los. Der Oberleutnant zog seinen Revolver und schoß; in Erfüllung seiner Dienstpflicht. Eine Patrouille holte den toten Chodicek.

Dies geschah in der Prager Nacht vom siebenundzwanzigsten zum achtundzwanzigsten Oktober.[61]

Als der deutsche Oberleutnant am nächsten Tag die Zeitung las, wurde er blaß. Das ist keine Schande; andere an seiner Stelle wären auch blaß geworden. So ein Pech in letzter Minute. Er zog still und nachdenklich die Uniform aus und einen Zivilanzug an.

Aber der letzte Schuß unter Habsburg, zugleich der erste der tschechoslowakischen Revolution, war nicht wegzuwischen, so wenig wie das Blut auf dem Pflaster. Ich bin verloren, dachte der Oberleutnant a. D.; sie werden mich finden, auch wenn ich mich verstecke, und mich massakrieren.

Die verhängnisvolle Bluttat in so entscheidender Wende hatte das Volk aufgebracht; ein Haufen, angeführt von Angehörigen des Erschossenen, hatte das Versteck des Oberleutnants aufgestöbert. Sie standen schon vor seinem Hause, drohend, mit geschwungenen Stöcken, aber da kamen im Laufschritt die Sokoln, die in jenen Umsturz-Tagen den Ordnungsdienst unterstützten, und bildeten einen Schutz-Kordon.

»Gebt den Mörder heraus!« schrien die Leute, »oder wir stürmen. Er hat einen der unsern erschlagen, aber jetzt ist es anders gekommen!«

Die Sokoln wichen nicht. Reden flogen hin- und herüber. »Leute«, sagt ein Sokol, »er hat in Ausübung seiner Dienstpflicht gehandelt. Widersetzlichkeit gegen einen Vorgesetzten. Es geschah noch unter der Monarchie. Strich darunter. Blut löscht Blut nicht aus. Wollt ihr euch mit der Rache an einem Ohnmächtigen beflecken?« Wie ein guter Schulmeister sprach er, mit erhobenem Zeigefinger; in der Rechten hielt er ein Gewehr. Der böhmische Brüdergeist[62] sprach aus ihm: »Keine Rache!«

Die Menge verstreute sich. In ihrem Herzen war der gleiche menschliche Brüdergeist.

Herr X. lebt, ungeschoren, noch heute in Prag.

21. Juli 1938

DESERTEURE

Die Serie der Überläufe begann vor einiger Zeit mit der phantastischen Meldung, daß ein deutscher Tank die französische Grenze überschritten habe – nicht etwa, um à la »Husarenstreich« zu attackieren, sondern um sich im Elsaß entwaffnen zu lassen. Bald darauf kamen bei Tachau, in Böhmen, und jetzt bei Znaim in Südmähren reichsdeutsche Soldaten in voller Ausrüstung, die sie freudig abwarfen, in die Tschechoslowakei.

Zufall oder Symptom? In einer so disziplinierten Armee wie der deutschen kommt solchen Vorfällen symptomatische Bedeutung zu. Die Fahnenflucht ist in der deutschen Armee der neueren Zeit etwas völlig Fremdes. Im Weltkrieg gab es kaum Überläufer. Seit den Tagen, da preußische Soldaten vor den Stockmeistern Friedrichs des Großen davonliefen, ist dergleichen in Friedenszeiten nicht geschehen.

Jeder einzelne Mann, durch hundertfache Zuverlässigkeitsproben hindurchgegangen, ist systematisch geprüft, und wenn auch nur ein einziger Soldat überläuft, so stehen Hunderte hinter ihm, die virtuell ebenso weit sind, auch wenn sie in ihrem Kader Dienst tun. Diese Desertionen lassen auf einen furchtbaren Druck schließen, der sich in der Flucht befreit. Sie sind nicht als Einzelfall zu übersehen, und es ist unübersehbar, wie diese ingrimmige Unzufriedenheit, dieses »Wir hielten es nicht mehr aus« sich im Kriegsfall äußern würde.

Ehe ein deutscher Soldat sich entschließt, seinen Truppenkörper zu verlassen, muß eine ungeheure psychisch-physische Belastung vorangegangen sein. Diese Deserteure sind abgeschleuderte Partikel einer vorläufig noch unerkennbaren Zentrifugalkraft; auch hier ist, wenn auch in einem etwas andern als nationalsozialistischen Sinn, ein »Dynamismus« wirksam. Die fahnenflüchtigen Soldaten sind Repräsentanten einer heimlich fressenden zivilen Unzufriedenheit und Opposition. Das ist weit mehr als eine militärische Angelegenheit. Das Heer der allgemeinen Wehrpflicht ist ja nichts anderes als uniformiertes Volk. Der zivile Opponent im totalitären Staat muß ausharren oder emigrieren. Auch der Soldat, den die nahe Grenze eines freien Landes unwiderstehlich anzieht, hat nur ein äußerstes Mittel, das Unerträgliche abzustreifen. Die desertierten Soldaten sind Emigranten des Dritten Reichs.

Jedes totalitäre Regime hat im Volk und in der Armee seine heimliche, verbissene Opposition. Auch das ist eine große Friedenschance. Je stärker dieser unterirdische Gegendruck, umso größer die Friedenschance und umso furchtbarer das Kriegsrisiko für den Totalismus. Denn ein Krieg gäbe dieser unsichtbaren Opposition unabsehbare Möglichkeiten.

So gesehen, sind sechs, sieben fahnenflüchtige reichsdeutsche Soldaten – die Flucht gilt nicht dem Militarismus, sondern der Hakenkreuzfahne – keine Bagatelle, keine vermischte Notiz, sondern beinah eine verlorene Division, eine verlorene Schlacht im befristeten Frieden. *28. Juli 1938*

SLOWAKISCHES DORF, ABENDLICH

Wir in der Großstadt wissen kaum noch, was eine Glocke ist, es sei denn, das penetrante Schrillen des Telephons. Manchmal, bei außerordentlichen festlichen Gelegenheiten, läuten viele Glocken über dem Lärm. Aber das Dorf in seiner Stille hängt täglich an dieser Stimme wie ein Kind am Schürzenband der Mutter.

Das Dorf Ratnovce ist arm und klein, es hat keinen Glockenturm. Oben auf der Anhöhe, zwischen Weingärten und Platanen, steht ein altes, biedermeierliches Herrenhaus. In seinem Spitzgiebel, über der geschnitzten Balustrade, hängt eine Glocke. Um halb acht Uhr abends steigt der Verwalter hinauf, wirft die lange Schnur in den Garten, steigt hinab und zieht den Strang. Die Glocke klingt wie das gutmütige Gebell eines Schäferhundes: Marsch in den Stall, marsch in den Stall.

Und die Mädchen, die auf den weiten Wiesen Heu machen, und das Dorf, das unsichtbar in eine Ackersenke geduckt ist, lauschen auf. Sie haben darauf gewartet. Wer eine Uhr hat – viele sind es nicht – zieht sie und vergleicht. Die unsichtbare Glokke zwischen den Rebstöcken, früh, mittags und abends, macht den Tag des Dorfes. Die Mädchen schultern die Heugabeln und schlendern müde-gelassen in eine pastellzarte Dämmerung hinein. Hinter ihnen stapft der Aufseher mit dem schweren Stock und dem kleinen Federhütchen; ihnen voraus läuft der Junge mit der Holzkanne, aus der er alle zwei Stunden die durstigen Mäherinnen getränkt hat; denn ungeheuer ist der brennende Sonnenbogen über den Feldern. Es hat alles seine uralte Ordnung, und der Tag ist vollbracht.

Im letzten Licht huscht, rasch, rasch ein Zug, eine kleine Prozession, durch die lautlose Dorfstraße. Man könnte sagen, es seien Gänse, die, ehe die gierige Finsternis über das Dorf herfällt, von der Weide heim eilen. Oder sind es verzauberte Geschöpfe aus einem slowakischen Märchen? So still ist es, daß man das leise Rauschen des aneinanderstreifenden Gefieders hört, husch rasch rasch, aber das ist kein Gefieder, sondern das sind ja die ungezählten bauschig wippenden Unterröcke der Bäuerinnen, und das flüsternde Geschnatter, das die Ereignisse des abgelaufenen Tages beplaudert.

Und hinter ihnen, mit dem wippenden, leise rauschenden, bunten Kreiselrock, wie eine aufgezogene Spielzeugfigur, schreitet auf meisterhaft gedrechselten Beinen eine Schönheit heimwärts. Wie schade um so viel stolze Pracht, um Goldhäubchen, Spitzen, Krausen, die sich da in der Dunkelheit auflösen. –

Die Glocke oben im Landhaus ist mit einem akzentuierten, abschließenden Schlag verstummt. Gleich wird sich die alte Öllaterne, die an einem langen Arm aus der Mauerecke ragt, entzünden und die Hausinschrift beleuchten: »Franz Graf Dezas, Feldmarschalleutnant, 1835«. Aber Laterne und Inschrift versinken in der

Nacht. Der Verwalter stellt zwei Windlichter auf den Tisch. »In diesem Haus«, erzählt er, »hat Beethoven geweilt« (in solchen Fällen sagt man immer geweilt), »als er in Pistyan die Kur nahm und die Töchter des Barons Brunsvik in Korompa besuchte. Eine von ihnen war die ›unsterbliche Geliebte‹, man weiß nur nicht welche.«[63] Worauf sich der Verwalter artig zurückzieht.

Der Wein schmeckt doppelt so gut, sanfter verdämmern die Hügel, süßer duftet das Heu. Ein Beethovenscher Atemzug in dieser slowakischen Landschaft. Und man fühlt: immer findet sich Schönes zu Schönem.

»Zur schönen Fischerin« heißt das Gasthaus, und das mit einigem Recht. In vier Sprachen: slowakisch, ungarisch, tschechisch und deutsch. Dieses Waagtal ist, bei aller Prävalenz des Slowakischen, seit uraltester Zeit, sozusagen von Anbeginn, ein Völkerstrom und ein Sprachgemisch. Der fruchtbare Boden und die flüssige Lava der Schwefelwässer hat sie angezogen, die Kelten, die germanischen Quaden, die Römer, diese Badekünstler, die an keiner Therme vorübergingen, die sengenden Avaren und Türken, die herrschsüchtigen Magyaren und die ausdauernden Slawen. Die sind geblieben, erstaunlich einheitlich herausgekommen aus diesem Schmelzprozeß der Jahrtausende, ein wohlgeratener Menschentypus mit stolzem Gang, mit hohen Backenknochen, prächtigen Zähnen, mit kleinen hellblickenden Augen und weizengelbem Haar, besonders die Frauen.

Groß und billig sind bei der »schönen Fischerin« die Krebse der heimlichen Bäche. Nachher wäscht man sich unter der Hofpumpe die Hände – denn Krebsessen ist eine umständliche Handarbeit –, die Fischerin pumpt, reicht das große Handtuch und trinkt dann viele »Stamperliks« (kleine Gläschen), abwechselnd Slivowitz und einen grünen Pfefferminz. Dann wirft sie sich, über alle schönen Zähne lachend, auf den balancierenden Gartensessel hinterrücks über den Gast. Ein weißer Ziegenbock schreitet unmotiviert, aber mit panischer Würde, beinahe leuchtend durch den finsteren Garten. Zwei Slowaken kratzen hartnäckig ihre Geigen auf zigeunerische Art. Auf der Gartenmauer hockt auf seinem Bündel ein Landstreicher, angelockt von der einzigen, funzligen Glühbirne und von den beiden Geigen, und starrt mit Katzenaugen in die

Dunkelheit, ob etwas auf dem Tisch übrigbleibt. Die schöne Fischerin hat über sich ein traurig lächelndes Gesicht und viele Sterne, die in der hellen Bläue dieser Augen zu funkeln scheinen.

So eine Nacht ist wie aus einer fernen Zeit stehengeblieben. Gleich wird der Nachtwächter die späte Stunde nach uraltem Text und Singsang ausrufen. Und daß nur nicht der Ortsbüttel kommt und die zuchtlose Fischerin, die zu viele Stamperliks getrunken hat, an der weißen Schulter packt; denn in der Ecke hinter dem Kirchplatz steht der Pranger mit der klugen Inschrift: »Ich rufe niemanden, ich empfange jeden!«

Der Pranger steht im Ortsmuseum, und nur ein Gendarm mit geschultertem Gewehr kommt vorüber, legt lässig einen Finger an den Helm und meldet in dreisprachigem Rezitativ: »Bitta schön, Mitternacht, Sperrstunde!« *7./8. August 1938*

DAS TURN-BEKENNTNIS

Konrad Henlein ist nicht nur der Sprecher der sudetendeutschen Volksgruppe, sondern der Volksdeutschen überhaupt ... Auch in Österreich sind die Turner an der Spitze der nationalsozialistischen Revolution gestanden. Die sudetendeutschen Turner haben gezeigt, daß sie nicht nur hoch im Turnen stehen, sondern daß sie auch ein Vorbild der erneuerten Turnidee sind. Hier ist ein Aufbruch geschehen, der unserer Revolution offenbar einen Auftrieb gibt ... (»Der Angriff«, Berlin)

Wenn die Sprache Handstand macht, kann es passieren, daß aus ihrer Leere, wider ihren Willen, eine Wahrheit herausplumpst: Der Nationalsozialismus braucht, wie einen Bissen Kartoffelbrot, den »Auftrieb«, den ihm der sudetendeutsche »Aufbruch« liefert; denn im Dritten Reich ist die Bewegung erstarrt, die Begeisterung erloschen, und übriggeblieben ist die politische Lethargie einer Enttäuschung und Verzweiflung, die von Zeit zu Zeit durch Morphium-Injektionen aufgepeitscht werden muß.

Eine solche Spritze war Österreich. Keine andere Funktion hat das Sudetendeutschtum. Auf dem Breslauer Turnfest haben ein paar tausend Henlein-Leute vor der Hitler-Tribüne offenkundig Hochverrat verübt.[64] Die tschechoslowakische Republik ist großzügig, man wird die Schuldigen nicht aus der Turnerriege herausgreifen. Wenn reichsdeutsche Turner im Ausland für die Demokratie und den Anschluß an einen fremden Staat demonstrierten, dürften sie es nicht wagen, ins Reich zurückzukehren. Das ist heute schon ein Gemeinplatz, bei dem man sich nicht aufhält; denn die Demokratien glauben, im Interesse des Friedens alles einstekken zu müssen. Die Zweckmäßigkeit dieses Verhaltens bleibe hier außer Betracht.

Breslau war ein Aufbruch, ein Durchbruch, ein Aufschwung: man hat das Karlsbader Bekenntnis des Turnvaters Henlein mit Keulen geschwungen. Aus dem getarnten wurde ein geturnter Hochverrat.

Das Dritte Reich braucht Bewegung, Dynamik, um über die Serie toter Punkte hinwegzukommen. Daß es die Sudetendeutschen gibt, ist ein wahrer Segen. Südtirol eignet sich nicht für diesen Zweck, das Wort ist in Deutschland ausgemerzt – mittels eines Wunschtraums hat man die Leiden der Südtiroler einfach auf die sudetendeutsche Volksgruppe übertragen. In Zusammenarbeit mit Berlin ist es Henlein tatsächlich gelungen, die ganze Welt durch ein fiktives Problem zu dynamisieren. Die echten Dynamiker können, wie alle Spielernaturen, ohne einen hohen Einsatz und eine noch größere Chance nicht leben. Henlein, der zur Linken des Führers sitzt, ist heute der zweitwichtigste Mann Deutschlands.

Wann wurde eine Volksgruppe schon so kalt und berechnend als Mittel zum Zweck mißbraucht wie die Sudetendeutschen? Man sagt »sudetendeutsches Unrecht« und meint die Unruhe Europas, die Expansion, die Rohstoffe und Lebensmittel des »Südostraumes«. Davon ahnen die Sudetendeutschen nichts. Wie sollten sie auch, da sie unter der Gleichschaltung der Willens- und Meinungsbildung stehen? Sie befinden sich, ähnlich wie Teile des deutschen Volkes im Jahre 1933, in einer Art messianischer Erwartung, an die keine Erfahrung, weder die reichsdeutsche noch die österreichische, herankommt. Sie fühlen sich ungeheuer wichtig, Nabel der Welt, weil im Beamtenproporz und in der Sprachbehandlung kleine Unstimmigkeiten vorkommen. Sie sind wie Kinder, mit denen man sich viel zu viel beschäftigt. Es bereitet ihnen eine krankhafte Befriedigung. Aber eine solche Erziehung kann nicht gut tun. *11. August 1938*

BRIEFE AN LORD RUNCIMAN

Der englische Gast mit der Empire-Rolle wird sich über die tägliche Post, die seine Prager Anwesenheit entfesselt hat, ein wenig wundern. Der Hotelboy, der täglich die Briefstöße zum Sekretär des Lords[65] hinaufträgt, hält in seinen Armen das ganze sudetendeutsche Problem.

*

Sehr geehrter Herr Lord!

Damit Sie einen Begriff bekommen, wie es in diesem sogenannten Staat aussieht, gebe ich Ihnen als Bewohner der 110prozentigen deutschen Gemeinde Tscherwinka die folgende wahrheitsgemäße Darstellung eines unerhörten Vorfalls:

Mein sechsjähriger Junge brachte kürzlich ein Paket zum Postamt unserer wie gesagt 110prozentigen deutschen Gemeinde, das er nach dem ebenso deutschen Ort Kleinwesselsried aufgeben wollte. Der natürlich tschechische Beamte – seinen Namen bitte ich zu notieren: Jindrich Schöberle – verweigerte die Annahme des Pakets! Natürlich nur, weil die Adresse deutsch geschrieben und der Ortsname Kleinwesselsried nicht tschechisiert war. Ich bin, unterstützt von unserer tatkräftigen Parteipresse, bis zum Ministerium vorstellig geworden; das Ministerratspräsidium hat sich mit diesem Gewaltakt niederträchtiger Unterdrückung beschäftigt, man hat den tschechischen Beamten – natürlich nur zum Schein – vernommen und folgendes festgestellt. (Beachten Sie den Hohn, Herr Lord, der in dieser Untersuchung steckt.) Der Beamte habe das Kind nur deshalb nach Hause geschickt, damit die Ortsadresse Kleinwesselsried durch die nähere Angabe »bei Oderan« ergänzt werde. Das ist natürlich nur eine bloße Ausrede und Schikane. Ganz Tscherwinka war empört ...

Der Sekretär notierte an den Rand: Leichte Symptome politischen Verfolgungswahns.

*

Der Sekretär bündelt einen Stoß von Briefen, die zur Lösung des sudetendeutschen Problems folgendes vorschlagen:

»Gebt im deutschsprachigen Gebiet die örtliche Polizeigewalt der sudetendeutschen Partei (SdP), und wir werden schon mit der Kommune, den Demokraten, Juden und tschechischen Grenzlern fertigwerden. Die Armschleifen sind schon bereit.«

*

»... und besitze ich ein Konfektionsgeschäft in Teplitz-Schönau. Der Jude Portheim besitzt gleich um die Ecke ebenfalls ein Konfektionsgeschäft. Ich stehe vor dem Konkurs. Infolge der bekannten jüdischen Machenschaften blüht Portheims Geschäft. Das muß anders werden. Und damit es anders werde, muß alles anders werden, und wenn es darüber zum Krieg kommt, und alles zugrunde geht. Es wird keine Ruh sein, eh bis daß nicht der letzte jüdische Arzt, Advokat und Geschäftsmann raus ist. Das ist meine tiefe deutsche Überzeugung, Herr Runciman. Melden Sie das Ihrer Regierung!

PS: Übrigens macht der Jude Portheim auch keine Geschäfte mehr. Das sudetendeutsche Problem beginnt sich gottlob bereits auszuwirken. Niemand macht mehr Geschäfte. Die sudetendeutsche Heimat nähert sich ihrer Befreiung.«

*

Wir sind alle für Selbstverwaltung, denken die englischen Herren bei der Lektüre der Briefe und sehen sich schweigend an, aber wir möchten den Zulukaffern, solange Weiße unter ihnen leben, keine Selbstverwaltung geben.

20. August 1938

In den sechziger Jahren – aber auch noch später, eigentlich bis zur Erfindung des Automobils – geschah es mitunter, daß der Theaterenthusiasmus der geduldig am Bühnentürchen Wartenden dem gefeierten Liebling die Pferde ausspannte und es sich nicht nehmen ließ, seinen Wagen ein Stück Wegs zu ziehen.

Lucille Duplay besaß einen eigenen Wagen und zwei Pferde, Neid ihrer Kolleginnen, der jedoch etwas gemildert wurde, da man wußte, daß dieser Luxus keineswegs ihrer Gage entsprach, sondern der Freigebigkeit eines alternden Bankiers, den ihr keiner der jüngeren Kolleginnen neidete.

Um jene Zeit hatte eine Frau um dreißig sich resignativ auf den Rückzug vorzubereiten – Balzac und vielleicht auch die Mode waren an diesem harten Mißverständnis schuld. Nur die Bühne mit ihrem schmeichelndem Glanz verlängerte über die gesteckte Frist hinaus die viel zu kurze Blütezeit der Frau, und das war, weit mehr als Lucilles mittleres Talent, die Ursache, daß sie sich an die Bühne klammerte, in Panikangst vor dem Versinken in das berüchtigte »retour d'age«.

In einer Premiere im »Odeon« wurde sie zu ihrer freudigen Überraschung an die Rampe gerufen, weit hinaus über die mäßige Arbeit der bestellten Claque. An sich rechtfertigte ihre nicht große Rolle keineswegs diese enthusiastische Auszeichnung. Ihr Stolz und ihre Freude aber kannten keine Grenzen, als nach Schluß der Vorstellung ein größerer Trupp von Theaterbesuchern sie vor dem Bühnenausgang erwartete, applaudierend ihren Namen rief, ihren Wagen umdrängend, so daß sie kaum einsteigen konnte. Lucille Duplay winkte und lächelte reizend nach allen Seiten, und ihr Herz schlug höher, als sich ein paar junge Leute daranmachten, die Pferde auszuspannen. Das war ein Wunschtraum ihrer Jugend – alles geht einmal in Erfüllung –, sie erinnerte sich noch, der großen Gabriele Duroc war das Gleiche vor Jahren einmal geschehen. Schon schoben hinten, zogen vorne ein paar junge Leute ihr Coupé, der überflüssige alte Kutscher war, halb auf ihren Wink, halb von den Enthusiasten gezerrt, vom Bock gestiegen und trottete hinterdrein.

Unter lärmendem Jubel ging die holpernde Triumphfahrt durch die einsamen, nächtlichen Straßen des Quartiers, und Lucille kam gar nicht dazu, die wild Begeisterten zu lenken. Die dunklen Straßen waren ihr unbekannt, zweifellos zogen ihre Verehrer in die verkehrte Richtung. »Halt!« rief die Schauspielerin, »halt!« und da standen die Atemlosen still.

Lucille Duplay stieg aus, blickte nach den entschwundenen Pferden und dem Kutscher aus – merkwürdig klaffte die Leere der verstummten Begeisterung in der fremden Regennacht von Paris.

In diesem Augenblick setzte sich die leichte Kutsche unter lautem Geschrei, das jetzt wie schlechtes Theater klang, wieder in Bewegung, und ehe Lucille ihre Erstarrung von sich schüttelte und mit gerafften Röcken hinter den enteilenden Rädern ihres kostbaren Cabriolets herzulaufen versuchte, war ihr rollendes Eigentum um eine Ecke und in der Nacht verschwunden.

Und plötzlich war es ringsum grausam still und leer. Kein Kutscher, keine Pferde und keine Enthusiasten, nur die in der Ferne verhallenden Räder, als gingen sie über Lucille Duplay hinweg und als entführten sie ihr die Jugend, die Illusion und den Ruhm.

Lucille hat von dem alten Bankier kein neues Gespann mehr bekommen. Der Gaunerstreich, der sie zum Gespött machte, verschloß ihr die Bühne, ohne deren Zauber sie nun, nach dem strengen, ungerechten Gesetz der Zeit, doch nur eine Frau von dreißig war, die sich dem schmerzlichen Rückzug zu fügen hatte.

21./22. August 1938

DIE WIRTSHAUSRAUFEREI

Sie gehört zum sudetendeutschen Problem wie die Faust aufs Auge. Die tschechoslowakische Presse hat eine neue Rubrik, und die Weltpresse lauscht ängstlich und gespannt auf jede Watsche, die in Klein-Horatitz fällt. Die Bezirkshauptleute, Konzeptsbeamten, Ortsvorsteher und Gendarmeriewachtmeister haben eine neue Aufgabe und alle Hände voll zu tun: sie müssen genaueste Protokolle aufnehmen und seitenlange Schriftsätze an das Ministerratspräsidium ausfertigen. Wo sonst der Ortspolizist zureichend seines Amtes gewaltet hat, erscheinen oberste politische Behörden auf dem Schauplatz umgestürzter Wirtshaus-Tische. Wo sonst die Zeitungen allenfalls eine winzige Provinznotiz brachten, wird jetzt auf der politischen Seite mit detaillierter Ausführlichkeit dargelegt, wie und wo Herr Krejci, Mitglied der Henlein-Partei, Hautabschürfungen erlitten hat. Die Lokalbehörden, mit einemmal in die Weltpolitik verwickelt, stehen vor einer schwierigen und lästigen Aufgabe, die viel Papier, Tinte und Schweiß beansprucht. Denn bei so einer nächtlichen Wirtshausrauferei geht es drunter und drüber, die tschechisch-deutschen Körper sind ineinander verknäult, im Guten wie im Bösen, man weiß nicht, zu wem die Haare, in denen sie sich liegen, gehören, sind es SdP-Ordner, Provokateure, ehemalige eliminierte Henleinleute, Sozialdemokraten, Deutsche gegen Deutsche oder Deutsche gegen Tschechen, oder schlichtweg Besoffene; der Tscheche heißt Müller und der Deutsche heißt Vondracek, und die Runciman-Kommission kennt sich nicht mehr aus.

Das ganze Dorf rauft sich, es geht zu wie auf einer bayerischen Kirchweih, selbst Kinder ziehen die Taschenmesser, die Fabriksirenen heulen, die Feuerwehr kommt, sie, die mit ihrem kalten Wasserstrahl die einzig zuständige Instanz ist in diesem homerischen Kampf der Bierkrügel, viel zuständiger als internationale Kommissionen. Die Sudetenpolitik ist auf die Wirtshausrauferei gekommen, und es dürfte in der internationalen Politik einzig dastehen, daß die englische Gesandtschaft in Prag einen Attaché auf einen weltpolitischen Schauplatz entsendet, von dem es im amtlichen Protokoll heißt: »Die drei Männer setzten sich alle zu einem Tisch, bestellten Bier und verlangten, der Gastwirt möge erscheinen und sich für die Beleidigung entschuldigen«. Es geht diesmal um eine Kellnerin, und schon entsteht um diese neue Helena ein »Inzident«, der in dieser ekrasitgeladenen[66] Atmosphäre einen trojanischen Weltkrieg auslösen kann.

Das Gefährliche an der ganzen Sache ist, daß eine Rauferei nicht mehr Rauferei heißt, sondern »Inzident«, und daß der »Völkische Beobachter«, der in Miesbach seinen Ursprung hat,[67] so tut, als wüßte er nicht, daß auf dem Dorf das Raufen eine Lust ist. Es ist der reichsdeutschen Propaganda gelungen, die Wirtshausrauferei zu einem Politikum, sogar zu einer Weltkriegsgefahr zu machen.

Eine tollhäuslerische Zeit: aus einer schlichten Brandstiftung erhob sich der siegreiche Nationalsozialismus; es entspräche dieser Politik, wenn das Dritte Reich aus einer Wirtshausrauferei einen Weltbrand anfachen würde.[68] *8. September 1938*

EINE HOCHZEIT UND ACHT SÄRGE

Der Tag begann so schön, frühlingshaft und von einem seidigen Himmel überblaut. Turin war in festlicher Bewegung; alle Glocken läuteten die Hochzeit ein, die der Sohn des Königs Victor Emanuel II., Amadeo Herzog von Aosta, mit der Prinzessin Maria del Pozzo della Cisterna feierte.[69]

Als sich im Schloß der Zug formieren sollte, um sich feierlich zum Trau-Akt im Dom zu begeben, fehlte die erste Hofdame der Herzogin. Eine Stockung trat ein, ein Kammerherr stand ohne seine Dame da, der Zeremonienmeister erbleichte und durchschwitzte alle Würde. Man durchsuchte das weitläufige Schloß und fand die verschwundene Dame erhängt in einem abgelegenen Zimmer. Das Fräulein, eine Gräfin della Spina, die abgedankte Geliebte des Bräutigams, konnte den Tag, der ihr jede Hoffnung nahm, nicht überwinden ...

Die Schreckensnachricht durchlief wie ein unterirdisches Beben die wartende Hochzeitsgesellschaft und malte sich kaum verhüllt in den Gesichtern der erlauchten Gäste. Welch ein Omen an einem solchen Tag ...

Der Zug setzte sich nach dieser tragischen Verzögerung endlich in Bewegung. Man hatte den verwaisten Kammerherrn anstatt in die für ihn und die Gräfin bestimmte Kutsche auf ein Pferd gesetzt und in die berittene Eskorte gereiht. Sei es, daß er nicht reiten konnte, sei es, daß er seine Beklemmung auf das Pferd übertrug, kurzum, es scheute, und der nicht mehr junge Hochzeitsreiter ward abgeworfen und brach sich das Genick.

Die Menge im Spalier bekreuzigte sich und betete ein Vaterunser für das junge Paar, das unter einem unsichtbaren Baldachin des Unheils zu stehen schien. Unerträglich zerrten die Glocken an den Nerven der Hochzeitsgäste. Die Braut hielt die Hand des Herzogs umklammert, ein bleiches, starres Lächeln, das vorschriftsmäßige Brautlächeln, lag auf ihrem Gesicht.

Nach der Trauung, die unter Herzensangst, aber ohne Zwischenfall verlief, fuhr die bedrückte Hochzeit in das einige Meilen entfernte Schloß Stupigni. Hier, an der mächtigen Gitterpforte des Parks, geschah etwas völlig Unerwartetes und Unfaßbares. Anstatt sich weit und festlich aufzutun, war das vergoldete Tor verschlossen, und ein völlig kopfloser Pförtner rannte mit Wahnsinnsaugen vor dem gußeisernen Rankwerk hin und her. Der Schlüssel war fort; er fand ihn nicht. Verlegt, verloren, versteckt, wie eine liederliche Hausfrau einen Schrankschlüssel verschlampt. Der Unglücksmann war eingesperrt. Victor Emanuels mächtiger Schnauzbart sträubte sich vor Wut, er vergaß sich und brüllte martialische Flüche und Kommandos, die sinnlos waren. Die Braut schluchzte in ihren Schleier hinein. Wären nicht schon zwei Tote vorangegangen, hätte man die Szene gewiß von ihrer heiteren Seite genommen; und in der Tat, sie war unendlich grotesk wie ein Märchen – der königliche Hochzeitszug, der vor dem versperrten Schloßtor stand. Der Pförtner aber empfand begreiflicherweise nichts von diesem Humor, zog eine Pistole und erschoß sich, angesichts der Hochzeitsgesellschaft, die sich in voller Deroute befand.

Es gab Aufschrei, Ohnmachten und Weinkrämpfe. Die Panik griff auf das Innere des Schlosses über. Man konnte den festlichen Zug doch nicht durch ein Hinterpförtchen sich hindurchzwängen lassen! Es verging eine böse Zeit, ehe die Handwerker das schwere Schloß mit dröhnenden Hammerschlägen, die den Frauen ins Herz drangen, herausgeschmiedet hatten. Während dies geschah, ereignete sich nur ein gewissermaßen entschuldbarer Todesfall; den alten Notar, der ohnehin apoplektisch und schon bei der Unterzeichnung des Hochzeitskontraktes sehr erregt war, traf in seiner Kutsche der Schlag.

Die Hochzeitstafel verlief, den Umständen angemessen, gespenstisch animiert; man tat nur so, als ob man äße und sich unterhielte. Unter würgendem Schweigen wartete man auf den Nächsten. Wieviel waren es bis jetzt? Vier Tote. Wär' es nur schon vorbei ... Ein Jettatore,[70] ein böser Blick ist unter uns! Wen wird es als nächsten treffen? Stumm raunte der ansteckende Schrecken rund um die Tafel. Es gibt keinen Italiener, der nicht an den »jettatore« glaubt; und glaubt man daran, dann ist er auch wirksam, und das Böse starrt uns lähmend an, weil wir es anstarren.

Die Braut konnte sich kaum mehr aufrechthalten, und den Lakaien zitterten die Hände. Der König gab das Zeichen zum Aufbruch. Aber nicht in den Kutschen, sondern mit der neuen, erst kürzlich eröffneten Eisenbahn sollte die schleunige Rückkehr nach Turin erfolgen. Das »Stahlroß«, wie man das in den sechziger Jahren nannte, konnte wenigstens nicht scheuen und vom bösen Blick nicht vexiert werden.

Als auf dem kleinen Bahnhof von Stupigni der improvisierte Sonderzug rangierte, lief der aufgeregte Stationsvorsteher, überrascht von der plötzlichen Disposition, über die Geleise, gerade vor die Lokomotive, die über den Kopflosen hinwegging. Wirklich kopflos und zermalmt lag er unter dem schicksalhaften Hochzeitszug.

»Alles aussteigen!« kommandierte eine grimmige Feldwebelstimme. Es war Victor Emanuel. »In die Wagen! Zu Pferd die Eskorte! Marsch! Avanti!« In wilder Auflösung stürzte man aus den rotsamtenen Coupés und drängte sich in die Kutschen, als wäre Feuer oder Wasserflut ausgebrochen. Die Schleppe der Braut blieb im Staube liegen. Aus irgendeinem Mund gellte ein irrsinniges krankes Lachen. Zwei weitere, allerdings anfällige Personen sklerotischen Jahrgangs erweiterten die Verlustliste.

Nur eine Person gab es in dieser verwüsteten, zähneklappernden Gesellschaft, die kühl und ruhig blieb, wie ein Spiegel oder wie ein vollkommen geformter Marmor: das war die Gräfin Castiglione, die Frau des Kabinettschefs, der angstgepeinigt im Zuge ritt. Sie hatte den berechtigten Ruf, die schönste Frau ihrer Zeit zu sein, eine Helena, ebenso verderblich wie sie. Ihr unberührbares Herz hatte noch keinen Mann geliebt, noch keinen glücklich gemacht; sie lebte nur ihrer Schönheit, und unter den Männern ging das Geflüster, daß ihr Anblick ihre Liebhaber mit Ohnmacht schlage. Wenn sie sich einem »Erwählten« nackt zeige, nur mit Armreifen angetan, überfiel ihn ein Zittern, er war wie gelähmt und kein Mann mehr. Und wenn er nach längerer Zeit seine Annäherung wiederholte, erging es ihm nicht besser; auch wenn die

Castiglione völlig bekleidet war, und er stammelte verstört: »Bitte keine Armreifen!«

Die Rückfahrt verlief ziemlich glatt, von einem Todesfall abgesehen, der seltsamerweise – wenn hier noch von seltsam zu sprechen ist – den Prinzgemahl der verderblichen Schönheitskönigin traf; ihm wurde im Sattel übel, er stürzte und wurde von einer ihm folgenden Hochzeitskutsche gerädert.

Aber damit war es genug, wie die verbürgte Chronik der Turiner Hochzeit berichtet. Das Schicksal war gesättigt. Es war, als ob die Hochzeit des Herzogs von Aosta nur stattgefunden habe, damit die schöne Castiglione Witwe werde. Auf ihrem herrlichen, klassischen Gesicht lag ein liebliches ruhevolles Lächeln ...

Es ist nicht Sache der Geschichtsforschung, festzustellen, ob die acht Särge der Hochzeit von Turin eine bloße Zufallskette sind oder verursacht von einer unerforschbaren bösen Magie, die sich in der Castiglione verkörperte. Sie, deren Schönheit nur dem Ehrgeiz diente, die beinah Kaiserin von Frankreich, die Gattin Napoleons III. geworden wäre und die – nicht die Schwiegertochter des Königs von Italien geworden ist, hat als einzige Zeugin über diese Unglückshochzeit, die sie zur glücklichen Witwe machte, kalt triumphiert.

21. September 1938

DIE DEMÜTIGUNG

Wir haben in Deutschland diese enge Verbindung zwischen jüdischem Kapitalismus und theoretischem kommunistischen Antikapitalismus erlebt; so wie hier die »Rote Fahne«, der »Vorwärts« und die »Frankfurter Zeitung« immer Hand in Hand gingen, so ist es in der ganzen Welt.

Hitlerrede vom Montag, den 12. September[71]

Abgesehen davon, daß es nicht wahr ist. Die »Frankfurter Zeitung« unter ihrem gleichen Chefredakteur Rudolf Kirchner,[72] unter einem nur wenig veränderten Redaktionsstab jener kommunistisch-kapitalistischen »Systemzeit« muß sich diese Anprangerung widerspruchslos, ohne »Anm. der Redaktion« gefallen lassen. Gespannt sucht man in der »Frankfurter Zeitung« diese Stelle der Hitler-Rede. Vielleicht ist dieser Passus schamhaft eskamotiert? Die Aufpasser werden das Fehlen von fünf Zeilen in dem elfspaltigen Abdruck des Wortlauts nicht merken. Nein, die Weglassung wäre zu riskant. Und eine subtile Scham, gar eine publizistische, gibt es in Deutschland nicht. Man errötet nicht mehr, nicht einmal unter einer Ohrfeige. Der Geohrfeigte quittiert vor aller Öffentlichkeit den Schlag ins Gesicht. Das ist die Disziplin der Entwürdigung. Das beschimpfte Blatt schluckt nicht nur Schimpf, sondern vomiert ihn brav in seinen Spalten. Der Triumph des Sadismus und Masochismus. Nichts hat die fünfjährige stramme Gleichschaltung genützt. Ein Fußtritt in das zerbrochene Rückgrat – das ist ihr Lohn. Gewissermaßen strammstehend tritt der Geschlagene an den Pranger. Hinter ihm Herr Neurath und die IG Farben, deren Organ das Blatt Rudolf Kirchners ist. Ein Widerspruch ist nicht möglich. Die Diktatoren leben von der Demütigung der Schwächeren; es ist ihre Lust, eine blindlings ergebene Gefolgschaft zu haben, die unter ihrem Stiefelabsatz einheitlich »ausgerichtet« ist. Auch an dieser Winzigkeit kann die »ganze andere Welt« die Geistesart des Hitlerismus studieren, um zu lernen, was ihr bevorsteht, wenn sie der schwächere ist.

22. September 1938

PRAGER STRASSEN

In Downing Street[73] demonstriert das Volk. Vor der Prager Burg schlendern die Kleinseitner Bürger in gemächlichem Schritt. Vor dem Ministerratspräsidium stauen sich nur die Autos der Minister. Unverändert die Physiognomie des menschenüberfüllten Wenzelsplatzes. Das »Deutsche Haus« braucht nicht bewacht zu werden; niemand beachtet es. Der »Zeit«, dem Hauptorgan der Sudetendeutschen Partei, wäre es nicht anders ergangen, obgleich es plötzlich über Nacht ohne Grund gekniffen ist. Die Prager Straßen, einst leidenschaftlich und gefährlich reagierend, haben sich gründlich geändert. Es sieht fast aus, als hätten sie kein Blut in den Adern und keine Nerven im Leib. Aber es sieht nur so aus.

Es ist ohne Beispiel, daß die Hauptstadt eines souveränen Staates in solcher Bedrängnis, seit Wochen unter einem Trommelfeuer der Bedrohung und Beschimpfung, eine so beherrschte, musterhafte Haltung bewahrt. Ein Bruchteil der Ereignisse, die seit der Göring-Benesch-Hitlerrede[74] über die Tschechoslowakei hereingebrochen sind, hätte früher genügt, die Leidenschaften der Straße aufzupeitschen. Wer Prag noch aus der vergangenen österreichischen Zeit kennt, kann die tiefe Veränderung, die großartige Erziehung und Disziplinierung dieses Volkes ermessen, ein Verdienst der zwanzigjährigen Schulung durch Masaryk und Benesch. Früher: bei geringstem Anlaß Ausbrüche der Leidenschaft; demolierte Schulen, geplünderte Läden, Straßenbarrikaden. Heute ist das bis aufs Blut gereizte Prag, das vor unterirdischer Erregung kocht, in einer ruhigen Bereitschaft, weil es der Parole Beneschs gehorcht. Nur eine gute Sache führt man mit so guten Nerven. Das gilt von der Spitze des Staates bis zum Mann von der Straße.

Fast unbemerkt kam die Flüchtlingswelle aus Eger, Karlsbad, Teplitz, Reichenberg nach Prag. Man weiß, daß tschechische Eisenbahner und Polizisten dort oben bespuckt werden, und daß sie in strikter Befolgung der Weisung jeden »Inzident« zu vermeiden, den Auswurf des Auswurfs gelassen abwischen. Es ist tschechisches Blut geflossen. Und dennoch sind die Prager Straßen ruhig. Die einzigen Zusammenrottungen, die man bemerken kann, finden vor den Zeitungsständen statt. Als sich am kritischen Dienstagabend, in einer vor Erregung fiebernden Atmosphäre, die Umzüge anläßlich des ersten Todestages des Präsident-Befreiers Masaryk[75] auflösten, weil ein allgemeines Versammlungsverbot erlassen wurde, parierte die Straße im Augenblick, und nicht ein Ruf gegen Deutschland und die Deutschen wurde laut. Die Herren der Runciman-Kommission hätten in diesen Stunden sich unter dieses Menschengewoge mischen sollen, um den disziplinierten Geist des tschechischen Volkes zu erkennen. Es hat die Ruhe des guten Gewissens und den Glauben an den Sieg der Wahrheit, der sein Wappenspruch ist. In diesem Volk der Zeitungsleser ist das Pädagogische stärker als die Leidenschaft. Das ist seit Masaryk im tschechischen Volk eingewurzelt und wird so bleiben, solange man es nicht zur Verzweiflung treibt. Dann aber würde es furchtbar ausbrechen, dann wären die Ausschreitungen von einst ein Kinderspiel, darüber sollte seine heutige Sanftheit keinen Zweifel lassen.

Vergeblich bemühten sich ein paar weißbestrumpfte Sudetenjünglinge im Gewoge des Wenzelsplatzes, auch nur den Anschein eines Inzidents hervorzurufen. Es ist ihnen nicht gelungen. Als einer sich durch laute Bemerkungen unangenehm bemerkbar machte, holten die Passanten zwei Schutzleute, die das »Opfer des tschechischen Pöbels« (wie der »Völkische Beobachter« schreiben wird), artig in die Mitte nahmen und ihn zu seinem Schutz zum Kommissariat spazierenführten. Nicht ein Schimpfwort wurde hinter ihm laut, von Spucke ganz zu schweigen.

Zum Prager Bild gehört auch einer der Schutzleute, die jetzt zur Kontrolle der Gasmasken und zur Registrierung der für den Luftschutzdienst geeigneten Personen in die Privathäuser kommen. Unser Mann, der sich nur sehr mangelhaft deutsch ausdrücken konnte, hatte es mit einem Prager Deutschen zu tun, der nur sehr mangelhaft tschechisch sprach. Die Verständigung war schwierig, aber es ging mit einigem guten Willen. Als der Beamte notierte, für welche Zeit sich der Befragte dem Luftschutzdienst zur Verfügung stellen könnte, sagte er mit tief nachdenklichem Gesicht in gebrochenem Deutsch: »No ja, es ist ja nicht einfach für Sie, daß Sie als Deutscher gegen Deutsche ... das ist schwer ...« Daß ein untergeordneter Beamter sich solche diffizilen Gewissensskrupel macht (die für einen Kulturdeutschen gar keine sind), das ist nur in diesem Lande der Gewissensfreiheit, der Gewissensfeinheit, der inneren Noblesse möglich. *22. September 1938*

RANGORDNUNG DER SORGEN

»Ich mache mir solche Sorgen«.

Das ist es ja eben; er macht sie sich, und darum hat er sie, seufzt unter ihnen, stellt sie und damit sich selbst in den Mittelpunkt der Welt, der Egozentriker, der er ist. Zumeist mit einigem Recht nimmt der Nebenmensch diese Art von dicken Stirnfalten nicht ganz ernst: »Deine Sorgen möchte' ich haben ...«

Die kleinen Sorgen, die man sich »macht«, diese hypertrophierten künstlichen Furchtgebilde, die den Blick verengen, stehen auf der untersten Stufe der Werteskala. Denn auch die Sorge hat, wie alles, ihre Hierarchie. Auf diese vulgäre Sorte der Sorgenkrämerei hat es die Bibel abgesehen, gegen sie wettert sie los an jener herrlichen Stelle der Bergpredigt: »Drum sorge dich nicht um das Morgen! Siehe die Lilie auf dem Felde usf.«[76] Nur ist gerade der so angeredete Typus meist unfähig, eine Lilie zu sehen. In Bezug auf die kleinen Sorgen gestattet, nein fordert die höchste Instanz Leichtsinn, leichten Sinn. »Es ist genug, daß jeder Tag seine Plage habe.« Ja, es ist genug. Die präsumtiven Plagen der kommenden Tage noch hinzuzunehmen, ist die törichteste Selbstbelastung. Die Schrift versteht sich auf die irdischen Sorgen, weil sie die allerhöchste, die Sorge um das Heil im Auge hat.

Es ist das Objekt, das den Wert der Sorge bestimmt. Madame hat Toilettensorgen – ja, auch das gibt es. (So hat es die Bibel nicht gemeint, wenn sie sagt: »Darum sorget nicht also … was sollten wir anziehen?«) Geldsorgen, die verbreitetste Spezies, sind auch ziemlich gewöhnlich, womit ihre Dringlichkeit nicht in Abrede gestellt werden soll. Liebeskummer ist fatal und wirkt leicht lächerlich (»Der Narben lacht, wer Wunden nie gefühlt.« Romeo),[77] womit seine Schmerzhaftigkeit keineswegs bestritten sei. Die Legitimität von Nahrungssorgen ist nicht zu leugnen. Jedoch: »Unser täglich Brot gib uns heute.«[78] Wohlgemerkt, heute. Mitnichten: Unser täglich Brot gib uns morgen und immerdar. Erstens wäre es zu viel verlangt, und zweitens, es taugt dem menschlichen Herzen nicht, sich auf so weite Sicht – man denke: übermorgen, was wird übermorgen sein – zu versorgen. Welch ein ingeniöser Doppelsinn in diesem »Versorgen«, der nicht nur das krampfhafte Bemühen um eine Sicherheit, die es nicht gibt, ausdrückt, sondern auch den kläglichen Zustand einer in Kümmernisse eingesponnenen, kleinen, schlaffen Seele.

Die noblere Sorge auf einer höheren Stufe erkennt man daran, daß sie vom eigenen Ich absieht und an ein Du denkt; daß sie, gemessen am Größeren, Allgemeinen, ihre Relativität erkennt und bis zur Nichtigkeit verblaßt. Die kleinen Sorgen verengen das Herz, die großen machen es stark und weit. Was man so »Sorgenlast« nennt, unter der man fortwährend »zusammenbricht« – was ist das schon, verglichen mit dem Druck schwieriger Situationen und entscheidender Verantwortung, den ein Feldherr im Krieg, ein Staatsmann vor wichtigen Entscheidungen auszuhalten hat! Was sind schon die persönlichen Affären, gemessen an einem Weltprozeß, der unerbittlich vor sich geht! Nicht an der Unermeßlichkeit des Weltalls – eine oft angewandte philosophische Perspektive –, sondern an der Größe der Geschichte ermißt man am besten die Winzigkeit der persönlichen Sorgen unseres Mikrokosmos.

Wenn man zurückblickt: um was hat man sich gestern gesorgt, das längst schon durch ein noch Schlimmeres oder durch eine Besserung völlig überholt ist, so daß diese Sorgen, so oder so, retrospektiv als eine nutzlose Quälerei erscheinen. Umsonst war es, daß sich Hans im Glück mit dem Goldklumpen, mit dem Ochsen, dem Pferd, dem Schwein, der Gans, dem Mühlstein plagte; zuletzt waren seine Hände leer, juhu, und er war die Sorge los.

Diese allerhöchste Sorglosigkeit ist vielleicht die oberste Stufe der Rangordnung. *30. September 1938*

BÖHMISCHES TAGEBUCH

Prag, den 21. September

Es war, als ob die Straßen in einen einzigen Schrei ausbrächen. Noch nie sah ich so viele schmerzentstellte, bleiche Gesichter – Gesichter einer großen Familie. Mit einem Schlag formierten sich, ganz spontan, die Züge, voran die tschechoslowakische Trikolore, der französischen so verwandt ... Die Menschen konnten es noch nicht fassen, was in der Nacht vom Dienstag auf Mittwoch, in der fahlen Morgendämmerung oben auf der Burg unter dem ultimativen Druck der beiden großen Freunde geschehen war.[79] Wie wenn eine brennende Zündholzschachtel in einen Ameisenhaufen geworfen würde. Das Achselzucken Frankreichs tat den Menschen körperhaft weh. Frankreich war ihre große Liebe. So etwas ist nur mit der tiefsten Enttäuschung vergleichbar, die ein Mensch in seinem persönlichen Gefühl erlebt: Verlassenheit ... Ein tschechisches Boulevardblatt formulierte in schwarzgeränderter Schlagzeile treffend die damalige Situation: »Úplný sami«. Vollständig allein ...

»Nicht wir haben kapituliert, sondern England«, sagte ein Mann in einer der tausend Diskussionsgruppen, die sich überall, bis hinaus in die Vorstädte, bildeten.

Der erste Choc war erschütternd. Die Weichheit der slawischen Seele brach durch. Ja, es wurde viel geweint. Man schämte sich der Tränen nicht. Aber dann wurde die Härte, Schicksalsgefaßtheit, die Unzerstörbarkeit dieses Volkes sichtbar, das sich mit Recht auf eine jahrhundertalte Martyrium-Geschichte berufen kann.

Donnerstag, 22. September

Wie rasch sich Volk und Regierung nach dem furchtbaren Schlag der Nacht von Dienstag zum Mittwoch gefaßt haben! Kein Groll, kein Ressentiment gegen die Freunde und kein Haß gegen den Feind: das ist die Parole. Für den Verlust der Sudetendeutschen haben wir den Gewinn eines geschlossenen Nationalstaates – der alte Wunsch, den man im Widerspruch mit den Verhältnissen realisieren wollte, geht nun in Erfüllung. Es wäre nicht zu spät gewesen, einen anderen Weg zu gehen, als den der Amputation, aber Henlein schmetterte auf Befehl Hitlers sein: »Zu spät! Trennen wir uns!« Vierundzwanzig Stunden nach dieser grauenhaften Niederlage im Frieden geschieht in der tschechischen Nation das Wunder der Neugeburt, die Ressurektion eines Martyrisierten. Eine Hans-im-Glück-Gebärde: der Verlust kann Gewinn sein. Enger zusammenrücken und auf verkleinertem Platz sein Leben erkämpfen. Ein Opferlamm, dargebracht dem Frieden der Welt? Seht gut zu, daß ihr euch nicht getäuscht habt! Zu einem nutzlosen Opfer geben wir uns nicht her. Das wäre kein Dienst für Europa.

Freitag, 23. September

Die Staatsstraßen von Eger, Asch, Komotau, Marienbad, Richtung Prag, sind mit hochbepackten Lastautos überfüllt: Gendarmen mit aufgepflanztem Bajonett begleiten diese Flüchtlingstransporte, auf denen sich Federbetten, Kisten und Kasten türmen. Die Möbelpacker haben Tag und Nacht zu tun. Traurige Konjunktur des Prager Transportgewerbes.

»Das ist nun meine dritte Emigration«, lächelt ein Bekannter bitter resigniert. »Man kommt nicht aus der Übung. Von Berlin nach Wien, von Wien nach Teplitz, von Teplitz nach Prag. Von Prag ...? Grausam, daß ich als Tschechoslowake Teplitz evakuieren muß ... Die Luft ist nicht mehr atembar dort oben. Die Freunde von gestern sind die Schurken von heute, die mit tückischen Glasaugen wegblicken oder auf gut sudetendeutsche Art ›Heil Hitler, Saujud dreckiger!‹ rufen. Wir, die wir Berlin und Wien durchgemacht haben, kennen diesen Wandel und Sturz der Charaktere. Jede plebiszitäre Feststellung der Meinung und Überzeugung wäre vergeblich. Es ist nicht so, daß ›Blut zu Blut‹ will, sondern die Unsicherheit und Angst beugt sich der größeren Gewalt.«

Samstag, 24. September

Als der brave, alte Herr Runciman die Tschechoslowakei verließ,[80] faltete er fromm die Hände: »Das Land liegt in Gottes Hand«. Es braucht kein Runciman zu kommen, um dies nach wochenlanger Beobachtung festzustellen. Das sagt die alte Häuslerfrau in Humpoletz auch; und sie hat recht. Männer aber sollten sagen: Wenn die Tschechoslowaken ein Instrument in Gottes Hand sind, bestimmt dem Unrecht und der Gewalt Einhalt zu gebieten, so müßten die anderen alles vermeiden, um ihm dieses Instrument aus der Hand zu schlagen.

Sonntag, 25. September

Die Lügenpropaganda des reichsdeutschen Rundfunks übertrifft an Raffinement und Skrupellosigkeit alles bisher Dagewesene. Allerdings stumpft sich das Instrument durch übermäßigen Gebrauch ab. Aber der Mißbrauch des Kindes im Radio läßt aufhorchen. »Na, Liesl«, fragt die schneidige Stimme des Ansagers ein sudetendeutsches Flüchtlingskind, »möchtest du zurück in die Tschechei?« Eine piepsige Kinderstimme antwortet laut und vernehmlich: »Ja.« Verlegene Pause. Dann hört man das Getuschel des Einflüsterers. »Nein, ich möcht nicht zurück!« Und das Kind plappert ängstlich und eingeschüchtert den Satz nach. Die Regie hat nicht geklappt. Kinder sind nun mal so. Liesl möchte nach Hause, sonst nichts: sie hat Heimweh, wie tausende Sudetendeutsche, die durch Hitler-Henlein auseinandergesprengt worden sind, teils über die Grenze, teils ins tschechische Gebiet ... In diesem

Kinder-Ja und –Nein steckt das ganze sudetendeutsche Problem. Was ihnen eingeflüstert wird, das sagen sie, die Großen wie die Kleinen. Sie können und dürfen nicht sagen, wie ihnen ums Herz ist. Schade um ihre einfältigen Herzen.

Montag, 26. September

Noch niemand hat die Folgen einer böhmischen Gebietsabtretung erwogen. Mit ihr wird überall in Europa die sogenannte nationale Minderheitenfrage in lawinenartige Bewegung kommen.[81] Hitler benützt die Parole »Heim ins Reich«, um überall in Mittel- und Südosteuropa einen Minderheiten-Irredentismus zu entfesseln, um mit diesem Sprengmittel die Landkarte zu verändern und möglichst ohne Krieg seine europäische Vorherrschaft aufzurichten. Kann da Mussolini zurückstehen? Wird er nicht eines Tages die versprengten Italiener außerhalb der Grenzen – in Nizza, Savoyen, Tunis, im Tessin – heimrufen ins Imperium? Wird Hitler vor Straßburg, dessen Münster es ihm bekanntlich angetan hat, Halt machen? Kapitulation an einer Stelle Europas ist die Kapitulation Europas vor dem Diktat der Diktaturen.

6. Oktober 1938

SCHICKSAL DER WANDERUNG

Prag, Anfang Oktober

Die tragische Veränderung der Gestalt eines Landes[82] wirkt sich, abgesehen vom nationalen Schmerz und der bitteren Enttäuschung, in einem Wirbel der Einzelschicksale aus. Es ist, als würde eine brennende Zündholzschachtel in einen ordentlichen Ameisenstaat geworfen. Eine Nation kann sich, wenn auch unter Opfern, auf einem verengten Raum einrichten, wie eine Familie enger zusammenrückt, die aus einer Sechs- in eine bescheidene Dreizimmerwohnung übersiedeln muß; mit Vernunft und Herzensgüte geht es. Es kann aber auch geschehen, daß ein solcher Umzug Angst und Panik unter den Beteiligten hervorruft – eine Art »Platzangst«, Angst um den Platz, ein Beklemmungsgefühl, ein müßiges Warten und Schweifen, oder überstürzte Entschlüsse.

Es ist sorgfältig zu prüfen, inwiefern diese Unruhe berechtigt ist, und ob der verengte Raum tatsächlich eine Entlastung durch Abwanderung notwendig macht. Und wäre dies der Fall – dann wäre erst recht planvolle Arbeit nötig an Stelle von fahrigen Einzelaktionen.

Man liest in der ausländischen Presse, daß tschechoslowakische Intellektuelle sich mit Auswanderungsplänen tragen. Es ist sehr fraglich, ob der kulturelle Beitrag der Tschechoslowakei sich in der übersaturierten Emigration nicht eher verlieren würde, indessen die geistigen Leistungen in dem schwer beschädigten Land gerade der Beachtung und Wertschätzung der Welt gewiß sein dürfen. Diese Hilfe wird man dem heldenhaften Märtyrerland gewiß nicht versagen.

Eine Auswanderung gehört zu den allerschwersten Entscheidungen des persönlichen Lebens. In gesicherten Zeiten ist sie ein Ausdruck überschüssiger Kraft und bewußten Pioniertums; die Bewegung vollzieht sich meist ruhig und planvoll, geregelt vom Aus- und Einwandererland. Das hat sich in so anormalen, sich überstürzenden Zeiten wie den unseren völlig geändert. Auswanderung ist heute ein Sprung ins Dunkel, in vielen Fällen eine Entscheidung auf Leben und Tod. Es fehlt in der Tschechoslowakei die organisatorische Voraussetzung für eine planvolle Auswanderung, die eine Wissenschaft ist wie die Strategie. Das wohlhabende Land hatte diesem Problem bisher keine Beachtung schenken müssen. Es fehlt vor allem der Überblick, ob wirklich eine Auswanderung größeren Maßes wirtschaftlich notwendig sein wird. (Es gibt auch eine politische Auswanderung; sie ist die allerschlimmste.) Es wird Aufgabe der Nationalökonomen sein, zu untersuchen, ob die reduzierte Bodenfläche die Zehnmillionen-Bevölkerung ernähren kann; dabei ist nicht die absolute arithmetisch errechnete Dichtigkeit pro Quadratkilometer entscheidend, sondern die landwirtschaftliche und industrielle Beschaffenheit dieses Quadratkilometers. Das kleine Belgien hat unter allen europäischen Ländern die größte Bevölkerungsdichte pro Quadratkilometer, und dennoch ist der durchschnittliche Wohlstand erheblich größer als in manchen dünn bevölkerten Gebieten. (Wir werden jetzt von den kleinen Ländern manches lernen können, ohne ihnen nachzuahmen; besonders instruktiv für das tschechisch-slowakische Zusammenleben könnte die ethnologische Doppelgleisigkeit Belgiens mit seiner wallonischen und flämischen Bevölkerung sein.) Die kleine Schweiz (die allerdings, besonders im Tessin, eine gewisse, wenn auch gut geregelte Auswanderungsbewegung hat), dieses zum größten Teil gebirgige, zwischen Großstaaten eingezwängte Binnenland ernährt seine national gemischte Sechsmillionen-Bevölkerung bei einem hohen Lebensstandard. Umso mehr müßte dies für ein national fast einheitliches Land wie die Tschechoslowakei möglich sein, die nur fremdnationale anpassungsfähige Splitter, keine geschlossenen Minderheiten mehr enthält.

Diese Splitter vor allem, deren Zahl man auf sechs- bis achthunderttausend schätzen kann, stehen vor der schweren Entscheidung des Bleibens oder Gehens. Einige hunderttausend Deutsche, die jahrelang im sudetendeutschen Kampfgebiet alles, aber auch alles für die Tschechoslowakei eingesetzt haben, strömen jetzt ins Innere des Landes. Paradoxon der Geschichte: die Mitkämpfer von gestern sind ein schwieriges Problem von heute. Ist ihnen der Dank des Vaterlandes gewiß?

Viel hat die Republik verloren, aber im Kern ist sie intakt geblieben. Die Deutschen, die zu ihrer unteilbaren böhmischen Heimat standen, haben dagegen alles verloren; das letzte, was ein Mensch verlieren kann: die Heimat. Sie können jetzt das Lied singen, das erschütterndste, das je aus dem Herzen eines vielgeprüften Volkes kam: Kde domov můj? Wo ist meine Heimat? Die Tschechoslowakei kann an Bestehendes anknüpfen, wenn sie neu beginnt; die sudetendeutschen Auswanderer, diese Opfer der Überzeugung und Treue, müssen ganz neu beginnen – oder ihre Wanderung, die plötzlich lawinenhaft über sie hereinbrach, fortsetzen ins Grauenhaft-Ungewisse.

Die Frage ist: Hätte ihre Opferung einen Sinn, ja auch nur einen Nutzen? Gewinnt die Tschechoslowakei mehr dadurch, daß sie ihre letzten, geschlagenen Deutschen achselzuckend preisgibt, oder dadurch, daß sie der Welt zeigt, wie man selbst unter schwierigsten Umständen den Gefährten, die zugleich Kampf- und Schicksalsgefährten sind, einen bescheidenen Lebensraum gewährt?

Es wäre zu verstehen, wenn dieses Land in seinem bitteren

Schmerz sich hart verschlösse und argumentierte: Es ist uns gleich, wie die Augen der Welt uns ansehen. Diese Augen der befreundeten Welt waren mit einer Anteilnahme auf uns gerichtet, wie kaum je auf ein andres Land – und was hat es uns genützt? Nicht unsre Schuld, wenn jetzt das furchtbare Wanderungsschicksal über unsere loyalen Deutschen hereinbricht. – Zu verstehen wäre es, aber es entspräche nicht dem inneren Wesen dieses Volkes, dessen Haltung die höchste Achtung der Völker erweckt, wenngleich ihre Regierungen außerstande waren, diese Achtung in die Tat umzusetzen.[83]

21. Oktober 1938

PARIS

1939–1940

AM ENDE JEDEM DAS SEINE?

Jeder stirbt den Tod,
der seinem Charakter entspricht.
Mussolini

Gewisse Ereignisse, und zwar winzige, übersehene, lassen mich an Grundwahrheiten zweifeln, an die ich bisher geglaubt habe. Sie sagen es alle, Philosophen, Dichter und Staatsmänner, daß jeder Mensch den ihm gemäßen Tod stirbt, und Diktatoren mögen bei solcher Überlegung wohl einen Blick auf ihr Schicksalsende werfen. Seitdem nun ein munterer Kabarettist, Paul Morgan, den Tod im Konzentrationslager fand,[84] glaube ich nicht mehr an diese Gesetzmäßigkeit. Sogar den Tod hat eine sinnlose Gewalt sinnlos gemacht. Wie kommt etwas, das mit dem Gewicht eines Korkens auf der Oberfläche des Lebens schwamm, in diese Untiefe, um in ihr zu enden? Ein harmloser Spaßmacher, dessen Spaß keiner Fliege ein Haar krümmte, ein Gesicht, in dem die Mehlspeise keinen Raum für Problematik ließ, ein Mensch gefälliger Pointen und des Embonpoints, ein Yorrick, dem kein Hamlet einen Nachruf zu halten braucht – wie kam gerade dieser zum Qualentod von Buchenwald? Seit wann sterben Kabarettisten als Märtyrer und nicht in einem Hotelbett oder Sanatorium? Noch einer ist da in Dachau, ein schmunzelnder Weiser, der kleine Grünbaum, dem so tragischer Heroismus keineswegs an der Wiege gesungen war.[85] Man sucht vergeblich nach einem Grund so tödlicher Rankune – nein doch, nicht ganz vergeblich: Es heißt, Stresemann habe einst Paul Morgan ins Stammbuch geschrieben, daß er sich bei ihm köstlich unterhalten habe. Nach nationalistischer Anschauung ist das vielleicht ein mildernder Umstand für Folterknechte und ein gravierender für einen Kabarettisten.

Das Sterben der völlig Harmlosen im Konzentrationslager macht jede Erwägung über den charaktergemäßen Tod der Peiniger illusorisch. Alexander – ein frühvollendeter Siegesgott, Demosthenes – der gescheiterte Agitator, ein Selbstmörder, Cäsar stirbt seinen Tod, Napoleon endet groß und tragisch, Robespierre furchtbar, mit zerschmetterten, klaffenden Kinnladen, den Mund voll

Blut – er wurde an dem Instrument, mit dem er gesündigt hat, bestraft; zu schlaff, die zitternde Hand mit der Pistole bis an die Schläfe zu heben, zerschoß er sich den Kiefer, als er in seinem Haus in der Rue du Faubourg St. Honoré verhaftet wurde. Und Jedem am Ende das Seine. Aber selbst dieses Gesetz scheint von der Willkür aus den Angeln gehoben, und ich glaube nicht mehr an den volkstümlichen Ausspruch (den man leise häufig in Deutschland hört), daß Diktatoren »in Stiebeln sterben«. Wenn ein harmloser Kabarettist wie ein Märtyrer endet, dann hat ein Diktator die Anwartschaft, als Siebenundachtzigjähriger, friedlich wie ein Rentner im Sorgenstuhl, im Marasmus[86] zu entschlummern.

1. Januar 1939

BILANZEN

Bilanzen, eine seriöse kaufmännische Angelegenheit, in der die Steuerbehörden keinen Spaß verstehen, haben auch ihre seelische Seite. Aus Zahlenkolonnen formt sich das Schicksal eines Geschäftsjahres, aus der Verlust- und Gewinnrechnung, den Freuden und Leiden, den guten und bösen Erfahrungen formt sich die Jahresrechnung des Menschen. Fast jeder hat sein eigenes, oft heimliches System, Gewinn, Verlust und Reinertrag zu errechnen, zu bekennen oder zu verschleiern.

Der Illusionist

Er ist nicht gerade ein Bilanzfälscher, da er ja keinen Fiskus, keinen Gläubiger zu täuschen hat, sondern nur sich selbst. Und er ist sein nachsichtigster Gläubiger und sein bequemster Schuldner. Er ist ein Meister der Bilanzverschleierung. Sein sanguinisches Lebensbehagen verträgt keine harte, nüchterne Klarheit und keine ehrlichen Abschlußziffern. Er jongliert mit der Liebe, dem Erfolg, dem Mißgeschick, der Enttäuschung, mit allen Werten des Lebens. Er macht aus Verlust Gewinn, aus Minus Plus und schneidet immer aktiv ab. Das könnte Weisheit sein, aber er handelt so nicht aus einer höheren Einsicht, sondern aus Geschicklichkeit und Mangel an Aufrichtigkeit. Er drückt sich erfolgreich um jedes quälende Selbst-Defizit. Er pumpt sich mit dem Kredit voll, den ihm die Leute auf sein strahlendes Gesicht ohne weiteres gewähren.

Der Melancholiker

Das Jahr ist um. Wieder eines. Sicherstes Bilanzergebnis: Ich bin älter geworden. Bin ich auch klüger geworden? Schwerer ist das Herz geworden, schlimmer die Zeit, grausamer und vernunftloser der Mensch und geringer meine Neugier, was noch kommen mag.

Er streicht ein Jahr um das andere ab, wie ein Gefangener, der den Tag der Befreiung ersehnt, die Kalenderblätter.

Und er schreibt dem dahingegangenen Jahr dieses Epitaph: »Und sicher ist das Eine / Bis an das letzte Ziel / Da stand der Meilensteine / nun nicht mehr ganz so viel.«

Der Liebende

Für ihn gibt es nur diese beiden Seiten des Daseins: Ich liebe oder ich liebe nicht. Sehnsucht, wenn du fern bist, Glück, wenn du da bist. Die beiden Lebensposten gehören zusammen. Sie sind schön. Ich verrechne sie nicht gegeneinander. Ich summiere sie.

Der Pedant

Die Jahreswende ist ernster Übersicht und Prüfung vorbehalten. Er ist ein gewissenhafter Buchführer, durchaus bilanzsicher. Er besitzt ein vorzügliches Gedächtnis; verzeichnet steht, was ihm Freude und was ihm Verdruß bereitet hat im Laufe eines Jahres. Freunde und Feinde sind aufgezeichnet im Hauptbuch seines Inneren, und er blättert oft und gern darin. Er ist wie ein Baum, der jedes Jahr ordentlich, wie sich's gehört, einen Ring ansetzt. Man kann die Ringe zählen. Er schleppt keine müßigen Hoffnungen, die trotz ihrer Leere so schwer sind, von einem Jahr ins andere, sondern läßt sie kaltblütig fallen. Er wird mit dem Leben gut fertig und seine Rechnung stimmt. Mit Gewinn- und Verlustvortrag geht er aufrecht und korrekt ins neue Jahr.

1./2. Januar 1939

»Also heute muß er fort – unwiderruflich!« Herr Wegelin markierte Strenge und Energie, runzelte die Stirn und zog die Augenbrauen zusammen. Der Eindruck auf seine beiden Kinder war nicht erheblich. Die neunjährige Ursel setzte ihren zweifelnden, verschmitzten Fragezeichenblick mitten in Vaters Gesicht, der vierzehnjährige Werner lächelte wissend. Und der erste Angriff auf den Baum, sechs Tage nach dem Fest, war abgeschlagen.

Nach Neujahr aber begann die Tanne zu »rieseln«. Die bunten Kugeln lugten spärlich aus dem dunklen Gezweig, und manche waren angebrochen und angeknabbert wie Kirschen, an die sich die Spatzen herangemacht haben. Die Kerzen waren heruntergebrannt, und den Teppich bedeckten die vergossenen Wachstränen und das ausgefallene Silberhaar.

»Wie lange soll er denn noch stehenbleiben?« fragte der strenge Vater. Das war am 18. Jänner. – »Bis Ostern«, entschied Ursel. »Da gibt's Palmkätzchen und Ostereier und Blümchen, und dann …« – »Dann, meinst du, darf das Bäumchen gehen.« – »Ja«, sagte Ursel, strahlend, daß sie von Väterchen so gut verstanden wurde. Werner lächelte nur klug und überlegen, aber diesmal über Ursel. Bis Ostern – das war doch unmöglich.

»Ursel möchte Weihnachten bis Ostern strecken«, sagte der strenge Vater milde. »Aber man kann die Freuden nicht hinziehen, bis wieder eine neue Freude fällig ist. Dazwischen sind auch Wochentage, Ursel, das mußt du rechtzeitig lernen.«

Da griff die energische Mama ein. »Heute wird der Baum abmontiert.« Das klang wie: die Debatte ist geschlossen. Keiner rührte sich.

Die Silberkugeln, Sterne und Kerzenhalter wurden in den Karton gebettet fürs nächste Jahr, und der Rest des süßen Behangs wurde in eine Konfektschale abgeerntet. In wenigen Minuten stand das Bäumchen da, als wollte es heimwärts in den Wald marschieren. Nun löste es Werner aus der künstlichen Wurzel des Metallständers, und leise rauschend neigte sich die Tanne, als würde sie zum zweiten Mal gefällt. Da begann Ursel ganz leise zu weinen; der Hauch des Abschieds hatte sie zum ersten Male angerührt.

Die Mutter hatte in der Küche Axt und Säge bereitgelegt. Werner stürzte sich mit Feuereifer auf die Arbeit. Ganz unsentimental, ganz Tatmensch, begann er die Zweige abzuhauen. An manchen hing noch das Silberhaar. Vater und Ursel hatten sich unwillkürlich an der Hand gefaßt und sahen zu; es war der gleiche Blick. »Und gestern hat er noch so schön gestrahlt«, sagte sie leise. Und als Werner den Stamm munter zu Brennholz zu versägen begann, kam aus einer Tiefe und Ferne der große Schmerz über sie, der Schmerz der Vergänglichkeit, der keiner menschlichen Kreatur erspart bleibt. Unter seiner Hand, die er auf ihr Köpfchen legte, fühlte der Vater, wie der kleine Körper unter Schluchzern bebte.

»Adé, lieber Baum, danke, lieber Baum, komm ganz bestimmt wieder.« Ursels Abschied erstickte in Tränen.

»Er kommt bestimmt wieder, Ursel. Du hast es doch selbst gesungen: Alle Jahre wieder ... Es ist in den Jahreszeiten und in allen Dingen ein ewiges Kommen und Gehen. Das muß so sein.« Wie hilflos steht ein Erwachsener vor dem Kinderschmerz, dachte der Vater und verstummte. ›Sie hat ein zu empfindsames Herz, die Ursel, alles geht ihr so nahe, von wem mag sie das wohl geerbt haben? grübelte er, und seine Augen wurden feucht. Es war nur gut, daß keiner es sah.

»Schön trocken«, stellte Werner fest. »Morgen zur großen Wäsche kommt's in den Kessel«, sagte die Mutter. Wegelin fühlte das kleine Leid der Tochter bis ins Tiefste und zugleich hatte er seine Freude an der tüchtigen Kraft des Jungen, der mit emsigem Eifer den einst umjubelten Baum klein machte. So ist es recht, dachte der strenge Herr Wegelin umflorten Blickes und schnäuzte sich heftig, nur tätig überwindet man die Wehmut der Vergänglichkeit.

7. Januar 1939

EPISODEN DER KAPITULATION

Von einem Reserve-Offizier der tschechoslowakischen Armee werden uns diese charakteristischen Episoden aus den furchtbaren Tagen der Besetzung und Übergabe[87] berichtet; sie bilden nur einen winzigen Ausschnitt aus dem Drama dieser glänzenden Armee, das eines Tages geschrieben werden muß.

Es war, so berichtet der Augenzeuge, in der nordmährischen Räumungszone: Als sich die einrückenden reichsdeutschen Truppen langsam der ersten Festungslinie näherten, erhielten die Soldaten in einem vorgeschobenen Werk tief im Betonbunker ihres Maschinengewehrsstandes den Befehl zu räumen. Sie ignorierten das Kommando, als ob sie es nicht begriffen; sie stellten sich taub. Als der Befehl nachdrücklichst von höherer Stelle bestätigt wurde, weigerten sie sich, den unterirdischen Posten zu verlassen. Es war, wenn auch mit umgekehrten ethischen Vorzeichen, Ungehorsam vor dem Feind. Ein alter Divisionsgeneral mußte in den Festungsstollen hinabsteigen und in einer langen Ansprache den Insassen des betonierten Nests die Situation erklären. Da weinten sie, warfen die Waffen zu Boden, im ersten demoralisierten Choc der kampflosen Kapitulation, dann aber rafften sie sich und ihre Waffen zusammen und vergaßen nichts, rissen die Panzertür zum Unterstand aus den Angeln und nahmen sie mit, indes schon die Stahlhelme der Preußen auftauchten. Allerdings mußten sie nach energischen Verhandlungen mit den deutschen Offizieren die Panzertür wieder zurückbringen und einhängen – Ordnung muß sein –, da das okkupierte Gebiet, wenn auch von Waffen geräumt, so doch in unverändertem Zustand zu übergeben war.

*

Den deutschen Offizieren war bei diesem Spaziergang, bei dem tschechische Dörfer besetzt, geräumt, wieder besetzt und wieder geräumt wurden, weil kein Mensch sich in dem Demarkations-Durcheinander auskannte, gar nicht besonders wohl zumute. Sie fühlten ganz genau, was braven Soldaten da zugemutet wurde. Sie hatten nicht die geringste Ursache, sich als Sieger zu benehmen, und so begegneten sie den tschechischen Offizieren mit der rücksichtsvollen Hochachtung, die man unglücklichen Kameraden erweist. Es ist kein soldatisches Hochgefühl, mit einem Gegner zu tun zu haben, dem ein Dritter die Verteidigungswaffe aus der Hand geschlagen hat.

Die wenigen Schüsse dieses jäh abgeblasenen böhmischen Krieges wurden von den sudetendeutschen Banden abgefeuert. Worauf ein deutscher Leutnant seine Abteilung in Deckung gehen ließ und mit einem weißen Tuch einen tschechoslowakischen Parlamentär herüberwinkte. Schnarrende Stimme: »Haben Sie jeschossen?« – »Nein.« – »Aber wer erlaubt sich hier, zu schießen, das möchte ich mir entschieden verbeten haben!«

Das Maschinengewehrfeuer kam aus dem Wäldchen. Gemeinsam von deutschen und tschechoslowakischen Soldaten wurde das Dickicht umzingelt und durchsucht. Man findet sudetendeutsche Freischärler. Der deutsche Leutnant nimmt sie gefangen, läßt jeden dritten Mann auszählen und erschießen, die übrigen kommen zum Gefangenentransport. »Schweinerei, hier aus dem Hinterhalt zu schießen!«

*

Als die Deutschen ein irrtümlich besetztes tschechisches Dorf räumten, rückten am anderen Ende schon die tschechischen Truppen nach. Ein deutscher Soldat hatte sich verspätet (sein Quartiergeber kochte gerade »Powidl« – Pflaumenmus –, und der ausgehungerte preußische Gefreite stopfte sich den Bauch voll), er wurde von den tschechischen Vorposten überrascht und »gefangengenommen«. Man machte ein bißchen Kriegsspiel, fragte ihn nach dem üblichen Schema aus – gelernt ist gelernt –, betastete neugierig den minderwertigen Ersatzstoff seiner Uniform und wunderte sich über die Leichtigkeit seines Bajonetts. Bei näherer Untersuchung stellte sich heraus, daß die Seitenwaffe nicht aus Stahl, sondern aus Holz bestand, die mit Blech überzogen war. Materialknappheit.

Während der Deutsche, den Anschluß an seine Abteilung suchend, schleunigst in der Nacht verschwand, sagte der Rottmeister zum Korporal: »Himmelsakra, wenn der Hitler in München den böhmischen Frieden am Ende halt auch nur mit so nem Bajonett diktiert hat ...!«

12. Januar 1939

Das Ereignis war nicht spurlos an ihr vorübergegangen. Etwas war geschehen, etwas, das sich in ihr geordnetes Weltbild nicht so ohne weiteres einfügen wollte. Oberflächliche Beobachter hätten meinen können, sie habe ein schlechtes Gewissen. Lächerlich – Riccarda und ein schlechtes Gewissen! Ihre Unruhe lag viel tiefer. Sie wußte nicht recht, hatte sich etwas Erfreuliches oder etwas Fatales ereignet. Jedenfalls, sie war Zeugin, sie hätte erzählen können, wenn sie hätte erzählen können. Es muß etwas Schreckliches sein, so etwas erlebt zu haben, ohne sich darüber aussprechen zu können. Vielleicht – ich möchte es nicht beschwören – war dies der Grund ihrer Verstörtheit.

Als wir eines Tages in unser einsames Häuschen oben auf dem Olivenhügel zurückkehrten, waren wir ausgeraubt. Die Sterne funkelten wie immer, der Oleander duftete, tief unten schlug das Meer an die Klippen, wie immer stand die Sarazenen-Ruine auf ihrem Felsen, eine gespenstige Schattenkulisse, nichts fehlte – nur unser Schmuck war fort, eine goldene Nadel mit drei Brillanten, und unsere Wäsche, übrigens nicht die ganze – italienische Einbrecher sind Kavaliere, sie lassen einem das Notwendigste. Sie hatten in den Zimmern wüst gehaust und auf der vergeblichen Suche nach Bargeld sämtliche Schubkästen herausgerissen und durchwühlt. Auf der Terrasse unter dem Küchenfenster, dessen Scheibe herausgeschnitten war, lag im Mondlicht ein einsames, sauber zusammengerolltes Knäuel meiner Wollsocken – und wie kommen meine Wollsocken auf die Fliesen der Terrasse? – und ganz in der Nähe lag geduckt, das unheimliche Rätsel nicht aus den Augen lassend, Riccarda.

Ruth ließ alle verfügbaren Lampen aufflammen und ihren Tränen freien Lauf. Ich starrte auf den Sockenball. Etwas Detektivisches regte sich in mir. Riccarda und das Wollknäuel: aus der Distanz und dem statischen Verhältnis der beiden Dinge ließen sich allerhand Rückschlüsse ziehen. Die Täter mußten erst vor ganz kurzer Zeit, eben jetzt, den Schauplatz verlassen und dabei die Socken verloren haben, denn sonst hätte sich die verspielte Riccarda längst mit dem rundlichen Gegenstand vertraut gemacht. »Davon bekomme ich meine Brillantnadel auch nicht wieder«, sagte Ruth, ohne Verständnis für meine Scharfsichtigkeit. Inzwischen schlich Riccarda, durch unsere Anwesenheit und durch das viele Licht aufgescheucht, um das Geheimnisvolle herum, als wäre es ein viel zu heißer Brei. Jetzt berührte sie ganz vorsichtig, nur mit den zurückzuckenden Spitzen ihrer Krallen, den grauen Wollknäuel, der träge ein Stückchen wegrollte. Diese dummen Socken – wie sie da überbelichtet im Scheinwerferlicht des vollen Mondes lagen, bekamen sie eine kriminalistische Betontheit, sie waren gleichsam ein Tatbefund wie eine Blutspur.

»Seltsam, seltsam«, murmelte ich.

»Was ist seltsam?« fragte Ruth nervös.

»Riccarda.«

»Warum ist sie seltsam? Sie spielt wie immer.«

»Nein, anders, anders. Sie hat alles genau beobachtet ...«

»Und was haben wir davon?« opponierte Ruth.

»Wäre Riccarda ein Hund, würde sie uns alles rapportieren und uns auf die Spur der Räuber bringen. Ich habe dir immer gesagt, wir sollen uns einen wachsamen Hund halten anstatt einer niedlichen, aber unnützen Katze, die dich nur vom Arbeiten abhält, weil du stundenlang mit ihr spielst. Aber auf mich wird ja nicht gehört. Und nun ist die Brillantnadel futsch.«

Der Sprung war unlogisch und fast so graziös wie eine der jähen Wendungen Riccardas.

»Ein Hund«, sagte ich nachdenklich, »würde uns etwas vorbellen, was wir nicht verstehen und wie einen schwierigen Text so oder so auslegen würden. Er würde uns wichtigtuerisch umwedeln, vorausgesetzt, daß ihn die Einbrecher nicht totgeschlagen hätten. Aber die Brillantnadel wäre nichtsdestoweniger futsch. Riccarda hingegen –«

Riccarda hingegen ... sie war ein klassischer Zeuge von undurchdringlicher Indifferenz. In ihrem vollkommen geformten Katzenkopf spiegelte sich das Bild: Dort hinter dem Feigenbaum versteckt, hatte sie mit ihrem funkelnden, grüngelben Augenschlitz alles mitangesehen. In diesem konzentrierten, verengten Spalt hatte höchstes Erstaunen, Zorn, Entrüstung Raum. Ein Hund hätte moralisiert und es durchaus ungehörig gefunden, daß fremde Leute durchs Küchenfenster einsteigen; nein, das tat seine Herrschaft nie, das gibt es nicht, das darf nicht sein, und er hätte geheult und einen Fußtritt bekommen. Riccarda hingegen dachte nicht daran, zu moralisieren. Und entrüstet war sie nur, weil diese Leute ihren privilegierten Weg zu benützen wagten, durchs Küchenfenster in die Küche, wo das Fleisch und die Butter lagen. Unerhörter Eingriff in ihr Bereich! Wie, sind die Menschen Katzen geworden? Egozentrisch wie alle überfeinerten Geschöpfe, sah sie den Vorgang nur vom Konkurrenzstandpunkt aus, nur artistisch vom Point de vue des Fachmannes. Wie sie sich durch die enge Fensteröffnung zwängten, wie ungeschickt und lächerlich ihre zerfransten Hinterpfoten über der Leere baumelten! Man sollte ihnen mit den Krallen ins Gesicht fahren! Und nun lassen sie auch noch auf ihrem Rückweg etwas fallen. Ich lasse niemals aus den Krallen, was ich halte. Erbärmliche Stümper, die sich da anmaßen, ein Küchenfenster zu traversieren. Man könnte wirklich die Wut kriegen.

Und jetzt mit einem jähen Sprung, als überwinde sie eine Hemmung und einen Widerwillen, bemächtigt sie sich meiner Socken und entführte auch sie noch, die zurückgelassene Beute, in das Dunkel der Gartenwildnis.

»Siehst du«, sagte Ruth, »das würde ein Hund niemals getan haben. Er hätte dir bestimmt die Socken im Maul apportiert.«

»Aber nicht die Brillantnadel!« erlaubte ich mir leise zu bemerken.

13. Januar 1939

MONOLOG DES LETZTEN BLATTES

Es war sinnlos bis zum Wahnsinnigwerden, ein närrisches Berufs-Martyrium, ein Aushalten bis zum letzten Atemzug um einer Berufsehre willen, mit der hier nur Schande zu gewinnen war. Ein mit festem Datum zum Tode Verurteilter, der die Gnadenfrist noch nützt, um täglich zu erscheinen, statt in sich zu gehen – statt einzugehen ... Täglich zu erscheinen ... das heißt: morgen noch, übermorgen noch und dann: aus.

Eine Zeitung, dieses Ephemer[88] par excellence, dieses tägliche Sterben und Erscheinen, Leben und Makulatur in eins verwoben, lebt von der Fiktion einer ewigen Kontinuität. Die angesammelten, gilbenden Jahrgangsbände an der Wand sind ein gefrorener Strom, paradoxe Konservierung des Flüchtigsten. Dieser Strom ist es, der uns trägt; dieses fast Automatische: wir werden morgen sein, weil wir gestern gewesen sind.

Aber was wir jetzt noch taten, wissend, daß wir morgen nicht mehr erscheinen würden, das war gespenstisch.

Ein plötzlicher Tod: gut. Davon ist nichts Irdisches ausgenommen. Auch die »Times« könnte eines Tages unerwartet tot sein; am Ende aller Zeiten, wenn das Chaos anbricht oder das Paradies. Aber der angesagte terminierte Tod per 31. Dezember und dann in den letzten Stunden noch so tun, als wäre man lebendig, das ist das Furchtbare.

Kaum eine Zeitung versteht es, anständig zu sterben; in guter Haltung; noch einmal die sechsundzwanzig Buchstaben des Alphabets zu adeln und mit dem letzten Atem den Geist auszuhauchen. Oder aber, wenn ihre Zeit um ist, sofort zu verstummen und die Augen zu schließen, anders zu schließen, als sie zuzudrücken vor den Greueln der Zeit, nur um die erbärmlichste Existenz zu fristen. Es ist das Schlimmste, ärger als der Zeitungs-Tod, den Sinn zu überleben, um dessentwillen eine Zeitung da ist: die Augen offen zu halten.

So starben die Zeitungen in Deutschland. Sie schlossen die Augen, um nicht zu sterben. Aber die freiwillige Blindheit (auch Gleichschaltung genannt) nützte ihnen nichts; selbst die toten Augen wurden ihnen zugedrückt. Die gefristete Schande wurde mit dem Tode belohnt. Es war, als wollte man ihnen einige Zeit gönnen, im Kot zu leben, um sie dann nach mehrjähriger Erniedrigung mit dem Schaftstiefel hohnlachend auszutreten. Wäre es nicht besser gewesen, gleich und freiwillig zu sterben?

In Prag ging das Sterben rascher, es dauerte nur drei Monate, von München an gerechnet; es war kein schmutziges Verwesen (auch Gleichschaltung genannt), sondern beinah ein redlicher Tod. Es stand uns trotz der Vorzensur noch die Möglichkeit offen, uns mit der unbeugsamen Feder umzubringen, edel wie ein Römer, der sich ins Schwert stürzt. Wir haben es vorgezogen, loyal zu sein, fristgemäß zu sterben und bis zur letzten Minute das Opportune, das Vorgeschriebene zu drucken und das Unzulässige nicht zuzulassen.

Ein Tod in Schönheit war es nicht.

Aber sentimentale Professionals, die wir sind, logen wir uns vor, daß man wegen der Fiktion des Erscheinens zu erscheinen habe, und zu drucken, weil die Maschinen noch laufen, bis zur letzten Nummer.

Wir liebten den Redaktionskorridor, die fast mönchischen Arbeitszellen, den Geruch der Zeitung, eigentümlich und unverwechselbar: Vergilben und zugleich Frische des Zeitstroms, den Teergeruch der Druckerschwärze, das Rieseln der Matrizen in den Linotypes, das dröhnende Crescendo der anlaufenden Rotationsmaschinen, den Asche-Geruch, herrührend vom Vogel Phoenix, der täglich die Makulatur verbrennt. Ich kenne stellenlose, emigrierte Journalisten gestorbener Zeitungen, die nicht davon lassen konnten, sich in diese Atmosphäre drängten, nachts unter einem Vorwand im Setzersaale, wo sie nichts zu suchen hatten, erschienen – es waren oft die gleichen, die einst unter der Bürde des ephemeren Getriebes gestöhnt hatten, sehnsüchtig nach etwas Höherem.

Nun bin ich selbst ein Kollege dieser gering angesehenen Kollegen von den vielen gestorbenen reichsdeutschen Zeitungen. Mehr als ein Kollege: Schicksalskamerad.

Nun haben wir, mit einem irren Lächeln in den Augen, das letzte Morgenblatt gemacht, und es kam der Abend, dem ein Morgen ohne Morgenblatt folgte. Dann haben wir das Haus verlassen, wie man ein Totenhaus verläßt.[89]

Wir haben das letzte Blatt gemacht, wie üblich, brave Arbeitstiere einer fiktiven öffentlichen Meinung, die keine mehr ist, die keiner mehr beachtet, und anstatt die letzte Gelegenheit zu nützen, um unseren Nekrolog, unseren Monolog zu drucken, wie etwa diesen, und so von einem in alle Winde zerstreuten Publikum Abschied zu nehmen, trotteten wir mit erstarrten Gesichtern in den kommandierten Tod, mit Leitartikeln und letzten, allerletzten Nachrichten – ach, wie ein Stein, der in einem Sumpfloch gurgelnd versinkt.

14. Januar 1939

EIN BUCH UND DREI WORTE

Ich hatte nicht die Absicht, jemals noch den guten alten »Vicar of Wakefield« von Oliver Goldsmith zu lesen. (Eine Lektüre, die man einmal ausgelesen hat, kommt kaum wieder an die Reihe.) Aber nicht die Absicht entscheidet. Hat man denn eine »Absicht«, einen Plan, die Menschen kennenzulernen, die sich eines Tages schicksalhaft mit unserem Leben verbinden?

Als ich eines Nachmittags in jener unvergleichlich leichten Pariser Atmosphäre, die einen heiter und unternehmend stimmt, den Quai Voltaire entlang ging,[90] wühlte ich, wie alle Spaziergänger dort, in den verstaubten Bücherkisten dort. Und nichts zu suchen, geschweige denn zu kaufen, war mein Sinn. Jedoch der alte Band mit dem Lederrücken, eben der berühmte »Pfarrer von Wakefield« in einer französischen Übersetzung von Guizor, aus dem Jahre 60 ließ mich nicht los.[91] Etwas streifte mich, man könnte es pathetisch »Vorsehung« nennen, die bekanntlich unseren kleinsten Schritt lenkt – warum also nicht einen Bücherkauf? In der Literaturstunde hat man etwas von Oliver Goldsmith (1728–1774) gehört, und seitdem nicht wieder. Vielleicht war diese Wissenslücke wirksam, die sechs Francs zu riskieren.

Es sei nicht die Rede vom Lächeln und von den Tränen, die wie Sonnenblick und Regen den Gang durch diese Landschaft begleiten (wiewohl man Ähnliches nicht von allzu vielen Büchern sagen kann.) Aber da sind ein paar Sätze, die standen da wie gerufen. Es liegt gar nicht so sehr an ihrer einfältigen Größe als an der besonderen Bereitschaft, in der sie den Leser fanden; diese Sätze paßten zu einer bestimmten Situation, wie der Zuspruch zur Verzweiflung oder wie eine wunderbare Begegnung in tiefster Verlassenheit. Zufallslektüre als Vorsehung.

Der eine Satz: »Les hommes n'ont besoin que de peu de choses et ils n'ent ont pas longtemps.« Wir Menschen bedürfen weniger Dinge, und wir brauchen sie gar nicht lange. Und, fügte ich hinzu, indem ich meinen unsichtbaren Partner sofort beim Thema nahm, ein großer Teil des Lebens geht damit hin, Dinge zu begehren, die wir doch nicht behalten können und die uns überdies nicht einmal gut tun. – Und der zweite Satz, eine wahre Erschütterung und Erleuchtung: »L'homme ne sait guére la mesure des maux qu'il peu supporter avant d'en avoir fait l'epreuve.« Der Mensch kennt das Maß der Leiden nicht, das er zu ertragen fähig ist, solange er sie nicht bestanden hat. Man kann es anders auch so ausdrücken: So viel Leid, als der Mensch zu ertragen fähig ist, gibt es gar nicht.

Und diese Sätze, wahre Orgel-Sätze, stammen von einem Menschen, der ein wüstes, verlottertes Leben führte wie François Villon; mit nichts als einer Flöte durch Flandern, Deutschland, Italien zog und in niedrigsten Kneipen zum Tanz aufspielte.

Und schließlich ein Drittes: Am häuslichen Herd des frommen Vikars werden uralte Fabeln und Parabeln erzählt, darunter auch dieses ewig gültige Gleichnis vom *gefährlichen Bündnis des Kleinen mit dem Großen.*[92]

»Es war einmal eine Freundschaft zwischen einem riesig-gewaltigen Menschen und einem ganz kleinen Mann. Wir wollen uns niemals trennen, sagte der Kleine, und alle Fährnisse gemeinsam bestehen. Den ersten Konflikt hatten die beiden mit zwei bis an die Zähne bewaffneten – sagen wir Sarazenen. Der Zwerg hielt sich prachtvoll, aber sein Ärmchen konnte die empfindliche Stelle des Gegners nicht treffen. Hingegen gelang es dem einen Sarazenen mühelos, die linke Hand des armen Kleinen mit einem Säbelhieb abzuhauen. Der Riese kam zu Hilfe, aber es war schon zu spät. Bald darauf wurden die beiden Freunde wieder in eine Affäre verwickelt: zwei mächtige Räuber hatten ein unschuldiges Mädchen verschleppt. Obwohl diesmal der Kleine nicht mehr ganz so kühn war, ging er doch mutig voran, wobei ihm das rechte Auge ausgeschlagen wurde. Aber da intervenierte der Riese energisch und verhinderte weitere Aktionen. Gemeinsam schritten die beiden Freunde fürbaß; niemand weiß, wohin ein solches ›fürbaß‹ führt. Da gerieten sie in den Hinterhalt zweier äußerst gerissener Wegelagerer. Diesmal marschierte ausnahmsweise der Riese voran, und es gelang ihm, einige Kumpane der Wegelagerer zu erledigen. Aber der Kleine, der brav hinter dem Großen her war, wurde beinahe getötet und verlor ein Bein, indes sich der Riese gewissermaßen als Sieger ziemlich unbeschädigt aus der Affäre zog und von dannen ging. (Niemand weiß, wohin dieses ›von dannen‹ führt.)

Der Kleine blieb einsam zurück, einarmig, einäugig, einbeinig. Nun hab' ich genug, dachte er, ich ziehe mich aus diesem Bündnis zurück, bei dem ich alles aufs Spiel setze, indes mein großer Freund nichts riskiert.« –

Dies in freier Übersetzung. Es lohnt schon, um nichts zu suchen, auf dem Quai Voltaire zu spazieren, oder, wie man in meinem heimischen Dialekt sagt: Es steht dafür, ein paar hundert Seiten zu lesen, um drei Dinge zu finden, die man für immer behält.

27. Januar 1939

ZWEI GENERATIONEN

Seine Schultern waren schon etwas gebeugt von der Last der sechsjährigen Emigration. Der andere kam frisch (»frisch«) aus Dachau.[93] So gingen sie über die Place de la Concorde.

Der »Sechsjährige« stöhnte. Der Dachauer, der nicht wußte, wohin morgen sein Haupt betten, atmete tief, wie man auf einem Berggipfel atmet.

»Hier zu sein«, sagte er und blickte in die vier Winde, »es ist so unaussprechlich schön. Hart ist das Pflaster, und dennoch möchte ich den heiligen Boden küssen.«

Sein Blick schwang vom kleinen Arc de Triomphe de Carrousel zum großen Triumphbogen, der aus der grau-blauen Ferne emporwuchs, zart und mächtig zugleich. Die gedämpfte, gleichmäßige Brandung der Champs-Élysées tat seinem Herzen wohl.

»Hier zu sein und nicht dort. Man könnte weinen vor Glück.«

Er tat es.

»Sich vorzustellen, diese Stunde hier, diese einmalige, nie wieder zu vergessen – und diese gleiche Stunde dort. Die Gesichter hier und die Gesichter dort. Die Größe und Schönheit hier und die Niedrigkeit und Häßlichkeit dort. Ich habe keine Angst vor der Sorge und dem Hunger. Mir ist, als nährte mich das Wunder, hier zu sein.«

Der »Sechsjährige«, der schon das Seine besaß, wenn auch kärglich, ein Zimmerchen, Brot und Wein, blickte mit den Augen des Dachauers um sich, und etwas vom Glücks- und Kraftgefühl des andern strömte in ihn über. Und unvermittelt sagte er, wiewohl sie sich erst wenige Stunden kannten: »Du, ich danke dir.«

2. Februar 1939

FAHRKARTENKNIPSER VERLAINE

Von Paul Verlaine ist ein Sohn übriggeblieben, verloren in der Welt, wie es sein Vater war, und ebenso arm, aber unbegnadet. Daß ein Genie von einem hübschen, braven Bürgermädchen, mit dem er eine Ehe zu gründen versuchte, ein Kind hat, beweist nichts für den Vater und nichts für das Kind; in einer Zerstörung, die er gewollt, aber nie begriffen hat, hatte er eines Tages Frau und Kind und bürgerliches Heim von sich gestoßen und war fortgestürmt in die ihm bestimmte Nacht elender Hotelzimmerchen, der Spelunken und der ewigen Unbehaustheit. Er hatte sein Glück mit Füßen getreten wie einer, der trotz aller Klagen weiß, das er nicht dafür geschaffen ist.

Aber der Sohn, Georges Verlaine, war da, wuchs heran, fern und fremd dem verlorenen Vater, mit einem Namen, der den Heranwachsenden eher belastete als förderte. Mitunter geschah es wohl, daß Paul Verlaine in einer Regennacht des Quartier Latin sich plötzlich schluchzend an die Schulter eines jungen Verehrers lehnte: »Sie sind siebzehn, achtzehn Jahre, nicht wahr – ich habe einen Sohn in ihrem Alter ...«

Dieser Sohn war unerkannt oder vielleicht nur übersehen dabei, als der Sarg Verlaines, mit ein paar armen Blumensträußen geschmückt, am Panthéon vorbeizog, nicht hinein in den Ruhmestempel der »grands hommes«, sondern in die Kirche nebenan.[94] Unter dem zahlreichen Gefolge der Bohèmiens, Studenten und Clochards, der Landstreicher der Großstadt, die Verlaine so liebte, war auch Georges Verlaine – aber keiner dieser Gruppen zugehörig, sondern isoliert, ein Fall für sich. Er war ein Fremdling hier, eher kleinbürgerlich wie seine brave Mutter, und hinter der hochgewölbten Stirn, die er vom Vater geerbt hatte, funkelte kein Stern der verlaineschen Nacht.

Dieses Gestirn war jammervoll erloschen in einer zweiten Quasi-Ehe mit einem robusten, abstoßenden Weib, seiner »presque femme«. In der Verstörtheit und Auflösung des vereinsamten, verwahrlosten Ehemannes hatte sich Paul Verlaine an die ehemalige Varieté-Sängerin Eugénie Krantz attachiert; in ihr fand er den schaudervollen Ersatz für das durch seine Schuld Verlorene; in ihr die Illusion: Frau, Friede, Heim, und in ihrem Laster die versinkenden Freuden der Sinne. »Ist sie nicht reizend?« schwärmte er mitunter, wenn er aus seinem zerrissenen Rock eine alte, verblichene Photographie prahlend herauszog, die Eugénie Krantz zeigte, wie sie in ihrer Glanzzeit vor mehr als zwanzig Jahren ausgesehen hatte, anmutig, elegant, mit Fransen in der zierlichen Stirn, ein Bild wie von Manet. Er glaubte an diese Erscheinung, die er in Wirklichkeit nie gesehen, nie genossen hatte. Sein Mondlicht verwandelte die Ruine, in der er hauste, zurück in den Glanz längst verfallener Schönheit. Der arme Traumwandler – in seiner Todesnacht ließ ihn die reizende Eugénie (der Kranke war bei einem Streit mit ihr aus dem Bett gestürzt) auf den kalten Steinfliesen verröcheln, ohne sich um ihn zu kümmern. Draußen funkelte eine frostklare Januarnacht. Das Zimmer war ungeheizt. Die Nachbarn hörten das Stöhnen. Nebenan schnarchte Eugénie. Ein Sterben, wie von Verlaine gedichtet.

Immer noch ist er der geliebteste unter den Lyrikern Frankreichs; fast ist er populär. Porträtgetreu steht er auf einer Pariser Bühne; Edmond Rostand fils, auch Sohn eines Größeren, hat ihm ein Stück gewidmet, das nur ein Stück seines schmerzvollen Erdenwallens zeigt.[95] Noch ist er nah, nah und zugleich schon Legende; noch zeigt man, in welchen Cafés und Kneipen er trank und schrieb. Noch leben einige »junge Verehrer«, alte Männer jetzt, die sich erinnern, wie überschäumend heiter er sein konnte, wenn ihm sein Verleger Vanier[96] zwei Silberstücke (zehn Francs) als Vorschuß in die Tasche schob. »Freunde, Vanier hat Geld herausgerückt, und das Leben ist schön!«

Und noch lebt sein Sohn.

Es war unvermeidlich, daß die Verlaine-Renaissance sich auch auf den verlorenen Sohn erstreckte. Was ist aus Georges Verlaine geworden, dem Kind seiner glücklichen Tage? Wo lebt er, wie lebt er? Man hatte ihn völlig übersehen. Trägt er das hohe Zeichen des

Erwählten und Verdammten auf der vorgewölbten Stirn? Schwebt er wie sein Vater auf dem gespannten, schwindligen Turmseil zwischen Traum und Wirklichkeit?

Ein Pariser Abendblatt lüftete das Geheimnis. Es gibt kein Geheimnis vor den findigen Augen dieser Herren. Georges Verlaine ist Untergrundbahn-Fahrkartenknipser auf der Station Ménilmontant, im Nordosten von Paris.

Da unten zu sitzen, tagein oder nachtaus, etliche zehn Meter tief unter der Erde, in dieser dumpfen Ausatmung von tout Paris, nachtein, tagaus ein Loch in ein Billet zu zwicken, das ist ein seltsam trauriger Beruf, auch wenn man nicht Verlaine heißt.

Als Mrs. Isabell Andrew aus Baltimore, eine große Verehrerin der französischen Literatur und auf einer Spazierfahrt durch Frankreich begriffen, diese Zeilen in dem Pariser Abendblatt las, war sie tief bewegt. Der Sohn des geliebten Verlaine Untergrundbahn-Fahrkartenknipser! Zum ersten Mal in ihrem Leben benützte sie die Métro; das heißt, sie fuhr mit dem Auto bis zur Station Ménilmontant und stieg hier feierlich in den Schacht, wie in eine Unterwelt, in die ein Engel gestürzt ist. Dort löste sie eine Karte und näherte sich langsam dem Verschlag, hinter dem »er« saß. Ja, das war er! Auf den ersten Blick! Wenn man sich den Seehundbart des Vaters dazudenkt und das Haar aus der Stirn kämmt, ist er das vollkommene Abbild Paul Verlaines! Ah, diese Franzosen, daß sie den Sohn ihres größten Lyrikers Fahrkarten knipsen lassen, nachdem sie schon den Vater der privaten Wohltätigkeit der Gönner überließen, die für ihn eine Monatsrente von hundertzwanzig Francs sammelten, damit er nicht verhungere!

Hinter Mrs. Isabell Andrew drängten schon die profanen Métro-Benützer, so lange verweilte sie, in den Anblick versunken. Wie sie ihr Billet hinhielt, war es, als wollte sie dem Angestellten, der nicht aufblickte, sondern knipste, die Hand reichen. Die Fahrkarte werde ich mir als ewiges Andenken aufheben, dachte Mrs. Isabell Andrew, als sie in der nächsten Station ausstieg, die Fahrkarte, geknipst von Verlaines Sohn ...

Am nächsten Tag kam sie wieder; diesmal knipste nicht nur er, sondern auch sie ihn mit ihrer Kamera. Welch ein Artikel für ihre literarische Zeitschrift in Baltimore! Paul Verlaines Sohn – Untergrundbahn-Fahrkartenknipser No. 21076! Und wie sie an ihm vorbeiging, drückte sie ihm einen Brief in die Hand. Im Umschlag lagen tausend Franc; und auf einem Blatt standen diese Zeilen: »Sohn des großen Meisters! Ich sah in Ihre Augen, in denen die nachtdunkle Trauer Ihres Vaters träumt. Erlauben Sie mir, daß eine Verehrerin, bevor sie den Kontinent verläßt, Ihnen mit dem letzten Blick diese kleine Gabe überreicht. Isabell Andrew.«

Als No. 21076 den Umschlag öffnete, war er völlig perplex, jedoch auf die angenehmste Art. Was war das, zum Donnerwetter! Was will die Person? Der große Meister? Die nachtdunklen Augen meines Alten? Er verstand kein Wort. Am liebsten wäre er der Dame nachgelaufen. Aber er saß fest in seinem »Sperrsitz« und durfte sich nicht wegrühren. Er konnte es kaum erwarten, dienstfrei zu sein, um in das Bistro zu eilen, wo sein Vater, ein verkrachter alter Kneipenwirt, den Rest seiner Tage vertrank.

»Papa, kennst du eine Isabell Andrew, eine große Hagere mit gelben Haaren?«

Vater Guingneaux setzte die Brille auf und las; dann erhob er den Zeigefinger und sagte: »Junge, Junge, da siehst du, was du für einen Vater hast! Halt sie dir, diese Isabella, das ist eine Glücksfee, so was kommt nicht alle Tage. Vielleicht hat sie früher in meinem Laden verkehrt und sich in mich verguckt. Warum bist du ihr nicht gleich nachgelaufen, du Dummkopf, und wenn du auch deswegen deinen Posten verloren hättest. Und jetzt gib deinem alten Vater auf der Stelle fünfhundert Francs, weil ich ein Meister bin mit nachtdunkler Trauer ...«

Als man in der Métro-Direktion jenen Artikel des Pariser Abendblattes gelesen hatte, war man etwas fatal berührt; im Grunde war es eine Indiskretion und rücksichtslos, das Geheimnis des armen Sohnes auszuplaudern. Möglich, daß um den Fahrkartenknipser an der Métro-Station Ménilmontant ein kleiner Wirbel entstehen könnte, unpassende Neugier der »Verehrer« und dergleichen, und kurz und gut, man hat Georges Verlaine von der Métrostation Ménilmontant sofort gegen Charles Guingneaux No. 21076 von der Station Passy eingetauscht!

16. Februar 1939

VOM ZAUN GEBROCHEN

Die Interpreten der Hitler-Rede,[97] sowohl die Dolmetscher der Sprache wie die Ausleger des Sinnes, hatten schwere Tage und viel Kopfzerbrechen. Diktionäre wurden gewälzt, um eine Sprache zu verstehen, der kein Wörterbuch gewachsen ist, weil Wort nicht Wort hält und der Sinn nicht in der Ratio, sondern im Irrationellen wurzelt. Wir sind im Reich der dunklen Magien und der Fetische, und man könnte bei der Übersetzung einer Hitler-Rede ebenso gut auch Psychoanalytiker zuziehen. Denn es ist mehr als eine fremde Sprache. »Wenn gegen Italien ein Krieg vom Zaun gebrochen wird ...« Was ist das? Was meint er? Auf welchem Zaun wächst ein solcher Krieg? Ist jeder Krieg mit Italien, ganz gleich aus welchen Motiven, ganz gleich, wer angreift, vom Zaun gebrochen? Wie töricht und kurzsichtig, über diesen Zaun zu stolpern, der nichts anderes bedeutet wie den Anspruch des Fascismus auf Weltherrschaft; und wer ihn daran hindert, bricht einen Krieg vom Zaun. Ein französischer Interpret fand in einem Spezialwörterbuch – das Spezialwörterbuch der Hitler-Sprache, ein wichtiges Werk, ist noch nicht geschrieben[98] – für »Krieg vom Zaun brechen« die Sinnsetzung »querelle d'Allemand«. Rückübersetzt etwa: ein Streit auf deutsche Art. Das ungefähr ist es. Der Krieg, der gegen Italien vom Zaun gebrochen wird, kann nur ein querelle d'Allemand sein. So oder so. Auch dieses berühmte »so oder so«, ein politisches Rotwelsch, ist unübersetzbar. Wie harmlos und verbindlich klingt dafür das französische »sur une façon ou d'autre«! Wie will man den Ton, die Gebärde eines Griffs an die Gurgel, in einer andern Sprache, die kein seelisch-geistiges Äquivalent dafür hat, ausdrücken? Glauben die braven Ausleger einer Hitler-Rede wirklich, daß Hitler decouvrieren wird, was er zu tun beabsichtigt, indes doch sein Geheimnis und seine Furchtbarkeit darin liegt, die Welt unter einer ungewissen Drohung zu zermürben? Nur so erklärt es sich, daß die Interpreten zu den entgegengesetztesten Auslegungen und Schlußfolgerungen gelangen: daß Hitler den Frieden will; daß Hitler im Dilemma zwischen Expansion und Explosion keine andere Wahl bleibt, als zu explodieren, das heißt, wieder die Frage: Krieg oder Kapitulation zu stellen. Nach welcher Staatsmannsrede gab es je solche lächerlichen Kontradiktionen? Wer eine Hitler-Rede richtig, für den Gebrauch der Völker übersetzen will, müßte sie vollkommen frei übersetzen; in ihrer doppelten Tonart für innen und für außen. Für innen will man durch Macht und Größe den Hunger des Volkes stillen, indem man den Appetit nach dem Brot des andern bis zur Frenesie[99] anstachelt; für außen will man verhindern, daß sich die Welt zur äußersten Abwehr und Anstrengung fertig mache. Welchen Wert können die Übersetzungsaufgaben haben, die eine Tribunen-Rede den Völkern stellt, wenn selbst die geschriebenen Worte der Verträge über Nacht nichtig geworden sind? Das einzig richtige Verhalten wäre ein gründlicher Agnostizismus, die Einsicht der Unübersetzbarkeit und daher Unanwendbarkeit auf die morgen oder übermorgen entstehende Realität, so oder so. – Nicht zutreffend jedoch ist dieses Wissen um das Nichtwissen für Details einer Hitlerrede, wie etwa die »sanitären Krankheiten«, die die Juden eingeschleppt haben. Das wiederum ist zu übersetzen; denn hier wird die Sprache zum Verräter. Das sind schlechtweg die »gesundheitlichen Krankheiten«, nichts anderes. Hingegen ist eine kranke Gesundheit auf dem Marsch, eine Welt zu erobern, die Hitlerworte objektiv interpretiert, anstatt sich zu immunisieren.

16. Februar 1939

GESPENSTISCHE RENCONTRES

Nichts stimmt melancholischer und wirkt ridiküler, als das Weiterspinnen alter Feindschaften und Gegensätze draußen in der Fremde. Die alte Fabel: eine Maus wird von der Katze gejagt, die Katze von einem Mann mit geschwungenem Knüppel, der Mann von einem Auto; da kam ein Panzerwagen und rollte über die Maus, die Katze, den Mann und das Auto hinweg. Aber noch unter den Rampenrädern zankten sie sich, wer Recht habe.

So ungefähr ist das.

Aufgeschnapptes Gespräch in einem kleinen Pariser Café. Er, ein deutscher Sozialdemokrat, streckt die Hände kreuzweise vor: »So, mit gefesselten Händen, haben Sie mich abführen lassen!

Aber ich werde mich revanchieren!« – Der andere, ein gewesener Deutschnationaler, der jenen in der versunkenen Zeit deutscher Nachkriegswirren verhaften ließ, sagt gar nichts und blickt verlegen drein.

Solche Fesseln, die längst gefallen sind und durch andere, viel schrecklichere ersetzt wurden, schleppen viele von uns mit sich. Seltsamer Irrsinn: daß man die gewesene Feindschaft stärker empfindet als die gegenwärtige Schicksalsgemeinschaft.

Eine andere Pariser Begegnung. Eine reizende Tschechin und ein Prager Deutscher. Sie: »Ach, diese Prager Deutschen, wir wollen sie nicht, sie haben nie ordentlich tschechisch gelernt; in der Straßenbahn haben sie uns geärgert mit ihrem ›Gedeutschel‹. Wer zu uns gehört, muß richtig tschechisch können!« Er: »Gnädige Frau, der deutsche Panzerwagen ist über uns beide hinweggegangen, und Sie sind immer noch bei der Sprachenfrage, die man schon in der österreichischen Zeit die leidige nannte. Wir haben etwas Gemeinsames verloren, und anstatt daran zu denken, als wir zum letzten Mal todtraurig über die Karlsbrücke gingen, reden Sie vom Sprachenstreit der Straßenbahn. O meine Gnädige –«

Es ist zwischen einem katholischen österreichischen Legitimisten[100] und einem »Austromarxisten« kaum eine Gemeinschaft möglich; aber den alten Streit draußen fortzuführen, mit den gleichen Mitteln, mit der gleichen Taktik und dem gleichen Haß, das ist von einer makabren Lächerlichkeit. Zwischen der Unversöhnlichkeit drinnen und draußen muß es einen Unterschied geben, der fast so groß ist, wie das Drinnen und Draußen. Drinnen war man auch im gröbsten polemischen Stuhlbein-Kampf von der gesicherten, sichernden Gemeinsamkeit behütet. Draußen sind alle gefährdet, die Gegnerschaften stimmen nicht mehr, und gemeinsam ist nur das Ziel: der Sturz der fascistischen Gewalt. Draußen sind strengste Prüfung, Selbstzucht, Haltung und gewissenhafteste, ehrlichste Revision aller Doktrinen, Gegensätze, Gefühle und Schlagworte notwendig. Jede mitgeschleppte Dummheit, jedes weitergesponnene Ressentiment wirken unerträglich und riesengroß. Den größten Gegnern von einst ist gemeinsam, daß sie heute geschlagen sind. Das ist wichtiger als noch so intransigente Programme. Über das, was nachher kommen soll, kann man so nicht streiten, als wäre der Feind schon geschlagen. Ein solcher Streit gleicht einem Gespensterkampf auf den katalaunischen Gefilden, von dem nur die Hunnen profitieren.

23. Februar 1939

VONDRATSCHEK HILFT DEM HENKER

I

Der Apparat begann zu spielen.

Der Apparat: das war eine Abteilung einer Abteilung im Außenministerium in Berlin, Abteilung Tschecho-Slowakei, Unterabteilung Emigranten-Auslieferung. Akt: Peter Förster, Weimar-Buchenwald,[101] derzeit Tschecho-Slowakei. Aber hinter dem Apparat standen Menschen, passionierte Menschenjäger, jeder einzelne von etwas getrieben, das er Pflicht nannte, oder Nation, oder schlichtweg Belange, das aber eine Lust war, eine Sucht, eine Rachsucht, ein Gemisch aus Haß und Angst – Angst vor jedem, vor dem unbekannten Feind von morgen, vor der Vergeltung, die unfehlbar eines Tages kommen wird.

Der erste Legationsrat der deutschen Gesandtschaft in Prag griff nach dem Hörer des Apparats und ließ sich mit dem tschecho-slowakischen Außenministerium verbinden.[102] Die Sache lohnte nicht eine hochoffizielle Demarche. So etwas macht man besser im Stillen ab. Kurz, bündig und informell: »Meine Regierung verlangt die Auslieferung des Peter Förster!«

Der Sektionschef fand keine Gelegenheit zu sagen, was er sagen wollte. Er nahm die Forderung zur Kenntnis. Er war ein Beamter alter Schule, österreichischer Schule sogar. Er ließ es sich durch den Kopf gehen. Er war geneigt, die Sache ›meritorisch‹ zu behandeln und in der so gewonnenen Zeit den armen Kerl über eine Grenze entschlüpfen zu lassen. Aber ›meritorisch‹ – das ging nicht mehr mit diesem Partner, das hatte sich bereits in größerem Zusammenhang gezeigt. Immerhin, dachte der Sektionschef des Außenministeriums, wir sind kein Vasall, sondern ein souveräner Staat, so kann man mit uns nicht umspringen: ›Apportier uns diesen Menschen.‹ Sind wir Bluthunde? Wie stünden wir vor der Welt da! Ich werde es meinem Chef vortragen, dann werden wir ein Exposé ausarbeiten; zu dem Exposé werden wir ein juristisches Gutachten einholen: wir werden uns auf das Auslieferungsabkommen über politische Flüchtlinge stützen. Es wird ein Akt entstehen – ein Akt ist immer etwas Gutes – und ein formelles Verfahren, wie es sich gehört. Es wird viel Zeit vergehen, inzwischen werden wir diesen unbequemen Gast mit einem Visum wegschicken.

Das Außenministerium schüttelte sich. Dabei kam eine Kompetenzfrage heraus. Es schüttelte die Angelegenheit ab, bei der nur »Unannehmlichkeiten« zu gewinnen waren, und übertrug sie dem Innenministerium zur Erledigung. Inzwischen nahm die deutsche Forderung bedrohliche Formen an: Innerhalb von drei Tagen ist der »Verbrecher« Förster auszuliefern, andernfalls ...! – Verschleppung wird nicht mehr geduldet.

»Applanieren, applanieren!« sagte der Sektionschef im Innenministerium. »Sollen wir wegen eines deutschen Flüchtlings Schereien haben? Sollen wir riskieren, daß uns deutsche Untersuchungsorgane hergeschickt werden? Haben wir uns schon unterworfen, sollen wir wegen eines Peter Förster Widerstand leisten? Es ist nicht an uns zu untersuchen, ob er oder sein Kamerad bei der Flucht aus dem Konzentrationslager Weimar-Buchenwald den SS-Mann niedergeschlagen hat. Sozialist ist er auf jeden Fall. Weg damit! Nichts damit zu tun haben! Wir haben andere Sorgen. Was das Weltgewissen sagen wird? Herr Kollege, lassen Sie mich mit solchen abgedroschenen Phrasen der Systemzeit in Ruhe!«

»Dennoch«, meinte der Obersektionsrat, »ist es eine furchtbare Sache. Vor ein paar Wochen wurde der Fluchtgefährte Försters mit dem Handbeil hingerichtet; er war es, der den SS-Wächter niedergeschlagen hat. Aber selbst wenn Förster als Mittäter in Frage käme, wäre er ein politischer Flüchtling, den man keinesfalls dem Beil ausliefern darf. Es ist unser Gewissen, unsere Anständigkeit dabei im Spiel. Und ich glaube daran, daß auch davon unsere Zukunft abhängt.«

»Wer spricht vom Beil?« sagte der Sektionschef. »Wir liefern Förster aus zwecks einer normalen Strafuntersuchung, unter der ausdrücklichen Voraussetzung, daß Försters Leben garantiert wird.«

»Und welche Garantie haben wir für diese Garantie?«

»Zerbrechen Sie sich darüber nicht den Kopf, Herr Doktor. Wir sind jedenfalls aus dem Obligo heraus, und unser unmittelbarer Chef will die Sache auf jeden Fall konfliktlos aus der Welt schaffen. Veranlassen Sie das Nötige; Sie haften mir dafür, daß Förster nicht im letzten Augenblick ›zufällig‹ entkommt.«

›Aus der Welt schaffen!‹, dachte der Obersektionsrat im Weggehen bedrückt, ›wir sollen helfen, einen Menschen aus der Welt zu schaffen. Wem kann man zumuten, eine solche Handlung auszuführen? Welcher anständige Beamte kann seine Hand dazu bieten, diesen Menschen an die Grenze zu bringen, um ihn seinem Scharfrichter zu übergeben? Sind wir dort angelangt? Hilflose Helfershelfer von Henkern?‹

II

Wenn man dem »Buchenwald«, diesem Dickicht der Qualen, entronnen ist, sich tags in den Wäldern versteckt, sich nachts an die rettende Grenze herangetastet hat, hungernd, frierend, in der Angst, sich zu verirren und gefangen zu werden – dann hat man das neugewonnene Leben doppelt lieb; dann verliert man diese törichte Lebensangst um Nahrung, Dach, Kleidung, die Sorge um das Morgen, die das Dasein der »Gesicherten« so lächerlich verzerrt. So ergriff im Mittelalter der Gläubige, hinter dem die Verfolger her waren, atemlos hinstürzend die Klinke der Kirchentür, die ihm Schutz verhieß, wie Peter Förster dem ersten besten tschechischen Grenzgendarmen beinah um den Hals fiel.

Ein paar Wochen Haft bis zur Klarstellung des Falls, das war nicht schlimm; die Gefängniszelle in einem Rechtsstaat war süße Geborgenheit, verglichen mit dem täglichen Martyrium von Buchenwald, das unfehlbar in den Tod trieb.

Aber in diesen Wochen einer harmlosen Haft geschah eine Verwandlung, die bis in Försters Zelleneinsamkeit drang. Die Klinke der Kirchentür lief gleichsam heiß und heißer an, und das Gesicht des freundlichen Gendarmen, an den er sich vertrauend geklammert hatte, erstarrte wie über Nacht. Im Durcheinander der Septembertage vergaß man die Gefängnistüre aufzuschließen. Es war niemand da, die inständigen Bitten Försters anzuhören. Und als die intakte Festung von ihren Freunden und Protektoren, ohne den Festungskommandanten zu befragen, dem ›Dritten Reich‹ freundschaftlich ausgeliefert wurde, Hals über Kopf, wie man anbietet, was man gar nicht schnell genug um jeden Preis loswerden kann – als das geschah, da waren über Nacht die Beschützten schutzlos, die Helfer verfolgt, die Gesicherten gefährdet, die Gefährdeten vom Tode bedroht, die Wertvollen wertlos und die Wertlosen im Anmarsch.

Man warf ein geordnetes, gesittetes Land dem Baal hin, und in diesem Rachen war unter anderen Peter Förster, eine Winzigkeit, ein Bröselchen im Gebiß, aber nicht übersehen; er war unvergessen, er stand auf der Liste, und was der Baal einmal besitzt, gibt er nicht wieder her.

Als man Förster aus der Zelle ließ, weil das Gefängnis gleichsam schon in Flammen stand, war es zu spät. An der ungarischen, an der polnischen Grenze wurde er erwischt und zurückgeschickt; wahrscheinlich waren die beiden Länder schon benachrichtigt, und sie hüteten sich, das Sandkorn durchzulassen, als wäre es eine Höllenmaschine.

›Ich werde mich verstecken, in den Ställen winziger Dörfer, in den Holzfällerhütten auf den Bergen, in den Kammern der Hinterhöfe barmherziger Proletarier. Ich weiß und es bedrückt mich: ich bin meinen bisherigen Gastfreunden unbequem, gefährlich sogar. Jeder Anlaß ist dem Peiniger recht, den Geschlagenen zu demütigen, und immer näher rückt der Buchenwald. Wohin mit mir?‹ – Ein surrender Ton aus den Wolken wie eine Antwort. Ein Flugzeug entschwebte silbrig in die Ferne. – ›Ach, da oben zu sein, ohne die tödlichen Grenzen! *Das* habt ihr erfunden – aber das Mittel, von einem Unschuldigen das Beil abzuwenden, bleibt ihr schuldig – schuldig …‹

Im Wettlauf um ein Visum und um ein Flugzeug siegte der prompte Apparat. Auf Anordnung von oben wurde Förster wieder ins Gefängnis eingeliefert.

III

Der Apparat war in vollem Gange. Es handelte sich doch darum, einen Menschen zu zermahlen.

Von ganz oben bis ganz unten: »Sie haften dafür, Herr Sektionschef!«

»Sie haften dafür, Herr Obersektionsrat!«

»Sie haften dafür, Herr Polizeidirektor!«

»Sie haften dafür, Her Gendarmeriekommandant!«

»Sie haften dafür, Herr Gendarmerie-Oberinspektor Vondratschek!«

Von ganz oben bis ganz unten rollte der Befehl, stieg die Stufenleiter der Schande hinab, durchlief den Passionsweg der Instanzen, und bei Vondratschek bleib der Apparat stehen. So vielfache Garantie, daß ein Sandkorn sich nicht verkrümelte – da konnte ja nichts geschehen.

Auf Vondratschek lastete die Wucht des Apparats: nach oben zu garantieren und nach unten ein Schurke zu sein – ein typisch deutscher Vorgang, fremd diesem Lande und der Seele des Vondratschek. Bis zur Stunde der Auslieferung war Vondratschek verantwortlich. Über die Formalitäten wurde noch verhandelt.

»Herr Vondratschek!« Es war, als würde nicht dieser eine, sondern als würde das ganze Land angerufen, und nicht nur von diesem einen, der da im Gefängnis seines Schicksals harrte, sondern von der Menschheit selbst.

Dem Oberinspektor Vondratschek drang die Stimme bis ins Herz. Er markierte beamtenhafte Verschlossenheit, aber hinter seinem mürrischen Wesen war alles in Aufruhr. ›Ich werde meinem Vorgesetzten sagen, daß ich mit der Sache nichts zu tun haben will!‹ Aber er sagte es nicht. Er blieb bei seinem Gefangenen, als wäre er mit ihm durch die gleiche Fessel verbunden.

»Herr Vondratschek!«

Die Stimme ließ nicht locker, flüsternd, beschwörend, aufbrüllend.

»Ruhig!«

»Was hat man vor? Es ist doch nicht möglich, daß ...«

»Ich weiß von nichts.«

»Das kann Ihr Land nicht tun, es ist ein anständiges, ein menschliches Land.«

Er stammelte es wie einen auswendig gelernten Text: »Denken Sie an Komensky, an Masaryk, an die großen Lehrer Ihres Landes ...«

Ein ferner Hall, der ein großes Achselzucken auslöste. ›Daß man uns genötigt hat, uns selber preiszugeben – wo ist da ein Ende abzusehen?‹

»Herr Förster, sehen Sie mich nicht so an, als wäre ich verantwortlich. Ich hafte bloß ...«

»Wofür haften Sie – ?«

»Daß Sie heil über die Grenze kommen.«

»Heil über die Grenze – ?«

Eine irre Hoffnung belebte seinen Blick!

»Über welche Grenze?«

»Über die deutsche Grenze.«

Vondratschek war ein gutmütiger Mensch, aber er war auch ein Henkershelfer, also mußte er quälen.

Förster klappte mitten entzweigeschnitten zusammen; der Kopf lag, als wäre es schon geschehen, auf seinen Knien.

»Wir haben das Möglichste getan. Aber was konnten wir gegen das Auslieferungsbegehren tun? Mir san selber geliefert und ausgeliefert«, er fiel plötzlich in den österreichischen Dialekt seines Militärdienstes, den er noch unter Habsburg geleistet hatte – »aber das Ministerium weiß, was es sich schuldig ist, und so hat es in die Auslieferung nur unter Garantie Ihres Lebens eingewilligt.«

»Und das glaubt ihr? Ihr glaubt an das gegebene Wort, an Garantien Deutschlands? Kennt ihr dieses Deutschland nicht, oder stellt ihr euch nur so aus Gutgläubigkeit, aus Verschmitztheit des Hilflosen?«

Vondratschek zuckte die Achsel. Dieses Achselzucken war schon die zweite Landessprache. »Garantie ist Garantie.« Solche Gleichungen gehörten auch zum österreichischen Erbe.

»Ja – Garantie ist Garantie, und das Leben drüben ist der Tod, und die Gerechtigkeit ist ein Handbeil, und daß ihr diese Gleichungen nicht begreift, daran geht ihr zugrunde!«

Förster hatte das Gefühl: noch einmal reden, schreien, morgen wirst du stumm sein – tiefer die Stummheit der Welt mit jedem Wort, das erlischt.

IV

Vondratschek ließ sich gehen. Es war schon mehr eine Art Verfall. Das Bier schmeckte ihm nicht mehr, und nicht einmal der Slivovitz gab Trost. Der Schlaf floh ihn, als wäre er der Henker des Schlafes. Es fiel den Vorgesetzten auf: dieser alte, ehemalige k. u. k. Gendarmeriewachtmeister, ein tadelloser Soldat im großen Krieg, dessen Adjustierung von einer soldatischen Akkuratesse war, verschlampte, vernachlässigte sich, kam unrasiert in den Dienst, hatte Flecken in der Uniform, Speisereste im Schnurrbart, Wein und Weinen in den Augen, und einmal hing ihm sogar ein Unterhosenbandl unten aus der schwarzen Diensthose.

Dann gab der Apparat den Befehl: »In drei Tagen haben Sie in Begleitung von zwei Konzeptsbeamten, in Zivilkleidung, den Peter Förster nach Weimar zu bringen.«

Nach Weimar. Nicht nur bis an die neue Landesgrenze bei Theresienstadt. Bis hin. ›Sie wollen, daß wir ihnen den Peter Förster apportieren.‹ Vondratschek dachte nach: ›Weimar ... – Weimar ... – davon hab ich schon einmal gehört?‹ Weimar – das klang wie aus alter Zeit, wie er in der Schule – er kam bis zur Quarta eines Realgymnasiums – etwas darüber gelernt hatte. ›So also kommt man auf seine alten Tage noch nach Weimar.‹ Als er von Weimar etwas hatte läuten hören, war er ein kleiner Junge, und als er ein Junge war, gab's ein Österreich, einen Kaiser; und solche Dinge, wie sie jetzt täglich geschahen, gab es selbst damals nicht. Wo und wann wurde der erste falsche, verhängnisvolle Schritt getan, der schließlich in dieses furchtbare Elend führte?

Geistesabwesend stand Vondratschek in der Zelle Försters. Was wollte er nur – sein Gedächtnis setzte in der letzten Zeit so seltsam aus. Ach, richtig, er wollte ihm mitteilen, daß er morgen nach Weimar gebracht werde. »Herr Oberinspektor; Herr Vondratschek,« flüsterte Förster und berührte ihn am Arm, als wollte er ihn sanft aufwecken, »hören Sie mich an bitte, bitte lassen Sie heute nacht versehentlich die Zellentüre offen ...«

Vondratschek hörte in diesem Augenblick nicht die Stimme seines Gefangenen, sondern die seiner Frau, eine gutmütige, scheltende, derbe Stimme: »Kümmere dich nicht um die fremden Sachen. Mann, tu, was man dir sagt und schau nicht rechts und links. Hast du nicht selber oft gesagt: Befehl ist Befehl? Na also! Du hast das nicht zu prüfen. Willst du uns unglücklich machen? Am Ende wirst dann auch du noch nach Deutschland ausgeliefert. Sie können mit uns machen, was sie wollen. Und trink nicht so viel ...« Vondratschek schüttelte den Kopf und sagte: »Pst ... Weiß man's denn – seitdem wir dicke Freunde mit Deutschland sind, sind wir überwacht, bespitzelt, Gestapo überall, vielleicht auch der Schließer draußen im Gang ...« Ge-sta-po, die unverständlichen drei Silben bereiteten ihm buchstäblich Brechreiz und Ohrenstechen.

»Herr Vondratschek, Herr Oberinspektor, es liegt in Ihrer Hand, wenden Sie die Schande von Ihrem Lande ab!«

Achselzucken. Er hörte die Stimme seines Vorgesetzten: ›Sie haften mir ...‹

»So lassen Sie mir um Himmelswillen wenigstens Ihren Revolver hier, aus Barmherzigkeit, damit ich meinen Kopf nicht selber unter das Beil tragen muß mit Ihrer Hilfe!«

Die Stimme stieß an Tür und Wände wie der Kopf eines Irren.

»Was denn, Beil! Man hat uns Ihr Leben garantiert. Garantie ist Garantie, und ich hafte.« Er sagte es tonlos her, wie ein abgespieltes Grammophon. Statt einer Antwort stürzte sich Förster auf Vondratschek, riß die Waffe aus seiner Revolvertasche und drückte sie gegen seine Schläfe ab. Es knackte nur. Einmal, zweimal – kein Schuß.

Vondratschek lächelte traurig und ließ es ohne Widerstand geschehen. Die Spitzen seines gelblich-grauen Schnurrbarts, von getrockneten Rotweinresten verklebt, zuckten. Er hatte so etwas kommen sehen. Der Revolver war nicht geladen.

Der Beamte setzte sich zu dem Stöhnenden und knöpfte ihm die Hosenträger ab. Es war, als wollte er ihn entkleiden und zu Bett bringen. Dann rollte er das Leintuch zusammen und vergaß auch nicht, das Handtuch mitzunehmen. Für alle Fälle. Das war die letzte Nacht des Peter Förster in der relativen Sicherheit und in der versinkenden Menschlichkeit eines böhmischen Gefängnisses.

V

In Leipzig mußten sie umsteigen. Vondratschek war in Zivil und sah aus, als führe *er* zur Aburteilung. Die zwei Herren vom Innenministerium starrten in die graue Kahlheit einer indifferenten Landschaft. Peter Förster saß kerzengerade da, in einer angespannten Haltung, ohne sich an die Holzwand des Abteils zu lehnen – ein unbewußtes Training der Muskeln und der Selbstbeherrschung. Beim Grenzübertritt war ihm gewesen, als schlösse sich mit einer langsamen Exaktheit das Tor des Lebens hinter ihm; die beiden Flügel waren blitzende Schneiden.

Nach dem formellen Austausch von Höflichkeiten an der Grenzstation waren die Vier auf ihrem Weg nach Weimar wieder allein in ihrem Sonderabteil. Die unsichtbare Begleitmannschaft fuhr nebenan in der zweiten Klasse. Die Übergabe an Ort und Stelle sollte ein gewisses Zeremoniell haben: ›So hat jeder, der unsere Gegner schützt, sie uns dahin zu bringen, von wo sie uns entronnen sind. Merkt euch das! Keiner entgeht uns!‹

»Wer erstattet Meldung?« Die beiden tschecho-slowakischen Ministerialräte flüsterten untereinander. »Vondratschek, wer denn sonst. Wir sind nur Zeugen der korrekten Ausführung des Befehls. Schweinerei. Nichts als Verdrießlichkeiten hat man von der Humanität. Gar nicht herüberlassen hätte man den Förster sollen. Na, das wird ja jetzt nun anders ...«

»Melde gehorsamst,« sagte Vondratschek auftragsgemäß am Bahnhof in Weimar, »hier ist der Peter Förster – unter Garantie«. Das Wort war in seinem Hirn, er plapperte es blöd nach.

Die SS-Mannschaft des Konzentrationslagers Buchenwald war zum Empfang fast vollzählig angetreten. Die Gesichter verbargen nichts: ›Rache für den Kameraden, den dein Kamerad erschlug!‹

Wie hinter einem schwarzen Vorhang, der sich schließt, verschwand der heimgekehrte Flüchtling.

Vondratschek, völlig unbeachtet, bewegte die Finger, als habe er ein Gefühl der Leere in den Händen; die Finger waren wie starr, als hätten sie lange etwas festgehalten, das ihm nun, da er es losließ, fehlte.

Inzwischen unterschrieben die Ministerialbeamten das Übergabe-Protokoll, eine Art Lieferschein und Empfangsbestätigung, weil Ordnung sein muß. Dann gingen sie auf den gegenüberliegenden Bahnsteig und fuhren zurück. Es war Nacht.

›Das Übergabe-Protokoll …‹, dachte Vondratschek. ›ob etwas von der Garantie drinsteht? Auch wir sind garantiert im Übergabe-Protokoll, das sie, als wären wir unmündig, für uns in München abgeschlossen haben. Und was ist von der Garantie noch übrig? Die neuen Grenzen. Schützen neue Grenzen eine schutzlose Nation, die unfrei wird? Über uns lastet der Koloß. Er preßt uns die Seele aus. Wir sind nicht mehr wir, sonst hätten sie uns nicht zwingen können, zu tun, was wir eben getan haben …‹ Er stöhnte zweimal auf und schlief ein.

VI

Der Apparat lieferte prompte Arbeit. Ausgeliefert, abgeurteilt, geköpft. Mit der Hand. Die letzte Feinarbeit entzieht man dem Apparat.

Vondratschek brüllte auf: »Die Garantie!« Ihm war, als habe er den sich bäumenden Peter Förster eigenhändig festgehalten, als das Beil fiel, und als wäre er über und über mit Blut bespritzt. Planlos, mit irren Augen, lief er auf den Hradschin, durch die Burghöfe, in das Ministerium. Er wollte die »Herren von oben« sprechen. Rechenschaft fordern, das Protokoll, die causa finita überprüfen, den Apparat sehen, der ihn in seine blutigen Zahnräder verflochten hatte. Er kam nicht über ein Vorzimmer und wurde nach Hause geschickt. Der Apparat blieb unsichtbar. Er hatte den Fall schon verdaut und Neues in Arbeit.

Sie lasen die Notiz des DNB (Deutsches Nachrichtenbüro), die vom tschecho-slowakischen Pressebüro mit blutleeren Lippen nachgesprochen wurde: »Gestern wurde in Weimar auf Grund eines Urteils des Volksgerichtshofes Peter Förster mit dem Handbeil hingerichtet.«

Sie lasen es alle, oben und unten, die Maßgebenden im Ministerium und die Hilfskräfte des Apparats, alle, die »dafür gehaftet« hatten, alle, die mit den Handakten zu tun hatten, aus denen ein Handbeil geworden war, alle, vom Minister bis zum Vondratschek, und in ihren Gesichtern spiegelte sich etwas oder nichts, und durch ihr Gehirn ging ein Strom des Denkens, oder es blieb dunkel und stumpf. Jeder auf seine Art.

›Es ist kein Leben mehr‹, dachte der Obersektionsrat, der auch in der Kette stand, ›sie haben das blutige Siegel unter das Ende unserer Republik gesetzt. Wir bezahlen die Schwäche der andern auch noch mit unserer Schande. Es ist nur eines von vielem, aber alles zusammen ist das Ende ...‹ Er bekam eine Lungenentzündung, legte sich hin und starb.

›Wir müssen leben‹, dachte sein Untergebener, der Mittelbeamte, der Zeuge von Weimar, packte seine Frühstückssemmel aus und hielt die Thermosflasche an die rosige Wange, zu prüfen, ob das Getränk noch warm genug sei. ›Hauptsache, daß die Nation intakt bleibt innerhalb der garantierten Grenzen.‹

Vondratschek hielt es zu Hause nicht mehr aus. Die Frau war eifersüchtig, daß er sich diese Sache so zu Herzen nahm. Es war wohl die geringste aller Nebenfolgen der Auslieferung, daß die Ehe des Oberinspektors Vondratschek darüber in die Brüche ging.

Er verließ das Haus. Er brauchte wenig Schlaf und verbrachte seine Nächte, weit über seine Dienstverpflichtung hinaus, auf Inspektion im Gefängnisgebäude, das Muster eines Beamten, wenn auch etwas sonderlich. ›Was macht das Leben aus uns‹, grübelte er in den langen Nächten, angezogen auf dem Feldbett einer leeren Wachtstube, ›wie komm ich zu all dem?‹ Er ging in die Vergangenheit zurück. ›Ich war Soldat unter dem Kaiser. Die Habsburger – sie wollten uns Tschechen verösterreichern. Und das haben wir uns nicht gefallen lassen, und da haben wir den andern Weg eingeschlagen, gegen Österreich, damals ... Hat er *dahin* geführt? Welcher Tscheche, welcher Böhme hat das gewollt? So hat uns Österreich nie traktiert, vielleicht im Dreißigjährigen Krieg, aber seitdem nicht mehr ... Wie, was – haben wir Österreich zerschlagen helfen, um Vasallen eines hitlerischen Preußen zu werden, dem wir auf den Pfiff gehorchen und für das wir unser Bestes preisgeben müssen – he? Sind wir ausgeliefert an dieses Weimar?‹ Die Frage riß ihn aus dem Bett hoch. – ›Ist das der Weg meines armen Volkes?‹ Ein trocknes Schluchzen schüttelte ihn. ›Was hab ich denn vom Nationalstolz, wenn ich ein Viech sein muß ...?‹

Er blickte sich scheu um, als hätte jemand seine Gedanken hören können. Im ganzen Land war es so, niemand wagte es, sich die schreckliche Verfehltheit des politischen Weges einzugestehen. Es gab jetzt keine Möglichkeit der Umkehr, und da man weiter mußte in *diese* Richtung, tat man, als geschähe es freiwillig.

Vondratschek schwankte durch den Gefängniskorridor. Etwas trieb ihn zur Zelle Nr. 26, in der sein unbeschützter Schützling gesessen hatte. Er schloß auf und machte Licht. Auf dem Strohsack regte sich ein Gefangener, der morgen dem Richter vorgeführt werden sollte. Einfacher Raubmord.

»Förster«, sagte Vondratschek, »Peter Förster, stehen Sie auf – hinaus mit Ihnen, fort, rasch!«

Der Raubmörder Klecanda machte blöde Augen.

»Verschwinden Sie!« Und mit einer großen Gebärde, die jeden Zweifel ausschloß, dekretierte Oberinspektor Vondratschek: »Sie sind frei!«

Zur Vorsicht warf Klecanda die Türe ins Schloß, drehte den Schlüssel um und nahm das ganze Bund mit.

Die Runde fand Vondratschek in friedlichem Schlaf auf dem Strohsack ausgestreckt. Er lächelte wie in einem glücklichen Traum, als er wachgerüttelt wurde.

März 1939

WEGE ZU DEN SCHATTEN. PRAGER HEIMKEHR 1934

In der ersten Nacht in seiner Vaterstadt Prag schlief er nach all den Qualen in einer wohligen Erschöpfung so tief und geborgen wie in einem Bett, das die Mutter gerichtet hat.[103] Und es war doch keine Mutter und kein Vater da, und er war stockfremd in der Heimatstadt, ein Hotelgast und niemandem willkommen.

»Ich bleibe«, schrieb er an Ruth nach Berlin, »ich bleibe hier mit meinem für vierzehn Tage gepackten Köfferchen, ich gehe nicht wieder fort, grüß mir den Hans und alle guten Menschen. Und komme bald!«

Gott sei Dank, flüsterte Ruth, als sie die Zeilen las. Sie empfand diese Wendung wie ein Genesungswunder. Immer kam, was von ihm kam, überraschend. Innigen Dank, lieber Gott. Und ich komme …

Die erste Hälfte seines Lebens lag, seltsam verschüttet, in Prag. Die alte Stadt, die er lange vor dem Kriege verlassen hatte, war in seinem Blut, wie nur ein Ort, an dem wir geboren und aufgewachsen sind; sie schlief in ihm, wie die Kindheit in uns schläft, tief und versunken. Als er den ersten tschechischen und deutschpragerischen Laut hörte, schlug eine Woge der Rührung in seinem Herzen hoch. Die Tränen des Heimkehrers sitzen locker. Das Zeitgefühl geriet in ein taumelndes Durcheinander. Zwanzig Jahre sind wie ein Tag und gestern ist wie heute.

Gleich am Abend seiner Ankunft lief er an die Moldau, in jenen Winkel am Mühlenwehr an der Karlsbrücke, wo eine Weide und ein Fliederstrauch stehen – ja, sie waren noch da, ja, sie blühten, genau wie vor zwanzig Jahren. Aus der Tiefe rauschte der Fluß empor, sein modriger Duft war wie der Atem der Zeit. Alle Erinnerung, die ganze Kindheit, erstes Mädchen, erste Liebe, erstes Alleinsein, erste Trauer und Verlorenheit, die ganze Stadt war in diesem Winkel am Wehr zusammengepreßt, und er trank das nächtliche Prag seiner Jugend in durstigen Zügen.

*

Ruth war angekommen, mit vielen Koffern, unbeschwert und heiter, glücklich über die endlich erreichte Ferne, in der sie mit ihm leben konnte – zum ersten Mal mit ihm vereint in der Fremde, die Peters Heimat war. Er führte sie kreuz und quer in der Stadt herum, stellte sie ihr vor und machte den komischen Fremdenführer; er kommentierte Prag, halb scherz-, halb ernsthaft. Sie verstand die zauberhafte Stadt vom ersten Augenblick an gut, weil dieses Prag in ihm war. Er hatte ihr schon früher viel von dieser Stadt erzählt, oft mit einem leisen Unterton von Angst, eine Heimkehrerangst. »Ich kenne dorten alle«, hatte er gesagt, »und keiner kennt mich.« Es klang wie ein traurig närrisches Volkslied.

Ruth verstand nicht alles, als spräche er eine Prager Geheimsprache. »Ich bin von ihrer Art und doch aus der Art geschlagen. Ich gehöre zum Geschlecht der entlaufenen Prager. Zu viele wie ich liefen hier herum. Hier lernte ich das Fernweh kennen. – Und nun komme ich atemlos heimgestürzt, die Häscher hinter mir her, und klammere mich an den Ring der Kirchentüre an wie ein Verfolgter im Mittelalter. So halte ich mich an der Klinke der Kirchentüre fest, und die tschechische Familie zwinkert gutmütig. Erst jetzt, wo es Dir schlechter geht, erinnerst Du Dich wieder unser, no ja, komm rein …«

Er ging mit ihr über die Brücken, und über den Brücken spannte sich seidig und blau der Frühling. »Pst«, machte er, »leise, mir ist, als schreite ich durch eine große Seifenblase.« Und er ging behutsam, als fürchte er, das zart-bunte Gebilde zu verletzen, wie man einen Traum verletzt, wenn man sich heftig rührt. »Sieh nur, wie wunderbar getönt dieser Hügel ist, perlmutterhaft, pastellblau, mit viel Ocker und etwas Grün.«

Wirklich, das weite Rund, von den Hradschin-Palästen über den frühlingshellen Hügel gespannt, hatte etwas von einem hauchzarten Engelsgebilde. »Gott hat diese wunderschöne Glaskugel geformt, sein Atem erhält sie, und sie wird ewig sein, sie ist zerbrechlich und gefährdet, wie alles Zarte und Schöne, und sie wird dauern.«

*

Er ist der Rutengänger der Erinnerung, und Ruth folgt ihm auf seinen Wegen, erst erheitert, dann zögernd und ängstlich, denn immer tiefer geht er in das Dickicht der Vergangenheit zurück, bis in die schwarz-gelbe kaiserliche Zeit. Es ist ein Zurücktasten in die Kindheit, eine gefährliche Heimkehr, von der Verlorenheit kaum zu unterscheiden. Er vergißt Ruths Gegenwart, die Gegenwart überhaupt. Er führt die Begleiterin an sein Geburtshaus – es steht nicht mehr; auf den Kinderspielplatz – er ist verbaut; er geht mit ihr seinen Schulweg durch stille und veränderte Vorstadtgassen. In seine Versunkenheit tönt plötzlich oben von der ewigen Rathausuhr das Glöckchen des Sensenmannes, der Hahn der Kindheit kräht zum Vorbeiwandeln der Apostel. Mit einer stillen Verbissenheit ist er dem Gewesenen auf der Spur. Er steht in einem fremden Stiegenhaus, steigt eine Treppe hoch, auf der er als Kind hinauf- und hinabgesprungen ist, verweilt vor einer Wohnungstür.

Die arme Ruth, deren Blick der Zukunft gehört, geht mit ihm auch diese Wege zu den Schatten. Gleich wird in der fremden Wohnung, in der sich die Flut der Jahre staut, das Klavier die Etüden von Cerny zu klimpern beginnen, die Spieldose tönt, aus der verzierten Tapete kommt das alte Muster hervor, und er sieht über den Tisch hinweg die alte Kinderzimmerlampe mit schütteren Fransen.

Das Fernste, Verklungene und längst Verschollene fällt ihm wieder ein, Kinderlieder aus der Volksschule: »Jede, jede postovcky panacek« (Es kommt, es kommt der Postillion), oder Kinderverse der Kinderfrau: Der Schornsteinfeger kehrt den Schornstein, der Müller mahlt das Mehl. Verwehte slawische Drehorgellieder aus Nachmittagshöfen beginnen zu tönen. Und das Brausen der Straße verdichtet sich ihm unvermittelt zum großen Kampf- und Sehnsuchtslied der Tschechen, stark und weich zugleich, das »Kde domov můj«[104] – einst eine bange, drohende Frage, heute erfüllt … War es nicht allen Heimatsuchenden aus der Seele gesungen, dieses Lied auf einem mühevollen weiten Wanderweg?

Frühjahr 1939

GRYNSPAN – DIE TRAGÖDIE EINES KINDES. GESPRÄCH MIT SEINEM VERTEIDIGER

Jeden Tag hält das gleiche Auto vor dem niedrigen Gefängnisgebäude von Fresne, das, einige Dutzend Kilometer vor Paris, inmitten von Feldern wie ein bescheidenes Landhaus aussieht. Es ist einer der bekanntesten Anwälte des Pariser Barreaus, Maître Weill-Godchaud,[105] der täglich einen Klienten besucht. Nicht etwa irgendeinen »fetten Fall«, eine hohe Persönlichkeit, die aus einer fatalen Riesenaffäre herauszuhauen und bei der Ruhm und Geld zu verdienen wäre. Es ist der geringste aller Klienten, ein Schützling, möchte man viel eher sagen, ein halbes Kind, ein gering angesehener Ausländer, einer von den hunderttausend Heimatlosen: der siebzehnjährige Herschel Grynspan (auch Grünspan geschrieben), der am 7. November den Legationssekretär der deutschen Botschaft in Paris erschoß.[106]

»Ich will den Fall Grynspan vor allem als eine menschliche, nicht als eine jüdische Tragödie behandeln.« In der Tat, das eine, als das Größere, schließt das andere in sich. Das jugendliche, kühne Gesicht des Anwalts, streng und gütig zugleich unter dem früh ergrauten Haar, hebt sich bildhaft und lebendig von der großen Wandbibliothek ab. Diese furchtbare, sinnlose Tat des Siebzehnjährigen war die eruptive Entladung einer ausweglosen Qual und Verirrtheit. Zur Austreibung seiner Eltern, die seit dreißig Jahren in Deutschland lebten, kam seine eigene Ausweisung aus Paris hinzu. Die Panik und Vernichtung schlug über dem jungen Menschen zusammen. Erst Selbstmordpläne – dann der explosive Ausweg einer Jugend, die nicht sterben, sondern etwas tun will. Eine Tat! Eine weithin sichtbare Geste des Protestes. »Für mein Volk!« Die träge, stumpfe Welt soll aufhorchen! Nur der Idealismus eines Siebzehnjährigen kann die Welt so verkennen. (Schon einmal hat ein Erwachsener – es ist schon halb vergessen – versucht, durch einen Schuß das Gewissen der Welt für die jüdische Tragödie zu wecken; aber der Selbstmord auf der Tribüne des Völkerbund-Saals störte kaum die Plenarsitzung.) Und der Schuß des jungen Grünspan löste nur eine furchtbare Lawine aus, die die Juden in Deutschland vollends verschüttete.

»Werden in diesem Prozeß auch politische Dinge zur Sprache kommen? Der Antisemitismus, das Asylrecht, die Fremdengesetzgebung?«

»Zweifellos. Aber im Interesse meines Klienten und aus Berufsgründen möchte ich meinem Plädoyer nicht vorgreifen. Nur so viel zu diesem Punkt: Der Prozeß wird eine größere politische Bedeutung haben, als der Fall Frankfurter, der in der Schweiz den nationalsozialistischen Ortsgruppenführer Gustloff erschoß.«[107]

Entschieden stellt Maître Weill-Godchaud in Abrede, daß an dem Gerücht etwas Wahres sei, der junge Grünspan und der Legationssekretär vom Rath seien durch eine längere Bekanntschaft ganz spezieller Art liiert gewesen.[108] »Grünspan sah den Herrn vom Rath zum ersten Mal, als er schoß. Er sah ihn nicht einmal, er schoß mit abgewendetem Gesicht aus allernächster Nähe, irgendwohin ins Leere.«

»Man hört die Behauptung, daß Grünspan, ein ›dupe‹ der Nationalsozialisten, Spitzeln in die Falle gegangen sei, die ein Attentat brauchten für eine abschließende Ausrottung der deutschen Juden.«

»Dieser Vermutung fehlt jede Grundlage.«

»Wie erklärt es sich, daß Grynspan, ein Fremdling, ein polnischer Jude, immerhin bis zu einem mittleren Funktionär der deutschen Botschaft vorgelassen wurde?«

Maître Weill-Godchaud überlegt. »Auf diese Frage möchte ich nicht antworten.«

Aus der Ablehnung ist zu schließen, daß dieser Frage vielleicht doch irgendeine Bedeutung zukommt.

Die Zurückhaltung des Verteidigers ist zu verstehen. Dieser Prozeß, dessen Termin noch nicht feststeht, ist für Frankreich, wie die Dinge liegen, höchst peinvoll. Die Gerechtigkeit, die hier ihren Lauf nehmen soll, wird von einem haßerfüllten Beobachter kontrolliert. Der Français moyen reagiert kühl und ablehnend: daß doch die Ausländer uns damit verschonen, ihre Feindschaften auf unserem Boden auszutragen! Wir haben nur den Verdruß davon. Es ist nicht das erste Mal. Aber der junge Grünspan wird schwerlich so leicht davonkommen, wie der polnische Jude Schwarzbart, der den ukrainischen Hetman Petljura, den Henker seines Volkes, in Paris niederschoß.[109] Gegen diese stimmungsmäßige Ablehnung wird Maître Weill-Godchaud ankämpfen. Er wird um dieses junge Leben ringen, in dem so viel Verheißungen unerschlossen ruhen. Nach dem Gesetz steht seine Tat unter Todesstrafe; denn für das Strafgesetz hört die Minderjährigkeit mit dem sechzehnten Lebensjahr auf. Auch die lebenslängliche Zwangsarbeit droht im Fall des schwersten Strafmaßes. Aber auch eine geringe Strafe ist möglich.

Es ist ein ergreifendes menschliches Porträt, das der berühmte Anwalt von seinem Schützling entwirft. »Dieses junge Menschenkind ist absolut ungewöhnlich, in seiner geistigen Haltung wie in seinem Aussehen. Ein Aristokrat, trotz seiner Herkunft aus einer kleinen ostjüdischen Handwerkerfamilie. Die großen dunklen Augen in dem weißen Gesicht, das Lächeln im Leid, seine Sensibilität, seine vollkommene Reinheit, die aufsteigende Ahnung seiner Männlichkeit – das alles ist von einem außerordentlichen Zauber, dem sich nicht einmal die Wächter entziehen. Er ist ungewöhnlich begabt. In wenigen Monaten lernte der ehemalige Schüler der jüdischen ›Jeshiwa‹ in Frankfurt französisch.«

»Seine Zukunftspläne?« werfe ich ein.

»Er möchte Flieger werden. Aber er ist vor allem ein philosophischer und religiöser Geist. Er schreibt sein Tagebuch, und jeden Montag, dem Tag der unseligen Tat, fastet er. Goethe und der Pentateuch sind seine Lieblingslektüre. Auch die Geschichte des Dreyfus-Prozesses[110] und französische Übersetzungen aus Streichers ›Stürmer‹ liest er, wie ich von anderer Seite höre.«

Ein wohlgeratenes, schönes Kind, das in ein furchtbares Schicksal hineingetrieben wurde. Ein anderer, ein jüdischer Kaspar Hauser. Ein verirrtes, ein verlorenes Kind – werden die besten Anwälte von Paris, Maître Moro Giafferi und Weill-Godchaud, es retten?

*

Seltsamer Zufall einer Begegnung: Mit mir im Wartezimmer des Anwalts, das ein prachtvoller Salon ist, angefüllt mit den kostbaren *bibelote*[111] des alten Frankreich, Altarfiguren, Schnitzereien, Miniaturen, sitzt unter andern ein einfacher Mann, der mir nicht aufgefallen wäre, wenn ihm die Sekretärin nicht eine große englische Illustrierte lächelnd gereicht hätte. Auf den Bildern, in die sich mein Nachbar vertieft und in die ich diskret hineinblicke, ist eine Gerichtsverhandlung zu sehen, auf der Anklagebank der Leser selbst. Nun ist meine Neugierde komplett. Ich erkundige mich – es ist der Onkel des jungen Grünspan, Abraham Grünspan, gleichsam ein Nebenschauplatz der großen Tragödie.

Bei seinem Onkel hatte der Neffe gewohnt, zwei Jahre lang, ordnungsgemäß angemeldet; dann kam die Ausweisung des Jungen. Kein Land, das ihn aufnahm. Sollte er das Kind auf die Straße jagen? So beherbergte er es bei sich. Und wäre nicht dieser schreckliche 7. November gewesen, da der zum Selbstmord Entschlossene, der über seine Eltern in Deutschland und über sich in Paris das Verderben hereinbrechen sah, eine »Tat« beging, wäre sein Onkel und Quartiergeber nie vor Gericht gekommen. Nun schwebt über dem kleinen polnischen Schneider, der seit sechzehn Jahren brav in Paris arbeitet, wegen Beherbergung eines Ausgewiesenen eine mehrmonatige Haftstrafe und die Ausweisung aus Frankreich. Dieser Prozeß, gleichfalls von Maître Weill-Godchaud geführt, gelangt demnächst zur letztinstanzlichen Entscheidung vor dem Kassationsgericht.

Die Vernichtung einer Familie: Die Eltern des jungen Grünspan und seine beiden Geschwister sind in einem polnischen Sammellager in Zbonzyn; der Jüngste, im Gefängnis von Fresne, sieht in Paris seinem Urteil entgegen; sein Onkel und seine Tante, die ihn in ihrem bescheidenen Heim an der Port St. Denis aufnahmen, sind von Gefängnis und Ausweisung bedroht. Er ist nur der Onkel, aber in seine kleine Schneiderwerkstatt ist eine Welttragödie hereingebrochen – die zermalmende jüdische Welttragödie.

Frühjahr 1939

PUPPCHEN UND FRAU POLLAK

Seltsame Dinge geschehen im privaten Bereich des Führers, das immer zugleich halboffiziell ist. Ausgedacht vom Propagandaministerium, um eine sympathische *publicity* in England und Amerika zu haben? Ein neuer Ton auf dem Instrument der Popularität? Neue Frauen – und was für welche – tauchen in der Umgebung Hitlers auf. Und wie das lanciert wird! Wer hat ihm die kleine amerikanische Akrobaten-Tänzerin Marion Daniels, die in einem Varieté in Cannes auftritt, ausgesucht?[112] Sie ist eine von Tausenden. Ein Stupsgesicht, ein Puppchen, ein Provinzamusement. Sein Geschmack; fern sei es uns, darüber zu streiten. Das ist Privatsache. Aber wie das aufgemacht wurde, mit Lufthansa und Expreß-Berufung und Huldigung und Blumenbuketts und Juwelen-Verleihung mit Hakenkreuz, als wäre ein Tanzstern erster Ordnung, entdeckt vom Führer selbst, aufgegangen ...

Marion kann auf den Händen tanzen, Rad schlagen und den Kopf zwischen ihre Beine stecken. Das ist alles schön und gut. Aber aus all dem eine »begnadete Tanzkunst und Persönlichkeit« zu fabrizieren und es so herauszustellen, das ist der Mäcenatenstil des lustigen Witwers, der nie beweibt war.

Die Kleine weiß nicht, wie ihr geschieht. Vielleicht übt sie eine neue Nummer ein, ganz groß für Salzburg: aus Beinen und Händen ein Hakenkreuz zu formen. Das wäre so nach seinem Geschmack. Und wie einst im März die Krämersfrau in Cottbus und die Krankenschwester in Steglitz, so schwärmt Marion, photographiert vor dem eigenhändig signierten Photo des Führers: »Er ist ein sooo schöner Mann …« Auch über diesen Geschmack wollen wir nicht streiten. Sicher ist, daß kein amerikanischer *publicity-man* etwas Besseres hätte erfinden können, um den Führer den kleinen Leuten in Amerika näher zu bringen. Das ist etwas fürs Gemüt: der große Hitler und die kleine, unbekannte Tänzerin. Da bleibt kein Stenotypistinnen-Herz zwischen New York und Los Angeles unberührt.

Bedenklicher ist die zweite Frau. Prinzessin Hohenlohe, die von Hitler in Berchtesgaden empfangen wurde, ist die Wiener Jüdin Steffi Richter,[113] deren Bild, von »Ce Soir« veröffentlicht, alles sagt. Holofernes und Judith? Nein. Ein österreichischer – sagen wir: Entrepreneur, der eine Frau Pollak der Wiener Salons (berühmt als Witzblattfigur) beschäftigt. Hier ist der Fall gegeben, daß Christ und Jude, Dreiviertel-, Halb- und Viertelarier ohne Gewissensskrupel jenen tiefen Abscheu empfinden darf, der dem manischen Antisemitismus verwandt ist. Marion mag ein seltsames Idyll sein; diese da, die Frau Steffi, ist ein Abgrund. Ist hier nicht ein Symptom, wohin man geraten ist, daß man sich der Frau Pollak als Emissärin bedient, um gute gesellschaftliche Beziehungen mit der angelsächsischen Welt zu bekommen? Jude oder nicht: Salzburg muß wieder »ganz groß« werden, und da man Toscanini, Bruno Walter, Reinhardt nicht haben kann, sichert man sich wenigstens Frau Pollak, die zu haben ist.[114]

In Deutschland bekäme Prinz Hohenlohe vielleicht eine Zuchthausstrafe wegen Rassenschande, und die Jüdin würde ausgetrieben. Aber skrupellos wie in allem und auf die Verwesung der sogenannten guten Gesellschaft spekulierend, benützt man grinsend eine aristokratisierte Jüdin, und zwar eine mit den negativen Merkmalen ihrer und jeder Rasse, um gute Stimmung zu machen. Die Depravierung, denkt Goebbels, wird schließlich doch auf die Jüdin und auf die Juden zurückfallen: seht, wessen sie fähig sind!

Auf dieses Salzburg aber, für das Frau Pollak amerikanische

Stars und Millionen-Snobs heranholen und wo die Akrobatentänzerin Marion Daniels brillieren wird, darf man neugierig sein.

2. März 1939

NEUTRALITÄT

Man braucht kein Schwarzseher zu sein, wenn man in aller Ruhe konstatiert: der Nationalsozialismus hat schon nach uns gegriffen; er ist schon da, auch bei uns in der Schweiz ... (Karl Barth, Professor für Theologie an der Universität Basel)

Unruhe in der Schweiz. Sie spiegelt sich deutlicher noch als in der dortigen großen Tagespresse in den kleinen Zeitschriften, in der jung-katholischen ›Entscheidung‹ und im konzessionslos demokratischen ›Der Neue Bund‹, die tapfer gegen die Zersetzung der Schweizer Demokratie kämpfen.

Die tschechoslowakische und österreichische Methode, durch einen bodenständigen Nationalsozialismus, durch Emissäre, Ortsgruppen, »Fronten« die Gleichschaltung der deutschen Schweiz vorzubereiten, ist mißglückt. Die Schweizer »Frontisten« haben eine komplette Niederlage erlitten: im Zürcher Gemeinderat haben sie alle Mandate verloren.[115] Man hat sie nicht etwa verboten: sie sind innerhalb der Demokratie legal erloschen. So gesund und stark ist dort noch die natürliche Funktion der Demokratie, so selbstbewußt ist sie, daß man auch ohne Verbot und Ausnahmebestimmungen mit den Gegnern fertig werden will. Mit Unbehagen sieht man, daß die Bundesregierung »zum Schutze der Demokratie« antidemokratische Maßnahmen ergreift, die in ihrer Auswirkung gegen die Presse- und Meinungsfreiheit auch Herrn Hitler ganz gut gefallen können. Der Glaube an die Demokratie ist im Volk so lebendig, daß man jede Abweichung als Bresche und Riß empfindet, als eine beginnende Zersetzung, in die sich der Feind einnisten könnte.

Noch beunruhigender als die Einschränkung der integralen

Demokratie ist für die Schweiz die theoretische Kampagne, die von Deutschland gegen den Neutralitätsbegriff dirigiert wird. Das eine hängt mit dem anderen zusammen. Indem man die Neutralität, der Schweiz so heilig wie ihre Freiheit, durch eine willkürliche Auslegung und Begriffsverwirrung ungeheuerlich erweitern, totalisieren und dadurch paralysieren möchte, setzt man die Regierung gleichzeitig unter Druck, die demokratischen Grundrechte zu revidieren, die dem Bürger das Recht auf Kritik garantieren. Denn eben diese Gewissensfreiheit, die sich als öffentliche Meinung kundgibt, verstößt nach der kommandierten Anschauung der neudeutschen Staatsrechtler gegen die totale oder Volks-Neutralität, die man von der Schweiz fordert.

Der neudeutsche Neutralitätsbegriff ist eine Vorform der Gleichschaltung. In diesem Sinn wurde die Tschechoslowakei bis zur Auslöschung ihres geistigen Gehalts »neutralisiert«. Das war der Preis, den sie für die Garantie ihrer neuen Grenzen und für eine kümmerliche Scheinselbständigkeit zahlen mußte. Dem Pseudomessianismus des fanatischen Nationalsozialisten ist die Unterwerfung des Geistes mindestens so wichtig wie die Eroberung einer Provinz. Je öfter Hitler beteuert, daß der Nationalsozialismus kein Exportartikel ist, umso mehr trifft das Gegenteil zu. Die fortschreitende Gleichschaltung der »garantierten« Tschechoslowakei, die doch alle nationalen Forderungen Deutschlands erfüllt hat, beweist es.

Noch wehrt sich die Schweiz gegen die drohende Totalisierung der Neutralität. Nur einige Schweizer Stimmen: »Die Sphäre der Gesinnung fällt außerhalb der Neutralität.« Oder: »Totale Neutralität ist in Wirklichkeit unmöglich ... sie zersetzt das sittliche Empfinden und führt unaufhaltsam auf die Seite der stärkeren Gegner, denen zuliebe man gezwungen wird, Freiheit um Freiheit zu opfern.« – »Totale Neutralität ist bestenfalls totale Passivität, durch welche wir die Voraussetzungen für eine weitblickende aussichtsvolle Landesverteidigung preisgeben.« (Zitiert aus der Monatsschrift ›Der Neue Bund‹, Zürich.)

Die Schweizer verstehen etwas von Neutralität. Sie haben sie dreihundert Jahre gehalten, in allen europäischen Konflikten (mit einer Ausnahme: als sie 1815 auf Seite der Alliierten gegen Napoleon fochten). Neutralität ist der Zentralnerv der Schweiz, er reagiert empfindlich. Bedeutet die neue Neutralität die unbedingte Schonung jeder Empfindlichkeit Hitlers – und wie empfindlich ist er! – und die stumme Reverenz vor dem aufgepflanzten Geßlerhut der Macht? Unabsehbar, wohin die gewollte Begriffsverwirrung einer totalen Neutralität führt, die in Wahrheit das Gegenteil ist. Es gibt nur *eine* Neutralität dieses Kleinstaates, und die ist Schweizerisch und rein militärisch. Sie ist ein Schutzwall, von Bergen Menschenleibern und einer hundertjährigen Tradition geformt. Ein Schutzwall, von dem die Flanken aller Nachbarn profitieren. Diese Neutralität verträgt kein Presse-Abkommen mit Deutschland und keine Verknüpfung mit der Meinungs- und Gewissensfreiheit; sie hat nichts mit dem Asylrecht und nichts mit den Sympathien und Antipathien der Bürger zu tun. Diese Neutralität ist besiegelt und aufbewahrt für den äußersten Ernstfall, um dann total zu funktionieren.

Die Tschechoslowakei war dem Dritten Reich »ein Pfahl im Fleisch«; die neutrale Schweiz ist den Nazis ein Dorn im Auge. Dieses Wunder eines freien Naturschutzparkes der Demokratie, dieses beispielhafte Zusammenleben dreier Rassen ärgert sie. Hier wäre etwas zu zerstören, das lohnt: ein staatliches Mustergebilde, an dem die Völker eines Tages lernen und sich aufrichten werden; eine »pädagogische Provinz« (Goethe). Achtung, hier ist eine Leuchte auszulöschen!

9. März 1939

NACHRUF AUF EINEN STILLEN MANN

Man muß sich beeilen, eines Menschen zu gedenken, einige Züge von ihm festzuhalten, denn diese Zeit ist mörderisch im Auslöschen von Gesichtern. Dr. Sigmund Blau war ein Stück Prag, das es nicht mehr gibt. Er war es durch die Zeitung, das »Prager Tagblatt«, das er machte, und das ihm gleichfalls um einige Monate vorausgestorben ist. Denn die heutige Zeitung dieses Namens hat mit dem demokratischen, liberalen, gescheiten, deutsch-böhmischen Blatt von früher nichts mehr gemein.[116] Blau hat immerhin das Glück gehabt, den qualvollen Prozeß der langsamen Gleichschaltung bereits im Ruhestand zu erleben. Er wußte, lange ehe er vor mehr als zwei Jahren mit schlichtem Abschied hinausmanövriert wurde, daß die Prager Zeit abgelaufen war. »Mein Nachfolger wird es nicht so gut haben, wie ich es hatte«, sagte er einmal auf seine leise ironische Art. Blau stürzte vor zwei Jahren über die sudetendeutschen Anbiederungsversuche der Verleger-Erben; ein kämpferischer Aufsatz von Thomas Mann, der nicht erscheinen durfte, bot den äußeren Anlaß.[117] Nun haben sie den Anschluß, den sie zu versäumen fürchteten; nun haben sie ihn, weit hinaus über alle Konzessionen und Vorstellungen.

Blau war der ideale Chefredakteur für normale oder auch nur halbwegs normale Zeiten, in denen glänzende Geschäftsbilanzen ein Blatt vor allen Verlegereingriffen bewahren. Er war der Nachfolger eines bohemienhaften, eruptiven Temperaments Karl Tschuppiks,[118] und sein vollkommener Gegensatz. Dem persönlichen Regime eines Feuerkopfes folgte das maßvolle, anonyme Wirken eines österreichischen Hofratstyps von angeborenem Charme. Man hat ihm, besonders in den letzten Jahren, seine bis zur Behutsamkeit gesteigerte Vorsicht und Zurückhaltung nicht selten zum Vorwurf gemacht. Er war der paradoxe Fall eines öffentlichkeitsscheuen, leisen Journalisten. Blau war kein Schreiber, kein Sprecher, aber der aufmerksamste Schweiger, der unermüdlichste Leser und rechtlichste Mensch. Seinem Wesen nach ein Alt-Österreicher, der in der Republik Masaryks eine Art österreichischer Erbfolge sah und liebte. Er hat in den ruhigen Jahren der konsolidierten Republik eine Zeitung gemacht, deren europäischen Rang Masaryk anerkannte.

Aber die Praxis der klugen Taktik, des Ausweichens vor entscheidenden Auseinandersetzungen, dieses Stück Österreich mitten in Prag mußte mit dem Ausbruch des Dritten Reichs versagen. Er ließ es sich selten und nur Vertrauten anmerken, daß er der Qual dieser Zeit nicht mehr gewachsen war; es war keine Zeit mehr für eine Zeitung seiner Art. Das schleppte sich noch bis 1936. Dann war der interne Krach im Verlegerhause Mercy nichts anderes als ein winziges, ridiküles Vor-Symptom kommenden Zusammenbruches.

Blau starb weise und still inmitten des Schweigens, das dem Lande auferlegt ist. Bis in die letzten Tage war er ein unermüdlicher Leser, diesmal sehr zeitferner Bücher. Die Feder nahm er nur noch ausnahmsweise zur Hand. So um zwei Artikel für die Zeitschrift NTB[119] zu schreiben – und viele Briefe, auch aus Amerika, wohin er einen orientierenden Abstecher unternahm. Es war seine Absicht, sich für den Rest seines Lebens in Amerika anzusiedeln. Er hat es nicht mehr erreicht. Für seine Reise brauchte er kein Affidavit.[120] Er verschwand in der verlorenen Heimat.

11. März 1939

DER GROSSE WARTESAAL. EIN GLEICHNIS

Im Wartesaal des weitläufigen Grenzbahnhofes, der zugleich ein wichtiger Eisenbahnknotenpunkt ist, sitzen, liegen, schweigen, schwatzen und handeln die Reisenden, die unterwegs sind und sich die Zeit vertreiben. Es sieht aus, als wären es immer die gleichen und als ginge ihr Zug nie. Nirgends sind die Holzbänke so lang und so hart; sie dehnen sich wie die Zeit und wie die Eisenbahnstrecke draußen. Die Luft hat etwas Bleiernes, und die Uhr, wiewohl sie noch geht, zeigt auf Stillstand. Die Dielen des Fußbodens sind von einem grauschmutzigen Niederschlag bedeckt, den das Leben ununterbrochen ausscheidet.

Wie sie so herumsitzen, mit hängenden Köpfen, und vor sich hinstarren, oder den harten Schlaf der Holzbank schlafen oder irgendeine Beschäftigung haben (denn »jeder Mensch hat Neigung und Beruf«,[121] selbst im Warteraum), tun sie, was wir alle und überall tun: sie warten. Es lohnt doch nicht, irgendetwas zu beginnen, da der Zug ohnehin bald kommt. Oder aber er kommt noch lange nicht – nun, so haben wir erst recht Zeit. Es ist geradezu eine seelische Entlastung, mit gutem Gewissen zu warten, bis man einsteigt, um abzufahren.

Da geschah das Seltsame, daß die Uhr stillstand, die bunten Landschaftsbilder an der Wand erloschen und die metallenen Signalschläge nicht mehr ertönten. Kein Lokomotivpfiff durchfuhr die Stille. Aber die Passagiere hockten herum wie immer und warteten.

Keiner dachte daran, daß es Zeit wäre, den schmutzigen Fußboden zu säubern, oder ein paar wimmernden Kindern den Schmerz zu lindern, oder ein heiteres Lied zu singen, oder sich in der endlosen, ungewissen Dämmerung Geschichten zu erzählen, von jener fernen Vergangenheit, als noch Züge gingen. Denn was bleibt von allem übrig? Ein Lied und eine Geschichte.

Sie taten, was man immer im Warteraum tut: die Schläfrigen schliefen, die Schwätzer schwatzten, die Schweiger schwiegen, und die Geschäftigen verkauften allerlei Tand. Sie hatten ja ihren Fahrschein in der Tasche, den Schein der Fahrt, und damit war ihr Lebensinhalt gegeben – wozu fragen, ob noch ein Zug kommt und wohin er fährt?

Nur eine alte Frau hat ihr Gebetbuch vorgenommen und bewegt ohne Laut die Lippen, als ob sie die Stille zerkaue. Sie wartet auf Gott.

Ein Nichtstuer war unter ihnen, der gar nicht hergehörte und eigentlich nicht hier sein durfte, denn er hatte keine Fahrkarte und besaß auch nicht das Geld, um ein Billet nach irgendeiner Station zu lösen, wo er übrigens auch nichts anders hätte beginnen können, als in einem Warteraum unterzukriechen und so zu tun, als wollte er irgendwohin fahren.

Aber dieser Nichtsnutz ohne Reiseziel war der einzige, der nicht der Erschlaffung des Wartens verfiel, sondern sich nützlich zu machen versuchte, er scherzte mit den Kindern, die steif und ängstlich dasaßen, er besprengte den Boden und reinigte ihn, sorgte für frische Luft, bot einige zerlesene Bücher an und erteilte vieldeutige Auskünfte; das sie nicht stimmten, tat um so weniger weh, als der Zugverkehr ohnehin nicht mehr funktionierte.

Plötzlich ertönte eine Glocke. Ein großer hagerer Pförtner, dessen Uniform an seinen knochigen Gliedern schlotterte, schwang sie und kommandierte »Abfahrt!«

Erstaunt fuhren die Leute aus ihrer Lethargie hoch, ließen ihre Bündel und Koffer liegen, gingen zum Ausgang und verschwanden im zwielichthaften Nebel.

»Und Sie, was machen Sie hier?« herrschte der Pförtner den Nichtsnutz an. »Warum steigen Sie nicht ein?«

Der Mensch hatte keine Fahrkarte und wartete auf nichts. Er

tat, als wäre dieser Warteraum der Zeit, durch den die anderen dämmernd hindurchgehen, ein dauernder Aufenthalt, sein Zuhause, wo man sein Bestes zu verrichten hat.

Der Mann mit der großen Glocke drehte ihm ärgerlich und achselzuckend den Rücken, wobei sie einen leisen Klang von sich gab. Es hat keinen Zweck, überlegte er, ihn hinauszuwerfen, denn morgen wäre er wieder da; er oder einer seinesgleichen. Was geht er mich an, dachte der Pförtner, ich habe es nur mit meinen Passagieren zu tun.

Und er öffnete die Flügeltür und ließ einen neuen Schub Leute hinein, die, mit Fahrscheinen versehen, sich auf die langen, harten Holzbänke setzten, die Ellbogen auf den großen, leeren Tisch stützten und zu warten begannen.

12./13. März 1939

DAS BRUDERVOLK

Die Slowakei ist ein – abschreckendes – Schulbeispiel für den Weg eines kleinen, ehemals unterdrückten Volkes, das seine wiedergewonnene Selbständigkeit verkauft und verliert.[122] Nicht die vielberufene »Stimme des Blutes«, nicht die rassische und sprachliche Gemeinschaft mit dem tschechischen Brudervolk und schon gar nicht die Vernunft, sondern der unter dem Druck und mit dem Geld des Dritten Reichs erzeugte Hypernationalismus treibt das slowakische Schicksal.

Die österreichische Doppelmonarchie hat die Slowaken dem ungarischen Magnaten überantwortet, für den ein Nichtmagyar kein Mensch war. Werde Magyar, slowakisches Schwein, oder verreck – das war die magyarische Idee. Der Slowake war der Rastelbinder, nicht nur in der Operette des k. und k. Musikfeldwebels Lehár.[123] Das slowakische Landproletariat konnte dem Dreck und der Unterdrückung nur entgehen, indem es auswanderte. Der Slowake gehörte in den Vorkriegsjahren zur untersten Klasse der amerikanischen Immigration. Alles, was er besaß, war: äußerste Genügsamkeit, Zähigkeit, Wartenkönnen. Ein gutes Material für die künftige Erhebung.

Die Erhebung kam. Gemeinsam haben die tschechischen und slowakischen Volksführer sie im Ausland vorbereitet. Über die Zweckmäßigkeit und Ausdehnung einer slowakischen Autonomie konnte man sich später intern auseinandersetzen. Der Streit mußte aber, wenn es eine volksbrüderliche Blutsgemeinschaft gab, schweigen, als der gemeinsame Staat in furchtbarer Gefahr schwebte: also jetzt.

Und gerade jetzt, seit Oktober 1938, ist die Slowakei – nicht das slowakische Volk – ein Widersacher und eine Gefährdung des bedrohten verstümmelten Staates; sozusagen eine brüderliche Hyäne. Die gewährte und verbriefte autonome Verfassung genügt nicht; sie wird immer weiter vorgetrieben zu einem National-Separatismus, der sich lieber dem fremden Schutzstaat Deutschland unterstellen als mit dem blutsverwandten, sprachverwandten Brudervolk zusammenleben möchte. Forderung um Forderung wird der Prager Regierung abgepreßt. Die fascistische Hlinka-Garde[124] ist bereit zum Staatsstreich und liebäugelt mit der Unterstützung Deutschlands. Im letzten Augenblick, ohne Rücksicht (und doch noch voll Rücksicht) auf den großen Nachbarn, greift Prag energisch ein: gegen die separatistischen Minister, die es absetzt und verhaftet, gegen die slowakische SS und SA; und die Tschechen besetzen Bratislava.

Wie ist diese Entwicklung eines befreiten Unterdrückten zu erklären? Historisch: der Wegfall Österreichs hat ein Vakuum hinterlassen, das auch Masaryks Humanitätsstaat nicht ausfüllen konnte. Die Tschechoslowakei hat in den zwanzig Jahren dieses ohne seine Schuld (vielmehr durch die Schuld der Magyaren) zurückgebliebene Land geistig umgepflügt, urbar gemacht; sie hat gebaut – vor allem Schulen; Bratislava bekam eine slowakische Universität, mit dem tschechischen Lehrer und dem slowakischen Intellektuellen hielt die westliche Zivilisation ihren Einzug in das bisher vom Ortsgeistlichen und Dorfmagnaten beherrschte Land. Und da erwies sich: Die Realität der Rückständigkeit ist stärker als die Ideologie vom Brudervolk, von Rasse und Blut. Die Slowaken haben zu viel von ihren ehemaligen Unterdrückern im Blut, sie sind keine Demokraten, Humanisten und Westler. Trotzdem sie fast gleicher Sprache sind, können sich Tschechen und Slowaken nicht verstehen. Die Tschechen waren schon unter der österreichischen Herrschaft, die viele Fehler beging, politisch, historisch und auch sonst geschult. Die Slowaken waren unter magyarischer Herrschaft absichtlich in primitiver Dumpfheit gehalten, Arbeitsvieh für die unendlichen Felder der slowakischen Ebene. Überlegenheit, der Vorsprung der Tschechen, die Dankesschuld der Slowakei, das sind die Diskrepanzen, das ist das Agens des slowakischen Nationalismus. Es ist leichter, eine Dankesschuld abzuschütteln, als sie abzutragen.

Die Tschechoslowakei hätte noch zehn, zwanzig Jahre behutsamer Arbeit gebraucht, um einen tschecho-sudeten-slowakisch-ruthenischen Bundesstaat nach Schweizer Muster zu entwickeln. Die Frist war ihr nicht vergönnt.

Böhmen wehrt sich jetzt, sich von der Slowakei, Transformator-Stelle eines größeren Reichs, vollends gleichschalten zu lassen und der Politik der gekauften Hitler-Garden zu weichen. Kompliziert wird dieser interne Vorgang durch die Einschaltung der mitteleuropäischen Nachbarn. Der nationale Separatismus der Slowakei ist der Versuch, sich dem Stärksten hinzuwerfen.

16. März 1939

PROTEKTORAT

Auf dem Marsch nach Böhmen meldete der Heeresbericht: Trotz Glatteis und Schneesturm kommen unsere Truppen rasch vorwärts. Natürlich, denn sie führen ja einen »weißen Krieg«, einen Schattenkrieg ohne Gegner.[125] Die deutschen Soldaten haben sich nun schon daran gewöhnt, es ohne den Ernstfall zu schaffen. Das lähmende Entsetzen geht ihnen voran, eine Art Wunderglaube, kugelfest zu sein. Es ist ein Irrglaube, denn niemand schießt. Sie werden furchtbar erschrecken, wenn nach so viel gewonnenen Schlachten endlich ein Schuß losgehen wird.

Ein kleiner, schwammiger slowakischer Landpfarrer, Monsignore Tiso,[126] hat sein katholisches Volk an das Hakenkreuz verraten, und mit der Unabhängigkeitskomödie, die achtundvierzig Stunden währte, zugleich das Brudervolk. Ein kluger Beobachter sagte: Auf diesem Umweg nahm Hitler gleichzeitig seine Rache für Pacelli.[127] Seine großen Aktionen decken sich meist mit einer persönlichen Rancune; aus ihr kommt ihre Vehemenz und Schlagkraft. Und der andere Gegenspieler, Herr Hácha,[128] ein mittlerer Justizbeamter, der das Unglück hatte, im Greisenalter in die Politik zu geraten, völlig hilflos und ohne Haltung. Eine abscheuliche Tragik, in Ehren alt zu werden, um sich dann angesichts des ohnmächtigen Volkes mit so viel Schmach zu beladen. Mit ihm verglichen ist Schuschnigg groß.[129] Die Hilflosigkeit des Erpreßten ist beklagenswert, aber die konzilianten Hilfsdienste, die Hácha dem Erpresser leistet, werden eines Tages unter der Anklage der Volksjustiz stehen. Auch die Erbärmlichkeit seiner Gegenspieler gehört zum Glück Hitlers.

Der germanischen Welt, von der Nordsee bis zu den Karpaten, steht im Osten keine gleiche geschlossene Kraft gegenüber; eine geeinte slawische Welt vom Ural bis zur Adria. Der Panslawismus als Abwehr des germanischen Ostdrangs hätte nicht utopisch bleiben müssen. Wenn schon Protektorate – nur Slawen können die Beschützer von Slawen sein. Die polnischen Jagellonen waren einst auch Könige der Böhmen. Aber heute begnügt sich Polen damit, einen winzigen Fetzen Land den Tschechen wegzuannektieren.[130] Welch ein kleiner genügsamer Egoismus! Und die Slowaken verkaufen sich und die Mitbegründer ihrer Selbständigkeit. Partikularistischer Nationalismus anstelle einer panslawischen Union. Auf dem Boden wird Hitler weiterschreiten und etwa den kroatischen Separatismus benützen, um Jugoslawien zu vasallisieren. Altes Rezept: divide et impera! In den Septembertagen hörte ich einfache Leute – keine Kommunisten – sagen: nur Rußland kann uns schützen.[131] In dieser primitiven Sehnsucht steckt mehr politische Weisheit als in der Garantiepolitik mit dem fernen demokratischen Westen, die sich denn auch in ihrer ganzen Herrlichkeit offenbart hat.

Nicht nur Prag, auch Lemberg und Krakau waren Reichsstädte; auch Flandern und Brabant waren Reichsländer. Auch Cilly und Marburg in Jugoslawien und Hermannstadt und Kronstadt in Rumänien sind überwiegend deutsch. Hier gibt es noch viele Möglichkeiten von Protektoraten, um derentwillen man das eigentliche Kolonialproblem zurückstellen kann. Auf diesem Weg wird Ungarns Unabhängigkeit und Nationalismus dem Führer des Dritten Reichs teuer sein. Er wird Ungarn als Sturmbock benützen und dessen Ansprüche auf die beträchtlichen magyarischen Minderheiten in Rumänien und Jugoslawien anstacheln. Und in den so entstehenden Wirren wird er tabula rasa machen, mit der Begründung, daß die Völker dieses Raums den Frieden bedrohen, unfähig sind, sich selber zu regieren und den Schutz des großdeutschen Reichs anrufen. Die tschechoslowakische Annektion wird nicht die letzte sein.

Prag zählt höchstens vierzigtausend Deutsche auf neunhunderttausend Tschechen. Von diesen Vierzigtausend sind etwa fünfzehntausend deutsch sprechende, jetzt stumme Juden. Bleibt eine winzige Sprachinsel, mit fünfundzwanzigtausend Deutschen. Das Propagandaministerium hat aufgefüllt, was das Zeug hält; aus dem Sudetengau, aus dem Altreich strömten Autobusse mit Kraft durch Freude.[132] Dies sei festgestellt, damit sich etwaige neutrale Beobachter durch solche Inszenierungskünste nicht täuschen lassen; sie sind imstande, erstaunt zu sein, daß Prag doch eigentlich eine deutsche Stadt sei. *23. März 1939*

IN DIE SCHULE, KINDER!

»Schickt eure Kinder in die Schule!« rief die letzte Stimme des tschechischen Senders in Prag, als der eiserne Griff schon die Kehle schnürte.[133] Die deutsche Armee-Maschine dröhnte schon in der Morgendämmerung der Vorstädte, und ein Mensch, dessen Herz verging, rief immer wieder ins Mikrophon: »In die Schule, Kinder!« und: »Der Wagenverkehr wird von links auf rechts umgelegt.« Es klang, wie wenn eine kaputte Grammophonplatte im verendenden Ablauf auf der gleichen Stelle kreist.

So ging das ganze Volk in eine furchtbare Schule, und alles Leben wurde binnen weniger Stunden von der einen auf die andere Seite geschaltet.

Man sollte eines Tages diese »letzten Worte« der Lautsprecher der erstickenden Völker im Augenblick des Würgens sammeln.

Österreich verstummte unter den Melodien Mozarts und Schuberts. Die Tschechoslowakei empfahl den Herren Eltern, ihre Kinder in die Schule zu schicken. Dieses brave Volk ist – das letzte Halbjahr hat es gezeigt – eher pädagogisch als heroisch, eher groß im Leiden als in der Aktion. Seine Legionäre, die sich in Sibirien schlugen, sind alt geworden und zerbrochen. Und die kommenden, jungen Legionäre sind in der falschen Sicherheit der großen Bündnisse herangewachsen, deren Verrat die tödliche Wunde der Republik war. Wer wird sie nun zu Legionären ihres Volkes und der Menschlichkeit erziehen? Die Schule, in die sie geschickt werden und die im Auftrag des Dritten Reiches ein tschechischer Rust und ein Baldur von Schirach kontrollieren werden?[134] Man weiß, was für ein gründlicher Zuchtmeister Hitler ist und was er aus der Schule macht. Erika Mann hat in ihrem ausgezeichneten Buch »Zehn Millionen Kinder« einen dokumentierten Bericht darüber gegeben;[135] nun sind es dreizehn und vierzehn Millionen, die dieser Erziehung ausgeliefert sind.

Ihr erstes Aufsatzthema nach Diktat könnte lauten: »Warum ist gerade das Dritte Reich berufen, die kleinen Nationen in seinen Schutz zu nehmen?« Disposition: a) Weil im entscheidenden Augenblick kein Notar zur Stelle ist, um den letzten Wunsch eines Geknebelten und Malträtierten zu legalisieren. b) Weil die Nichtwünschbarkeit des deutschen Protektorats ohne Wirkung wäre, denn im Augenblick der Befragung ist die pénétration pacifique[136] mit dem motorisierten Bajonett und den Bombern bereits im Gange. c) Weil die kleinen Nationen, anstatt sich unlösbar zu koalieren, ihre winzigen, egoistischen Interessen verfolgen und so den Protektor geradezu herbeirufen. d) Weil dann, wenn es so weit ist, die kleinen Nationen von Schwächlingen und Lumpen in die Unterwerfung geführt werden, anstatt zum letzten Widerstand. e) (Nebenpunkt): Es wäre zu erwägen, daß die Staatslenker, die an der Reihe sind, etwa Horthy,[137] ihren Willen, lieber nicht unter das Protektorat des Dritten Reiches zu kommen, zu sicheren Händen schriftlich deponieren, bevor sie nach Berlin oder Berchtesgaden fahren. f: (Folgerung) Können wir kleinen Völker uns etwas anderes wünschen, als die kulturelle Sendung Hitler-Deutschlands, die sich in der Bücherverbrennung, in den Konzentrationslagern, im Rassenwahn und in der Befreiung von jeder geistigen Selbständigkeit so glänzend bewährt hat?

Und nun, Kinder, schreibt! *25. März 1939*

NACHRUF AUF ZWEI GESANDTSCHAFTEN

Das Protektorat Böhmen und Mähren ist zwar von den Großmächten (mit Ausnahme Italiens) nicht, noch nicht, »de jure» anerkannt, aber die beiden großen Prager Gesandtschaften im Kleinseitner Diplomatenviertel schweben sozusagen »de facto» in der Luft. Das ist für akkreditierte »ministers plenipotentiars« eine durchaus singuläre Situation, in der sich die Siegelbewahrer der diplomatischen Etikette, die Chefs vom Protokoll, nicht recht auskennen.

Die Gesandtschaften Frankreichs und Englands sind Vertreter in einem Staat, der nicht mehr existiert, der nur noch in einem Teil des Auslandes akkreditiert ist, und die Exterritorialität der Gesandtschaftsgebäude läuft unfehlbar ab.

Im allgemeinen räumen Gesandte ihren Posten nur nach Abbruch der Beziehungen und bei Ausbruch eines Krieges. Das war ehemals so, unverbrüchlicher diplomatischer Ehrenkodex. Man könnte sagen: Andere Zeiten, andere Sitten. Jetzt werden Gesandtschaften ohne Krieg hinauskomplimentiert. De facto und per injuriam. Wir leben im Zeitalter des »weißen Krieges«, und mit den Ländern verschwinden die fremden Missionen über Nacht, still, friedlich und ein bißchen verschämt.

In den letzten Septembertagen wollte die Volksmenge vor dem Palast der französischen Gesandtschaft auf der verträumten Kampa-Insel ihren Schmerz hinausschreien. Wie eingesponnen, umrauscht von der Moldau, steht dieses alte Palais auf dem Großprioratsplatz, der dem Pariser Place de Vosges ähnelt. Alle Zugänge zu der englischen und französischen Gesandtschaft waren damals militärisch besetzt. Die Parole war ausgegeben: »Ruhe bewahren! Keinen Haß! Wir fühlen nur unsagbaren Schmerz ...« Dennoch, die Mauern des französischen Gesandtschaftsgebäudes waren in jenen Tagen von Kreideinschriften bedeckt, in denen sich das Herz des Volkes auf naive Art Luft machte: »Was habt ihr getan?« – »Wir haben euch so geliebt!« – Aber auch der Zorn schrieb sich ein auf dieses volkstümliche Kondolenzblatt: »Geht zum Teufel!« Der Pförtner hatte seine Mühe, die Kreideworte wieder wegzuwischen. Und was hinter diesen Mauern im Herzen des Gesandten de la Croix[138] vorging, der seine schwerste Pflicht widerstrebend erfüllen mußte, hat noch keiner beschrieben.

Nun wurde zunächst das großbritannische Wappen über dem alten, mächtigen Gesandtschaftsportal abmontiert. Das weitläufige Gebäude schmiegt sich in ein winkliges Gäßchen unmittelbar zu Füßen des Hradschins. Es ist neu, daß man eine Gesandtschaft wie eine Firma liquidiert. Dieser rare diplomatische Vorgang schließt menschliche Individualtragödien in sich ein, die sich hinter den Kulissen der Liquidierung abspielen. Diese alten böhmischen Gesandtschaftspaläste haben reizende Gärten, ineinandergeschachtelte Höfe und eine Flucht von unbenutzten Räumen, und vor allem besitzen sie das kostbare Gut der Exterritorialität; sie waren seit dem 15. März die letzte Hoffnung und Zuflucht der Gefährdeten, jener, die immer wieder gezögert hatten, Prag zu verlassen, für so ausgeschlossen hielten sie einen Überfall. Nun wurde die exterritoriale Gesandtschaft der letzte Aufenthaltsort vor dem drohenden Konzentrationslager – bis dahin hat es die geduldete Methode des »weißen Krieges« gebracht.

Es war nur eine gerechte Konsequenz, daß sich die Türen und Hintertürchen der beiden Gesandtschaften öffneten, um die Opfer des Unheils einzulassen. Denn sie waren nicht ohne Schuld, wenngleich nur ausführende Organe ihrer Regierungen. Von jener furchtbaren Septembernacht, als die Herren Gesandten de la Croix und Newman den Präsidenten Beneš um drei Uhr früh aus dem Schlaf holten, um ihn im Namen der am Telephon wartenden Regierung Seiner Majestät des Königs von England und der französischen Republik ultimativ mitzuteilen, daß die Tschechoslowakei zu kapitulieren habe, von jener Nacht der Preisgabe führt ein gerader und kurzer Weg zu dem Ansturm der Verzweifelten vom 15. März, die noch flehend zu ebendiesen Gesandten flüchteten. Der bevollmächtigte Minister de la Croix hat damals einem Freunde anvertraut, daß diese Nacht die schrecklichste seines Lebens war. Daß ein ganzes Volk unglücklich wurde, daß Tausende ihre Heimat verloren und mit ihrer Freiheit – Freiheit im alleräußersten Sinne – den Frieden bezahlten, dessen sich die andern erfreuten, das verpflichtete jene, die sich ihn so bezahlen ließen. Man hat den Frieden, man hat ihn den Freund etwas kosten lassen, und es war nur eine bescheidene, menschlich selbstverständliche Abschlagszahlung, wenn man die Geflüchteten bei sich im exterritorialen Raum beherbergte, speiste, ihnen Pässe besorgte, sie visieren ließ.

Aber die Gastfreundschaft für die in die Falle geratenen alten und neuen Flüchtlinge – das Dritte Reich erzeugt sie auf dem laufenden Band – war befristet. Es geht schließlich nicht an, Legationen in einem nicht mehr existierenden Staat nur darum aufrechtzuerhalten, weil sich hinter ihren Mauern die Schutzlosesten bergen, die man nicht einmal durchs Hinterpförtchen schlüpfen lassen konnte, weil sie draußen von den lauernden Spitzeln und Spähern abgefangen werden könnten. Gesandtschaften in dieser Gangsterzeit der Kopfjäger sollten unterirdische Gänge haben, für alle Fälle. Das entspräche den politischen Umständen ...

Der Tag der Räumung kam unfehlbar heran. Kisten wurden gepackt. Um- und Auszugsstimmung ergriff die Beschützten, die spürten, wie von Tag zu Tag der Schutz dahinschmolz wie Schnee in der Sonne. Die feine juristische Unterscheidung zwischen einer De-jure- und De-facto-Anerkennung machte auf sie keinen Eindruck; es war ihnen egal, ob sie de jure oder de facto zugrunde gingen.

Man stelle sich die Qual der letzten vor, als die englische Gesandtschaft zu räumen begann. Vielleicht waren noch ein paar Menschen in der Obhut des Gesandtschaftspförtners Jaroslav Navratil, der sich ja als Angehöriger des Gesandtschaftspersonals gleichfalls der Exterritorialität erfreute. Wie gern nahm er die Hilflosen in seinen Schutz, verbarg sie vor dem gräßlichen Zugriff, der draußen lauerte. Aber eines Tages war es soweit. Schmerzliches Achselzucken. Auch der Pförtner Navratil war nicht mehr exterritorial. »Meine Herren, in drei Tagen wird zugesperrt ... Die Exterritorialität ist de jure und de facto zu Ende. Auch ich muß räumen ... Es war schön, mitten in Prag in Großbritannien zu Hause zu sein. Wenn ich aus dem Tor hinausgeh', bin ich ungeschützt im Protektorat, de jure und de facto ...«

So muß Schiffbrüchigen zumute sein, die zusehen müssen, wie die steigende Flut das rettende Eiland verschlingt. –

Prag ist heute die isolierteste Stadt Mitteleuropas, hinter chinesischen Mauern. Ein abgestrichener Verlustposten, ein Liquidationsobjekt. Die auswärtigen Beobachter sind fort, und die noch da sind, können nicht berichten. Niemand kennt die Vorgänge hinter den Mauern der sich liquidierenden Gesandtschaften, in denen sich politisch exponierte, von der Gestapo gesuchte Zeitungsherausgeber, schwer expedierbare Personen, die aus inneren oder äußeren Gründen Immobilien, die letzten und allerletzten, verborgen hielten. Und bis zur Räumung nicht mehr geborgen werden können.

Ende März 1939

SCHWEJK GEHT WIEDER UM

Die nationalen Tschechen der Republik haben sich seiner ein bißchen geschämt – nicht ganz mit Recht. Sie haben ihn zwar nicht verbrannt, aber verdrängt und als Soldatenlektüre verboten. Es war ihnen fatal, daß Schwejk als der andere unbekannte Soldat durch die ganze Welt marschierte. Sie fühlten sich durch den einzigartigen Welterfolg (der Schwejk des Jaroslaw Haschek ist eines der meist übersetzten Bücher) kompromittiert, das Gelächter verletzte sie, zu naheliegend war die propagandistische Mißdeutung: seht, dieser Schwejk, das ist *der* tschechische Soldat, ein Prototyp, das ist die tschechische Nation! Die Tschechen übersahen, daß der Schöpfer des unsterblichen braven Soldaten Schwejk ein Urtscheche war, mit dem Genie eines undisziplinierten, etwas verkommenen Rabelais und Swift; sie verkannten, daß diese Gestalt aus einer ganz bestimmten Situation tiefster Erniedrigung geschaffen wurde, um sie zu überleben und zu überwinden. Sie verleugneten ihn aus falschem Stolz und aus Scham. Als ob Spanien sich seines Don Quixote und Sancho Pansa zu schämen brauchte!

Heute, in einer unvergleichlich schlimmeren Situation als im Weltkrieg, bekommt Schwejk einen neuen Sinn und Aspekt; ihm widerfährt seine Auferstehung und Rechtfertigung. Ich bin überzeugt, daß neben dem tapferen, unbekannten tschechischen Legionär, der an allen Fronten der Entente kämpfte und sich in einer ungeheuren Anabasis[139] durch Rußland, Sibirien bis an den Stillen Ozean durchschlug, überzeugt bin ich, daß neben diesem heroischen Menschen auf dem Prager Altstädter Ring der andere liegt, der Unheroische, der Pfiffige, Närrische, Ausharrende, Kleine, der heimliche Saboteur, die Knallerbse mit Dynamit, der Quer-Dummkopf, der sich duckt, um die »Weltgeschichte« über sich hinwegbrausen zu lassen.

Jetzt ist er wieder da, weil seine Zeit da ist. Er trinkt sein Bier mit den reichsdeutschen Soldaten und blödelt mit ihnen, undurchschaubar, wie er im Weltkrieg geblödelt hat, und ist im Umgang mit der Gestapo noch viel raffinierter dumm als mit den vergleichsweise harmlosen »Konfidenten«, den Polizeispitzeln der österreichischen Zeit.

Schwejk hat die Erfahrung, er hat ein slawisches Herz und weiß, wie man sich unterwirft, ohne sich zu unterwerfen. *Er* ist die klassische Form der tschechischen oppositionellen Passivität, des böhmischen Irredentismus[140] in tiefster Ohnmacht. Auferstanden, reibt er sich die kleinen, munteren Äuglein, denen er nicht traut, und setzt fort, auf seine Art zu monologisieren und zu räsonieren: »Als der Krieg ausbrach, hab ich dummer Kerl geglaubt – ich bin nämlich Hundeführer und wegen Blödheit superarbitriert (dienstuntauglich), es geht mit den Russen und Franzosen auf die Preußen. Himmelsakra, hätten wir Tschechen da mitgemacht!! Ein Fressen wär das gewesen! Das hätt' uns sogar mit ›schwarz-gelb‹ versöhnt. Aber daß wir wollten auf unsere slawischen Brüder in Rußland und Serbien schießen, das konnte ja nur so ein Ochs im k. und k. Außenministerium dem alten Frantischek einreden. Der arme Ferdinand, den sie in Sarajevo umgebracht haben,[141] wär nicht so hirnrissig gewesen. Was hatten wir denn gegen Österreich? Daß es mit den Preußen Schulter an Schulter marschierte, anstatt gegen sie Krieg zu führen. Daß Österreich deutsch regieren wollte, anstatt österreichisch, daß es uns nicht die Selbständigkeit gab wie den Magyaren; daß sie glaubten, wir wären der ewige Putzfleck (Offiziersdiener) Österreichs. Ob wir einen eigenen Staat machen oder nicht, ist nicht so wichtig, als daß wir uns frei entwickeln können. Seit dreihundert Jahren, seit der Schlacht am Weißen Berg, draußen vor Prag, wo wir zur Erinnerung jedes Jahr hinauspilgern und wo es das gute Bier gibt beim Schafranek, also seitdem hatten wir keinen Staat mehr. Und trotzdem sind wir Tschechen geblieben, und unser Staat, den Masaryk gegründet hat, konnte sich sehen lassen. Wir sind Tschechen geblieben unter Österreich, wir waren sogar gute Österreicher, wie unser Palacky,[142] und aus dem Hakenkreuz machen wir uns einen Dreck, auch wenn wir es anstecken.«

Also spricht der brave Soldat Schwejk im Protektorat.

Schwejk hat im Krieg unter der Maske unterwürfiger Loyalität vier Jahre lang die reichsdeutsch orientierte Monarchie sabotiert. Er hat dem Chaos und dem Grauen seinen Witz und seinen unerschütterlichen Gleichmut entgegengestellt. Er war unheroisch im Zeitalter des Pseudoheroismus und Massensterbens. Das alles war eine gute Vorübung für die viel schlimmere Wiederkehr; denn Habsburg, könnte Schwejk sagen, war pure Teebutter, verglichen mit dem Hitlerschen Lebensraum, der den demokratischen Tschechen die Luft abpreßt.

Schwejk braucht nur an die Tradition des heimlichen Widerstands anzuknüpfen. Gelernt ist gelernt. Es ist das einzige Mittel, das nackte Leben zu retten, nachdem die Nation so tief gestürzt ist. (Besser wäre es gewesen, das Letzte und Äußerste zu wagen, denn, sagt schon die Bibel, wer um sein Leben bangt, hat es schon verloren.) Die ganze tschechische Nation ist in der Zwangslage eines ohnmächtigen Schwejk. Die Rolle des alten Emil Hácha,[143] der in Berlin von einer Ohnmacht in die andere fällt und gelabt werden muß, um zu unterschreiben, ist so unvorstellbar und jammervoll grausig, wie von einem Jaroslav Haschek erfunden, der sich zu Shakespearescher Größe erhebt. Da man den Mut zu sterben nicht hatte, bleibt keine andere Rettung als die Flucht in die Schwejk-Existenz des paralysierenden Witzes und der loyal getarnten Aufsässigkeit. Schwejk ist da, wenn die Nation verzweifelt; in irgendeiner Form wird er auch mit der Gestapo fertig werden. Diese Rolle Schwejks haben jene Tschechen verkannt, die ihm aus falschem Nationalgefühl gram waren. Sie mögen ihm Abbitte leisten. Nun ist das tschechische Volk wieder zum Dulden und Aushalten verurteilt, viel schlimmer als unter der unseligen Herrschaft des österreichisch-preußischen Kriegsbündnisses »Schulter an Schulter«. Die Verschlimmerung ist so unvergleichlich, wie der Unterschied zwischen Hohenzollern-Habsburg und Hitler. Wie blöd wird sich Schwejk stellen müssen, um die Knochenmühle der Gleichschaltung zu ertragen!

Sei auf dem Posten, Schwejk, und schau dir die Tschechen gut an, die allen Ernstes und mit ganzer Würde die Nichtswürdigkeiten des Hitlerregimes mitmachen und mit echter Loyalität die »Heimkehr in den deutschen Lebensraum« begrüßen, anstatt »Kde domov můj«[144] zu singen. Ein echter Schwejk war es, der dieser Tage im Prager tschechischen Rundfunk die Parade der deutschen Truppen auf dem Wenzelsplatz so beschrieb, das den Hörern bei aller Trauer das Herz im Leibe lachte. Er machte sich über das Ungeheuerliche lustig, bis ihm der deutsche Zensor, dem ein Dolmetscher half, das Wort abschnitt. Der Mann hat sich geopfert; er wird nicht wieder vor dem Mikrophon erscheinen. Die Tschechen haben in ihrer Sprache, die den Deutschen eine Geheimsprache ist, ein unerhörtes Instrument, um etwas zu flüstern und mehr als zu flüstern. So viele Dolmetscher und Verräter gibt es gar nicht, als daß jedes Wort kontrolliert werden könnte.

Ein Schwejk ist ein braver, schwacher Trottel. Tausend verschworene Schwejks können wie Dynamit wirken. »Das Schwächste auf Erden besiegt das Härteste auf Erden«, sagte Konfutse. Schwejk ist überall und nirgends, nicht zu fassen, nicht unterzukriegen, ein tschechischer Prager Golem. Er wird den Deutschen schwer im Magen liegen.

Auferstanden ist Schwejk aus dem Grab, in dem er an der Seite des unbekannten braven Legionärs ruhte. Er hat seine Aufgabe im Zwischenreich der böhmischen Länder, er ist ein Vorläufer. Der andere Soldat, der heroische, todesentschlossene, schläft noch unter dem Prager Rathaus, eingebettet in die Erde von Verdun. Er hat den 30. September, die erste Kapitulation verschlafen und, Gott erbarm, auch die zweite furchtbarere vom 15. März. Keiner schlug die dröhnende Hussitentrommel, die von Ziskas Haut überspannt ist,[145] um ihn zu wecken, um Waffen und Flugzeuge zu bergen, zu zerstören und sich dann mit nackter Brust dem motorisierten Bajonett zu stellen.

1. April 1939

Ich träumte: Ich saß in der Schule der Emigranten. Wir hatten gerade Paß-Stunde. Die Bank war hart, härter als Schulbänke sonst sind, der Lehrer war streng und unfreundlich, und die Prüfung dauerte lang und war schwer.

»Schüler Natonek, bilden Sie einen Satz, in dem das Wort ›Paß‹ viermal vorkommt!«

»Ich habe den Paß ohne Paß überschritten, nur mit einem Lauf-Paß in der Tasche; und da begann der Passions-Weg.«

»Nennen Sie mir den Plural von ›das Visum‹!«

Haha, als ob ich mich so hereinlegen lasse. »Einen Plural von Visum gibt es gar nicht, Herr Professor. Visum ist ein singularetantum. Aber nicht einmal den Singular gibt es. Ich habe es schwarz auf weiß von allen Konsulaten: ›Es gibt kein Visum.‹«

Dann verlangte der Professor, ich solle eine kleine Rede-Übung über den Paß in freier Themenwahl extemporieren. Ich wählte das Thema: »Ich blättere in meinem Paß.«

»Als ich zur Welt kam, brauchte ich keinen Paß, die entscheidenden Grenzübertritte vollziehen sich ohne ihn. Unbestreitbar kam ich in Prag als Mensch zur Welt, in eine noch menschliche Welt, in der ein Paß noch kein Problem war. Im Wandel meines Passes spiegelt sich die Weltgeschichte auf eine persönliche Art. Er ist gleichsam ein Miniatur-Roman, ein Groschenheft der großen Politik, die Odyssee heutigen Lebens mit vielen Stempeln, Devisen-Bescheinigungen und Aufenthaltsgenehmigungen. Es ist nicht ein Paß, es sind viele Pässe, in denen ich blättere; in ihnen ist der Zerfall und Irrsinn der Zeit. Nacheinander besaß ich einen österreichischen Paß von Geburt, einen tschechoslowakischen, als Prag die Hauptstadt der tschechoslowakischen Republik wurde, einen reichsdeutschen durch Naturalisierung in der Weimarer Republik,[146] einen staatenlosen durch Ausbürgerung und wieder einen tschechoslowakischen, heimgekehrt in meine Vaterstadt und aufgenommen vom Staate Masaryks. Nie werde ich den Tag vergessen, als ich den Eid auf die Verfassung der tschechoslowakischen Republik leistete.[147] Nicht ich habe ihn gebrochen.

Es war ein großer Augenblick. Ein Traum vieler Nächte ging

in Erfüllung. Ein Staat, ein menschlicher, ein Heimatstaat nahm den Verlorenen wieder auf. Ich drückte den funkelnagelneuen Paß mit dem tschechoslowakischen Löwen ans Herz. Ich war stolz und froh. Das war mehr als ein Papier, es war eine Heimkehr.

Dann nahm der Beamte lächelnd den grauen Staatenlosenpaß, legte ihn unter eine Lochmaschine und durchbohrte ihn. Es war, als ob er ihn hinrichte. Er war grau wie die Heimatlosigkeit und trug einen schwarzen Querstreifen, der besagte: ›Achtung, Barriere!‹ – ›Was sind Sie?‹ – ›Pardon, ein Mensch!‹ – ›Zurück! Gesperrt!‹

Ich blättere im grauen Staatenlosenpaß vom Berliner Alexanderplatz. Auf seiner letzten Seite ist ein Hakenkreuzstempel: Ausgewandert.[148]

Die Qual des grauen Passes ist ein Andenken geworden. So ist es mit allen Qualen. Das Glück des tschechoslowakischen Passes ist ein Traum geworden. So ist es mit allem Glück. Ich kehrte heim ins Vaterhaus, da stürzte es ein. Das Ersehnte, kaum erreicht, war schon entschwunden. So gesehen, ist der Paß ein wahrhaft menschliches Dokument der Nichtigkeit. Österreich war eine Heimat, mit ihrem Verlust fing das Verlieren an, eine unabsehbare Verlorenheit. Das zeigte sich zwanzig Jahre später. Für die Hunderttausende, die es traf, gilt das Wort des aus Preußen verbannten Freiherrn von Stein, der sich nach Prag und dann nach Rußland geflüchtet hatte: ›Wer einmal sein Vaterland verloren hat, ist notwendig ein Abenteurer und muß Freiheit und Heimat am Ende der Welt suchen.‹ Gern. Aber wie kommt man ans Ende der Welt ohne Paß? Das ist das unlösbare Dilemma.

Man hat eine Völkerwanderung inszeniert und gleichzeitig die Wanderung unmöglich gemacht. Was waren das noch für Zeiten, die sogenannten barbarischen an der Scheide des Altertums und Mittelalters, als ganze Volksstämme sich in Bewegung setzten, ohne Paß … Ich lege meinen armen tschechoslowakischen Paß beiseite, durch den man bis auf Widerruf in einigen Staaten noch anerkannt ist und in anderen nicht mehr. Ich streichle ihn, aber ich blättere nicht mehr in diesen zerstempelten Seiten vergangenen Lebens. Ein Paß ist offenbar nur ein Traum, wie dieser. Besondere Merkmale: Keine. Ich bin über den Berg, ohne Paß. Ich passe. Ich passe nicht in diese Welt. Ich möchte keinen Paß mehr, es sei denn einen Menschenpaß, oder einen Laufpaß für die Ewigkeit, visumfrei für den letzten Grenzübertritt.« –

Dies sprach ich im Traum. Der Professor trug eine Note in seinen Handkatalog ein, der ein ordentlicher Paß war, und überreichte mir als Zeugnis der bestandenen Prüfung einen »titre de voyage«.[149]

30. April 1939

[FREIHEIT DEM TSCHECHISCHEN VOLK]

»Die Tschechen werden mehr Freiheiten haben als die fremden Völker unter englischer Herrschaft«
(Hitler in seiner letzten Rede in Wilhelmshaven).[150]

Gleichzeitig geschieht dies: In Tabor in Südböhmen wird das erste Konzentrationslager des »Protektorats« errichtet. Tabor ist das tschechische Wort für Lager. Tabor ist eine Kultstätte der tschechischen Geschichte, etwa wie der Kyffhäuser in Deutschland.[151] In Tabor sammelte der Nationalheros Ziska seine Hussiten zum letzten Widerstand gegen die Unterwerfung durch Habsburg. In der Errichtung eines deutschen Konzentrationslagers gerade an dieser Stelle liegt ein System: hier manifestiert sich der Wille, die geschichtliche Erinnerung eines Volkes auszutilgen. An Tabor und am Weißen Berg, der letzten Schlacht der böhmischen Krone,[152] hat sich das tschechische Volk immer wieder aufgerichtet; diese fernen Ereignisse sind seinem Gemütszustand, das die Gegenwart mit der Legende zu durchwirken liebt, ganz nahe. Wenn schon eine friedliche Eroberung bewußt eine so frevelhafte Verletzung des Volksempfindens begeht, kann man ermessen, was tatsächlich besiegten Völkern bevorstehen würde. Ein Konzentrations-Tabor, das ist etwa der Geßler-Hut dem Rütli; ein britisches Militär-Camp in Gandhis Lager. Es ist die nationalsozialistische Freiheit, die es sonst nirgends gibt.

Eine zweite Kultstätte der nationalen Freiheit, die es zu zerstören gilt, ist das tschechische National-Theater.[153] Die Tschechen haben es in den schwersten Zeiten des österreichischen Sprachkampfes behütet, und sie waren stolz darauf. Niemals, auch im offenen Konflikt mit Prag (deren es viele gab), hat Wien es gewagt, die Souveränität dieses Hauses anzutasten. Nun soll seine bisherige Leitung vom deutschen Statthalter[154] abgesetzt werden, und die Aufführung eines nationalen Opernwerkes, der »Libuscha« von Smetana,[155] wurde verboten. Libuscha ist die legendäre Przemysliden-Königin, die Begründerin Prags, die auf dem Vyschehrad residierte, lange bevor gegenüber auf dem Hradschin die Habsburger einzogen. Der Vyschehrad wurde bestimmt nicht von deutschen Baumeistern errichtet. Aber eben diese Erinnerung der tschechischen Selbständigkeit gilt es auszurotten. Bei aller Gründlichkeit der Nazis darf man gewiß sein, daß sie vor nichts halt machen werden, was dem tschechischen Volk teuer ist. Daß sie die ehrwürdigen Denkmäler des tausendjährigen Zusammenlebens der Tschechen mit den böhmischen Juden, die »Alt-Neuschul« und den ältesten und größten europäischen Judenfriedhof, nicht schonen werden, darf man als sicher annehmen.[156] Die Tankwalze ebnet auch die Gräber ein. Sie haben sich ja nicht mal gescheut, das Grabmal des unbekannten tschechischen Soldaten zu nazifizieren, um selbst die Trauer des tschechischen Volkes zu zerstören.

Aber: »Freiheit dem tschechischen Volk«. Das Ganze ein neuer Beweis vom Wert des Hitler-Wortes. *April 1939*

INFORMATION IM DSCHUNGEL

Man untersuche einmal Wert und Wesen der Information in dieser Zeit. Man wird finden, daß es in dem Dschungel, zu dem Europa geworden ist, keine Quellen mehr gibt, höchsten trübe, in denen die Diktatoren fischen. Wort hält nicht Wort, Verträge rangieren als »Fetzen Papier«. Das Gras, das die sogenannten Informations-Journalisten wachsen hören, verwandelt sich im Nu in leeres Stroh.

Es ist nicht möglich, über die Absichten Hitlers und Mussolinis informiert zu sein, da sie mit List, Täuschung, Lüge und schlagartigen Überraschungen, Überrumpelungen arbeiten. Dies zu wissen, heißt informiert zu sein. In einem Bilde: niemand kennt den nächsten Schachzug, weil Hitler alle Regeln des Spiels über den Haufen geworfen hat.

Man ist an der Grenze der Presse-Informiertheit angelangt; wir sind ja schon im Krieg. Jede Absicht, jeder Plan ist verdunkelt und getarnt. Dem schlagartigen Überfall auf der einen Seite entspricht notwendig die Geheimdiplomatie auf der andern. Wie unendlich fern ist schon Wilsons Nachkriegs-Ideal, die Verwerfung der Geheimdiplomatie! An der geheimen Diplomatie muß sich alle Informiertheit stoßen und zunichte werden.

Chamberlain, im Unterhaus zu vielem befragt, sagt, es sei im gegenwärtigen Stadium nicht gut möglich, sich über die Entwicklung gewisser Bündnisse und militärischer Vereinbarungen zu äußern. Das bedeutet: es gibt keine Informationen, meine Herren, wir sind im Krieg, die diplomatischen Verhandlungen sind ein militärisches Geheimnis. Das Geheimnis beunruhigt den Gegner, das ist sein eigenes Mittel, das nun auf ihn zurückschlägt.

Mussolini kündigt geradezu an, daß er mit der quälenden Ungewißheit, die von der getarnten Absicht ausgeht, arbeitet. Er läßt es dahin gestellt, ob Italien auf seinen Augenblick jahrelang warten oder ob man schon »morgen den Tornister umschnallen« wird.

Gleiches mit Gleichem. Soll der Feind wissen, was die andere Seite vorhat, weil ehrgeizige Journalisten und Blätter à tout prix informiert sein oder erscheinen wollen? Wie lächerlich und unzeitgemäß ist heute dieser Presse-Ehrgeiz tiefer Friedenszeiten! Wer mit wem und gegen wen? Informiertheit und Gesetz des Dschungels sind unvereinbar.

An Stelle der entwerteten und unmöglichen Informiertheit tritt die Voraussicht, die Voraussage, die Prophetie. (Das war immer so in Zeiten der Unsicherheit, die keinen Halt mehr bieten.) Im Dschungel bleibt dem Journalismus schließlich nichts anderes übrig, als prophetisch zu werden.

In einem kleinen Pariser Caféhaus fixierte ein Schriftsteller, der keineswegs aus einer »besten Quelle« informiert, aber weise und wissend ist,[157] bereits Ende Februar den Termin des Prager Überfalls. Er legte ihn schriftlich nieder, in verschlossenem Enveloppe. Man öffnete es am fünfzehnten März. Er hatte sich geirrt; um ganze neun Tage. Er hatte das Ereignis erst für das Wochenende des vierundzwanzigsten März vorausgesagt …

Hätte es genützt, wenn diese Voraussage eines »Außenseiters«, der es von keiner »besonderen Seite« hat, in die Welt hinausgeschrien worden wäre? Hätte man auf diesen Warner gehört? Er ist nicht der einzige ... Hört man sie selbst heute? – Es gibt eine biblische Uninformiertheit, jene, von der gesagt ist, daß Gott die Menschen, die er verderben will, zuvor mit Blindheit schlägt ...

In der Nacht, die über Europa hereingebrochen ist, kann es nur ein Wissen geben: stärker sein als die andern, die von der Dunkelheit profitieren, wie ein Einbrecher, der überdies im Haus einen Kurzschluß hervorgerufen hat, sich die nächtliche Panik zu nutze macht.

6. April 1939

DIESES WAR DER DRITTE STREICH. MAX UND MORITZ IN DER WELTGESCHICHTE

Die Unfaßbarkeit des Geschehens, das überwältigend ist nur durch das Geschehenlassen, diese furchterregende Fatalität wird durch die Karikatur auf eine wohltuende Art verkleinert, vermenschlicht und greifbar gemacht. Die Karikatur ist ein legitimes Abwehrmittel gegen das Ungeheuerliche und Beklemmende in der Politik. In diesem Zusammenhang ist die Lektüre von Wilhelm Buschs »Max und Moritz« zu empfehlen. Art und Methode der bösen Buben, die Aufeinanderfolge der tückischen Streiche und die Ohnmacht der geplagten, eingeschüchterten Umwelt geben zu anregenden Vergleichen Gelegenheit und muten mitunter wie eine vorausgeahnte Satire an. Die beiden Figuren an den Enden der Achse, auf der sie wie auf einem balancierenden Balken auf- und niederschweben, sind die bösen Buben, mit denen auf keine Art fertig zu werden ist – sondern nur auf *eine* Art. Wilhelm Busch wußte es; er war keineswegs nur ein Spaß- und Bildermacher für Kinder, sondern der an Schopenhauer geschulte große Pessimist und gründliche Kenner der menschlichen Bosheit, Niedertracht, Grausamkeit und ihrer schwächlichen Opfer.

Dieses war der erste Streich,
doch der nächste folgt sogleich.

Warum folgt er sogleich? Weil die bösen Buben, hinterm Busch versteckt, die Wirkung des ersten Streiches belauern und daraus die Initiative und Zuversicht für den nächsten schöpfen. Übrigens beteuern sie in der Zwischenzeit, in der sie die nächste Büberei vorbereiten, daß dieser Streich bestimmt, aber ganz bestimmt der letzte war und bleiben wird.

Nun ja, also, sagt der Magister und droht mit dem Finger, da wollen wir es diesmal noch dabei bewenden lassen. Vertrauen schenken, das wirkt erzieherisch. Und Witwe Bolte ist sogar bereit, sich unter den Schutz der bösen Buben zu stellen, und der Magister wird eventuell ein *gentleman agreement* mit ihnen schließen. So weit ist nicht einmal der Satiriker Busch gegangen.

Weil die Umwelt sich begnügt, vorstellig zu werden, anstatt die Wiedergutmachung der Schäden zu verlangen, folgt ein Streich dem andern, auch wenn er nicht »anerkannt« wird. Solange der Triumph und Vorteil des angerügten Streiches bestehen bleibt, wird jeder jedes Mal der letzte gewesen sein, dem der nächste allsogleich oder später folgt, je nach Gelegenheit.

Ein Ende der Streiche ist nicht abzusehen, solange Max und Moritz zusammenarbeiten. Und ihre Zusammenarbeit ist viel exakter als die der Bedrohten und Terrorisierten, der Magister, Schneider, Bäcker und der Witwe Bolte. Es gibt nichts anderes: entweder werden Max und Moritz zerstückelt, oder die geplagten Leute. Busch entscheidet sich für die Ausrottung des Nichtsnutzig-Bösen, absolut und radikal. Max und Moritz werden bekanntlich zu Schrot gemahlen und von Gänsen gefressen – das ist das einzig mögliche Ende der Max- und Moritz-Streiche.

Man lese Busch.

Der ganze Gegensatz von Bösen und Tugendhaften, von jungen und alten Völkern, von Dynamik und Konservativismus steckt in Max und Moritz und ihrer geängstigten Umwelt. Max und Moritz sind Buben, jung, bös und dynamisch. Sie sind es bei Busch in jedem Strich und Streich, in jeder Bewegung, im Aushecken und in der blitzartigen Ausführung des Plans und im ebenso raschen, treuherzigen Rückzug mit Besserungs-Versprechen.

Die bösen Buben der Weltgeschichte, die bei Busch simplifiziert vorgeahnt erscheinen, sind verwirrenderweise auch noch kompliziert, denn es sind pathologisch böse Buben, die aus einer infantilen Expansion niemals herauskommen. Der normal-böse Destruktionstrieb von Max und Moritz bei Busch ist bei den Achsenpartnern[158] in einen krankhaften Drang, sich unaufhörlich selbst zu bestätigen, transformiert, ein Drang irgendwohin, nach Osten, Westen, Süden, Norden, der aus der permanenten Unruhe der inneren Leere und Gleichgewichtsstörung kommt. Das komplizierte Krankheitsbild ist oft gezeichnet worden, aber ein wichtiges pathologisches Symptom wurde übersehen: die Motivverschiebung; man findet sie häufig bei infantilen seelisch Kranken, also bei Buben, sie besteht darin, das selbstverschuldete Unbehagen, die eigenen Defekte und Mängel auf die andern anklägerisch abzuwälzen; sich a priori und auf jeden Fall ein moralisches Alibi zu schaffen. (Wenn ein Krieg ausbricht, werden ihn die Juden, die an ihm schuld sind, mit ihrer völligen Ausrottung bezahlen. Max in seiner letzten Rede.[159]) Wenn die beiden zum Beispiel alles für Kanonen verbuttern und infolgedessen keine Butter haben, wer ist schuld? Die andern, die »tugendhaften«, die besitzenden Völker, durch die man im Lebensraum eingeengt wird. Die Armut kommt nicht von der *pauverte* und der Mißwirtschaft, sondern von der Einkreisung der Erbfeinde. Die Motivverschiebung ist eine typische böse Buben-Krankheit, es ist die Bösartigkeit in Form einer geistigen Krankheit, gefährlich wie alle zwanghaft-manischen Erscheinungen, die in der Erfindung von falschen Argumenten und Motiven höchst schöpferisch sind.

Der böse Buben-Typus ist der Erfinder von Tücken und Attakken, wie sie den Normalen niemals einfallen würden. Wer käme denn je auf dergleichen, eine Tabakspfeife mit Schießpulver zu füllen? Oder den Hühnern der Witwe Bolte Brotbrocken zu streuen, die durch einen Bindfaden hakenkreuzweise verbunden sind? Oder eine Holzbrücke anzusägen und dann den braven Schneider durch muntere Zurufe auf den gebrochenen Steg zu locken? Das, genau das war das Prinzip des Verfahrens, Prag zu ermuntern, auf der vorher angesägten (slowakischen) Brücke nach dem Rechten zu sehen.

Aber der letzte Streich war das nicht. Uns fehlt ein Wilhelm Busch der Weltgeschichte – also ein Daumier. *19. April 1939*

GESPENSTER VON PRAG

Das Ende der Prager Literatur

Es gab einmal eine Prager Literatur von europäischem Ruf. Sie war nicht nur tschechisch, sie war auch nicht nur deutsch, sie war unter anderem auch jüdisch, Pragerisch war sie und alles drei zusammen. Und diese Dreiheit gab dem verschwundenen Prager Dichterkreis unverwechselbare Färbung: Gustav Meyrink, Franz Werfel, Max Brod, Franz Kafka, Egon Erwin Kisch, Paul Leppin und die jüngeren Tschechen – die beiden Čapek, Březina, Vancura und andere, die normaler und gegenwärtiger in ihrer neuen Existenz wurzelten, froh über das Errungene, und die nicht mehr Schattenbeschwörer waren und durch jenes Zauberfenster der Vergangenheit starrten, durch das man Gespenster sieht ...

Das österreichische Böhmen, das völkergemischte, so reich an Haß, Verschwörungen, gemütlicher Verzweiflung und schlampigen Gespenstern, diese undefinierbare Prager Atmosphäre, die man um 1910 herum geatmet haben muß, um sie zu kennen, hat ihren Hauch in Prag und in der Prager Literatur für immer zurückgelassen.

Allerdings: der 15. März 1939[160] war der Todestag dieser Literatur. Von Angst gejagt, stürzten sich Tausende, Antiquare, Buchhändler, Sammler und Leser in eine freiwillige Autodafé dieser und aller »suspekten« Literatur. Tausende Öfen qualmten zur gleichen Morgenstunde; die Kessel der Zentralheizungen bekamen literarische Nahrung. Tausende Klosetts waren von zerrissener Literatur verstopft. Es stank zum Himmel – es war der 15. März.

So ging bildlich und buchstäblich eine ganze Literatur zugrunde.

Zugleich aber war, so erzählt ein Prager Beobachter, der Blick der Prager in diesen Tagen verzaubert und unheimlich: Sie sahen durch die einmarschierenden Militärmassen hindurch, sie sahen sie nicht, als wären Tankregimenter körperlos ... Die Gegenwart wurde zum Schatten, das Ferne wurde nah. Es war eine echte Prager Verwandlung. *Ein neuer Blick entstand mit einem Schlag*; eine transzendente Sicht durch ein Prisma in die Bezirke gespenstischer Gewesenheit, die mit einemmal so nah, so lebendig, so lieb, so hold war.

Verschüttet und verborgen unter der deutschen Sturzmasse lebt das alte Prag.

Der Golem

Der Schutzpatron der Prager Gespenster ist Gustav Meyrink und sein »Golem«.[161] Meyrink hatte ein Grauen vor Prag, das von Haß, von Haß-Liebe nicht weit entfernt war. Er kannte zu viele Menschen, die Gespenster waren, ein bißchen besessen, oder verrückt, oder nur närrisch, bösartig oder engelhaft, aber gewissermaßen biertrinkende und würstelessende Gespenster. Der Dichter war nicht Prager, nur Wahl-Prager, aber in jahrzehntelanger Existenz von der slawisch-österreichischen Atmosphäre völlig absorbiert. Die Menschen, die alten Gassen und Häuser begannen für ihn zu sprechen und ihre Gesichter zu enthüllen. Es waren furchterregende Fratzen, grüne Gesichter, Gesichter von Teufeln und Engeln. Prag war ihm, in einem andern Sinn als Grillparzer es von Wien sagte, ein »Capua der Geister«.[162] Die Geister waren Gespenster, die Gespenster waren Menschen, sie gaben sich in Wirts- und Gasthäusern Rendezvous, sie saßen in den Redaktionen der Zeitungen mit labyrinthischen Gängen und wellenförmigen knackenden Fußböden.

Hier war, geheimnisvoll und undurchdringlich, der Golem des hohen Rabbi Löw zu Hause, der auf dem tausendjährigen Judenfriedhof ruht, in jener Toten-Wildnis, in der die verwitterten, schriftbedeckten Steine in die Tiefe zu wachsen scheinen. Was wollte der weise Rabbi Löw mit der monströsen Lehmschöpfung des Golem, der ein geschriebenes Geheimwort auf der Zunge trägt? Niemand weiß es. Und wenn man es je wußte, so ist es vergessen. Der Golem ist da, um da zu sein, ein Gespenst um seiner selbst willen, emporgestiegen aus der Judenstadt und dem Judengeist, mehr und weniger als ein Mensch. Er schrickt die Mächtigen und er schützt die Kleinen. Homunkulus als riesiger Roboter. Er kann nicht leben, und er kann nicht sterben ... Ich werde mich hüten, mich auf eine Exegese des Golem einzulassen. Man sagt, daß er rittlings auf dem steilen Giebel der Prager Alt-Neuschul-Synagoge sitzt. Niemand weiß, warum. Wie einer der Grabsteine von nebenan, die in die Tiefe wachsen, steht diese greise Synagoge da, versinkend, versunken, fremd, zäh, hochmütig und unberührbar zwischen einem munter emporgeschossenen Häuserwuchs in Jugendstil. Wenn ich nachts an der Alt-Neuschul vorüberging, habe ich immer auf den spitzen Giebel geschaut, ob er nicht dort oben sitzt, der Golem, und auf den Stundenschlag der verstummten Uhr wartet; sie hat ein hebräisches Zifferblatt, die Uhr, und zeigt eine unverrückbare Zeit. Dieser Uhrturm des jüdischen Rathauses hat die Gestalt des hussitischen Kelchs, aus dem der Gläubige sich Christi Blut einverleibt. Unruhe, Ratlosigkeit, Verzweiflung jagten in den Jahrhunderten durch dieses jüdische Rathaus, und zurückblieben in ewigen Schriftzeichen die Weisheit und das Gesetz.

Aber vielleicht sitzt der Golem gar nicht auf dem Giebel, sondern im Caféhaus nebenan und unterhält sich flüsternd mit dem »braven Soldaten Schwejk«, seinem tschechischen Bruder. Meyrinks Golem ist ein raffiniertes Grand Guignol[163] des Prager Grauens, mit finsteren, schlierigen Wendeltreppen, die ins Nichts führen, mit dunklen Gewölben, in denen die Trauer hockt und unverkäufliches Gerümpel sammelt – die sinnlose Besitzgier in Person, der spekulative Geist in seiner Absurdität. In diesem trüben Zwielicht aber geht eine helle Gestalt um, ein Weiser, ein Heiliger, ein Engel Gottes: der arme jüdische Rathausschreiber Hillel, der sein Letztes hergibt, so daß die Krüppel und bettelnden Nichtsnutze des Quartiers vor ihm davonlaufen, da er ihnen sonst alles schenken und verhungern würde. Das ist eine Figur, die schon zu einem anderen Prager Heiligen hinüberspielt, zu Franz Kafka, der die Spezialtopographie der Prager Gespenstigkeit zum großen Weltgrauen seiner Selbstabrechnung gesteigert hat.

Kaiser Franz Joseph

Kaiser Franz Joseph fährt über die neue Moldau-Brücke, die er soeben eingeweiht hat und die seinen Namen trägt.[164]

Dann fuhr er davon für immer und mit ihm seine Zeit, und die Brücke hieß fortan Legionärsbrücke. Das Fortan dauerte zwanzig und ein Jahr. Und als die Legionäre nicht kämpften, verlor sie wieder ihren Namen, und nun heißt sie fortan Protektoratsbrükke oder Joseph-Goebbels-Brücke oder Göring-Brücke. Auch dieses »fortan« wird seine Zeit haben, und von Dauer ist nur das Fließende unter den Brücken und nicht deren Name.

Ich seh ihn noch vor mir, den Alten, in der offenen Kutsche über die funkelnagelneue, bewimpelte Brücke fahren.[165] Wie, bin ich tausend Jahre alt? Das Bild ist mit überscharfen, farbigen Konturen in eine magische Kugel gebannt, die sich über Prag wölbt. Der grüne Generals-Federhut des Kaisers, grün wie die Bäume des Laurenzibergs, der hellblaue Waffenrock, hellblau wie der Frühlingshimmel über dem Hradschin, der weiße Backenbart, weiß wie die Federwölkchen am Firmament, das schillernd über Hügel und Türme schwingt, wie ein zerbrechlicher Traum vom Glück.

Wir standen im Spalier, das nicht kommandiert und von rasch herbeigeholten Anhängern gebildet wurde. Man rief »Nazdar!« und schwenkte die Hüte, und der Kaiser nickte und salutierte. Man rief »Hoch!«, und der Kaiser lächelte. In regelmäßigen Abständen wehten die Federbüsche der Polizisten im Sommerwind. Nicht im gepanzerten Wagen fuhr der Kaiser. Es war kein rasender Enthusiasmus, aber eine wohlwollende, echte Freude, der Stolz, der durch alle Obstruktion hindurchbrach, zum großen österreichischen Völkerstaat zu gehören, einer, der mitzureden hat und der es auch tat, wie ihm der Obstruktionsschnabel gewachsen war. Der Kaiser, nicht gekrönter König von Böhmen, war ein seltener Gast in Prag. Er hatte für seine zu demokratischen Tschechen weniger übrig als für die Ungarn, und die Tschechen vergalten ihren Schmerz, indem sie deutsche Coleurstudenten verprügelten, weil sie Großdeutsches nachäfften. (Übrigens waren diese Coleurstudenten, wie es sich für eine gespenstische Stadt gehört, zum großen Teil Juden.) Der Kaiser, schlecht beraten, blickte den Tschechen nicht in ihr österreichisches Herz. Und die Tschechen sahen mit Sorge und Entsetzen Österreich immer mehr in den Berliner Kurs hineingleiten. Und darum waren sie die getreueste, hartnäkkigste Opposition unter den im Reichsrat vertretenen Königreichen und Ländern.

Der Kaiser hatte in Prag einen zärtlichen Spottnamen (der immer Zeichen von Liebe ist, wenn auch einer opponierenden). »Den Prohaska« nannten sie ihn. Niemand weiß, warum. Prohaska ist ein sehr häufiger tschechischer Familienname, durch ihn machten sie den nicht gekrönten König zu einem der ihren. Am Tag nach dem festlichen Empfang brachte die Prager Zeitung »Národni Politika« ein Photobild des Kaisers, der auf dem Hradschin spazieren geht. Darunter stand nur das eine Wort: Prohaska. Das konnte man wagen, ohne ins Konzentrationslager zu kommen, überdies bedeutet das Wort »Spaziergang«.

Am Abend war große Illumination. In allen Häusern stellten sie Kerzen in die Fenster. Sie mußten nicht, sie taten es gern. Die ganze Kleinseite war ein Weihnachtsgeflimmer in der Sommernacht. Und wenn Goebbels heute in Prag ein Monstrefeuerwerk mit allem Komfort der Technik losprasseln ließe, blieben die Straßen leer; nur die Unmündigen, die Dummen, die Unwürdigen, die Statisten würden gaffen. Denn Hitler ist kein Prohaska, kein Spaziergang, sondern der kommandierte Marsch und Stechschritt.

Als Kaiser Franz Joseph über die neue Prager Brücke fuhr, waren alle Häuser geflaggt, ohne Runderlaß einer Gestapo. Und dabei war Franz Joseph nicht einmal im Hradschiner Dom gekrönt mit der Krone des Heiligen Wenzel. Als Hitler im Panzerwagen über die Prager Brücke fuhr, waren die Straßen stumm und starr wie Niobe;[166] Verzweiflung und Haß in den verzerrten Gesichtern.

O Transparenz der Vergangenheit ... Wie lebendig, wie nah und farbig die verblichenen Schatten, die Über- und Unterirdischen, die Gewesenen und Verwesten, das teure Geschlecht der besseren Vorfahren, gesehen durch dieses Spektrum.

1. Mai 1939

HITLERS INNERSTER MONOLOG

Vorsatz für die Redaktion, geschrieben August 1939:

Dieser Artikel wurde am 4. Mai geschrieben (nach der Entlassung Litwinows),[167] hatte als Untertitel die (nunmehr beantwortete) skeptische Frage »Das kann nicht passieren?« Eingeleitet wurde er mit diesen einschränkenden Worten: »Ob das Folgende nur eine Phantasie ist oder Wirklichkeit, Ernst oder Satire, wird die Zukunft lehren. Vieles spricht dafür, daß es in Hitler eine gefährliche Stelle gibt: die ›dynamische Bereitschaft für ein umwälzendes Sowjetbündnis‹.«[168] – Niemand wollte vor knapp drei Monaten diese »Phantasie« und »Satire« wahr haben ...

(Allein in seinem Arbeitszimmer. Drei Uhr morgens. In ungeheurer Erregung. Auf und ab im geflüsterten Selbstgespräch. Dann und wann wirft er ein paar Gedankenfetzen aufs Papier.) ... abgesehen davon, daß ich keinen anderen Ausweg habe ... *(aufschreiend)* ... die Welt soll eine Überraschung erleben. Wie eine Offenbarung kommt es über mich ... Sechs Jahre lang suchte ich Bundesgenossen – und was fand ich? Italien, Japan, Ungarn – und eine Weltkoalition gegen mich. Der Durchbruch, der Durchbruch ... England bekomm' ich nie, nicht mit Drohen, nicht mit Schmeicheln ... also Rußland. Ich muß Rußland haben, friedlich, freundlich. Ich muß beweisen, daß wir zusammengehören.

Woran Napoleon scheiterte: Moskau – ich werde es haben, ohne Krieg. Den Albdruck Bismarcks, den Zweifronten-Krieg, ich zerbrech ihn! Moskau – Berlin, endlich vereint. – Meine Generäle haben es immer gesagt: die deutsche Armee hat den heißen Wunsch der Zusammenarbeit mit der größten Kontinental-Armee. Ich widersetze mich dem Wunsch nicht länger. Man muß auf die Armee hören. Nur mit ihr bin ich groß geworden. Stalin hat auch auf den Generalissimus Woroschilow gehört, als er den Westpaktler Finkelstein[169] wegschickte. *(Faßt sich an den Kopf.)* Wo war mein Instinkt, als ich mein Prinzip verließ, mit dem Härtesten zu paktieren ...! Ich bin ein Opfer meiner antibolschewistischen Schlagworte geworden, die ich zur Aufrichtung meiner inneren Macht brauchte. Jetzt brauche ich Rußland, um nicht zugrunde zu gehen. Ich will gründlich revidieren – alles: die Schlagworte, die Grundsätze – bei meinem Revisionismus wird den westlichen Demokratien Hören und Sehen vergehen ...

Wenn ich ehrlich bin – und jetzt bin ich allein und ehrlich – wen habe ich mehr gehaßt: die Bourgeoisen und Lordschaften, die Bonnets und Chamberlains oder Stalin? Und fühlt Stalin anders? Nie wird er vergessen, wie man ihn vor und in München beiseite gestellt hat, um mich zu retten, den antibolschewistischen Erzengel![170] Ah, ich weiß, wie das tut: alter Groll. Ich bin vom selben

Holz. Wir Diktatoren schöpfen aus der Rankûne; wir haben einen Heißhunger nach Haßbefriedigung. Stalin verabscheut die westlichen Demokratien, die ihn holen, wenn sie ihn brauchen, und ihn wegschicken, wenn sie ihre Ostbündnisse ohne seine Hinzuziehung verraten. Was können die kompromittierten Westpakte dem großen russischen Reich geben? Nichts. Die westlichen Demokratien brauchen das russische Blut, die russischen Waffen und Flugzeuge – gegen mich. Und was kann ich Stalin bieten? Sehr viel, wie man sehen wird.

Ich werde der westlichen Welt zeigen, wie man das Steuer herumreißt. *(Seine Hände drehen gewaltig ein imaginäres Steuerrad.)* Ich habe keine Angst, das rotglühende Eisen anzupacken. *(Starren Auges faßt er den Briefbeschwerer.)* Holland hat für den äußersten Fall seine Deiche ... ich habe den Bolschewismus. So oder so, nicht umsonst hat man mich den Nationalbolschewisten genannt, infiziert er uns – gut; aber eher möchte ich glauben, daß wir den Stalinismus faschistisch zersetzen werden. Die Alternative liegt in der Hand der göttlichen Vorsehung, die uns den Bolschewismus schon einmal helfend gesandt hat.[171] Meine Rache im Westen muß ich haben, in der Umklammerung der beiden Staaten ersticke ich unfehlbar. Nicht darum war ich der Polizist gegen den Bolschewismus, Herr Chamberlain, damit Sie einen Russenpakt mit ihm machen! Ich bin Rußland näher als Sie – ich bin schon da mit dem ganzen Elan der jungen Völker, indes Sie im Völkerbund-Schritt widerstrebend herumtalmiert haben! *(Sich aufragend und in einer gekünstelten Ruhe zusammenraffend.)* Es war ein fatales Unterfangen des Herrn Beck, sich mir entgegenstellen zu wollen. Diese lächerlichen Zwerge, wie ich sie hasse und aus dem Weg räume. Welch ein Glück, dieses nebensächliche Danzig. Hier hat sich mein Weg und mein Kampf entschieden. Durch mich wurde dieser Vorwand zur Geschichtsvorsehung, und die Entscheidung fiel auf einem Nebenkriegsschauplatz, ohne Schwertstreich! Polen ist nicht mehr. Das ist die vierte Teilung. Ich habe im Gegensatz zu gewissen anderen Leuten dem großen russischen Reich etwas zu bieten: die östliche Hälfte Polens mit Wilna, Minsk, Brest Litowsk und meinetwegen der nördliche Teil der baltischen Staaten.[172] Ferner: ich kündige hiermit den Pakt mit Japan.[173] Das ist die wohlverdiente Strafe für seine militärischen und maritimen Weigerungen. Somit hat Rußland freie Hand im fernen Osten. Weil er mich nicht interessiert, da er nicht unser Lebensraum ist. Die Achse heißt nicht mehr: Berlin – Rom – Tokio, sondern: Berlin – Moskau – Rom! Ferner: unsere gemeinsame Grenze mit dem großrussischen Reich garantiere ich für fünfunddreißig Jahre! Mit diesem gewaltigen und ebenso natürlichen Macht-Dreieck, wie es die Welt noch nie sah, beherrschen wir den europäischen Raum und erfüllen den alexandrinischen Traum: die Beherrschung des Seeweges nach Indien! Es gibt fortan nur zwei Mächte, die in Europa bestimmen: das bin ich und Stalin!

(Unwillkürlich nimmt er Rednerhaltung ein, verzückt über ein imaginäres Mikrophon gebeugt, die Hände apostelhaft geöffnet:) Meine Abgeordneten, Männer des großdeutschen Reichstages! Alles menschliche Werk ist dem Irrtum und der Korrektur unterworfen. Ich habe es niemals geduldet, mich als unfehlbar vergöttern zu lassen. Der Antikomintern-Pakt war eine zeitlich bedingte, ideologische Notwendigkeit. Dieser Pakt hat seinen Zweck erfüllt, die westlichen Demokratien abzulenken – er ist nicht mehr. Das ist die wahre historische Weltwende, meine Volksgenossen, die grandioseste geschichtliche Korrektur – nur kleine Geister scheuen die große Umkehr. Was trennt mich von einem gewaltigen Volksführer vom Ausmaße eines Stalin? Begegnen wir uns nicht in unserer Verachtung der überalterten, großkapitalistischen Demokratien? Wir großen autoritären Führer gehören zusammen. Ich bewundere das eiserne Willensgenie Stalin und preise glücklich den Tag, da wir uns auf verschlungenen Wegen der geschichtlichen Vorsehung endlich gefunden haben! Was besagen die intellektualistischen Differenzen der Ideologien – die nicht verwischt werden sollen – gegenüber dem grundlegenden Phänomen gemeinsamer Geisteshaltung und der imperialen historischen Notwendigkeit zusammenhängender Lebensräume! – Das hat mir der Goebbels eingeflüstert. – Nur politisches Spießertum in seiner Ignoranz glaubt, die geradlinigen Wege kriechen zu sollen. Und dann, meine Abgeordneten: wir und das russische Volk gehören zu den besitzlosen arbeitenden Völkern, die die Goldgläubigkeit der Satten verachten. Ich bin ein Kind des proletarischen Volkes, so gut wie Genosse Stalin.

(Sein Blick fällt auf einen Spiegel, er sieht sich in seiner klassischen Redner-Geste der Anfangszeit, kommt etwas zu sich und sinkt erschöpft in den Sessel zurück. Er murmelt.) Ich sehe es vor mir, es wird der glücklichste Tag meines Lebens sein: Ich und Stalin treffen uns in Warschau. Mit Stalin zusammen fürchte ich nichts auf der Welt. Was hätte ich denn mit dem kleinen Mussolini allein angefangen, mit diesem Bluff von einer Achse, der sonderbarerweise lange genug seine Wirkung getan hat?! Beide wären wir verloren gewesen, und es wäre uns nichts anderes übrig geblieben, als uns wechselseitig preiszugeben. Jetzt rettet mich Stalin vor diesem Chamberlain, der mich durch Rußland hereinlegen wollte. Halali, der alte englische Dachs. *(Jubelnd)* Nun bin ich rückenfrei gegen den Westen: Jetzt kann mir der alte Mussolini helfen, den Westen aufzurollen! Und er bekommt sogar was dafür. Jetzt spüre ich die ganze Kraft des deutschen Riesen in mir. Jetzt lehne ich am breitesten, stärksten Rücken der Welt. *(Er bricht ekstatisch über dem Schreibtisch zusammen.)*

4. Mai 1939, mit einem Zusatz von Ende August 1939

SLOWAKISCHE GESCHICHTE. REALITÄTENGESCHÄFT

Als die Leute der Hlinka-Garde in Preßburg »Sieg Heil« zu brüllen begannen – es klang nicht sehr arteigen – und am gegenüberliegenden Donau-Ufer die motorisierten deutschen Truppen aufmarschierten,[174] wußte der Realitätenhändler Alfred Guttfreund, daß es wieder einmal so weit war. Trotz seiner Erfahrungen in Berlin und Wien wußte er es um keinen Augenblick früher. Er war nicht informiert. Es gibt keine Informiertheit mehr, es gibt nur schlagartige Überraschungen. Möglich auch, daß das Leben in ewiger Gefährdung einen fast mystischen Glauben an einen Stern, an eine Unzerstörbarkeit erzeugt: das mag sein, ändert aber nichts an der Tatsache, daß Guttfreund mit Frau und Kindern zum letzten Zug zu spät kam. Nach sorgfältigem Studium der Fahrpläne und Landkarten hatte er herausgefunden, daß die Flucht-Linie Brünn – Prag die günstigste und relativ sicherste sei.

Aber der Hlinka-Mann Stefan Zepjulka, zwanzigjährig und mit

einem deutschen Schießgewehr ausgerüstet, war anderer Meinung. Im Interesse der Unabhängigkeit der Slowakei war es »unabdingbar« (hätte er sagen können, wenn er außer »Sieg Heil« schon so viel Hitler-Deutsch gelernt hätte), daß der Realitätenhändler Alfred Guttfreund die Stadt Preßburg nicht verlasse. Noch wichtiger aber war, ihm alles abzunehmen, was er und die Seinen bei sich trugen. Eine goldene Uhr samt Kette, eine Krawattennadel, zwei Ohrperlen der Frau Guttfreund und einen Brillantring, Wertgegenstände, die die Familie Guttfreund auf ihren verschiedenen Fluchtwegen gerettet hatte.

Nach einigen Tagen erschien ein Hlinka-Mann, nicht Zepjulka, sondern Ruska, in der Wohnung des ehemaligen Realitätenhändlers Guttfreund. Er war einundzwanzigjährig und mit einem deutschen Schießgewehr ausgerüstet. »Sie handeln doch mit Realitäten«, sagte er freundlich, »hier sind einige, was geben Sie dafür?« Und er breitete vor Guttfreund eine goldene Uhr samt Kette, eine Krawattennadel, zwei Ohrperlen und einen Brillantring aus. »Es ist eine ›medzi‹«,[175] sagte Ruska, der schon etwas Deutsch gelernt hatte, seitdem er in Preßburg Dienst machte, »denn eigentlich dürfen Juden keine Realitäten besitzen – aber«, flüsterte er augenzwinkernd, »ich bin nicht so.«

Herr Guttfreund wollte sein Eigentum nicht zurückkaufen, wagte jedoch nicht, das Angebot abzuweisen. Was fange ich nur damit an, dachte er, wie nehme ich es mit, wenn es mir doch gelingen sollte, fortzukommen? Aber Ruska trug ein deutsches Schießgewehr und wurde schon ungeduldig, und so bezahlte Guttfreund, hoch über dem Wert, und hatte wenigstens seinen kleinen Goldschatz wieder beisammen.

Dies getan, ging Ruska zu Zepjulka und erstattete Meldung. Und Zepjulka schickte seinen Freund, den Hlinka-Gardisten Grifnik zu Guttfreund. Grifnik war neunzehnjährig und mit einem deutschen Schießgewehr ausgerüstet. »Haben Sie Gold und Edelsteine im Hause?« Guttfreund wagte nicht zu leugnen. »Weißt du denn nicht, verdammter Jude, daß das verboten ist?« Und er beschlagnahmte die goldene Uhr samt Kette, die Krawattennadel, die Ohrperlen und den Brillantring, im Namen der slowakischen Unabhängigkeit.

Guttfreund überlegte, ob er beim nächsten Verkaufsangebot aus dem Fenster springen oder wieder bezahlen soll.

Man sieht, so einträglich ist das jüdische »Realitätengeschäft«.

Mai 1939

EIN BILD-DOKUMENT

Einer Prager Vorstadt-Volksschule, auf deren Bänken hauptsächlich die Kinder der Armen sitzen, wird die Ehre eines Protektorats-Besuches zuteil. SS-Leute in hohen Stiefeln steigen aus dem großen Auto der NS-Volkswohlfahrt, das vor dem Schultor hält. Der alte Schuldiener möchte am liebsten Alarm läuten.

Die Abordnung wünscht, in ein Klassenzimmer geführt zu werden. Beherzt geht der Schulleiter voran. Eine Inspektion? Die Lehrerin, auf den Besuch nicht gefaßt, erbleicht. Die Kinder sitzen mit geöffneten Mündern da. Es war gerade Gesangsstunde; der Ton ist ihnen in der Kehle stecken geblieben. Die Lehrerin rafft sich zusammen und gibt den Kindern ein Zeichen, sich zu erheben. Mit gesenkten Köpfen, wie welk, stehen die Kleinen da. Die Lehrerin klatscht leise in die Hände: »Weitersingen!« Und ein slawisches Kinderliedchen steigt auf, dünn, leise, verschüchtert.

»Abstellen!« kommandiert der SS-Mann, »det wolln wa jar nich hörn. Vastehn kein Wort. Wat janz andres wolln wa. Platz nehmen, Kinder!« Die Lehrerin übersetzt es ins Tschechische.

»Und jetzt zieht ma Schuhe und Strümfe aus! Gut.«

Barfüßig sitzen die Kinder da und machen erstaunte Augen.

»Und jetzt, Achtung, Strümpfe und Schuhe wieder anziehen. Kameramann, filmen Sie!«

Der Kameramann hat schon seinen Apparat aufgestellt und filmt, wie sich die Kinder vergnügt und lachend Strümpfe und Schuhe anziehen – so eine komische Übung haben sie noch nie durchgenommen – indes, bescheiden im Hintergrund, die Leute von der NS-Volkswohlfahrt gerührte Gesichter machen.

»Großartig. Ich danke, Frollein. Nächstens können die Kinder die tschechische Fassung von ›Die Fahne hoch …‹ singen.[176] Wird ihnen nichts schaden. Und Heil Hitler!«

Der Kameramann packt zusammen, und wie ein Spuk verschwindet der Besuch.

Der Schulleiter blickt die Lehrerin fragend an, die Lehrerin den Schulleiter. Was war das? Was bedeutet das? Keine Ahnung. Rätselhaft. »Lassen wir uns nicht stören, Kinder. Weitersingen!« Und wieder ertönt das slawische Kinderlied. –

In den Illustrierten in Deutschland und im Ausland ist ein ergreifendes Bilddokument aus dem Protektorat Böhmen und Mähren zu sehen: NS-Volkswohlfahrt stattet in einer tschechischen Volksschule die Ärmsten der Kleinen mit Strümpfen und Schuhen aus. Der Gipfel der Bild-Propaganda und ihrer Technik. Photomontage am lebendigen Objekt. *27. Mai 1939*

ERINNERUNGEN AN JOSEPH ROTH

Roth und die Frauen

Am Vorabend seines Todes,[177] als eine letzte Krankenhausbesucherin ihm Gute Nacht wünschte, sagte er: »Geh nicht weg, Du siehst doch, daß ich sterbe.«

Man sah es nicht, und keineswegs wußte er es selber. Das war ein Wort im Fieber, über einen einzelnen hinweggesprochen zu uns allen. Uns allen hat er das zugerufen in der vergehenden Hellsicht, ehe die Nacht hereinbrach. Hat er mit diesem Wort nicht einer Stummheit Ausdruck verliehen, die auf so vielen von uns lastete? Viele unter uns sind Sterbenden gleich. Wie die Reihen sich lichten. Rückt näher zusammen. Es dauert noch lange; der Weg ist noch weit. Die kleine Schar schwankt, schmilzt, rechts und links fallen sie. Wir brauchen Ermutigung. Wir sind verantwortlich, einer für den anderen. In der Emigration wiegt jedes Versäumnis hundertfach. Unsagbar groß und noch nicht genügend erkannt die Rolle, die die Frau in diesem unseren harten Leben spielt. Von Toller ging eine Frau fort, und er starb.[178] Frauen, die Roth kannten, sagten, er hätte vielleicht nicht sterben müssen, wenn eine von ihnen ihn stark und bedingungslos geliebt hätte, selbst wenn er sich hart und verletzend dagegen sträubte.

Nicht zu überhören, eines seiner letzten Worte: »Geh nicht weg, Du weißt doch, daß ich sterbe.«

Zu einer anderen Frau, die ihm einst nahestand,[179] sagte er in den letzten Fieberphantasien, mit einem Blick auf ihre Ringe: »Deine Steine werden zersplittern.«

Er war auch als Patient der widerspenstigste, schwierigste Mann. Es gab Frauen, die sich um ihn bemühten und Sorgen machten. Vor allem die prachtvolle *patronne* des Café Tournon,[180] aber er hatte seine Schliche, sich immer wieder ein Glas zu verschaffen und so die »Trink-Sperre« zu umgehen. Als Roth einmal um zwei Uhr nachts mit Freunden anderswo weitertrinken wollte, stellte sich die *patronne,* Tränen in den Augen, in die Türe. Dann gab sie den Weg frei und rief dem Kreis zu: »Schön, gehen Sie mit ihm, aber morgen ist er elend und ich muß ihn pflegen.« Und Roth ging nicht fort.

Unvergeßlich ist mir eine winzige Szene im Café Tournon. Ein junger Tiroler, ein frischer Junge, unangekränkelt, trotz der ungeheuer weiten Emigration aus einem Tiroler Dorf bis in die Rue Tournon, kam mit seiner kleinen Pariser Freundin ins Café. Sie konnten sich nur durch Zärtlichkeiten verständigen. Als die jungen Leute weggingen, streichelte Roth mit einer zugleich scheuen und kühnen Geste den Leib des Mädchens. Es war sozusagen eine objektivierte Liebkosung von einem unsagbar wehmütigen Zauber. Sie galt nicht einer bestimmten Person, sondern allen jungen Mädchen, die mit ihrem Liebhaber weggehen. Ein Streicheln wie ein Lächeln und Abschiednehmen. Mehr eine Bewegung des Segens und der Weisheit als eine intime Zärtlichkeit. Einmal und gültig.

Einmal kam eine reizende Kanadierin in den Kreis. Sie ließ sich erklären, wer Joseph Roth ist; sie betrachtete ihn, neugierig lächelnd, mit der ganzen frischen Unbekümmertheit Kanadiens. Roth war gleich entflammt. Er wollte sofort und unbedingt ihre verdeckten Ohren sehen; an den Ohren, meinte er, erkenne man die gute Rasse. Er versuchte sogar – und das wollte schon etwas heißen – englisch zu sprechen. Aber er kannte nur zwei Worte: »Good night«. Dann begann er, der Frau Zettelchen aus seinem Notizbuch zuzustecken. »Gefall ich Ihnen?« – Die Kanadierin hatte gegen seinen Schnurrbart Einwände. Und in der vorgerückten Stunde, nach vielen Gläsern »Suze mit Angoustura«[181] ließ er sich von der übermütigen Amerikanerin den Schnurrbart bürsten, zupfen und aufzwirbeln. Er ließ es sich gern gefallen, lachend wie ein Kind. Dieser Mensch der Haltung und der inneren Würde verlor mitunter die Distanz.

Die Religion

Jeden Sonntag ging er den kurzen Weg vom Café Tournon um die Ecke in die Kirche St. Sulpice zur Messe; mit seinen kleinen, eleganten, kräftig skandierenden Schritten. Um seinen Katholizismus entstand nach seinem Tode unter den Freunden ein Streit. Man zerrte ein bißchen hin und her. Es war, als ob man den Vorgänger-Emigranten Heine variieren wollte: Wird man ihm Kaddisch sagen, wird man eine Messe lesen?[182] Beides; das wäre im Sinne Roths gewesen. Im »Hiob«,[183] am Rande einer polnischen Landstraße, mischen Christ und Jude ihre Tränen.

An einem Abend flüsterte er mir zu: »Nimm dieses Buch.« Es war ein schöner Band der von ihm geliebten Annette Kolb. »Rasch, versteck es unter deinem Mantel. Es gehört nicht mir; es gehört einem Menschen, den ich nicht leiden kann. Ich will, daß er sich ärgert, wenn er es vermißt und sucht. Und ich will einen Diebstahl begehen, damit ich morgen etwas zu beichten habe.« Das ist der ganze Mensch Roth, auf die kindliche Art boshaft, verschlagen und ein christlicher Sünder. Er brauchte eine Sünde, weil er am nächsten Tag zur Beichte ging.

Das Geld

In seinen Sterbe-Phantasien spielte ein Scheck eine Rolle. Er liebte Schecks. Er liebte auch den Geldbriefträger. Einmal sagte er mir: »Ich bin so unglücklich, daß nur noch maßlos viel Geld mich glücklich machen könnte.« Wenn er etwas besaß – er trug die Münzen immer lose in der Tasche, und eine Banknote habe ich nie in seinen Händen gesehen - legte er mir die Zehn-Franc-Stücke auf den Tisch, wie man Schokolade-Bonbons anbietet. »Brauchst du etwas? Nimm! Heute habe ich es. Morgen habe ich es nicht mehr, nimm!« Er drängte es einem auf, sozusagen, einzige Gelegenheit. »Wenn du etwas hast, und ich habe nichts, gibst du mir.« Das war der Kamerad Joseph Roth. Weil er das Geld in kleinen Mengen verachtete und es nur im Großen schätzte, demütigte er sich manchmal selbst in hoffnungslosen Stunden: »Gib mir fünf Francs, ich hab' eine gute Idee für dich.«

*

Roth besaß kein Zimmer, in dem er arbeiten konnte. »Wenn ich aufstehe«, sagte er, »ist mir, als fiele ich schon zur Tür hinaus!« Er arbeitete in seiner Ecke unten im kleinen Café. Nie war er allein. Es gibt nicht viele Beispiele für das Entstehen eines epischen Werks unter solchen Bedingungen. Es war eine soldatische Härte und Disziplin, die es ihm ermöglichte, so ohne jeden Arbeitskomfort zu schaffen. Wenn er allein sein wollte, zog er seine schöne Hand vor die Augen wie einen Vorhang. Manchmal schlief er auch so ein, zugedeckt von der bloßen Hand.

*

Es ist die Eigenschaft des Diamanten, hart zu sein und zu leuchten. Wenn gerade das Licht, gebrochen durch das Prisma roter und gelber Getränke, auf Roth fiel, so funkelte er und bewies seine Härte. Eine junge Amerikanerin, die sich vorwitzig über Fortschritt und ablehnend über Gott äußerte, bekam es furchtbar zu hören. Ein Strafgericht. Die Entdeckung Amerikas wurde von ihm annulliert.

Am letzten Sonntag vor seinem Tode war eine große Nacht im Café Tournon. Die behäbige, gemütlich-schwätzende Natur des ehemaligen Reichskanzlers Wirth[184] kam Roth besuchen. (Es war, als ob das flache Land zu ihm käme, da er ja nie in die Natur hinauskam.) Wenn man ihm sagte, die Sonne scheint schön, erwiderte er gereizt: »Bin ich ein Lyriker?«

Wirth und Roth: ein sanfter Zusammenstoß [...][185] Roth lachte respektvoll über jeden Witz, den der prächtige alte Herr erzählte. Wirth nannte sich Reichskanzler, Reichstagsabgeordneter, Reichswirth und Agronom, auch Leichtgewichtler, weil er nur kleine Biere hebe, indes Roth Schwergewichtler sei. Kurzum, es war gemütlich. Als ich mich verabschiedete, sagte der scherzhafte

Herr Reichswirt: »Auf Wiedersehen, Herr Professor.« Worauf ich sagte: »Leider bin ich gar kein Professor.« Und Roth, mit hartem Knurren auffahrend: »An diesem ›leider‹ sieht man die ganze Kleinlichkeit dieses Menschen. Anstatt zu sagen: ›Gottseidank bin ich kein Professor.‹« – Der Diamant hatte geritzt. Ich hatte nicht mehr Gelegenheit, ihm zu sagen: »Mein Roth, man braucht kein Diamant zu sein, um an einer zufälligen Wachs-Stelle seine Härte zu erproben.« Wir wußten es alle: sein scharfer Blick für kleine Schwächen und Unechtheiten (auch im Stil) war unheimlich.

Juni 1939

GLOSSEN ZUM JUDEN-CHRISTEN JOSEPH ROTH

Nachdem Roth das verlorene Österreich liebend an sein Herz gerückt hatte – Österreich war sein Europa –, wurde er Habsburger; nachdem er Habsburger geworden war, wurde er Katholik. Er glaubte in kindlicher Treue, dem Hause Habsburg zuliebe diesen Weg gehen zu sollen. Es ist der Weg aus der Enge zu einer europäischen Universalität (ein häufiger Judenweg); es ist der Weg Roths vom ostjüdischen »Hiob« zum österreichischen »Radetzkymarsch«.[186]

Das ist mehr als eine bloße Assimilation; es ist die wunderbare Transfiguration, ein gelebtes Wunder, ein Stück wirklicher Legende eines Dichters und Juden. In dieser Überschneidung des Dichterischen und des Jüdischen liegt das schwer faßbare Geheimnis Joseph Roths. Ein echter Dichter assimiliert sich nicht, er wandelt gläubig die Gestalt; er erliegt dieser gläubigen Gestaltswandlung, auch wenn sie nur eine sublime Illusion ist. Roth war vom Absturz in die Desillusion beständig bedroht, ein Nachtwandler am Abgrund. Um nicht zu stürzen, brauchte der Schwankende den Alkohol.

✡

Roth liebte die Habsburger, weil sie nicht mehr waren; wie ein Romantiker, der er war, den Traum liebt und das Gewesene. Er liebte sie als ein Kind des übernationalen Österreich, und auch als religiöser Mensch mußte er sie lieben, denn sie gehörten zu den Leidenden und Verfolgten. Die Geschichte hatte mit den Sünden der Habsburger abgerechnet, ihm blieb nur übrig, sie zu segnen, hinter dem Schatten des alten Kaisers zu wandeln, mit Karl, dem Märtyrer, zu leiden (der die österreichischen Fehler gutzumachen nicht die Gelegenheit hatte) und mit dessen Sohn Otto an eine Wiederkehr zu glauben.[187] Drei Generationen Habsburg hielt er die Treue.

Die Judenproblematik war ihm zu eng; er hat sie auf seine Art gesprengt. Er projizierte sie auf den österreichischen Menschen, auf den europäischen Menschen, auf das Menschsein überhaupt. Er verschmolz das Jüdische zu einem größeren, allgemeinen Schicksal der Gefährdung und Verfolgung. Von Debatten über Judenproblematik hat sich Roth schroff abgewandt. (Er kannte sie, diese verschärfte Problematik eines jüdischen Dichters deutscher Sprache – und welch einer Sprache in welch einer Zeit!) Im tiefsten empfand er sein Leben als exemplarisch jüdisch, trotz seiner Hinwendung zum Katholizismus; ein sterbender Jude im sterbenden Europa. Aber in diese Geheimsphäre ließ er niemanden eintreten.

Er verabscheute alle Nationalismen; aber am meisten den jüdischen. Sein Judentum war etwas ganz Konkretes, Einfaches: Liebe zu den jüdischen Menschen der proletarischen Kleinstädte, zu ihren niedrigen Häusern, zu ihrem kargen Leben, zu ihrer Glaubensstärke; er liebte die Frommen und die Abtrünnigen, die Schicksalsergebenen und die Rebellierenden. Nur das glatte, smarte Assimilantentum der sich Verleugnenden liebte er nicht. Er liebte nicht einen gewissen palästinensischen Neuamerikanismus. Er war als Jude ein Eigenwilliger, ein Konservativer, ein Romantiker, der, rückwärts lebend à la recherche du temps perdu,[188] das jüdische Vaterhaus im Raum zwischen Tarnopol und Wien nie vergaß.[189]

Jeden Sonntag ging er den kurzen Weg vom Café Tournon um die Ecke in die Kirche St. Sulpice zur Messe; mit seinen kleinen, graziösen, skandierenden Schritten. Eines Abends flüsterte er mir zu: »Nimm dieses Buch« (es war ein schöner Band von Hofmannsthal) »rasch, versteck es in deinem Mantel. Es gehört nicht mir; es gehört einem Menschen, den ich nicht leiden kann. Ich will, daß er sich ärgert, wenn er es vermißt und sucht. Und gleichzeitig will ich einen Diebstahl begehen, damit ich morgen etwas zu beichten habe.« So war Roth: auf seine kindliche Art boshaft und verschlagen; er brauchte die Sünde, um beichten zu können.

*

Als wir im Spital an seinem Sarge standen, der gerade vernietet wurde, das letzte Gesicht betrachtend, den verschlossen abweisenden, fast etwas spöttischen Mund, da suchten wir nach einem endgültigen Bekenntnis dieses undurchdringlichen, wandlungsreichen Menschen, der mitten in der Unordnung fortgegangen war.

War sein Katholizismus mehr als eine seiner geliebten, gelebten Figurationen?

Zu spät die letzten tränenverschleierten Augenblicke. Der Sargdeckel mit dem Kreuz nahm das schweigende Gesicht hinweg. Rasch trat mit segnender Gebärde der Priester heran. Etwas Eiliges und Besorgtes schien in seiner Handlung – nichts war klar hinter diesem unvollendet-vollendeten Leben, nicht einmal die Taufe.

*

Das Grab draußen auf dem Friedhof der Pariser Banlieue war noch kaum geschlossen,[190] und schon entstand ein Streit um den Katholizismus und den habsburgischen Legitimismus[191] Joseph Roths. Es waren unter seinen besten jüdischen Freunden viele, die wußten, daß er in »tiefer Unordnung mit allem« (Roths eigene Worte) gestorben war. Sie hatten um seine jüdische Beisetzung gekämpft und hatten unter der letzten Verkennung des Juden Joseph Roth bitter gelitten. Es war, als ob man Roths Vorgänger, den Juden-Christen und Emigranten Heinrich Heine, variieren wollte: Wird man einen Kaddisch sagen, wird man eine Messe lesen?[192] –

Die jüdischen und katholischen Freunde waren schließlich übereingekommen, daß an seinem Grabe nach dem Gebet des Priesters der Kaddisch gesprochen werden solle. So wie im »Hiob« am Rand einer polnischen Landstraße Christ und Jude die Tränen ihres gemeinsamen Leides mischen.

Er war ein Dichter und ein Jude, ganz gleich, auf welchem Friedhof und unter welchem Segensspruch er ruht. In ihm wiederholt sich das Heine-Schicksal, österreichisch und ostjüdisch gefärbt. Er war ein jüdischer Mensch, gesegnet mit dem Adel deutscher Sprache. Das ist genug. Das ist sehr viel. Das war mehr, als Joseph Roth gestalten und ethisch bewältigen konnte. Katholizismus und Habsburg waren gleichsam nur zusätzliche Aufgaben. Keiner von den jüdischen Dichtern, denen zur letzten Größe die letzte Hüllenlosigkeit und Ganzheit fehlt.

Juni 1939

EIN ZEUGE ÖSTERREICHS. VOM LEBEN UND STERBEN DES DICHTERS JOSEPH ROTH

Samstag vor Pfingsten starb Joseph Roth in dem winzigen Zimmer des Pariser Hospitals Necker.[193] Er starb seinen Tod, delirierend, fiebernd, einsam und tapfer. Er ging aus dem leuchtenden Frühling fort, den er, der herbstlich versunkene Mensch, nicht mehr liebte und dessen starkes Licht seinen ewig wunden Augen weh tat. Er wußte, daß er nirgendwo anders sterben werde als in seinem geliebten Paris. »Hier«, sagte er häufig, »hier sterben, an dieser Ecke, in diesem Café.« Kein amerikanisches »Affidavit«[194] – ein Wort, über das sich sein grimmiger Spott ergoß – hätte ihn von seinem Stammplatz weglocken können. Er wollte nicht ins Krankenhaus, als er in seinem kleinen Café, in dem er seit langem seine Tage und Nächte verbrachte, zusammenbrach. Er war der letzte Gast gewesen im gegenüberliegenden alten Hotel Foyot, das vor drei Jahren demoliert wurde; das Haus war schon geräumt, die Spitzhacken lärmten schon – Roth blieb dort, bis man das Dach abtrug, auf einer bloßen Matratze. Dann zog er in ein Hotel gegenüber, in der gleichen stillen Rue Tournon, die er nur selten verließ und in der die Welt zu ihm kam. »Republik Tournon« nannte er diese Ecke beim Palais Luxembourg; er liebte die Menschen, die hier kamen und gingen, vor allem die Chauffeure, die Clochards, die Briefträger und Polizisten. Im Leben wie in der Dichtung galt seine Liebe den einfachen Menschen. Und wie er sich gesträubt hatte, das stürzende alte Hotel gegenüber zu verlassen, so weigerte er sich jetzt, als man ihn vom Caféhausboden aufhob, ins Krankenhaus zu fahren. Er wollte nicht fort aus einem Leben, dessen Einsturz er gewollt und gefördert hatte. Er blickte sich um und suchte seinen alten, zerknüllten Hut und den unentbehrlichen Stock. Stock und Hut beweisen, daß er noch an das Leben glaubte, nicht an den Tod.

In der Nacht der ersten Hindenburgwahl – im Jahre 1925 –, als die Sturmtrupps in den Straßen zu singen begannen: »Siegreich wollen wir Frankreich schlagen«, sagte er: »Servus!«, winkte mit dem Stock einem Taxi, fuhr ins Hotel, hinterließ dem Hotelboy Schuhe und Anzüge, dann zum Bahnhof und verließ Deutschland für immer.[195] Er lebte ohne Gepäck, er starb ohne Gepäck, ein Fürst der Armut, nur den Geist auf der Stirn, nur den Adel im Auge.

*

Joseph Roth war als Mensch und Dichter eine ganz einmalige, unverwechselbare Erscheinung. Als Mensch war er unbedingt nobel, nicht nur, solange er ein gutbezahlter, verwöhnter Autor war, sondern erst recht im Verfall. Er wurde in der Armut und in der Trauer seiner Verlorenheit immer menschlicher, zugleich gütiger und strenger, zugleich weiser und herrischer, zugleich mystischer und verschlagener. Keine Trübheit konnte ihm etwas anhaben. Gebeugt, war er aufrecht. Gedemütigt durch äußere Mißverhältnisse, war er stolz. Selbst wenn er sich selbst übertrieb und darstellte, triumphierte zuletzt das Echte. Und so auch war der Dichter. Fast in jedem Satz ist er ganz er selbst. Das ist die Größe des Dichters Joseph Roth. Er war vielleicht der größte Prosalyriker dieser Zeit, ein Bruder Verlaines und ein Verwandter Rainer Maria Rilkes. Seine Sätze sind geprägte Form, verhinderte Verse. Er hat nie Verse geschrieben, doch in seinen Romanen leuchtet die Sprache am geringsten Detail auf. Sein Ohr lauschte dem feinen Verrinnen der Sekunden, das ihm wichtiger war als das große Geschehen. Seine Bücher sind Abläufe des schlichten Lebens; Roth erfand fast keine Handlung, keine Konflikte und keine sogenannte Fabel. Mit einer wunderbaren Sicherheit und Plastik zeichnete die Hand, was das Auge erschaute und das Herz erlebte.

Er begann, aus dem Krieg als junger österreichischer Frontoffizier heimgekehrt, mit einem kleinen Roman, »Der Rebell«,[196] der Geschichte eines Kriegsinvaliden, der sich aus der Gebrechlichkeit zur Anklage und zum Angriff erhebt. Mit überrealistischer Transparenz schilderte er in »Hotel Savoy«[197] das Treiben in einem großen Provinzhotel seiner galizischen Heimat. Er gestaltete im »Weg ohne Ende«[198] die Verlorenheit eines, der aus der Heimat des Krieges in die Fremde des Friedens zurückkehrt und sich im Leben nicht mehr zurechtfindet. Das Motiv der Verlorenheit, des »zu Unrecht Lebenden«, des »vom Tode Beurlaubten« kehrt in seinem letzten Roman, »Die Kapuzinergruft«,[199] noch bitterer und schmerzlicher wieder. Dann, nach unsicherem Tasten, nach dem nicht geglückten Versuch eines sogenannten »Zeitromans«, »Rechts und Links«,[200] nach publizistischen Reiseberichten aus Rußland, Italien und Deutschland (für die »Frankfurter Zeitung«), die in jedem Sinne ungewöhnlich waren, blüht sein schönstes Prosagedicht auf: »Hiob«.[201] Das Wunder des Leids, die ewige Heimsuchung. Welche Fülle vorausgeahnter Prüfungen umschließt dieses stille Leben und Wandern des frommen, ostjüdischen Mannes! In keinem Buch Roths glänzt die Träne, so kostbar gefaßt wie ein Edelstein, in keinem ist der Geigenton des Schmerzes so süß. Ich sprach mit ihm vor wenigen Wochen über dieses Buch, das ihn berühmt gemacht hat in allen Sprachen. Roth ließ es nicht mehr gelten; hart und streng, mit seiner lieben, knarrenden Stimme sagte er: »Es ist mir zu virtuos in seinem Geigenton; Paganini; das Leid ist zu schmackhaft und weich.« Er war über dieses erfolgreichste Buch schon hinausgewachsen, wiewohl er, mit Ausnahme des »Radetzkymarsches«,[202] kaum ein besseres geschrieben hat. Andres Leid hielt ihn jetzt gepackt als in der »Hiob«-Zeit, die vor der Vertreibung, vor dem Ausbruch des Grauens liegt. Dieses Grauen gab seinen Vorstellungen und seiner Sprache apokalyptische Maße und fügte zum lyrischen Element das religiöse, das verkündende – ich möchte sagen: den Fluch und die Abscheu. Ach, ein Mensch, bestimmt, zu segnen und melancholisch zu lächeln, ein österreichischer, im Grunde weicher Mensch wehrte sich gegen den lebenzerstörenden Ekel, gegen den gänzlichen Verzicht, gegen das Anstarren der Gorgo. Er rief in dieser Abwehr, immer stärker, immer verzweifelter, den Alkohol zu Hilfe.

Er war ein österreichischer Mensch der Armut, einer der letzten Zeugen Österreichs. Gerade weil er vom russischen Rand der österreichischen Monarchie stammt, aus dem slawisch-jüdischen k. und k. Völkergemisch, liebte er die Idee Österreich, die ihm eine Religion war. Der alte Kaiser Franz Joseph verklärte sich ihm zum Vatersymbol. Seit dem Untergang Österreichs war Roth verwaist. Er war und blieb der Soldat seines Kaisers; in diesem Treuegefühl fand der Geschlagene und Verlorene einen Halt. Er pflegte zu sagen: »Ich schau' mir meine Freunde darauf an, ob ich mit ihnen auf Feldwache gehen möchte.« Er lebte noch im 1914er Krieg und nahm die technisierten Maginotlinien nicht zur Kenntnis. Er liebte den verrunzelten Rest seines Landes, bevor es gänzlich verschwand, mit doppelter Liebe. Konnte nicht ein Wunder geschehen wie im »Hiob« und aus dem Mißratenen und Entwürdigten gnadenhaft eine Herrlichkeit entstehen? Es war der Legendenglaube eines Dichters und der Traum eines Kindes.

Roths Monarchismus und Konservativismus, der im unvergleich schönen »Radetzkymarsch« und im schwächeren Nachfolger dieses Meisterwerks, in der »Kapuzinergruft«, das Epos des alten Österreichs geformt hat, mündet in ein schattenhaftes Vergehen. Es ist ein Roman ohne Ausweg, ohne Ausblick, es sei denn in eine Gruft. Nach einem solchen Buch schreibt man schwerlich noch eines.

Joseph Roth gehörte zur gefährdeten Generation zwischen vierzig und fünfzig, die auf dem weiten Weg durch die Emigration schwach wird und zusammenbricht. Er hätte gern noch gelebt, um das Grauen dieser Zeit zu überleben. Aber er tat nichts dazu; im Gegenteil, heimlich, zäh, geradezu listig tat er alles, um sich die Qual des Wartens zu verkürzen. Das Leben war in einem Maße unerträglich geworden, daß er den Schmerz kaum mehr beschwichtigen konnte. Sein zäher, beinah heroischer Verfall, seine Vereinsamung im geselligen, bunten Kreis wechselnder Figuren, seine Weisheit und sein Hinschwinden im kleinen Café Tournon, das ist die Gestaltwerdung eines zerstörten Lebens. Transfiguration einer von ihm selbst gedichteten Romanfigur.

10. Juni 1939

Roth, den Legitimisten,[203] betrachten, bedeutet, drei profunde, unterirdische Gebiete der Dichtung und Geschichte zu berühren: die Legende, die Romantik und die Rolle des unpolitischen Dichters in der Politik.

Sie seien hier nur aphoristisch gestreift.

Man kann den »Radetzkymarsch« und die »Kapuzinergruft« wenden,[204] wie man will, es wird dabei kein Programm und keine Tendenzdichtung herauskommen. Wohl ein Traum, Traum eines menschenwürdigen Reichs und einer Ordnung, eine Verliebtheit und eine Liebe, ein bis zum Eigensinn und bis zur Leidenschaft getriebenes Spiel.

Als echter Romantiker hat er rückwärts gelebt, »à la recherche du temps perdu«; er marschierte, taumelte in eine bessere Vergangenheit zurück (die er aus eigener Anschauung kaum kannte); er beschwor den Schatten Vorkriegsösterreichs und seines Kaisers und hielt ihm in kindlicher Sohnesliebe die Treue. Einmal verliebt in den österreichischen Traum, lebte er ihn in der Dichtung und in der persönlichen Gestalt, im Geist und im Fleisch, wie ein Liebender seine Liebe erlebt; ein Romantiker, Traum und Wirklichkeit nicht mehr unterscheidend. Gelebter Traum und gelebte Dichtung – das ist Legende. Wenn man will, nenne man es »Legitimismus«. Was liegt an Worten. Im Grunde ist Roths gelebte und gedichtete Legende politisch unbenennbar und unbenützbar. Wenn Antilegitimisten die Dummheit begehen, auf seinem Grabe eine andere Fahne aufzupflanzen, wenn sie den toten Dichter für eine andere »Richtung« beanspruchen – an dieser Stelle soll sich ein barbarisches Mißverständnis nicht wiederholen. So viel Respekt müßte sogar ein politischer Mensch aufbringen.

Roth hat keine dokumentarischen, objektiven Geschichtsromane der Habsburgmonarchie geschrieben, der, wie allen irdischen Gebilden, Sünden und Unterlassungen vorzuwerfen sind. Er hat den Nachruf und die Verklärung der österreichischen Monarchie geschrieben. Auf einem Grabstein steht nur das Schöne. Er hat dieses Grabmal gesetzt, weil er an die Unsterblichkeit und die Wiederauferstehung Österreichs glaubte. Das alte Österreich war identisch mit einem milden Kindheitstraum. Eine verwehte, eine wehe Melodie war ihm das Haus Habsburg. Als echter Romantiker liebte er das Gestürzte, Gewesene, Verblichene, das unzerstörbar ist. Weil es entrückt und abgeschlossen ist, keiner Veränderung mehr unterworfen, von der Legende bewahrt. Er verwandelte Politik in Dichtung. Was er berührte, wurde Dichtung; und er selber auch. Was bleibt einem Dichter anderes übrig, der nicht an den »Fortschritt« und nicht an eine sozialistische Zukunft glaubt?

Er liebte die Habsburger, weil sie nicht mehr waren. Er liebte sie als ein Kind des übernationalen Österreichs und auch als Katholik; als religiöser Christ mußte er sie lieben, denn sie gehörten zu den Leidenden und Verfolgten. Sollte er mit den Sünden Habsburgs abrechnen? Das hatte schon die Geschichte besorgt; seiner Geschichte blieb nur übrig, hinter dem Schatten des alten Kaisers zu marschieren, zu wanken, mit Karl, dem Märtyrer, zu leiden, der die Fehler seiner Vorgänger gutzumachen nicht mehr die Gelegenheit hatte, und mit dessen Sohn an eine Wiederkehr zu glauben. Drei Generationen hielt er die Treue.

Aber ebenso, wie in Roths Habsburg-Romanen eine Abrechnung mit den Mängeln der Vorkriegsmonarchie fehlt, ebenso fehlt in ihnen ein Programm des künftigen Österreich. Roths tiefe Dichterweisheit beschränkte sich auf die Legende. Alle politische Zufallsaktualität ist vermieden. Es ist nicht seine Schuld, wenn man seine schöne, gute Legende, so oder so, politisiert. An diesem farbigen Gemälde mit den verschwimmenden Konturen ist nichts zu ändern. Er hatte nichts dagegen, als Legitimist zu leben und zu sterben. Er legte keinen Wert auf ein Willensvermächtnis, in keiner Beziehung, auch nicht in religiöser. Er war so, wie er gelebt und gedichtet hatte, legendär, ungewiß, schwer zu begreifen und gar nicht einzureihen. Er akzeptierte die Rolle, die nicht er, die ihn erwählt hatte und spielte sie bis zu Ende. Daran nachträglich, nach Schluß des Spiels, etwas ändern zu wollen, wäre nicht anständig.

Er war bei allem Rausch viel zu gescheit und zu nüchtern, um in der Ohnmacht der Emigration politische Projekte zu entwerfen. Es gibt bei ihm keine politischen Entwürfe, wie eine wiederhergestellte Habsburgermonarchie aussehen werde. Er träumte die Wiederherstellung eines menschenwürdigen Reiches, in dem die

Idee Österreich, die übernational, humanistisch und katholisch sein wird, sich entfalten kann, und in dem, nicht zu übersehen, der Dichter Joseph Roth leben kann, reich an den ihm gebührenden Ehren und Gütern und so frei, wie ein Dichter sein muß, um atmen und schaffen zu können. Wenn das ein legitimistisches Programm ist, so mag Roth als Legitimist gelten. Sicher ist, daß das Habsburg, durch Leid und Erfahrung hindurchgegangen, ganz anders ist als das Habsburg von 1914. Das übersehen die Gegner.

Es kann aus Roths österreichischer Legende Wirklichkeit werden. (Die Legende ist häufig das Vorstadium der Geschichte, und sie ist das, was von ihr übrigbleibt.) Ob sie Wirklichkeit wird oder nicht, liegt nicht an ihren Interpreten, die nun an dem Reglosen herumzerren.

Das liegt viel tiefer, in unzugänglichen Schichten der Historie.

Ebenso liegt die Wirklichkeit des Dichters Roth tief gebettet in der legendenhaften Gestalt, die politisch nicht einzureihen ist, so wenig wie Kleist, Grillparzer oder Fontane. Halten wir uns an die schlichte Gewißheit, daß Roth ein österreichischer Dichter war, jüdischer Herkunft, christgläubig, gesegnet mit dem Adel deutscher Sprache. Das ist genug. Das ist sehr viel. Es war mehr, als Joseph Roth verarbeiten und bewältigen konnte. *1. Juli 1939*

HIOB AUF DER BÜHNE

Joseph Roths Erzählung vom armen Mann »Hiob«, dem das Unglück wie ein Schatten folgt, wurde in einer Gedächtnisfeier für den verstorbenen Dichter im Theater Pigalle quasi als Theaterstück dargeboten.[205] Die Transformation, immer ein mißlungenes Experiment, wurde von einem Anonymus behutsam durchgeführt; das Sprachjuwel der Originalfassung leuchtet da und dort im Dialog auf, und man freut sich, die »schönen« Stellen wiederzufinden. Jedoch, um im Bilde zu bleiben, etwas anderes ist das Geschmeide in einer epischen Kette, und etwas anderes in einem dramatischen Gefüge; dort ist es natürlich und hier mitunter wie aufgesetzter Prunk. Aus der Erzählung wurde kein Schauspiel, jedoch die lebendige Folge von Bildern aus dem Leben eines einfachen jüdischen Mannes hätte wohl auch die nachsichtige Billigung Roths gefunden. Wahrscheinlich hätte er geraten, auf die Texttreue mitunter lieber zu verzichten, um eine größere Knappheit und Konzentration zu erzielen.

Der dramatisierte »Hiob« verdient Beachtung und dürfte sie auch anderwärts finden. In der Umformung werden neue Einblikke und Querschnitte sichtbar (wie immer, wenn man etwas gültig Gefügtes auseinandernimmt). So erkennt man, daß Roth das Leid mit ironischer Absicht überinstrumentiert, indem er die stille Klage Mendel Singers durch das Gejammer seiner jammerseligen Frau kontrapunktiert. Die dramatische Plastik macht auch die Schuld Hiobs deutlicher, der in der Geschäftigkeit der Abreise den kleinen kranken Sohn übersieht und ihn wegstellt wie einen unnützen Hausrat, den man nicht mitnimmt. Diese kalte, blinde Stelle im Herzen – unzweifelhaft eine Selbstanklage des Dichters – wird in der Dramatisierung eigentlich noch deutlicher als in der Erzählung. Nicht genug geliebt! ist der nicht zu überhörende Unterton. Mendel Singer ist in sein Unglück verliebt, gleichsam bis über die Ohren, so daß er die Stimme Gottes nicht hört! Er hat etwas von der Härte, Dumpfheit und dem Egoismus des Leids. Hier wird ein Doppelzug des komplexen Rothschen Wesens sichtbar, von dem die einleitenden Worte Stefan Zweigs (gelesen von Leo Askenasi) sprachen: jüdische Starrheit und russisches Schuldgefühl. Das dritte Element Roths, das österreichische, schwingt hier nur in der Musikalität der Sprache.

Hugo Haas, einer der feinsten tschechischen Schauspieler des Prager Nationaltheaters, spielte zum erstenmal deutsch, sein Mendel Singer besitzt die äußere Schlichtheit, die graue, deckende Farbe für den inneren Tumult von Geduld und Ungeduld, Schwäche und Härte, Weisheit und Närrischkeit. Sehr schön der Wandel vom kraftvollen Mann zum kindischen Greis. Die Heimkehr des verlorenen Menuchim (Leo Askenasi) in das Fest des Seder-Abends wurde zu einer wahren Feier, deren dichterische Schönheit in jeder Form unvergänglich ist. Der bekannte Theatermann Paul Gordon[206] hatte in seiner improvisierten Emigranten-Truppe (besonders mit Sidonie Lorm, Max Fischer, Hans Reiner und Trude Burg) einen verdienten Erfolg. *1. Juli 1939*

Lang noch in der Dämmerung liegt ein mildes Gipfelleuchten auf den bleichen Kuppeln Sacre Coeurs. Rötlicher verglimmt der Rost des Eisenturms. Und dann brennen tausend Kerzen rundum auf, Festtagskerzen seiner fünfzig Jahre. »Tout Paris« feiert den alten Knaben; wenig Dinge aus der Zeit um neunundachtzig sind so frisch geblieben.[207]

Ohne Plan und Absicht, doch gelenkt von dem, was tiefer liegt als absichtsvoller Plan, promeniert ein einsamer Passant, Offizier in Ziviltracht, auf dem Marsfeld. Elegante Limousinen-Auffahrt. Viele CD-Wagen. Der Spaziergänger erkennt sie, die vom Corps Diplomatique. Er gehört doch selbst dazu, Militär-Attaché der tschechischen Gesandtschaft.

»Heiße Benesch wie mein Präsident, den ich einmal nur in Audienz sah.« Also bitter lächelnd hebt der Monolog an. »Hier der Wagen des Gesandten von Paraguay, auch Spanien ist da und Polen, Litauen fehlt noch nicht, und der Ungar lächelt noch. Wir sind nicht vertreten. Trauergäste wären deplaciert«.

Auf der ersten Plattform, eisern eingesponnen vom beleuchteten Gestänge, prunkt das Eiffel-Fest-Souper. Benesch blinzelt in die hohe Bläue, winzig weht im überhellen Licht ganz auf der Spitze das vertraute Fähnchen, die Farben seines Landes.

»Warum nicht«, denkt Oberstleutnant Benesch, »eine Turmbesteigung in der Nacht, mit dem Doppelblick auf Tout-Paris, das im Licht erstrahlt, warum nicht ...« Und mit den geschmückten Gala-Gästen möchte er das Eingangstor passieren. »Monsieur, Pardon, Ihre Karte?« Und ein Blick auf seinen grauen Anzug mitten unter Fracks und Abendroben. »Nein, mein Herr, die Besteigung ist heut abend ausgeschlossen; nur geladene Gäste haben Zutritt.« – »Ich bin Oberstleutnant Benesch, Attaché der tschechischen Gesandtschaft.« –

»Wir bedauern sehr ...« Einsam steht der Attaché unterm großen Himmel, winzig zwischen den vier Riesenbeinen, die wie Wurzeln in den Boden greifen. Mehrmals kreist er um die Stahlgerüste. »Was denn«, denkt er, »als wir Jungen waren, kletterten wir doch in die Zweige der höchsten Apfelbäume«. Jung ist sein Gesicht, jünger noch durch das trotzige Lächeln, und der Nachtwind zaust sein Haar. Seine Hand berührt das Eisen. »Bin ein guter Turner, will die Herrschaften besuchen, oben auf der ersten Plattform«.

Niemand sieht den Nacht-Besucher, Zaungast, der den Zaun erklettert. Wenn man ihn auch sehen würde, dächte man mit Spannungsneugier: Olala, wie schick, ein Trick, zum Geburtstag steigt ein Steiger, kühner Tollkopf, durchs Gestänge.

Erster Griff und erster Klimmzug. »Will die Herrschaften besuchen auf der Plattform ihres Festes.« Wie ein winziges Insekt hängt der Oberstleutnant Benesch in dem stahlgewobenen Netzwerk. Jetzt ist er schon sehr entrückt. »Weiter, höher ... Eine Promenade nur, verglichen mit dem Weg meines armen Volkes. ... Kleine Völker müssen leiden. ... Gut sind diese Kletterseile, wie Lianen, stark und fest.« Atempause. Hübscher Rundblick. Freundlich zuckt das Nachtgewitter seine grellen Blitz-Reklamen. Noch ein Stückchen, bin dann eben auf der Plattform ihres Festes. Wären auch dabei, wenn wir überhaupt noch wären. Ich bin hier, wo ich hänge, der Vertreter meines Landes, sozusagen offiziell und genau an jener Stelle, wo ich hingehöre ... Messieurs, mes dames, Oberstleutnant Attaché Friedrich Benesch, mit Verlaub. Bitte nicht zu sehr erschrecken ...

Also sinnend, also kletternd, bis zur Plattform, schaute er mit bleichem Lächeln ungesehen in den Abgrund tiefen, allertiefsten Friedens. Und da – nicht von siebzig Metern Tiefe – packt ihn Grauen, Schwindel. Stumm lässt seine Hand das Gitter, und ein Schatten fällt vom Turm.

Jeder demonstriert am Ende, wie und wo er kann und muß. Und verläßt die Welt mit der Gebärde, die ihm sehr gemäß ist: lächelnd stumm, voll Ekel, fluchend, segnend. Ach, den meisten Menschen fehlt die Langmut, die der Mut des Wartens ist.

20. Juli 1939

Eines Tages werde ich ein Buch schreiben: »… und sah sie alle stürzen«. – Viele von uns werden dieses Buch schreiben. Wir werden darin schildern, wie es möglich war, daß ein böser, irrsinniger Traum so lange dauern konnte. Wir werden die Beschaffenheit dieses Traums und die der Schläfer untersuchen. Die willensgeschwächte Welt hatte nicht die Kraft, die Macht des Traums, der ein Traum der Macht war, abzuschütteln. Im Gegenteil, sie überlegte jahrelang, was man tun könnte, um ihn zu nähren und zu verlängern.

Man muß lange leben – ja, man hat die Pflicht, zu überleben, um dabei zu sein, wenn sie stürzen. Überleben ist, wie die Zeit beschaffen ist, eine Tugend, eine Kraft, eine Kraftprobe. Und vorzeitig sterben ist eine Schwäche und ein Laster. Um der Endabrechnung willen, die kommen wird, die nicht nur drüben, sondern auch hüben die Schuldigen unfehlbar treffen wird, müssen wir am Leben bleiben, Zeugen, die aussagen werden. Und wenn uns eine Kapitulanten-Zeit zur Geduld verurteilt hat, so müssen wir geduldig sein – so ist Geduld in feigen Zeiten der einzige Heroismus.

Die Welt wird sich, wenn es so weit ist, ein wenig schämen; man wird es nicht verstehen, wie es möglich war, daß man dem Spuk so lange zusah. Wir aber, wir werden es erklären. Wir müssen am Leben bleiben, schon darum.

Der größte Teil des deutschen Volkes wird fragen: Warum habt ihr nicht geholfen, uns zu befreien? Wir haben darauf gewartet – ihr habt gezögert. Wir haben die Freiheit geliebt, selbst wenn wir unter dem Druck der Sklaverei einem Selbsthaß der Freiheit, einer Verherrlichung der Unfreiheit verfielen. – Die Tschechen werden fragen: »Warum habt ihr uns diesen Schmerz angetan, ein nutzloser, sinnloser Versuch, den Frieden zu erhalten, indem ihr uns opfertet? Als ob man sich den Frieden so erkämpfen könnte … Wißt ihr denn nicht, daß politisch nichts stimmen kann, was ethisch nicht stimmt? Und daß das Weiterbestehen des Unrechts jede gute Politik zerfressen mußte, wie ein bösartiger Krebs den guten Organismus?« Ihr habt hintereinander gesagt: »Wegen der Juden führen wir keinen Krieg.« – »Wegen Abessinien führen wir keinen Krieg.« – »Wegen der Österreicher führen wir keinen Krieg.« –

»Wegen der Tschechen führen wir keinen Krieg.« – »Wegen Albanien einen Krieg führen?« Also weswegen … Darum, nur darum konnte der Albdruck so lange währen und sich kampflos immer wieder ausbreiten.

Wir werden die Legende schreiben, die von allem Geschehen übrig bleibt, den Epilog, das Nachwort. Ach, es wird keine große, heroische Geschichte sein. Wir werden nicht sein wie jene Gegner Napoleons, die ihn überlebten, die Benjamin Constant, die Chateaubriand, die Frau von Staël, die, erschüttert vom Sturz der Größe, in Demut die Abendröte von St. Helena sahen. Jener erlebte seine rechtmäßige Legende, zu der seine Laufbahn sich geläutert hatte, schon zu Lebzeiten. Er war eine große Figur in einem unsterblichen Drama, und er wußte es, schon unter der Sonne von Austerlitz, lange vor seinem Untergang. Wir werden nicht in einer ähnlichen Erhabenheit die Epilogisten sein. Wir werden eine der dreckigsten, niedrigsten Perioden, die Europa durchlebt haben wird (futurum exaktum, ein exaktes futurum), zu schildern haben. (Wir haben schon damit begonnen.) Eine harte Aufgabe für uns, die wir hindurchwaten, hindurchgewatet sind durch so viel Niedertracht, Versäumnisse, Preisgabe, Verrat, Schwäche. Groß einzig waren die Leiden der Schwachen. Wir werden sie der Nachwelt überliefern. Und mit diesen Leiden all jene, die sie verursacht und die sie achselzuckend nicht verhindert haben. Das wird die Legende sein, die übrig geblieben sein wird von der Schmach dieser Zeit. Sie war groß nur dadurch, daß ihre »Napoleone« eine relative Größe und Lebensdauer hatten durch die Geringfügigkeit ihrer Partner. Die Partnerlosigkeit war das befristete Glück der Diktatoren jener Epoche. Eine Absenz, ein Minus erzeugte den Lebensraum des Unwerts.

Wir werden den Auftrag haben, den Epilog zu schreiben. Und unser Nachwort wird zugleich der Prolog einer neuen europäischen Epoche sein, in die wir gelangen werden, wir Überlebenden.

20. Juli 1939

FABEL VON DER GUTEN INFORMATION

»Ich habe die besten Informationen«, sagte Herr Y. und legte sich bäuchlings und platterdings auf eine Wiese. »Ich höre das Gras wachsen. Und selbst wenn ich das Gras mitunter nicht wachsen höre, dresche ich wenigstens Stroh. Und das Gedroschene fressen meine Leser, die Heuochsen.«

»Ich habe noch viel bessere Informationen«, sagte Mme X., die berühmte Pythia unter den Journalisten, steckte den kleinen Finger in den Mund, machte ihn nass, hielt ihn in die Luft und spürte, woher der Wind weht.

»Was ist das alles gegen meine Informationen! Ich weiss genau, was die Spatzen von den Dächern pfeifen, instrumentiere es um, und die Gimpel lauschen.«

Aber da trumpfte ein vierter auf: »Das da hier ist das unübertrefflichste Informationsmaterial.« Und er breitete eine Kuhhaut aus. »Meine verblüffenden Informationen sind derart ausgedehnt, daß ich sie nur auf dieser breiten Basis bringen kann. Was ich schreibe, geht auf keine Kuhhaut.«

»Meine Informationen?« sagte ein fünfter Journalist. »Die Prophetie. Sie ist das Beste in dieser Zeit. Was ich heute prophezeie, braucht morgen nicht in Erfüllung zu gehen, und übermorgen haben es die Leute sowieso schon vergessen. Meine Prophezeiungen sind undementierbar, weil sie nur bis zum nächsten Morgenblatt Gültigkeit haben.«

An der Quelle saß ein Knabe; es war die »beste Quelle«. Er schöpfte aus ihr einwandfreie, aufsehenerregende Informationen. Es war ein wahres Glück, an einer solchen Quelle zu sitzen, und die Kollegen neideten sie ihm. Jeder zweite Satz, den der Knabe schrieb, begann mit: »Wie ich aus bester Quelle erfahre ....« Allein das Glück war kurz. Denn die beste Quelle, aus der er schöpfte, war der Agent einer fremden Macht, dessen vertrauliche Informationen dem ganz bestimmten Zweck dienten, verbreitet zu werden, um das Wasser zu trüben. Welch ein Begriffswandel: eine Quelle, die das Wasser trübt!

»Der Natur der Sache nach gibt es keine Information darüber, ob und wann ein Gangster schießen oder was sonst er tun wird, um zu rauben oder zu erpressen«, beendete ein wirklich Informierter die Debatte über die gute Information von heute.

12. August 1939

DAS OKAPI UND DER RADIOLOGE

Das Okapi kam aus dem Kongo nach Paris, war über Nacht berühmt und starb.[208] Genauer: es starb über Nacht und war berühmt. Das Okapi ist ein seltenes Tier aus den Gefilden Christian Morgensterns, eine Art Mondkalb mit Zebrastreifen und Gazellenaugen. Da es sogar in den Urwäldern des Kongo ausstirbt, zögerte es nicht, nach dem strapaziösen Transport im Zoologischen Garten von Paris zu verscheiden.

Tierärzte und Wärter bemühten sich um den hohen Patienten, und die Pressephotographen standen dabei und hielten alle Phasen der Behandlung fest. Denn das Okapi war ein königliches Geschenk des Königs von Belgien an Frankreich. Alle Abendblätter waren voll davon. Auf Seite eins: spaltenlang, mit großen Bildern wie von Filmstars. Das Okapi sah wie eine verkleinerte Giraffe aus, oder wie eine vergrößerte Antilope; als hätte ein schlechter Photograph eine Giraffe und eine Antilope übereinanderkopiert.

Und dann war das Okapi tot. Daß an einem solchen Tag Danzig,[209] die Kriegsgefahr und der Russenpakt[210] in den Hintergrund treten, ist nur in Ordnung. Die zermürbte, gequälte Zivilisation ist froh und dankbar, sich durch ein graziöses scheues Geschöpf der Wildnis ablenken zu lassen. Das Okapi war mit einem Schlage populär. Ein so liebes Tier mit einem so suggestiven Namen, als bestünde er aus den Anfangsbuchstaben irgendeines Schlagerartikels.

Am gleichen Tag wie das Okapi starb der berühmte französische Radiologe Dr. Parrin den heroischen Forschertod. Parrin hatte bei der Anwendung des Radiums nach und nach die Finger, die Hand und den ganzen Arm verloren. Er wußte, daß ihn der Radium-Krebs nach und nach zerstören würde, und hat dennoch bis zum letzten Tag die Strahlentherapie, die ihn das Leben kostete, zur Rettung seiner Patienten angewandt.

Die gleiche Zeitungsnummer schafft den Zusammenhang zwischen dem Tod des Okapi und dem des Radiumforschers. Die Zeitungsnummer hat ihre eigene unverbrüchliche Werteskala und Rangordnung. Die Boulevardpresse entscheidet: Das Okapi kommt mehrspaltig groß mit Bildern auf Seite *eins* der großen Ereignisse. Der tote Radiologe kommt einspaltig ohne Bild auf Seite *fünf*.

Dem Radiologen ist das unendlich gleichgültig, und das Publikum will Okapi. Die Pariser Boulevardpresse führt nur aus, was das Publikum will. Ein exotisches Tier ist unbesehen interessanter als ein heroischer Gelehrter, und ein totes Okapi des Königs von Belgien ist als Sensation nicht zu schlagen durch den Märtyrertod eines Forschers. Treffen die beiden Ereignisse am gleichen Tag zusammen, gibt es gar keine Wahl, welche den Vorzug verdient. Der Tod des Okapi, in seiner Mischung von Sentimentalität und Heiterkeit, ist ein sicherer Publikumserfolg: indes der Opfertod eines Forschers nur tragisch ist und, wie alles Große, keine Popularität besitzt.

Ende August 1939

WAS WÄRE, WENN ...

Wenn selbst Napoleon es bisweilen nicht verschmähte, mit dem unerbittlichen Geist der Geschichte (dem er nahestand) zu spielen, warum sollten wir Kleinen es dann nicht tun dürfen, wir Zuschauer, Statisten, wir kleinen Objekte und Opfer der Geschichte. Als der Kaiser aus dem siegreichen, aber schweren österreichischen Feldzug von 1809 zurückkam, fragte er seinen Außenminister Talleyrand: »Was hättet Ihr getan, wenn ich bei Wagram gefallen wäre?« (Es hat bekanntlich nicht viel gefehlt.) Talleyrand erwiderte: »Ce que nous aurions fait? Ma foi, nous aurions fait caca dans nos culottes.«[211]

Es gibt deutsche und französische Politiker, deren Ratlosigkeit sich bei der bloßen Vorstellung, daß Hitler und dem Dritten Reich etwas Menschliches passieren könnte, in ähnlichen Erscheinungen äußert.

*

»Wenn heute vor fünfundzwanzig Jahren (wie die Zeit vergeht) der Weltkrieg nicht ausgebrochen wäre …« überlegte sinnend die Dame Clio und ließ den Griffel sinken, »ich möchte mich nicht mit dem Geschichtsphilosophen Hegel in eine Debatte einlassen, ob das, was geschah, auch geschehen mußte, und ob es gut ist, daß es geschah. Ich bin eine alte Praktikerin, und ich bereue viele Kapitel, die ich in das unerforschliche Buch der Geschichte auftragsgemäß einschreiben muß. Meiner Treu, ich hätte Lust, nur so für mich, die Geschichte Europas zu schreiben, wenn am 2. August 1914 der Weltkrieg vermieden worden wäre; heimlich und nebenbei möchte ich das schreiben, und der oberste Demiurg dürfte von dieser Nebenarbeit nichts wissen. Ich war Zeuge vieler Ereignisse, aber bei keinem andern erschüttert mich so der Gedanke, welchen Lauf die Geschichte genommen hätte, ohne dieses Ereignis. Überblicke ich alle Kriege (und ihre Zahl ist nicht gering), die in meinem Buch aufgezeichnet sind, so muß ich sagen, daß aus keinem die Welt so miserabel hervorgegangen ist wie aus diesem letzten, der der letzte sein sollte. Ein pfiffiger Demagoge hat die Ungelöstheit der Nachkriegsprobleme benützt, um die Verwirrung und Unordnung zu steigern. Ich habe das rollende Rad der Begebenheiten meine Ewigkeit lang geliebt, jetzt aber möchte ich es am liebsten zurückdrehen auf 1914. Ich muß mich gegen einen verzweifelten Geschichtspessimismus wehren. Ich, Clio, verzweifle an der Geschichte.«

Sie versank in Träumen. »Unvorstellbar die Blüte und der Reichtum dieses geeinten kleinen Erdteils. Deutschland: eine demokratische Republik, geleitet von einem weisen, bürgerlichen Mann mit recht vielen Kindern, wie es sich gehört; Österreich: ein freier Völkerstaat, eine Großschweiz … Welche Blüte der Wissenschaften und Künste! Meine Mitschwestern alle, die Musen, hätten herrliche Zeiten. Das Gold der Welt, nicht verwandelt in Zerstörung, ergösse sich in die Einrichtungen menschlicher Wohlfahrt, des Wissens und der Schönheit. Das Elend wäre überflüssig, die Krankheit zurückgedämmt, die Dummheit abgewehrt, die Gerechtigkeit erprobt, das Gewissen frei und die Freiheit gesichert.«

Eine schöne Träne rollte über die leere Seite ihres Buches. Was erblickt man in tränenverschleierten Träumen? Die vereinigten

Staaten Europas und die Philosophen als Staatslenker. »Ach, schon unter Plato habe ich die Mittel der menschlichen Vervollkommnung im Staatswesen aufgezeichnet. Und wo stehen wir nun, nach Anstrengungen und Leiden unerhört? Ich bin nur eine einfache Sekretärin der Geschichte, und es kommt mir nicht zu, mich in die unlösbaren Fragen nach ihrem Sinn zu verlieren. So viel aber scheint mir gewiß: Die arme Menschheit wird es nicht leicht haben; sie muß durch Katastrophen und Rückschläge hindurch. Die Weltkatastrophe von 1914 war viel eher zu vermeiden, als die, die jetzt fällig ist; die Schuld und Versäumnisse von 1914 waren viel geringer als die nach 1933. Aber das Ziel einer Weltbefreiung ist heute unendlich größer als damals. Verglichen mit heute, war damals der Krieg eine sinnlose Leichtfertigkeit und brach dennoch aus. Unfaßbarer Widerspruch der Geschichte, daß ein Krieg, an dem die Menschheit würgt, an dem sie fast erstickt, nicht ausbricht. Ein unvermeidlicher, ein heiliger Krieg. Ein Krieg der Neuschöpfung. Eine versäumte Aufgabe, die zu repetieren ist und um die man nicht herumkommt, trotz allem Schauder. Wäre ich nicht eine angeordnete Dactylo-Hilfskraft der Geschichte, ich würde kommandieren: ›Noch einmal 1914. Aber besser!‹

Was wäre geschehen, wenn Hácha in der Nacht zum 14. März in der Reichskanzlei nicht – buchstäblich – umgefallen wäre,[212] als man ihm den unerschütterlichen Willen des Führers, der nebenan auf- und abging, mitteilte: Unterwerfung unter das Protektorat des Reichs oder Luftbombardement von Prag; wenn Hácha gesagt hätte: ›Ich unterschreibe das nicht! Sagen Sie dem Reichskanzler, er möge den Befehl geben, Prag zu bombardieren. Städte kann man wieder aufbauen. Auch Moskau brannte einst nieder. Die Welt, so stumpf, wird emporgerissen werden, wenn eine friedliche Stadt mitten im Frieden von Bomben in Trümmer gelegt wird. In dem Augenblick, da Ihre Bomber unsere Grenzen überfliegen, kreuzen Sie sich mit unseren, die unterwegs sind nach Dresden und Berlin. Und nun können Sie mich in einem Ihrer Gestapo-Keller einsperren!‹

Was wäre geschehen? In voller Erkenntnis der Unbeweisbarkeit, die ich mir zu Nutze mache (denn die Geschichte ist unberechenbar), behaupte ich: ich will den Regenschirm Chamberlains und noch dazu den Zylinder Háchas fressen, wenn Hitler Prag bombardiert hätte. Hitler, der bessere Psychologe, kannte genau seinen Partner und wußte, daß er der massiven Drohung nicht stand halten werde. Er hatte das Glück (wie so oft), im entscheidenden Augenblick den richtigen Partner zu haben. Er traf den empfindlichen Punkt eines Prager Kindes: Unerträglich die Vorstellung, daß die Türme und Dächer des Goldenen Prags stürzen sollen. Mütterchen Prag – man ist ihr Kind, und zugleich ist sie ein Kind, ein schutzloses – kann man seine Mutter, sein Kind der Brandschatzung preisgeben?

Das Herz zerriß dem alten Hácha. Man muß ein starkes Herz haben; er hatte es nicht.

Hitler bombardierte das Herz Háchas; nicht Prag.

Hácha kannte nicht (wie so viele) das Grundgesetz Hitlers: Nicht dorthin gehen, wo geschossen wird. Den schwächsten Punkt des Widerstands abtasten. Und immer nur den Wehrlosen schlagen. Es ist das Gesetz, wonach er groß geworden ist. Einmal hat er es durchbrochen, im offenen Putsch von München,[213] einmal ging er dorthin, wo Widerstand war und geschossen wurde – der Schock war furchtbar und von Dauer. Hier hat das Gesetz seines Erfolges und seiner Laufbahn seinen Ursprung. Selbst für seine außenpolitischen Gewaltaktionen sucht er die Legalität, durch das Alibi, daß die Vergewaltigten ihn rufen. Von der Judenausrottung bis zum Schrei: Danzig, aber ohne Krieg! ist dieses Grundgesetz erkennbar: Schlage die Schwachen, aber legal. Man würde die Tiefe dieses Legalitäts-Traumas nicht ermessen, wenn man es einfach mit brutaler Feigheit erklären wollte. Hitler ist nicht feige. In der Ausweglosgkeit wird er auch dorthin gehen, wo geschossen wird. Und wird erliegen, wie einer, der seine Lebensgeschicklichkeit aufgibt. An seinen Partnern läge es, diese Situation planmäßig herbeizuführen. Bisher hat Hitler methodisch und exakt die weichen, nachgiebigen Stellen seiner Gegner abgetastet, ihre Nichtbereitschaft, sich zu wehren (geschweige denn, anzugreifen). Hingegen haben sich seine Gegner mit Eifer bemüht, den Sättigungspunkt der Totalitären zu ertasten. Auf der Linie zwischen diesen beiden Punkten, der Sättigung und dem Nachgeben, liegen die ›friedlichen‹ Erfolge Hitlers, und dort werden sie auch fernerhin liegen, wenn die Taktik nicht umschlägt.

Der große Unterschied: Hitler würde, wenn er könnte, die Demokratien vernichten (›legal‹ und mit friedlichen Mitteln); virtuell ist die Bereitschaft dafür vorhanden, potentiell fehlt sie. Hingegen würden die Demokratien den Faschismus selbst dann nicht vernichten, wenn sie es könnten; sie haben es bewiesen, denn sie hätten wiederholt gekonnt. Wenn sie seinen schwächsten Punkt hätten treffen können, haben sie seinen vorläufigen Sättigungspunkt ertastet.

Wie wäre es, wenn es anders würde?

Wie müßte der kommende Napoleon aussehen, der aus dem nach-faschistischen Chaos die Vereinigten Staaten von Europa schafft? – Kein Napoleon, woher auch immer, kein Vollstrecker und Erfüller (eines Vacuums), kein Genie, kein Gewaltmensch, kein Messias aus der Konjunktur der Verwirrung, sondern: ein Gremium von fünf normalen, etwas überdurchschnittlich verständigen Männern der großen Nationen genügt, um das Werk zu vollbringen.«

August 1939

VERSÄUMNISSE

Die Verkettung von Versäumnissen und Folgen – ganz unethisch gesprochen, um nicht zu sagen Schuld und Strafe – schleppt im persönlichen Leben die Last des Schwerreparablen meist noch lange nach sich. Im Politischen ist die Verzahnung umso komplizierter, die Ausdehnung der Einbrüche umso gewaltiger, je länger die Schäden im Fundament unentdeckt blieben und je kompletter die Nutznießer von diesen Fehlern profitierten.

Dies ist der Fall des Nationalsozialismus; seine Genesis und sein Aufstieg ist, nach seinen eigenen Worten, »die Geschichte der Versäumnisse unserer Gegner« (Goebbels in seiner letzten Rede).[214] Diese Aussage, cynisches Bekenntnis einer unschönen Seele,[215] ist ausnahmsweise echt, sie wiederholt sich in allen Varianten, sie gehört zum nationalsozialistischen Fundus, zur Exegese der Erwählheit, weil man nicht rechtzeitig vernichtet wurde. Weil man uns nicht rechtzeitig vernichtet hat, so folgern sie, ist es für immer zu spät. Hitler 1935 in Nürnberg: »Es gab nur ein Mittel, den Nationalsozialismus zu verhindern: mich umbringen.«[216] Das hieraus gefolgerte »zu spät«, irreparables Versäumnis, besiegeltes Schicksal, das ist gewissermaßen das moralische Rückgrat des Nazitums, seine Metaphysik, die nicht arrangierte Vorsehungsgläubigkeit.

Das Eingeständnis: wir sind so stark geworden, weil ihr schwach seid, unsere ganze Erfolgsserie ist die Geschichte eurer Versäumnisse, weil ihr geschlafen habt, besagt doch im Grunde: wir sind gar nicht so stark – dieses Eingeständnis hat etwas von Aufrichtigkeits-Zynismus eines Verbrechers, der sich nach gelungenem Coup über die Schwäche der Polizei lustig macht. Zweierlei ist daran charakteristisch: der übermächtige Drang professioneller Lügner und Heuchler, einmal auch etwas Wahres auszusagen; und das unlösbare Dilemma: mit der Verächtlichmachung des Gegners die Ruhmredigkeit der Stärke zu verbinden. Die nazistische Judenpolitik ist von diesem Dilemma zerfressen: Man hat die Juden unter die Wanzen eingereiht und sie gleichzeitig zum gefährlichen Weltfeind erhoben. Man möchte von beiden Seiten naschen. Aber man kann nicht zugleich Drachentöter Ritter Georg und Kammerjäger sein.

Die Verhängniskette der Versäumnisse begann tief in den Tagen der Weimarer Republik. Seit der – vielleicht von den Nazis selbst lancierten – Veröffentlichung des Geheimdokuments von Boxheim[217] wußten die innenpolitischen Gegner des Nationalsozialismus, was ihnen bevorstand, seit dem Erscheinen von »Mein Kampf« wußten es die außenpolitischen Partner.[218] Alles war da, schwarz auf weiß, alle Methoden und Praktiken waren mit der äußersten Freimütigkeit offenbart. Das war so neu, daß man nicht daran glaubte. Man nahm die volle Wahrheit für Bluff. Das war, beabsichtigt oder nicht, die Wirkung. Man kannte sie noch nicht, diese typische nazistische Überschneidung einer weit vorangetriebenen Droh-Rhetorik und einer Desperado-Versessenheit. Man hielt so viel methodischen Wahnsinn für unmöglich. Das gehört zur Geschichte, die die Instinkt-Taktik des Nazismus erzeugt hat.

Die Ur- und Vorgeschichte der Versäumnisse schreitet weiter bis zu einem Punkt, der vielleicht der tragische Knoten-Punkt alles anderen ist; bis zu jenem Augenblick, da der Nazismus zum erstenmal entscheidend, alles riskierend, die Schwäche der Gegner abtastet. Das war 1936, die Rearmierung der Rheinlandzone: der Beginn der Siegfriedlinie.[219] Von diesem Augenblick an, der auf die Entschlossenheit der Gegner stieß, schlang sich die Kette der Versäumnisse lähmend um alles Kommende bis 1939. Diese Kette schlug Österreich und die Tschechoslowakei. Die Rearmierung des Rheinlands: das war die Mauer, die zwischen dem Beschützer und dem Bedrohten wuchs, diesen von jenen trennte und jedes Bündnis des Westens mit einem zentral- und osteuropäischen Staat unwirksam machte. Und man ließ die Mauer wachsen, die das vorläufige Schicksal Österreichs, der Tschechoslowakei und Polens[220] besiegelte. Die Rearmierung des Rheinlands ist der Beginn der germanischen Lebensraum-Ansprüche in Zentral- und Osteuropa und der Fernhaltung Frankreichs und Englands von diesem Raum. Wurde dies hingenommen, konnte man vieles wagen.

Die dauernde Entmilitarisierung des Rheinlands war einer der weitsichtigsten der klügsten Paragraphen eines mangelhaften Vertrages. Er bot Sicherheit und Garantie. Damals, 1936, setzte zum erstenmal Hitler alles auf eine Karte. Damals war der gerechtfertigte Präventivkrieg, ein Krieg unter einem Maximum günstigster Bedingungen fällig und geboten. Versäumt. Er wäre wahrscheinlich gar nicht zustande gekommen, weil Hitler damals noch weit entfernt, fit zu sein, bei den ersten Anzeichen eines Ultimatums die Truppen, die die »normalen Friedensgarnisonen des Rheinlands bezogen«, sogleich zurückgepfiffen hätte. So oder so, die Rheinland-Militarisierung wäre verhindert worden. Auf jeden Fall liegt hier der tragische Knoten-Punkt in der Reihe der Versäumnisse, der die Lösung der bereits 1933 unabwendbar gestellten Aufgabe verzögerte und erschwerte. Von einem »zu spät« kann in der Geschichte nicht die Rede sein. »Zu spät« ist ein frech präjudiziertes Urteil von Gelegenheitsprofiteuren geschehener Unterlassungen. Die »Geschichte der Versäumnisse« wird geschrieben werden, aber von jenen, die sie gut gemacht haben.

Herbst 1939

ZUM TOD EINER PASSIONSMAGD

Zu den mancherlei Ereignissen, die inmitten einer Weltkatastrophe rührend lautlos verhallen, gehört auch der Tod der Therese von Konnersreuth.[221] Es ist eines der vielen Geschehnisse, die ein großer Krieg auslöscht wie ein Gewittersturm ein Kerzenlicht. Wer hatte in der Aufgewühltheit der ersten Kriegstage Sinn und Organ dafür, sich der kleinen Passionsmagd des oberpfälzischen Dorfes zu erinnern, die einst eine ganze Streitliteratur ausgelöst hatte.

Therese Neumann, die Stigmatisierte, starb, als die Passion dieses neuen Krieges begann. Von ihrem Sterben weiß man nichts; das weltverlorene Dörfchen bewahrt das Geheimnis ihres Todes wie ihres Lebens. Denn trotz der umfangreichen Literatur ist das Rätsel von Konnersreuth nie durchleuchtet worden, es verschanzt sich hinter dem urpersönlichen Erlebnis der religiösen Ekstase.

Der Verfasser dieser Zeilen hat im Jahre 1927 mehrere Tage in der Umgebung der Therese von Konnersreuth zugebracht.[222] Man gab ihr damals diesen Namen, der ein wenig nach Heiligsprechung aussah, die eines fernen Tages kommen sollte. Jedoch die kirchliche Behörde, trotz aller Zuneigung für dieses wundersame Kind, wehrte vorsichtig ab. Therese Neumann mag ein Alter von etwa zweiundvierzig Jahren erreicht haben. Es war in den letzten Jahren sehr still um sie geworden. Die katholische Umwelt ihrer oberpfälzischen Heimat hatte unter dem Regime des Nationalsozialismus grundlegende Veränderungen erfahren. Viele ihrer Freunde, Interpreten dieses Phänomens waren durch das neue Regime beseitigt worden. Die Wallfahrten nach Konnersreuth wurden verboten. Man hörte nichts mehr von ihren Freitags-Ekstasen, die den Passionsweg Christi miterlebten, von ihren blutenden Stigmata an Händen und Füßen.

Das Leben und Leiden dieser Bauernmagd ist wie eine poetische Legende. Als junges Mädchen stürzt sie beim Löschen eines Dorfbrandes von der Leiter, zieht sich eine schwere Verletzung des Rückenmarkes zu und verfällt einem lamgjährigen unheilbaren Siechtum. Sie ist eine Sterbende, von Eiterwunden bedeckt, gelähmt und erblindet. Die Ärzte sind ratlos. Und eines Tages erhebt sich die Todkranke, die Erblindete wird sehend, hat Gesichte, hört den Befehl: Geh in die Kirche! Und nun geschehen Wunder auf Wunder. Aus seinem überwundenen Siechtum findet das Mädchen den Weg und Ausweg in ein neues, selbst gewolltes Leiden, in die heilige Krankheit der Stigmatisation, die auch Franziskus von Assisi nachgesagt wird und die Clemens von Brentano an Katharina, einem Mädchen im Rheinland, beschrieben hat. Ihre Verliebtheit in die Leiden Christi machten die Therese zu einer Mitpassionärin, und fortan lebte diese Auferstandene das rationalistisch kaum mehr faßbare Leben einer Ekstatikerin, die wochenlang ausschließlich von der Oblate der Hostie lebt. Wenn man ihr Nahrung aufdrängte, wehrte sie mit den einfachen Worten ab: »Ich bin ja so voll«, ahnungslos, daß diese Aussage den Sinn des Wortes »Enthusiasmus« trifft, was so viel bedeutet wie: Gottes voll sein …

Konnersreuth war in jenen Tagen heiß umkämpft von Rationalisten und Theologen. Aber die Therese selbst blieb in ihrer wunderbaren Naivität von all dem Streit und den Massenbesuchen unberührt. Sie lebte völlig ihrer einfältigen, traulich mitleidenden Christus-Liebe. Was hätte diese Kraft, anders gelenkt und im Irdischen betätigt, bewirken können! –

Wer dieser leidenden schlichten Magd begegnet ist, wer ihre vollkommenen karneolhaften Wundmale gesehen hat, konnte sich einer tiefen Bewegung nicht entziehen, ganz gleich, wo er weltanschaulich stand.

Ende September 1939

DAS KIND IN DER SCHWEBE

Vor Jahren ereignete sich in einer Prager Vorstadt-Straße eine Aufsehen erregende, grauenhafte Begebenheit. Ein Mann hatte sich nach einer häuslichen Szene in seinem Zimmer eingeschlossen und drohte, sein vierjähriges Kind aus dem Fenster zu werfen, wenn … Er forderte, daß die Frau, die nicht mehr mit ihm leben wollte, bedingungslos und unverzüglich zu ihm zurückkehre. Andernfalls. Um zu zeigen, daß es ihm unabdingbar ernst sei, ließ er das Kind in regelmäßigen Intervallen an einem Gurt über der Tiefe der vier Stockwerke schweben.

Die Leute waren entsetzt zusammengelaufen, man hatte die Polizei und die Feuerwehr alarmiert, aber man wagte nicht, in das Zimmer einzudringen oder ein Sprungtuch zu spannen, denn der Mann oben im vierten Stockwerk hatte dröhnend verkündet, daß jede derartige Maßnahme zum Scheitern verurteilt sei, da er sie, noch ehe sie durchgeführt sei, mit dem Sturz des Kindes beantworten würde.

Es gelang ihm tatsächlich, die Straße in Schrecken zu halten. Man versuchte, gütlich zu verhandeln. Seine Antwort war, daß er das Kind in der Schwebe ließ. Es hing zum Fenster hinaus wie ein kleines Fähnchen. Es entsprach der Art dieses Menschen, dem Frieden zuzuwinken. Er erklärte sich bereit, das Kind zu »retten«, betonte aber, daß er dieses »außerordentlich vorteilhafte, einmalige Angebot« nur noch wenige Minuten aufrecht erhalten könne.

Man erwog lang und breit alle Möglichkeiten und Maßnahmen. Er wird es nicht tun, er blufft nur, er weiß, was ihn erwartet, wenn er es tut. Wir werden nicht nachgeben! – Aber wenn er es doch tut? Wäre es nicht besser, zu verhandeln? Er ist nicht so rasend, wie er sich gebärdet. Er kalkuliert eiskalt unsere Bestürzung. – Er kann jetzt nicht mehr zurück; es ist nichts zu machen, sagte ein Vierter, ich kenne einen ähnlichen Fall. Auf einer Autofahrt wurde einmal der Fahrer plötzlich toll. Er fuhr darauf los, wie eben ein Irrsinniger fährt. Die Passagiere, wie gelähmt, wagten nicht sich zu rühren. Was sollten wir tun? Wenn sie dem Rasenden auf der rasenden Fahrt in den Arm fielen, hätte er sie vielleicht – es war eine kurvenreiche Gebirgsstraße – in den Abgrund gefahren. – Was tat man also? – Nichts zunächst, man ließ ihn drauflosfahren, es war natürlich furchtbar aufregend, aber es dauerte gar nicht lange und das Benzin ging ihm aus, es war nicht mehr viel in dem Behälter ... der Wagen stand, und der Chauffeur wurde unschädlich gemacht.

Unter solchen Gesprächen und Geschichten war viel Zeit vergangen. Man zögerte von Minute zu Minute. Wird er es tun, wird er es nicht tun? Der Mann am Fenster war im Vorteil, solange er die angedrohte Handlung nicht ausführte und solange man mit ihm sprach. Sein ganzes Trachten war, diesen Zustand der »Überlegenheit« und das Gespräch so lange wie möglich hinauszuziehen, er profitierte davon, daß die Leute auf der Straße zwischen der wirklichen und der angedrohten »Aktion« nicht unterscheiden können.

Das Höllische geschah. Er ließ das Kind stürzen. Es war grauenhaft. Aber es war eine Befreiung von einem Albdruck.

Und das Gespräch mit dem Mann am Fenster war für immer zu Ende.

14. Oktober 1939

JOSEPH ROTHS LETZTES WERK

Als Hamsun seinen Roman »Hunger« schrieb, hatte er den Zustand, den er schilderte, offenbar schon hinter sich. Als Roth seine »Legende vom heiligen Trinker« schrieb (Verlag Allert de Lange, Amsterdam), war er bereits in der Euphorie des Versinkenden. Er hat dafür ein Gleichnis gefunden, zart, ironisch, durchsichtig. Es ist eine bestürzende, eine bewundernswerte Leistung, den eigenen Fall so zu sublimieren, die Umrisse eines flackernden Schattens so nachzuzeichnen. Man wird an dieser transfigurierten Selbstdarstellung das Wesen und die Kunst Joseph Roths studieren (und das dämonologische Wesen des Kunstwerks überhaupt).

Das kleine Buch vom sterbenden Trinker ist Roths letzte größere Arbeit. Er hat diese Erzählung etwa im April geschrieben, vor sich das beständig gefüllte Glas, um sich die debattierenden Freunde, die ihn nicht störten, und ringsum Paris, die geliebte Stadt. Ende Mai starb er.

Wenn ein letztes Werk etwas Vermächtnishaftes und Hellsichtiges hat, so dieses. Nicht etwa darum, weil die Legende mit den Worten schließt: »Gebe Gott uns allen, uns Trinkern, einen so leichten und so schönen Tod.« Dieser Wunsch ging in Erfüllung; denn sicherlich gehörte Roth zu den gezausten Lieblingskindern Gottes, wie Andreas, sein verwahrloster, obdachloser Trinker, der die letzten Tage seines armen Lebens unter einer Wolke von Wundern schreitet.

Roths Legende ist ein kleines Wunderwerk, nicht etwa an dichterischer Weite und Größe, sondern in der Umgestaltung des eigenen Schicksals, der eigenen Trinker-Problematik mit ihrer Gläubigkeit, die proportional mit der Zerstörung wächst. An einem Verlorenen, einem ungeliebten Clochard, erweist sich sichtbarlich Gottes Hand. Ihm wird die letzte Aufgabe gestellt, die Andreas nicht mehr erfüllt, weil er trinkt. Er soll ein Darlehen eines geheimnisvollen Spenders, zweihundert Franc, der Statue der heiligen Therese von Lisieux in der Kirche Ste. Marie des Batignolles zurückgeben. Aber Andreas wird durch eine Fülle unwahrscheinlichen komischen Glücks, durch eine Serie kleiner Wunder immer wieder verhindert, seine Schuld abzuzahlen. Er stirbt, glückselig im Trunk, ganz nahe der kleinen heiligen Therese und sie dennoch verfehlend. Die Schuld – Schuld in jedem Sinne – bleibt ungetilgt. Gott begleicht die letzte Rechnung.

Ein kleines Wunderwerk der Spiegelung, voll hintergründiger, urpersönlicher Beziehungen, die zu einer heiteren, gültigen Einfalt reduziert scheinen. Ein verborgenes Geheimnis in einem kristallklar geschliffenen Kelch. Auf diesen wenigen Seiten ist viel mehr als die skurrile Geschichte eines obdachlosen Trinkers. In dieser Legende ist Roths tiefe, heitere Gläubigkeit, aber auch sein bitteres Schuldgefühl. Es ist in diesem Miniatur-Meisterwerk die Dankbarkeit, daß ihm das Wunder geschah, nicht schon viel früher zu enden. Das gefristete Leben selbst ist das Wunder. Joseph Roth sagte dafür seinem Gott zu guter Letzt »Danke schön«.

Zugleich zu stürzen und singen zu können ... Wie sicher noch der Strich dieser zitternden Hand. Wie klar und nüchtern das trunkene Auge. Wie graziös schwebte der Taumelnde auf dem gespannten Seil über dem Abgrund und verschwand.

20. Oktober 1939

SCHULD UND STRAFE EINES VOLKES

Als die Hitlerei ausbrach, hörte ich einen deutschen, hundertprozentig deutschen Schriftleiter über seinem Schreibtisch stöhnen: »Ein englisches Protektorat! Macht aus Deutschland ein englisches Protektorat!«[223]

Es war eine jener überhellen Wahrheiten, die die echte Verzweiflung produziert. Keinen besseren Leitartikel hat er je hervorgebracht, als diesen Aufschrei zwischen den stummen Wänden. Ich habe ihn in all den Jahren nicht vergessen; er ist aktuell geblieben, immer aktueller geworden.

Das war die Stimme eines deutschen Menschen, einer durchschnittlich begabten Intelligenz – es war der ungehörte Notschrei eines Volkes angesichts der sich etablierenden Bandenherrschaft.

Wenige Monate später war unser Schriftleiter ein hundertprozentiger Nazi, dessen Angst in einen widerlichen Devotismus umschlug; ausgelaugt das bißchen Charakter, leergedroschenes Stroh, durchgedreht und gleichgeschaltet, ein verwestes Gewissen, einer der tausend Chefredakteure Kirchner,[224] einer der Millionen des deutschen Volkes.

Und so, genau so, sieht die ganze Schuld des deutschen Volkes aus.

Untersucht man sie genauer, so stößt man, moralisch gesehen, auf etwas Erbarmungswürdiges (wenn auch Erbärmliches). Das viel erörterte Dilemma, ob ein Volk und seine Gewalthaber zu identifizieren sind, kann man goethisch-menschlich vielleicht so lösen: »Ihr laßt den Armen schuldig werden, dann überlaßt ihr ihn der Pein …«[225] Schuldig geworden ist das arme deutsche Volk gewiß, schuldig durch die Riesenschuld seiner Führer, und der Tag kommt näher, da es seiner Pein überlassen sein wird. Aber die Schuld und Mitschuld eines Volkes, dessen Stärke nie im Charakterlichen, nie in der Selbständigkeit seiner Haltung lag (ein Vorwurf, der sich leicht auch auf die Geschichte anderer Völker anwenden ließe), diese Schuld ist nicht eine, die man bestraft. Ein Volk ist mitschuldig, aber seine Schuld ist von anderer Art als die seiner Verführer. Die Führer sind schuldig wie Verbrecher, ein Volk wird schuldig wie das Opfer einer Tragödie. Wo war je ein Volk, das unter einer Despotie – und was für einer! – die Beanspruchung, den Verbrauch und die Zerbrechung des Charakters ertrug, ohne in Schuld zu fallen! Umsonst, daß die Führer, um sich ein Alibi oder Strafmilderung zu verschaffen, behaupten: »Das Volk will uns ja!« Ob dies wahr ist oder nicht – ganz gleich; um so schuldiger die Führer, wenn sie ein Volk dahin gebracht haben! Trotz seiner Mitschuld muß ein Volk möglichst straffrei ausgehen; denn gerade die Angst vor der Strafe bindet es an seine Führer, die ihrerseits alles tun, um seine Komplizität so total wie möglich hinzustellen. Es gilt in diesem Prozeß, die Unterschiede der Schuld herauszuarbeiten und dem Gericht der Geschichte einen Sinn zu geben. Es war das Verhängnis des Weltkriegsendes, daß ein strafendes Versailles das deutsche Volk zwar »der Pein überließ«, dagegen die Quelle seiner Schuld, die verantwortliche führende Schicht, nicht antastete.

Gericht über das – immer mitschuldige – Volk bedeutet nicht, es sowohl seiner Pein wie jeder Wiederholung, jedem Rückfall, jedem nächsten Abenteuer zu überlassen. Es ist der Weg zu finden zwischen der Ignorierung seiner Schuld und der Bestrafung, die ein Volk nur verstockt macht wie ein Kind (und jedes Kollektivwesen hat etwas Infantiles).

Moralisch gesehen gibt es da keinen andern Weg als den der Erziehung. Sie meinte jener deutsche Schriftleiter, der am Anfang des Unheils übertreibend ein englisches Protektorat ersehnte. Wie die moralische Erziehung politisch zu applizieren ist, das ist eine andere Frage, deren Studium heute schon zu beginnen hat.

Einem klugen Allegoristen stellt sich, parabolisch gesehen, Schuld und Strafe des deutschen Volkes folgendermaßen dar: Ein Gangsterführer überredet einen Jugendlichen, einen älteren Herrn zu überfallen und ihm die Uhr zu nehmen; er garantiert seinem Schützling, daß ihm nichts geschehen werde. Geflüstert, getan, gelungen. Der Gangsterführer stachelt den Appetit seines Schutzbefohlenen auf die Handtasche einer Dame. Auch dieser Coup endet glatt. Als aber die dritte Räuberei schief ging, heulte der Jugendliche auf: »Er hat mir doch garantiert, daß ich es ungestraft tun kann, weil ich der Stärkere bin! Ich bin unschuldig!«

»Schuldig und straffällig«, entscheidet der Allegorist.

»Schuldig, und deshalb reif für eine Fürsorge-Erziehung«, sagen wir und halten an dem Unterschied fest.

28. Oktober 1939

Daß die Frauen kein Glück bei Hitler finden, wird durch zwei Tote bestätigt. Vor drei Jahren etwa erschoß sich in einem Anfall geheimnisvoller Enttäuschung seine siebzehnjährige Nichte Angelika Raubal, der »Sonnenschein« von Berchtesgaden.[226] Miss Unity Mitford, die englische Verehrerin des Führers, reiferen Alters als ihre Vorgängerin, ging dieser Tage in München den gleichen Weg.[227]

Ohne naheliegende sexualpsychologische Schlüsse zu ziehen, hat diese Tatsache des zweifachen Selbstmordes ihre Bedeutung und Deutbarkeit. Eine liebende Frau kann ein männliches Idealbild unglaublich lange und über viele Desillusionen hinweg bewahren; sie gibt es nicht so leicht preis, und selbst, wenn es schwankt, ist eine solche Erschütterung weit entfernt von der kompletten Zerstörung. Weder Angelika noch Unity haben aus ihrer Verehrung für den Führer auch nur das Geringste retten können, nicht einmal einen schmerzlichen Verzicht, worin die Frauen im Umgang mit den ungewöhnlichen Männern sonst so groß sind.

In diesem rein privaten Bezirk erotischer Bewunderung und schwärmerischer Nachfolge enthüllt sich die ganze zerstörerische Gewalt dieses Menschen. Für ein so frauenarmes Leben sind zwei zerstörte auf seinem bisherigen Lebensweg ein geradezu Blaubartscher Prozentsatz. Ganz im Gegensatz zu den Gilles de Rays[228] scheint er die Frau durch Nicht-Konsumation zu töten. Die bloße Berührung mit ihm ist verderblich. Ein labiles Säulenbild stürzt um und erschlägt die Anbeterin. Das Säulenbild ist unschuldig. Die beiden Frauen haben eine Erfahrung erlitten und vorweggenommen, die einem ganzen Volk bevorsteht, soweit ihm die Augen noch nicht aufgegangen sind.

Man sucht vergeblich nach Vergleichspunkten im Leben großer Männer und Monstren. Es wird eines Tages sehr schwer sein, das beliebte Kapitel »Hitler und die Frauen« zu schreiben. Frauen haben ungewöhnliche Männer geliebt und verabscheut, sie haben gelitten, sie haben sie oder sie wurden von ihnen verlassen, aber sie konnten weiterleben. Man bezahlt das Glück der Liebe um so höher, je außerordentlicher der Partner ist. An Napoleon ist keine einzige Frau gestorben; trotz seiner imperialen Brutalität und seinem souveränen Egoismus auf diesem Gebiet waren sehr viele mit ihm glücklich. An Nero sind ungezählte Frauen gestorben, aber anders als die beiden an dem Zölibatär von Berchtesgaden. Er ist gewissermaßen ein unschuldiger Zerstörer. Unheimlich dieser Parzival als Frauenwürger.

Bleibt das unfaßbare Faktum, daß diese umgekehrten Judiths eines einschläfrigen Holofernes, obwohl im Besitz eines Revolvers, trotz der Möglichkeit der Annäherung an das zerstörte, zerstörende Ideal, und in tiefster Verzweiflung, die Waffe gegen das eigene Herz richten und nicht gegen jene Stelle, wo sie eines vermutet haben.

18. November 1939

MUSTERUNG IM EXIL

Die rauhe, aber notwendige Prozedur, Menschen zu mustern, in Friedenszeiten dem Individualisten ein Greuel und schwerster Eingriff in seine persönliche Freiheit, hat jetzt und draußen ein ganz anderes Gesicht.[229] Die vom Unheil Ausgemusterten stellen sich wiederum dem Schicksal, diesmal aber, um mitzuhelfen, es zu ändern. Gerufen und ungerufen drängen sie sich, vielen Nationen zugehörig, um das Ihre zu tun in einem nobelsten Dienst, in dem die Sache der Menschheit, die ihrer verlorenen Heimat und ihre eigene, urpersönliche zusammenklingt. Trotz der reglementierten Nüchternheit des Vorganges hat er unterirdisch etwas von Ungeduld, mit der ein letztes Aufgebot von Vertriebenen nach Wasser verlangt, um heimzukehren.

Sie kommen von allen Enden von Paris, diese Tschechen, die meisten zu Fuß – auch dies ein Teil des mühseligen Umwegs in die zu befreiende Heimat. Es ist, als käme das ganze Land gruppenweise und auch einzelgängerisch in diese stille Straße hinter der Etoile. Sie sind viel zu früh da, als könnten sie es nicht erwarten, und schon beginnt die vormilitärische Übung, die sie aber schon seit einiger Zeit absolvieren: Geduld zu haben.

Man tastet einander ab, wie eine große Familie, die in einem Wirbel von Schicksalen weit auseinandergestoben ist, und jeder kommt jedem bekannt vor, auch wenn man sich nie gesehen hat.

Man hat Zeit – das einzige, was Exilierte haben –, aber die Musterung gibt dem Frei-Tag gewissermaßen eine innere Berechtigung. Also geht man, gruppenweise oder einzelgängerisch, ins nächstgelegene Restaurant, das sich, so urfranzösisch es ist – Bourgeois heißt sein Inhaber – sofort in ein »hostinec«, in ein Prager Gasthaus, verwandelt.

Da sind sie nun alle wieder beisammen, diese heimatlichen Gesichter, Musterkarte dieses vielgestaltigen Musterlandes, anständig, brav, bescheiden, leise und vernünftig; listig, aber nie tückisch, verschlagen auf pfiffige Art, so wie das historische Schicksal sie geformt hat, zäh im Ertragen, bestimmt zu überdauern, und ihr Land, das ein Garten ist, zurückzugewinnen. Wären sie blindlings heroisch gewesen, damals am 15. März, wäre ihr Garten verwüstet, und Ruinen wären ihr heroisches Denkmal. Sie hatten nur noch einen Lattenzaun, den öffneten sie, über den sprangen sie hinweg – und jetzt sitzen sie irgendwo in Paris, wie in einem Prager Beitzlein, nur daß sie Wein und Café trinken anstatt Bier.

Die Schuhmacher sehen aus wie Lehrer, die Lehrer wie Minister, die meisten haben noch das Bäuerliche im Gesicht und den Schatten eines Kummers in den Augen. Der dort mit der Nickelbrille und dem schönen bärtigen Kopf eines Menschenbruders dürfte ein Typograph sein; er hat die angemüdeten, aber viven Augen eines Viellesers. Die ganz Jungen, bereits in den Kohlendistrikten Nordfrankreichs aufgewachsen, reden schon ein bißchen lauter mit ihrem einwandfreien französischen Akzent, indes sich der Vater die Speisekarte ins Tschechische übersetzen läßt.

Es ist etwas Eiliges und Fiebriges in diesem Turngarderoben-Durcheinander rasch abgeworfener Hemden und Kleider, als ob man sich anzöge, um heimzukehren. »Fühlen Sie sich gesund? Wollen Sie Soldat werden?« Das ist nicht die sarkastische Überlegenheit des Schicksalsgewaltigen über den in jedem Sinne Nackten, deren sich der so Befragte aus einer Musterung des vorigen Krieges noch wohl entsinnt. Was soll man auf eine solche menschliche Gewissensfrage (in einwandfreiem Französisch gestellt) antworten? Und man antwortet: »Ich will meine Pflicht tun wie alle anderen.« Kurzes Überlegen und stilles Lächeln. Dann sagt und schreibt der Kommissionsleiter: »Provisoirement inapte.«[230] Und nach einer kleinen Frage, die den Befragten erschüttert: »Êtes-vous content?«[231] Sie haben etwas von guten Schulmeistern, die unpathetisch und nicht ohne Ironie das Gewissen prüfen. Man möchte gern etwas sagen, aber man kann doch in diesem Zustand nicht vorbringen, daß man dieses Land liebt, das – wie man es irgendwo las – wirklich das Maximum des Europäismus ist, in jenem Völkertraum. Das ist mehr als eine Nation, das ist ein Menschenvolk.

23. Dezember 1939

EPITAPH AUF EINEN PELZ

Mein Pelz stammt noch aus beßren Tagen,
Er hat sie selber noch gesehen,
Ich hab ich gern und gut getragen
So an die Jahre zehn.

Nun ist es wieder kalt geworden,
Ich gehe fremd im Pelz einher,
Ich glaub', auch er ist alt geworden,
Mein guter Pelz, er wärmt nicht mehr.

Nicht Motten haben ihn zerfressen,
Nur die Gespenster einstiger Zeit,
Mein Biberpelz kann nicht vergessen
Die bessere Vergangenheit.

Ich fühlte mich in ihm noch ärmer,
Die alte Pracht verlor ihr Haar,
Wir wissen beide, was einst war ...
Von »ehmals« wird das Herz nicht wärmer.

Der Pelz, der derart seiner spottet,
Daß der, anstatt zu wärmen, friert,
Gehört für immer eingemottet,
Was gleichfalls seinem Herrn gebührt.

13. Januar 1940

In früheren Zeiten verbargen sich die Verfolgten in Katakomben und Klöstern. Katakomben gibt es zur Zeit nur an den Fronten, die Klöster, selber gefährdet, bieten keinen Schutz mehr, und so kam es, daß am 15. März des Vorjahres und in den Folgetagen, als die deutschen Truppen überraschend in Prag einmarschierten, eine Anzahl von Menschen es für gut befanden, im Irrenhaus ein zeitgemäßes Asyl und eine Zuflucht zu finden, wie ihre Vorfahren einst in Katakomben und Klöstern.

Draußen die Stadt war still, totenstill und wie erstarrt; aber drinnen in der Landesheilanstalt ging es lebhaft zu. Der erste Assistenzarzt, Dr. Hannusch, hatte alle Hände voll zu tun. Unter den Neuaufnahmen waren übrigens nicht nur solche, die sich bloß verstecken wollten, sondern auch Menschen, die Kopf und Nerven verloren hatten, Zitterer, hartnäckige Selbstmordkandidaten …

Unter denen, die sich bis zur möglichen Flucht bloß verstecken wollten, befand sich auch der Verleger Hugo Becher. Er war äußerst gefährdet, wenn man ihn fand. Es fiel ihm, dem zappeligen, nervösen Sonderling, übrigens nicht schwer, den Nervenkollaps, den er hatte, überdies auch noch zu spielen. Er war auch draußen und in normalen Zeiten ein bißchen seltsam, ein großes Kind, immer zerstreut, immer voll genialer Projekte, die meist unausführbar waren. Er war nicht nur ein bedeutender Zeitungsverleger, sondern auch ein Chemiker von profundem Wissen.

»Lauter Bekannte«, dachte der Doktor Hannusch, als er, um für alle Fälle gedeckt zu sein, das Einlieferungsprotokoll wie immer seinem Adlatus, einem braven, seit über zwanzig Jahren eingesessenen Irren, in die Feder diktierte. Dieser, ein gewisser Pokorny, ehemaliger Bankbeamter und Dr. juris, war der älteste Patient der Anstalt, ein seltsames, stilles Geschöpf, das allen Versuchen, ihn draußen im Leben heimisch zu machen, hartnäckig widerstanden hatte; er konnte nur »drinnen« leben, hier hatte er seine Lebensstellung gefunden, und sein ganzer Stolz war, die Krankenprotokolle schreiben zu dürfen.

Becher wurde vorsichtshalber in einem isolierten Raum für »Unruhige« untergebracht. Denn es war keineswegs gewiß, ob die

Neuordnung nicht bis zu dieser ruhigen Stätte vordringen werde, zumal wenn die Geheimpolizei Wind davon bekäme, daß in anormalen Zeiten der Wahnsinn ein geeignetes Versteck abgibt.

Becher fühlte sich zwischen diesen wattierten Wänden geborgen. Und selbst für den unwahrscheinlichen Fall, dachte er, daß sie mich hier suchen sollten, bin ich gerüstet. Er hatte in seinem Laboratorium ein sofort wirkendes Gift hergestellt, einen würfelförmigen Kristall, groß genug, um seinen ganzen Redaktionsstab, der schon in alle Winde zerstoben war, zu vergiften.

Als die Schreckenskunde die Anstalt durchlief: sie sind da, sie durchsuchen alles, sie stellen alles auf den Kopf, auch das, was schon Kopf steht – wußte Becher, daß es höchste Zeit war. Er warf seinen schönen Kristallwürfel in ein Wasserglas. Er trank. Nichts. Noch nichts. Der Würfel war schwer lösbar – offenbar ein kleiner Fehler in der chemischen Formel. Er wartete eine Minute, zwei Minuten, rührte die Flüssigkeit mit dem Löffel um, wie ein ungeduldiger Kaffeetrinker. Der Würfel weigerte sich hartnäckig, seinen Aggregatzustand zu verändern. Becher lauschte an der Türspalte. Sie kommen! Ein furchtbares Entsetzen durchzuckte ihn. Sein vollkommenes Gift war im Wasser unlösbar wie ein Kiesel! Er versuchte, den Würfel zu durchbeißen – unmöglich. Er leckte daran – zwecklos. Sein sinnreich erzeugtes Gift war nicht applikabel. Es war ein echt Bechersches Gift; Projekt eines Giftes ...

»Und der da? Was ist mit dem?« fragte der Funktionär in schwarzer Uniform, den Mann betrachtend, der mit vorquellenden Augen kreuz und quer durchs Zimmer springt und an einem großen gelben Würfel leckt, die Zunge weit draußen, unaufhörlich gierig leckt ...

»Sie sehen ja selber«, sagte Doktor Hannusch, »ein Paralytiker, im unruhigen Endstadium der Krankheit.« – »Kann hier bleiben«, entschied der Kommissar und zog mit seinen Leuten ab.

Der nächste war Pokorny. Er schrieb gerade, den grauen Kopf über dem Papier, mit Schülereifer und sorgfältigen Kalligraphenschnörkeln ein Protokoll ins Reine. »Was ist mit dem?« fragte der Schwarzuniformierte. »Ein komplizierter, schwieriger Fall«, erklärte Doktor Hannusch, »seit Jahrzehnten interniert, manisch depressiv, sobald er mit dem Leben in Berührung kommt. Wir lassen ihn die Kranken-Protokolle schreiben, weil dies von günstigem therapeutischen Einfluß auf seinen Zustand ist.« Der Chef der Kommission zur Untersuchung der Irrenhäuser – er sah sich schon in diesem zu schaffenden Amt – nahm das Schriftstück unter Pokornys emsiger Feder weg. »Der Mann schreibt tadellos und fehlerfrei, ein Drückeberger, ein Simulant, das muß aufhören! Den wollen wir draußen ein bißchen beobachten … Ist sofort zu entlassen!«

Pokorny wurde das alte, wohlerworbene Recht entzogen, verrückt zu sein und die Anstaltsprotokolle schreiben zu dürfen. Stolz und Inhalt seines Lebens. Er wurde aus einer wirklichen »Lebensstellung«, die er draußen nie hatte finden können, entlassen. Verloren und hilflos stand der alte Mann im Grauen der völlig entfremdeten Wirklichkeit wie ein Heimatloser an der Straßenecke einer ihm unbekannten Stadt in einer Novembernacht. Er erkannte seine Vaterstadt nicht wieder, und das war gewissermaßen normal … Was fang ich nur an, dachte er, was soll ich tun, um zu beweisen, daß ich ein approbierter und protokollierter Irrer bin …?

Er tat, was er schon sein Leben lang getan hatte: er schrieb Protokolle; er protokollierte sein Leben und die Zustände, wie er sie nach fast dreißigjähriger Abwesenheit vorfand, und er behandelte dieses Draußen als etwas durchaus Normales, nämlich wie seine Mitgenossen in der Irrenanstalt, ganz ruhig und sachlich im gewohnten Stil der Krankenberichte … Und diese Protokolle, unterzeichnet: »Pokorny, verrückt« schickte er an die neuen Herren seines Landes. Nun werden sie einsehen, dachte er befriedigt, daß ich nicht normal bin, und sie werden mich in die Anstalt zurückschicken zu meinem Doktor Hannusch, und ich werde wieder seine Protokolle schreiben.

»Ich durchschaue diese Herrschaften«, sagte der hohe Funktionär der Geheimpolizei, als er das Schriftstück prüfte, »ich komme schon dahinter, ein ganz normaler Fall der hier üblichen, versteckten Aufsässigkeit, die sich raffiniert hinter Blödheit tarnt, und dann plötzlich taucht so ein Elaborat als geheimes Flugblatt auf zum allgemeinen Gelächter. Dieser Pokorny ist ›fertig zu machen‹.«

Pokorny strahlte, als man ihn holen kam. Also hatte es doch genützt, das Protokoll. Sogar Handschellen legen sie mir an, dachte er freudig, um so besser, sie halten mich sogar für einen »Unruhigen«.

Aber anstatt in die vertraute Geborgenheit seiner Anstalt mit dem stillen Garten unterhalb der alten Kirche auf der Anhöhe, wurde er in eine ihm völlig fremde Umgebung gebracht, mitten in einer weiten, fahlen Ebene, die ihm trostlos schien wie das normale Leben: das Ganze war von Stacheldrähten eingezäunt und mitten drin standen viele Baracken. Pokorny blickte sich ängstlich nach seinem Doktor Hannusch um ... Seltsam, seltsam, sagte er kopfschüttelnd, wie sich mein Zuhause verändert hat ... oder sollte ich unter einer neuen Störung leiden? Ich muß es meinem Doktor Hannusch zu Protokoll geben, für alle Fälle, es gehört zu meiner Krankengeschichte ... *Ende Februar 1940*

DIE WÜSTE

In der deutschen Emigration gibt es einen merkwürdigen Fall. Es ist der Schriftsteller Ernst Erich Noth. Dreifach merkwürdig ist der Fall: weil Noth in Deutschland, aus dem er ohne politische und rassische Notwendigkeit floh, noch nicht Schriftsteller gewesen war (sondern nur – unter dem Namen Paul Krantz – in einem sehr aufsehenerregenden Mord- und Liebesprozeß von Schülern und Schülerinnen vorübergehend Berühmtheit erlangt hatte), – weil er, in der Emigration eben erst deutscher Schriftsteller geworden, nach kurzer Zeit schon französisch zu schreiben begann und beginnen konnte; und weil er unter den in Frankreich während der letzten Jahre neu aufgetauchten Autoren zu den erfolgreichsten gehört, ein anerkannter, adoptierter, zu den bodenständigen gerechneter Autor, der natürlich auch als Autorität in deutschen Literaturfragen gilt.

Nun hat dieser dreifach merkwürdige Fall von Emigrant eine vierte Merkwürdigkeit hinzugefügt. Er hat, in französischer Sprache, einen Roman geschrieben, der das deutsche Emigranten-Schicksal zum Gegenstand hat – es ist ein trüber Gegenstand, wie schon aus dem Titel hervorgeht, der übersetzt »Die Wüste«

heißt (Le désert, Gallimard, Paris).[232] Der Autor fingiert zwar, daß er nicht Verfasser des Buches sei, sondern nur Herausgeber. Er fingiert, daß es sich um Tagebuchblätter handle, die ein andrer, Verstorbener, ein Emigrant Walter X. hinterlassen habe. Aber es ist klar genug, daß Noth und »X.« sich in diesem grausam hoffnungslosen Bild einer kompletten seelischen Zerstörung identifizieren.

Untersuchen wir die Leiden des jungen Walter X. Es geht nicht um die physische Emigranten-Not, wie sie etwa ein junger Schloßherr, ein gewisser Chateaubriand, in den Londoner Elendsquartieren so tapfer ertrug: Walter X. lebt, wie die meisten von uns, recht und schlecht in einem der vielen kleinen Pariser Hotels. Auch nicht das Heimweh, die Vereinsamung, der asoziale Schwebezustand der Fremde sind die Ursache seiner Zerstörung. *Seine Selbstzerstörung ist die völlige Widerstandslosigkeit dem Bösen gegenüber, das als das irreparabel Weltmächtige anerkannt wird.* Es ist ein deutscher Nihilismus von der andern Seite, wenn man will: von der moralischen Seite, der Nihilismus des sinnlos leidenden Opfers. Noth ist hier ein Artist der Verzweiflung, deren letzter Grund dunkel bleibt, weil sein Geschöpf in sie versinkt, anstatt sie redlich zu ergründen.

Was den jungen Walter X. in der Emigration von außen zerstört, ist keineswegs entscheidend und überzeugend für seinen Untergang. Die spärlichen Figuren und Ereignisse sind nur gestellt, um einen Untergang, der schon a priori in ihm ist, zu bestätigen. Die Emigration wird hier zu einem klinischen Fall einer geheimnisvollen Seelenerkrankung. Und der Autor steht gleichsam armverschränkt im sicheren Hintergrund und bestätigt mit grausamer Härte: unrettbar verloren.

*

Versuchen wir das, was der Autor unterließ, nachzuholen: diesen Leidenden, der sich ins Nichts hineinanalysiert, menschlicher anzusehen und nicht mit jenem bösen Blick, der das Böse und Zerstörende unablässig anzieht. Was fehlt Ihnen, mein Lieber, möchte man fragen.

Gewiß, mit dem Verlust der Heimat beginnt das Verlieren, und niemand weiß, wie und wo die Flucht endet. Aber blicken Sie doch im fast ununterbrochenen Strom der historischen Emigration um sich, anstatt nur in sich und die Schwärze zu starren. Schwer war sie immer, die Emigration, nie war sie hoffnungslos. Sie kann sich unvermerkt in eine einfache Auswanderung verwandeln, in die Anpassung an ein neues Vaterland, und ist so der Beginn eines neuen normalen Lebens. Sie kann auch ein mühseliger Umweg in die schließlich wiedergewonnene Heimat sein (der häufigste Fall), ein befristeter Schwebe- und Zwischenzustand zwar nur, aber mit der Chance auf ein happy end. Schon diese zwei durchgreifenden Möglichkeiten bestehen, zu schweigen von individuelleren positiven Lösungen. Warum schließen Sie alle diese guten Möglichkeiten hartnäckig und verächtlich aus? Kennen Sie das Wort ihres emigrierten Landsmannes, des preußischen Ministers Freiherr vom Stein? Der schrieb einst aus Rußland: »Wer sein Vaterland verloren hat, ist notwendig ein Abenteurer und muß Heimat und Freiheit am Ende der Welt suchen.« Auch das ist Verzweiflung, aber tapfer und positiv überwunden. Sie dagegen »suchen« nicht einmal mehr. Wenn Sie etwas suchen, suchen Sie geradezu das Nichts und finden es dann natürlich, finden das unentrinnbar Böse und die Zerstörung. Sind Sie darum dem Bösen körperlich entronnen, um draußen in der Fremde moralisch vor ihm zu kapitulieren? Sie haben ja die Krankheit, die sie so richtig erkennen, mitgenommen! Ekel genügt nicht, um sich dem Bösen zu widersetzen. Ekel ist eines der unfruchtbarsten Gefühle. Könnten Sie wenigstens hassen, Walter X.! Auch das befreit. Aber Ihre tödliche Liebesenttäuschung, die Deutschland heißt, eitert nur. Das ist Ihre »geheimnisvolle Lepra«. Ihr Defaitismus dem Bösen gegenüber ist erschreckend. Dabei haben Sie mitunter eine helle Einsicht in die quälende Insuffizienz Ihrer Haltung. Sie sind ein hoffnungsloser Fall nur darum, weil Sie es so wollen (respektive Ihr Schöpfer), weil Sie an sich selbst, am Infizierten, die Verderblichkeit des Bazillus, am Zerstörten den Zerstörer demonstrieren wollen.

Die Demonstration ist gelungen.

*

Eine einzige, flüchtig angedeutete Nebenfigur stellt diesem Emigrations-Nihilismus etwas Positives gegenüber: ein Geistlicher, der im Konzentrationslager zu Tode gemartert wird, flüstert sterbend: »man muß sie retten ... man muß ein ganzes Land retten ... Ein ganzes Land lebt im Zustand der Todsünde«, der Todsünde wider Gott und den Geist; einem ganzen Volk ist die Seele ausgetrieben worden. Der ungeduldige Emigrant, der an dieser Zerstörung vorzeitig erstickt, kann nicht mehr den Tag erleben, da die Seelenaustreiber mit aller Kraft ausgetrieben werden. »Ich weiß«, gesteht der Selbstmörder in seinem Abschiedsbrief, »daß ich den Verhältnissen nicht gewachsen war, aber ich glaube nicht, daß es einen Menschen gibt, der soviel Niedrigkeiten gewachsen sein kann.«

Also verewigt er das Böse und die Verzweiflung.

Ein neuer Schlemihl der Emigration? Wirklich, in den »Nouvelles Littéraires« zieht Louis Gillet, Mitglied der Académie Française, den Vergleich zwischen Noths Buch und Chamissos »Schlemihl«.[233] Jedoch die Parallele stimmt nicht ganz: der Schlemihl überwindet den Verlust seines Schattens, die Heimatlosigkeit, er wirft sich nicht in den Abgrund der Verlorenheit; der deutsch gewordene französische Emigrant Chamisso zeigt einen Weg; den in die Weltweite, in die Menschheit, in die Natur; der französisch gewordene deutsche Emigrant Ernst Erich Noth indessen zeigt die Ausweglosigkeit.

*

Das Buch, offenbar in der Zeit vor und nach München[234] geschrieben, in der furchtbaren Depression, im schauerlichen Anblick, »wie man dem Tier Brocken um Brocken hinwirft, um es zu domestizieren«, dieses verquälte Buch erschien zu Kriegsbeginn. Seine Entstehungszeit erklärt manches. Aber seine Erscheinungszeit bewirkt den Schock, als ob man einer Hoffenden im siebenten Monat sagte: es ist alles aus. Selbst die ausdrückliche Perspektive eines etwa kommenden Krieges erweckt in dem Zerstörten keine Hoffnung mehr, er weiß schon, daß das Böse trotzdem triumphieren wird, und daß er auch in einem Krieg gegen Nazi-Deutschland »nur Amboß und Zielscheibe« sein kann. Und so stirbt er, ein trüber Gast der Emigration.

2. März 1940

DIE BARBIERMARK

Der slowakische Staat, eine Erfindung des Dritten Reichs, wird eines Tages als Musterbeispiel einer zynischen Staatsgründung in das Schullesebuch der Geschichte eingehen, nachdem er de facto eingegangen sein wird. In ihm vereinigen sich lückenlos alle Merkmale eines Als-Ob-Staates, alle Insignien der Ohnmacht und Würdelosigkeit, alle Verwendungsmöglichkeiten eines Aufmarschgeländes, alle Schliche eins Tauschobjekts, alle Tücken eines vergifteten Köders. Falls ein anderes Land, Ungarn, anbisse, falls es sich die slowakische Schutzherrschaft codieren ließe, würde auch dieses Land zu einem Als-Ob-Staat, zu einem Aufmarschgelände werden. Und so weiter fort ... Im diplomatischen Gewebe war der Schein- und Köderstaat Slowakei sogar der größere Griff als das Protektorat Böhmen. –

Aber nicht von dieser kläglichen Grotesk-Staatlichkeit sollte hier die Rede sein, sondern von ihrer latenten, winzigen Auswirkung, von ihrem bescheidenen Abglanz im Alltäglichen und Kleinen. In den slowakischen Friseurläden findet man über den Spiegeln die Inschrift: »Hier werden die Soldaten der deutschen Armee gratis rasiert.« Stellen wir uns zunächst einmal dumm: Wie kommt die deutsche Armee in einen unabhängigen Staat? Und warum wird gratis rasiert? Aus Angst und Unterwerfung? Keineswegs. Aha, man will den deutschen Soldaten schön tun, ihnen gewissermaßen um den Bart gehen? Weit gefehlt. Also freiwillige Herzlichkeit für die liebenswerten Gäste? Schon gar nicht, wiewohl die deutsche Propaganda, die diese Aufschriften photographiert und veröffentlicht, sich die Gelegenheit nicht entgehen läßt, damit zu hausieren: Seht doch, diese rührende slowakische Anhänglichkeit an unsere Feldgrauen!

Jedoch, auch dies war Schein in einem Scheinstaat. Der wahre Grund der Gratisrasur liegt ganz woanders: nämlich im doppelten Boden, in der doppelten Währung der slowakischen Eigenstaatlichkeit. Der deutsche Soldat, frisch rasiert, begleicht die Rasur (zu zwei Kronen) mit einer Reichsmark, die der slowakische Barbier zum Zwangskurs von zehn slowakischen Kronen annehmen muß; er gibt ihm 8 Kronen Kleingeld heraus und blickt traurig auf seine Reichsmark, die ihm die Bank nicht einwechseln will, und für die er im privaten Güterverkehr höchstens 3 bis 4 Kronen erhält. Das ist ein reines Verlustgeschäft. Der slowakische Friseur würde pro Bart 6 bis 7 Kronen zusetzen, Seife und Arbeit nicht gerechnet, und das wäre bei der Stärke der rasierten Truppen und der deutschen Armee einfach ruinös. Darum, nur darum werden »die Soldaten der deutschen Armee gratis rasiert.« Die Deutschen, groß im Erfinden vieler Sorten von Papiermark, haben auch die Barbiermark erfunden.

Nicht nur beim Barbier von Bratislava, sondern überall, wo die Reichsmark einzieht, flieht, im Großen wie im Kleinen, der Wert der Dinge und der Lohn der Arbeit. Und es wird in grotesker Konsequenz schließlich vorteilhafter, die Bedrücker, die man hereinließ, gratis einzuseifen, um nicht noch schlimmer über den Löffel balbiert zu werden. *Frühjahr 1940*

DIE HISTORISCHE STUNDE

Heutzutage veranstaltet man weltgeschichtliche Stunden, wie früher Sporttreffen, Wohltätigkeitsfeste und Soireen. Man »zieht« die Geschichte »auf«, dreht sie, manipuliert sie, dekretiert sie. »Meine Herren, Sie erleben einen geschichtlichen Augenblick von gewaltigstem Ausmaß und unabsehbarer Bedeutung! Alles antreten zur weltgeschichtlichen Stunde!« (Im Festsaal der Reichskanzlei; Gesellschaftsanzug.)

Die Geschichte ist langsam. Die Nazis sind rasch. Sie müssen rasch sein, denn ihre Zeit läuft ab – indes die andern Zeit haben; darum sind sie langsam. Einer, der neunzig Jahre alt wird, lebt anders als einer, der in jungen Jahren stirbt. Die Nazi-Deutschen haben eine Art Amerikanismus der Geschichte erfunden; die Reklame-Technik, die Suggestion des unwiderstehlichen Erfolges. Aber die wahren Kräfte der Geschichte sind anderswo; sie ist nicht nervös, sie ist kein »Sprung-auf«. Die deutsche Geschichtsgeschwindigkeit gleicht der Raschheit jenes Swinigels der Fabel, der »bin schon da!« ruft, indes sich der flinke Hase abhetzt. Es sind nämlich, wie man weiß, *zwei Swinigels* da, einer am Start und einer am Ziel; das Wettrennen ist ein Trick, ein Schwindel. Aber es ist unbestreitbar, daß der Hase, auf die Länge gesehen, dennoch die besseren Beine hat als der Swinigel. Auf die Dauer, die das Wesen der Geschichte ist, läßt sich diese nicht »hineinlegen«. Sie währt länger als »eine historische Stunde«.

Sie glauben, Geschichte zu machen, indem sie sie »machen«; rasch, rasch. Sie brauchen, Quartalssäufer der Geschichte, alle Vierteljahre kalendergerecht ihr fälliges historisches Ereignis. Als Raffer des Augenblicks improvisieren sie das Tausendjährige. Aber nur die langsamen, ausdauernden, skeptischen Völker wissen, was Geschichte ist und wie man sie macht; sie bewahren das Gewordene, sie lassen die Geschichte sich selber machen, indes die Impetuos-Dynamischen die Partie, die sie nicht gewinnen können, immer wieder von vorne beginnen und das bisherige Spiel und seine Regeln umschmeißen möchten. Sie setzen die Störung an Stelle der Geschichte. Das kann nicht gut ausgehen; diese Geschichte hat kein happy end. Denn die wahren historischen Kräfte wirken, wie Gottes Mühlen, unsichtbar und mahlen langsam, aber sicher.

4. Mai 1940

JUGENDGEDICHTE EINES TOTEN. ZUM TODESTAG JOSEPH ROTHS (27. MAI 1939)

Jede gute Prosa, man weiß es nicht erst seit Nietzsche, ist verdrängte Lyrik; ist Vers in einer keuschen, distanzierten Form. Die besten Kenner Joseph Roths, der vor einem Jahr die pfingstliche Welt verließ, glaubten, er habe nie einen Vers geschrieben. Im Gegenteil, er liebte mitunter den Anschein einer rauhen, sogar zynischen Härte, um seine außerordentliche Zartheit und Schmerzempfindlichkeit zu verbergen.

»Bin ich ein Lyriker?« knurrte er abwehrend einmal einen Freund an, der den in seiner Caféhausecke verkrochenen, kranken Dichter in die Frühlingssonne setzen wollte. Er leugnete, daß er die Sonne liebte. Er wollte kein »Lyriker« sein. Aber er war es im Grunde und von Anbeginn an. Das ist einer der Grundakkorde in den ersten, nie veröffentlichten Gedichten des Achtzehn- bis Zwanzigjährigen, die er vernichten wollte und die die Hand einer Verehrerin und Freundin Joseph Roths fromm aufbewahrt hat.[235]

Diese posthumen Verse, kindlich und halbreif, ungefähr hundert an der Zahl, sind nicht etwa als publizierbarer Nachlaß »literarisch« zu werten, sondern nur als ein frühes Lebenszeugnis anzusehen, als ein übriggebliebens, verjüngtes Spiegelbild Roths; ein ferner Nachhall, eine Stimme, die anhebt und scheinbar verstummt, um allmählich in eine wunderbare Prosa überzugleiten. Aus dem zerstörten Gesicht des Verfallenden und Toten löst sich das andere, ein melancholisch beschattetes Knabengesicht; in seiner Weichheit schon umrissen, voll Ahnung seines Leids und seines Wegs. Man blättert ergriffen in diesen »jungen Leiden« eines Beginnenden, der vor unseren Augen ausgelitten hat. Der Rilke-Vers kommt einem in den Sinn, daß die toten Dinge – Blätter Papiers – länger leben als wir selber.[236]

Es ist die typische Jugendlyrik, wie Tausende sie zwischen achtzehn und zwanzig verfassen, um sich vom Wunder und von der Bangigkeit des Lebens zu befreien. Jedoch im Keim ist schon das Ganze. Man findet in diesen Gedichten die ewige Heimatlosigkeit eines, dem doppeltes Leid aufgetragen ist: Dichter und Jude zu sein. »Man gräbt sich in die Erde ein. / Ein Dichterwort, das nicht geblüht …« Und in einem Gleichnis mit der Wasserpflanze: »Auf der Welle muß ich schweben / Wurzellos und heimatlos.« »Ich habe meine Heimat nie gekannt, / Denn in der Fremde bin ich schon geboren.« Und seine ganze Hoffnung ist, daß die deutsche Sprache, das »deutsche Lied« ihm das Tor einer Heimat öffnen wird. Man hört es am Klang dieser Verse, wie glühend sich der Knabe, dessen Muttersprache nicht deutsch war, in die Verse Goethes und Heines hineingedacht hat.

Die Aura dieser frühen Jugendverse ist ein Vorgefühl, nichts halten zu dürfen und vieles verlieren zu müssen:

> Wenn ich sterbe, werde ich ein Stern,
> Einer der tausend Augen des Herrn.
> Abends blickst du zu mir empor,
> Sinke ich nieder als Meteor.

Man kann die Ahnung einer sich nicht erfüllenden, verirrten Liebe nicht besser symbolisieren:

Ich träumte, wir wären
Zwei Kinder klein
Wir wanderten beide um Beeren
Tief in den Hain. –
Wir riefen uns ängstlich beim Namen
Im wilden Wald –
Und als wir nachhause kamen,
Waren wir alt.

Mai 1940

DAS TROJANISCHE STECKENPFERD

»Falls Informationen, die den Widerstandswillen der Bundesregierung oder des Armeekommandos in Frage stellen, verbreitet werden, sei es durch Rundfunk, Flugblätter oder andere Mittel, müssen diese Informationen als eine Handlung der feindlichen Propaganda angesehen werden.« Das ist eine der präventiven Abwehrmaßnahmen der Schweizer Bundesregierung und der Armeeleitung, die unter dem heilsamen Schock des skandinavischen Abenteuers[237] einen wahren Rütli-Schwur[238] geleistet haben. Jugoslawien folgte fast sofort mit der gleichen Erklärung. Das Signal zum Defensivkrieg gegen die »fünfte (Touristen-) Kolonne«, gegen alle Varianten und Möglichkeiten des trojanischen Schemas ist damit gegeben, nicht nur in der Schweiz, sondern bei allen noch restierenden mittleren und kleinen Neutralen. Es ist, als ob die Neutralen vor aller Welt ihr Testament machten; Achtung, letztwillige Verfügung: sollte eines Tages von Bern, Stockholm, Amsterdam, Belgrad etc. die Radiomeldung ausgehen: Wir stellten uns unter fremden Waffenschutz, oder: Die Batterien haben ihr Feuer gegen den Protektor einzustellen, so ist dies null und nichtig. Im Gegenteil, eine solche Information bedeutet: Feuern! Einer Willensverfälschung durch Einschleicher und einheimische Helfershelfer ist damit vorgebeugt und die Verbindung zwischen beiden zumindest erschwert. Diese präventive schriftliche Festlegung gleicht aufs Haar der hinterlassenen Erklärung vieler in Deutschland bedrohter und eingesperrter Personen, daß sie keinen Selbstmord begehen wollen oder begangen haben werden, falls sie in der Zelle oder im Lager erhängt aufgefunden werden sollten; auch ein »auf der Flucht erschossen« kommt nicht in Frage.

Es ist dies eine Vorsichtsmaßnahme, die sich bei der Art dieses Partners sehr empfiehlt.

Paradoxe Erscheinung: Dem Nachahmer der urältesten, gröbsten Kriegslist ist es gelungen, in den permanent Bedrohten und Belagerten eine psychotische Überschätzung des trojanischen Pferdes hervorzurufen; es geht von ihm jene Legenden- und Suggestionswirkung aus, die bei allem Nazi-Werk im Spiele ist. Man glaubt, das – allerdings anders organisierte – Hitler-Goebbels-Hirn könne ungeahnte, originelle Tricks und Überrumpelungen erzwingen. Dabei haben sie dreimal absolut das gleiche Schema angewendet, wahrhaftig ein trojanisches Steckenpferd.

Die nazistische Variante des trojanischen Pferdes besteht lediglich in der Verbindung mit jenen mitverschworenen, kundigen Trojanern, die die Camouflage in die belagerte Stadt hineinziehen und dort installieren helfen.[239] Zur Apologie des klassischen Troja muß gesagt werden: Die Stadt wäre auch ohne das hölzerne Roß gefallen, sie hat gegen den eingeschmuggelten Feind bis zuletzt gekämpft, und es gab keine Zusammenarbeit mit gräzisierenden Helfershelfern aus den eigenen Reihen.

Nachdem das trojanische Pferd dreimal die hohe Parade vorgeritten hat, kommt man hinter die höchst originellen Schliche. Es hat gedauert. Es sind natürlich neue Überraschungsvarianten möglich, und es ist nur gut, wenn man alle Möglichkeiten durchdenkt, schon um die mysteriöse Legendenwirkung zu bannen, gleichsam mit dem anders gearteten Nazi-Gehirn durchdenkt, dem gegenüber das Normal-Gehirn der Politiker, der Behörden, der Spionageabwehr bis hinunter zur Fremdenpolizei versagt hat, so daß es möglich war, große küstenbefestigte Städte wie Oslo und Bergen mit kleinen Trupps von 600 bis 1000 Mann zu besetzen, die man normalerweise mit Knüppeln herausgeschlagen hätte.

Eine einfache Systematik bannt am besten Legende und Suggestion.

Was ist als Pferd benützbar? Was kann im Bauch des Pferdes sein?

Die norwegische Küstenschiffahrt erwies sich dafür als geeignet, wie die Donau dafür geeignet sein könnte. Aber die Donauländer haben diese Gefahr bereits erkannt und ihr vorgebeugt: Mann für Mann wird die Besatzung der Fracht- und Zisternenschiffe kontrolliert. Geschieht das gleiche mit den zahllosen Transittransporten via Schweiz? Jedes Bremserhäuschen der langen Kohlenzüge kann ein trojanisches Miniaturpferd sein. Ein weites Feld der Möglichkeiten ist der Touristenverkehr. Man kann den Agenten als Touristen camouflieren, der die Verbindung mit den einheimischen Hamsuns, Quislings, Sven Hedins, Stojadinovic und den Nazis herzustellen hat; man kann aber auch einen Stoßtrupp, einen Vortrupp touristisch camouflieren; gleichsam Parachutisten[240] im harmlosen D-Zugwagen. Skandinavien, das peinlichst keinen Emigranten hereinläßt, war dem reichsdeutschen Touristenverkehr seit Monaten weit geöffnet. War die Fremdenpolizei der neutralen – und nicht nur der neutralen Länder auf der Höhe? Allerdings hatte sie es in der Gestapo mit raffinierten Fälschern zu tun, die alles fälschten: Banknoten, Pässe, Menschen und sogar – Emigranten.

So wie es falsche Norweger gibt, wie Hamsun oder Quisling, die eigentlich Nazis sind – und die gibt es in allen Ländern –, ebenso kann man falsche Emigranten herstellen und das trojanische Pferd mit ihnen bemannen. Emigranten wie Agenten in Umlauf zu setzen, wäre eine neue Variante. Die Menschheit produziert ohne Unterschied der Nationalität und Rasse einen bestimmten Prozentsatz von Abschaum und Crapule, der kraft der Affinität vom Nazismus angezogen wird und zur Equipierung seines trojanischen Pferdes benützt werden kann. Daß die Gestapo mit der ihr eigenen Feinheit und Exaktheit als Dreckfilter des Abhubs funktioniert, kann man als gewiß hinnehmen. Das ist beileibe keine Hauptaffaire oder gar eine Gefahr, nur eine Nebenerscheinung, eine Finesse, eine »Pikanterie«, symptomatisch für die Bösartigkeit dieser ränkespinnenden Gehirne. Keine üble Manier, die fast überall existierende Xenophobie – die begründete und unbegründete – zu schüren, in der man Terroristen und Emigranten, Emigranten und Agenten tückisch und unlösbar durcheinandercamoufliert. Willkommenes Nebenprodukt, die Behörden unruhig zu machen, zu verwirren, Mißtrauen zu erregen und, wird da oder dort ein Fall ruchbar, die Emigration zu kompromittieren. Man hat dieses System schon einmal angewendet, als man die gefälschten Dollarnoten durch »Schleichhändler« arglosen auswandernden deutschen Juden in die Hände spielte. Das ist das Prinzip; das ist die Art.

Es dürfte kein Zweifel bestehen, daß ebenso wie die norwegischen Küstengewässer, wie die Donau, wie der Transit-Eisenbahnverkehr, wie der Tourimus auch die Emigrantionsströme als »trojanisches Pferd« aufgezäumt werden.

Ein konkreter, tatsächlicher Fall: Aus Rumänien traf vor einiger Zeit ein tschechoslowakischer Flüchtlingstransport ein, der über das Schwarze Meer und das Mittelmeer nach Frankreich geleitet wurde. Der Transport war ausschließlich für die tschechoslowakische Armee in Frankreich bestimmt und wurde auch sofort eingereiht. Einer dieser tschechoslowakischen Flüchtlinge aus Rumänien desertierte nach mehrmonatigem Dienst, wobei sich herausstellte, daß es sich gar nicht um einen Tschechoslowaken, sondern um einen ungarischen Scheckbetrüger handelte. Er hatte die günstige Gratisgelegenheit benützt, Rumänien, wo er gesucht wurde, zu verlassen und als getarnter tschechoslowakischer Flüchtling nach Frankreich zu kommen. Es ergibt sich daraus, daß sich trotz sorgfältiger Prüfung unter die zum Teil dokumentierten Flüchtlinge »falsche Emigranten« einschleichen können; ebenso gut aber können sie von der Gestapo infiltriert werden. Es ist nicht gesagt, daß der »tschechoslowakische Kriegsfreiwillige« als Nazigegner nach Frankreich kam; bestimmt kam er nicht mit der Absicht, tschechoslowakischer Soldat zu werden, und fast sicher ist, daß er nun, ohne Papiere in Frankreich verschwunden, versuchen wird, bei den Nazis Geld und falsche Dokumente zu bekommen. Solche Seele findet sich. Das ist ein Weg, einer von vielen. Das trojanische Pferd der Nazis ist ein Geschöpf der Unterwelt. Die faktische Wirksamkeit solcher falschen Emigranten unter den Agenten mag gleich null sein; aber eine bestimmte Absicht wird damit verfolgt:

es kann in den neutralen Ländern ein einziger Pestrifizierter eine krankhafte, panische Angst vor der Pest hervorrufen.

Dagegen sollte man sich auf alle Fälle immunisieren.[241]

27. April 1940

VOM LEISETRETER BIS ZUM SCHRITTMACHER

Alles Innere will Gestalt und sichtbar werden. Das Wesen des Menschen ist eine ständige Ent-Äußerung, oder es ist im Widerstreit mit ihr. Das Auge, sagt man, ist der Spiegel der Seele, die Schrift der Spiegel des Charakters, das Gesicht ein aufgeschlagenes Kapitel aus einem großen Buch. Selbst in den Linien der Handfläche will man Wesens- und Schicksalszüge erkennen, die sich in diesem scheinbar willkürlichen Faltengewirr ausprägen, als hätte ein Lebenspflug darin seine Furchen gezogen. Aber erst recht der Gang des Menschen, viel zu wenig beachtet und beobachtet, ist »geprägte Form«,[242] bewegte Form, Haltung und Sturz, spontane Äußerung, dirigiert von einem Zentrum.

Alles Innere will Gestalt und sichtbar werden. Aber diese Tendenz stößt mitunter auf eine Opposition, die diese Sichtbarkeit verhindern oder verschleiern oder entstellen will. So entsteht die Maske, die »seelenvolle Güte« im Blick eines bösen Menschen, die verstellte Schrift, der »hoheitsvolle Gang« eines Kriechers.

Die Sprache hat die Bedeutung des Ganges erkannt; die Fülle der Bilder und Beziehungen, die sie mit ihm verbindet, ist dafür symptomatisch. Vom Leisetreter bis zum Schrittmacher – immer wieder und in vielfachen Assoziationen spiegelt die Sprache den menschlichen Gang, so wie sich in ihm selber Wesentliches spiegelt.

Da ist der Mann mit dem »sicheren Auftreten«. Welch ein raumgebietender Gang, leicht und diskret sich in den Hüften wiegend! Mitunter scheint er zu sagen: Platz da, jetzt komme ich! Seine tadellosen Schuhe knarren vor Selbstgefälligkeit. Es ist, als wäre all seine Energie in den Beinen konzentriert. Mitunter tritt er so selbstsicher auf, daß, wo er hintritt, kein Gras mehr wächst. Der Superlativ dieses Typus aber ist der Mann, der »über Leichen geht«. Achtung, man weiche ihm in großem Bogen aus. Er hat etwas von einem Amokläufer. Blindlings schreitet er aus und hinweg über Freund und Widersacher, über jeden, wenn es ihm von Nutzen ist, über diesen unbedingt. Man muß nur den Blick haben für diese gewissermaßen stampfenden Beine, die wie Kolben unter Pression immer auf Touren laufen.

Sein Widerspiel ist der Leisetreter. Er geht gleichsam auf Fußspitzen, als hätte er beständig Angst, ein schlafendes Kind zu wekken. Er will um Gottes willen ja nicht stören. Er betont beinahe aufdringlich, daß er gar nicht vorhanden ist. Er schleicht, schattenhaft, an die Wand gedrückt. Er hat eine große, fatale Verwandtschaft mit dem Schleicher, dem das Leisetreten jedoch nicht Natur ist, sondern der mit dieser Gangart ein Ziel verfolgt.

Leuten, »die das Glück mit Füßen treten«, sieht man es geradezu an den Beinen an, als wären sie mit zwei linken Füßen auf die Welt gekommen. Sie sind, wörtlich oder sinnbildlich, Stolperer, Stotterer mit den Beinen. Häufig sind sie aus Ungeschick und Verbitterung hart und brutal, auch gegen sich selbst. Sie sind Zerstörer, ohne es zu wollen – Selbstzerstörer. Sie gehen gleichsam über ihre eigene Leiche. Der Mensch, der sein Glück mit Fußtritten behandelt, überlebt sich selbst ...

Eine solche tragische Laufbahn beginnt mit Lebensunsicherheit, mit dem Stolpern und Rutschen auf dem irdischen Parkett. Ich sah einmal einen armen Knaben, der auf dem ungewohnten Boden eines eleganten Hotels, in dem er reiche Verwandte besuchte, immer wieder stolperte; er ließ kaum einen Perserteppich oder eine Marmorstufe aus. Da blickte ich durch den Gang hindurch auf ein Schicksal und wußte: Armer Junge, so wirst du durchs Leben stolpern, über dein bißchen Glück hinweg, aber stolpernd wirst du vorwärtskommen und nie stürzen. Denn die Stolperer des Unglücks, die ihr Glück mit Füßen treten, haben ihren besonderen Schutzengel. Vertreib nur nicht auch noch ihn! Du wirst »keine Sprünge machen« können, mein Kind, und auch nicht »auf großem Fuß leben«. Die Leute, die große Sprünge machen, haben muntere Heuschrecken-, schlenkrige Springinsfeldbeine, die häufig etwas Sportliches vortäuschen, in Wahrheit aber sehr fragil sind.

Der Filmkünstler Chaplin hat als Erster den menschlichen Gang zu einem Ausdrucksmittel ersten Ranges erhoben. Es sind die traurigsten, einsamsten Beine der Welt, die die größte Heiterkeit erregen; die müdesten, die unermüdlich durch alle Mühsal stapfen, mit *diesen* Schuhen durch den Staub aller Landstraßen der Welt. Um wie viel menschlicher ist dieser armselige Gang der Heimatlosigkeit als das stolze Schreiten männlicher Filmschönheiten, die gleichsam im hohen C paradieren, jeder Schritt ein Dollar.

Den wahrhaft stolzen Gang sah ich nur bei zwei Kategorien von Frauen, die das Schwere leicht tragen. Frauen im achten Monat haben mitunter eine metaphysische Beschwingtheit des Schreitens, Überwindung der Gravidität, beinahe etwas Schwebendes. Und Zigeunerinnen sah ich stolz durch die Fremdheit großer Städte gehen, heimatlos und geächtet, in zerfetztem Rock und buntem Tuch; sie hätten eine Königin das Gehen lehren können – wenn es lehrbar wäre –, wie Talma es mit Napoleon versucht hat.[243] Die eine wie die andere trug lächelnd ihr Schicksal, wie die Frauen des Südens schreiten, den schweren Krug auf dem Kopf, in der anmutigen Haltung, zu der die Bürde verpflichtet.

Der schwebende Gang ist aber meist nur eine poetische Metapher. Einmal nur sah ich ihn. Durch eine Hotelhalle schritt, nein schwebte eine kleine, zarte, nicht mehr junge Frau in einem grauen Tailorkostüm. Sie war müde. Dennoch schwebte sie, als trüge sie nichts als einen Schleier. Ihre Füße trugen sie nicht, denn sie schien gewichtslos. – Bald nach dieser Begegnung lag sie unter einem Grabstein mit der Inschrift: »Erde, wieg nicht zu schwer auf mir, denn ich wog auf dir nicht zu schwer.« Es war die Pawlowa.[244]

13. Oktober 1940

NEW YORK
TUCSON, ARIZONA
1940-1963

Meine Bücher – die ich selber schrieb und auch die der anderen – sind im Sturm zerflattert.[245] Sie sind da und dort verstreut, unterwegs liegengeblieben, in vielen Zimmern und auf Regalen, in vergessenen Kisten, die irgendwo stauben. Meine Wanderung ist gewissermaßen mit Büchern besät, eine Saat im Winde, nutzlos. Manchmal in der Nacht wache ich auf, lange suchend nach der Bücherwand, an der mein Bett stand, als ich noch eines besaß. In dem fremden Zimmer, in dem ich liege, ist kein Buch. Es ist leer. Das ist seine schrecklichste Leere. Ich weiß nicht, was schlimmer ist: ohne eigene Bücher zu leben oder ohne eigene Frau, wenn man beides einmal besaß.

Ich möchte dieses oder jenes Buch aufschlagen; ich habe Sehnsucht, eine bestimmte Stelle, die ich liebe, nachzulesen – welch ein Trost wäre das in der Einsamkeit. Nichts.

Und da geschieht es, daß auf der leeren Wand hundertfältige bunte Bücherrücken erscheinen. Und in der Seele, der leiderschöpften, steigt der Klang eines Verses auf, die Erinnerung eines Satzes streift vorüber, eine Gestalt, ein Bild. »Wer jetzt kein Haus hat, baut sich keines mehr ...«[246] Ist das alles, was mir von Rilkes Gedichtbänden bleibt? Ein Nietzsche-Vers aus der einsamen Mittagsglut von Sils Maria: »Denn alle Lust will Ewigkeit, will tiefe, tiefe Ewigkeit ...«[247] Hätte ich sein Werk hier, würde ich die Stelle finden. Und in den »Urworten« Goethes, den orphischen, auch wenn man sie nur unvollkommen im Gedächtnis hat, kann man stundenlang lesen: »Wie an dem Tag, der dich der Welt verliehen ...«[248] Ja, Leihgabe an die Welt sind wir alle und werden zurückgefordert.

Die verlorenen Bücher geistern. Es sind bloß Fragmente, gleichsam nur zerfetzte Seiten, halbe und falsche Zitate, mühsam gesucht auf einer imaginären Bücherwand. In diesem geistigen Fluchtgepäck nimmt man nur das Kostbarste mit auf engsten Raum.

In jedem Buch, das uns teuer war und das wir verlieren, wiederholt sich die Zerstörung der alexandrinischen Bibliothek, und in jedem noch so unvollkommen wiederhergestellten Gedächtnis und Zitatenfragment baut sie sich wieder auf. *31. Januar 1941*

Mein europäisches Gehirn ist zunächst wie erschlagen von der amerikanischen Exaktheit, Lebensroutine und Zahlenordnung, und vor allem von den Dimensionen. Die ganze Unsicherheit und Verwahrlosung Flucht-Europas ist in mir. Ich stolpere überall, ich stoße an. Weil alles so einfach ist, scheint es mir kompliziert. Das ist mehr als das normale Newcomer-Gefühl – das ist der Zusammenstoß zweier Welten.

✲

Man sollte eine Figur schildern, die mit der typischen Flucht-Psychose in New York eintrifft, nach einer gleichsam im Dämmerzustand verbrachten Überfahrt. Welch ein Wechsel der Atmosphäre und Lebensbedingungen! Fast alle von uns haben eine Art von Konzentrationslager-Komplex. Die Furcht und das Gehetzte ist immer noch in unseren Augen. Man kann nicht acht Monate lang, oder acht Jahre lang, fliehen und immer wieder fliehen und immer wieder emigrieren, ohne seelisch und geistig Schaden zu nehmen. Das Gleichgewicht, der Kopf haben gelitten ...

Man konnte es am Betragen vieler Menschen an Bord des amerikanischen Dampfers beobachten, sie haben so etwas rührend Ungeschicktes. Es ist, als hätten sie ihre Lebenserfahrung verlernt, verloren. Bei jeder beliebigen Befragung geraten sie in eine geradezu kindische Unsicherheit. Sie werden Schritt für Schritt lernen müssen, lernen zu leben, normal zu leben. Es ist nur gut, daß der Immigrations-Doktor bei der Landung diese Psychose, die europäische Krankheit, nicht diagnostiziert. Hingegen tastete er mir diskret den Rücken ab, ob ich keinen Buckel habe. Ich habe keinen. Ach, es gibt so viele unsichtbare Buckel.

✲

Ein Kameramann sollte sich am Pier in New Jersey verborgen halten, wenn die spärlichen Schiffe aus Europa landen. Die Gesichter der Ankommenden, die Gesichter der Wartenden, tränenüberströmt. Sie weinen ganz lautlos, wortlos, es weint aus ihnen nur so heraus. Sie weinen in schönen Gruppen, gleichsam für einen ungefilmten Film: Am Ende der Flucht. Aus ihnen weint ganz Flucht-Europa. Und die anderen, die Nichtabgeholten stehen etwas verlegen und verloren herum. Marathonläufer am Ziel, gewissermaßen noch mit keuchendem Atem, und tauchen ganz still unter, irgendwo.

*

Wie hübsch, daß selbst die kleinsten Postbeamten am Schalter ihren Namen führen. So weiß ich, daß der erste Postbeamte, der mir Marken verkaufte, Samuel C. Wassermann heißt. Ein Name von großem Klang. Man wird sich ihn merken müssen: Ein Erlebnis, weil es in Flucht-Europa keinem Mann dieses Namens mehr erlaubt ist, einen amtlichen Schalterplatz einzunehmen und eine so hohe Funktion zu versehen ...

Übrigens, ein schönes Symbol, diese Namensindividualität am unpersönlichsten aller Schalter, durchaus widersprechend der Klischee-Anschauung von Einheitsamerikanisierung. Good-bye, Mister Wassermann!

*

Ein noch primäreres Ankunftserlebnis: Im ersten Taxi lief das Radio. »Hören Sie«, sagte der Chauffeur, »das ist Roosevelt.« Es war die Ansprache des 20. Januar.[249] Der Präsident sprach von Europa. Ich sagte: »Ich komme eben von dort.« Wir stoppten gerade am roten Licht. Der Chauffeur sah mich mit großen Augen an. Und dann mußte ich ihm erzählen. Und er sagte immerzu: »What a shame!« Und am meisten interessierte es ihn, daß wir mit einem Auto für den Fluchtweg von Paris nach Orleans – 120 Kilometer – drei Tage gebraucht haben. Und daß fast nirgendwo mehr in Europa ein Taxi läuft, weil Hitler alles Gasoline säuft. »What a shame!« Als ich ausstieg und bezahlen wollte, bemerkte ich, daß keine Ziffer am Zähler stand. Er hatte ihn unbemerkt abgestellt, als er hörte, daß ich soeben aus Europa gekommen war.

*

Am gleichen Abend war ich im österreichischen Theater. Eine Komitee-Dame hatte mir ein Billet in die Hand gedrückt. Jeder tut, was er kann. Ich hatte nicht die geringste Lust. Mein Kopf wirbelte von Europa-Amerika. Mir war, als schwankten die Wolkenkratzer; wahrscheinlich bogen sie sich vor Lachen. West- und East-Side, Up- und Downtown und die Straßenarithmetik der Blocks verwirrten sich in meinem Kopf zu einer höllischen Geometrie. Und nun war ich mit einem Kopfsprung wieder in diese laue wohlvertraute europäische Atmosphäre getaucht. Premierengesichter, leicht verändert. Schöne Frauen, unverändert. Todmüde und eingelullt von dem reizenden Problemgeplätscher der Bühne, schlief ich ein und träumte, ich sei wieder Theaterkritiker[250] auf meinem alten Eckplatz und habe – schrecklicher Angsttraum – die Premiere verschlafen ...

*

»Bitte sprechen Sie recht langsam«, sagte ich, »damit ich Sie besser verstehe.« Der Mann verstand, ich sei taub und schrie mir ins Ohr. Es wird noch mehr solcher Mißverständnisse geben. – Erst glaubt man, ich habe einen Buckel, dann, ich sei taub. Ja, wir kommen mit schrecklich viel Mängeln, und es wird seine Zeit brauchen, normal zu werden.

7. Februar 1941

UMGANG MIT KONSULN

Die amerikanischen Konsuln in Marseille und Lissabon haben in den letzten Monaten kein schlechtes Stück Arbeit geleistet. Sie schienen uns drüben mitunter hart, aber sie waren nur abgehärtet vom täglichen Ansturm des gleichen Jammers und gleichen Begehrens. Sie hatten gewisse Direktiven, die aber durch Dutzende von Kabeltelegrammen umgelenkt wurden, und sie hatten autoritative Entscheidungsvollmacht, die nur ihrem Gewissen verantwortlich war. Wir hatten es schwerer, aber sie hatten es auch nicht leicht.

Der Konsul will dem Petenten ins Herz blicken, aber das kann kein Mensch. Nur Gott blickt ins Herz. Also begnügt sich der Konsul mit der Prüfung des Bankkontos, wenn eines vorhanden war. Er hat das Recht und die Pflicht, alles zu wissen, und zu diesem Zweck legt er ein Dossier an. Er ist gleichsam ein Stellvertreter Gottes, der entscheidet, ob einer würdig ist des neuen Lebens oder nicht.

In Marseille mußten die Schriftsteller- und Intellektuellen-Emergency-Fälle dem Konsul eine zeitlang den Nachweis liefern, daß sie berühmt sind. Mein Gott, was ist der Ruhm im Chaos? Weniger als ein Schatten. Wer seine Bücher gerettet hatte, legte sie vor, und das genügte. Wer sie nicht besaß, machte verzweifelte Anstrengungen, sie sich zu beschaffen. Es war, als würde man sich mit den Nägeln aus dem Schutt der Vergangenheit ausgraben müssen. Es genügte auch, daß ein schon anerkannter Emergency-Fall einem Schriftsteller bestätigte, daß er ein bekannter Autor sei. Auch in den Komitees, die sich mit den langen Namenslisten nicht mehr zurechtfanden, wurde diese Praxis geübt. Kollegen stellten einander gewissermaßen Notorietätsvisen aus, und wenn einer bösartig die Achsel zuckte, »Kenn ich nicht«, so konnte der Strich durch einen Namen beinah ein Todesurteil sein. Es gibt ein Achselzucken, das tötet. Die Konsuln in Marseille kamen dann von der Praxis ab, das Visum gleichsam als Literaturprämie zu erteilen. Es ist von einem amerikanischen Konsul nicht zu verlangen, daß er sich in der deutschen Literatur der letzten zwanzig Jahre auskennt.

Dem Amerikaner ist ein Lächeln, ein kräftiges offenes Wort tausendmal lieber, als Pathos, Leidensmienen und langatmige Erklärungen. Die wenigsten trafen den richtigen Ton im Umgang mit dem amerikanischen Konsul. Es war viel wichtiger, einen Witz zu machen, als Mitleid zu erwecken. Ein Schriftsteller, befragt, was er nach Amerika mitbringe, antwortete: »Meinen Kopf, Herr Konsul!« Worauf der Konsul erwiderte: »Sprechen wir doch nicht von Kleinigkeiten!« Es war ihm zwischen den Zähnen entfahren. Er lachte, etwas verlegen, ein gutes, jungenhaftes Lächeln. Der Schriftsteller lachte auch. Und bekam das Visum.

In Lissabon war – auch nur vorübergehend und bis auf Widerruf dieser Direktive – die strenge, unmögliche Praxis in Brauch, vom Visum-Petenten den Nachweis zu verlangen, daß die betreffende Person für die U.S.A. wichtig und von Nutzen sei. Wie sollte der Zahnarzt aus Osnabrück nachweisen, daß er für Amerika wichtig sei! Ein so Befragter hatte den offenen Mut, zu erwidern: »Ob ich

Amerika von Nutzen bin, weiß ich nicht, Herr Konsul, aber daß Amerika mir von Nutzen ist, das weiß ich.« Der Konsul lächelte. Wenn ein Konsul lächelt, ist das schon so gut wie ein Visum.

14. Februar 1941

LETZTER TAG IN EUROPA

Wir sprachen auf alte Erzählerart reihum im Kreise über den ersten Tag hier und über den letzten drüben. Jeder hatte einen ersten und einen letzten Tag. Die Erlebnisse brauchen gar nicht außergewöhnlich zu sein und sind es meist auch nicht. Es gibt Leute, die hier ankommen, als wären sie von Berlin nach Stettin gefahren oder von Wien nach Budapest. Und es gibt Leute, die aus Europa hinausgehen wie aus einem schlechten Film – er ist ausgelöscht, nicht der Rede wert. Sie haben einen Kontinent gewechselt wie einen Anzug, und damit ist für sie das Thema erledigt. Das neue Leben absorbiert sie völlig. Jedoch Europa zu verlassen ist ein ungeheures und völlig endgültiges Erlebnis, wenn man es in aller Bewußtheit noch einmal durchlebt. –

»Man sollte gar nicht zurückschauen«, meinte einer. »Schluß mit Europa; fertig und erledigt. Menschen, die davon nicht loskommen und sich immer wieder umdrehen, erinnern mich an Lots Weib, die auf das untergehende Sodom zurückblickt. Sie erstarrt zur Salzsäule. Durchstreichen, abschreiben, vergessen. Das war mein letzter Tag in Europa.« –

Ein anderer sagte: »Für mich war der letzte Tag in Europa die Summe der letzten Tage in Europa. Ein seltsames Doppelgefühl, eine unsägliche Zerrissenheit: von einem geliebten Wesen gar nicht rasch genug fortkommen zu können. Als ob man den Staub küsse, den man von seinen Schuhen schüttelt ... Panik plus Abschiedsweh, das war die seelische Situation vieler Amerikafahrer. Man war seit Wochen hineingerissen in den furchtbaren Malstrom einer kontinentalen Evakuierung, die sich in die französischen Hafenstädte ergoß. Man war gleichsam in einem überfüllten Rettungsboot, das überdies vom sinkenden Schiff, vielmehr: vom sinkenden Ufer nicht abstieß. Der panische Geist fördert eben eher das

Wachstum der Ellbogen als das des Altruismus. Wir waren alle nur einer von vielen, aber wir waren zuviel im gleichen Rettungsboot, und fast jedes war ›schon komplett‹. Wir letzten Europäer waren Soldaten der Flucht – aber waren wir immer gute Soldaten?«

»In jeder Armee gibt es gute und schlechte Soldaten«, bemerkte einer der Zuhörer.

»Am Tage meiner Abreise nach Amerika«, setzte der andere fort, » – ein unvergeßlicher Tag von schmerzlicher Glückseligkeit – fiel mir eine grausige Begebenheit ein, die sich mir mit dem letzten Blick auf Europa verband. Im Spätsommer war ein junger Mensch in Lissabon angekommen, einer der ersten, wenn nicht der erste, dem es geglückt war, aus der Mausefalle Südfrankreich ›schwarz‹ über die Pyrenäen zu entkommen. Ein Einzelgänger, verschlossen und scheu, hatte er in einem Hotelzimmer in Perpignan verbissen und systematisch einen Plan ausgearbeitet. Er studierte die Spezialkarten der Grenzübergänge, hatte sich Empfehlungen an ehemals sozialdemokratische Maires der Grenzgemeinden verschafft und für alle Fälle in seinem Paß sein Alter von einundzwanzig Jahren von einem geübten Graphiker auf siebzehn ›korrigieren‹ lassen, damit ihn die Spanier wegen seines militärpflichtigen Alters nicht zurückschicken. Man konnte sich nicht gründlicher vorbereiten, als dieser junge Österreicher es tat. (Wie haben wir später gestümpert und improvisiert!) Mit der Spannkraft seiner einundzwanzig Jahre warf er sich ganz allein über die glühende Pyrenäenmauer, ein Vorläufer ins Ungewisse. Dreimal versuchte er den nächtlichen Übergang, verirrte sich dreimal, dürstete, hungerte, übernachtete im Felsgeröll, entschlossen, lieber zu sterben als sich einsperren zu lassen. Ein einsamer Spaziergänger, ein Junge in Kniehosen, scheinbar gelassen die Gegend betrachtend, den fliegenden Atem des Läufers bändigend, so schlenderte er in die spanische Grenzortschaft. Man ließ ihn laufen, und er lief weiter, zum Ziel, nach Lissabon, und erreichte es glücklich, atemlos, verwildert, sonnenverbrannt. Und hier geschah das Unfaßbare: Aus irgendeinem nichtigen Anlaß – vielleicht die Alterskorrektur in seinem Paß – hatte er eine Auseinandersetzung mit der Behörde, bekam einen Tobsuchtsanfall; man mußte die Polizei holen, und als man ihn ins Gefängnis brachte, schleuderte er sich im Treppenhaus von der dritten Etage in die Tiefe, mit dem ihm eigenen verbissenen Elend, als wäre das Treppengeländer die spanische Grenze.

Ich kann es nicht erklären, warum ich in dem Augenblick, als ich das amerikanische Schiff bestieg, an diesen europäischen Marathonläufer denken mußte, der am Ziel zusammenbrach. Ich fühlte nur, es gibt eine gefährliche Grenze der Erlebnisfähigkeit und zerstörenden Erlebnisfülle. An ihn mußte ich denken und an alle, denen dieser entsetzliche Langstreckenlauf aus Europa heraus nicht oder noch nicht gelungen war, die unterwegs stürzten, an alle Kameraden der Flucht, die in ihren Gräbern oder in ihrer Not zurückgeblieben waren. Vor mir lag, fast schon verschwindend, als ob das Schiff bereits den Tejo hinabführe, eine der schönsten steinernen Vergangenheitskulissen Europas, Barock und Gotik, ruinenhaft und unwirklich im vergoldeten Licht der untergehenden Sonne. In diesem Licht sah ich die Türme Prags, die heiter-süße Wiener Landschaft verschollener Zeit, das Luxembourg des entseelten Paris – ein ganzes gelebtes Leben in Europa. Alles war zauberhaft gegenwärtig, und alles schwand gespenstisch dahin in diesem letzten europäischen Augenblick. Es war zuviel; ich schwankte, als zöge mich Europa in die Tiefe – ein Marathonläufer auch ich. Da berührte mich die Hand der Frau neben mir. ›Du mußt dich zusammennehmen‹, sagte sie lächelnd, ›wenn du jetzt an Bord gehst, bist du schon auf amerikanischem Boden.‹ Es klang beinahe feierlich. Ich stieg das steile Fallreep langsam hoch – es war mehr als eine Landesgrenze –, und obwohl es festgemacht war, schwebte und schwang es unter meinen Füßen auf und nieder.

Oben am Eingang des Schiffes drehte ich mich noch einmal um. Da war eine große Dunkelheit vor meinen Augen, und ich sah nichts mehr – nicht die Frau, die hilflos und winzig unten am Pier zurückblieb, nicht die Freunde, die am Weg liegengeblieben waren, nicht die geliebten Städte, und all das zusammen war Europa und geliebt. Zuviel ließ man zurück. Und das Nahe war, noch ehe das Schiff sich von der Küste löste, schon so fern. Es war, als ob der letzte Augenblick Europa auslösche. Wirklich, es gibt ein Erstarren im Zurückblicken.

Mit breitem Lächeln fragte ein grauhaariger, bebrillter Stewart den Versunkenen: ›How do you do?‹ Das war schon Amerika.

Man muß drüben sein und schon einige Zeit die Luft Amerikas geatmet haben, dann erst kommt das Unvergeßliche des letzten Tages in Europa langsam wieder auf einen zu.«

4. April 1941

MARSEILLE

Vielleicht werde ich den Druck los, wenn ich die Chronik dieser Flucht aus den verbliebenen Notizbüchern, die ich nur zum Teil über die Pyrenäen nach Amerika gebracht habe, ganz schmucklos in Stichworten zu rekonstruieren versuche, so wie ich sie unter dem Diktat des rasenden Geschehens stenographiert habe, ich habe dabei mehr in meinem Gedächtnis als in den kaum entzifferbaren Aufzeichnungen zu blättern.

Ich will nicht den *thrill* dieses oft beschriebenen Weges schildern. Es hat andere Gründe, wenn ich, am ersehnten Ziel angelangt, von den alten Notizbüchern und Bildern nicht loskomme. Es ist von einer Flucht nicht immer nur Rühmliches zu erzählen – das gilt für Soldaten wie für Zivilisten. Aber es war nicht nur ein Davonlaufen, sondern eine volle Panik – eine Panik, von der ich glaube, daß die Deutschen sie planvoll erzeugt haben, um Frankreich in einen reißenden Menschenstrom zu verwandeln: und das ist ihnen gelungen. Die entfesselte Zivilflucht hat nicht wenig dazu beigetragen, den Sieg zu beschleunigen und zu komplettieren.[251]

Die Panik hat abstoßende Züge – man weiß es von jedem Theaterbrand. Und nichts ist gräßlicher als ein treibendes Rettungsboot im entfesselten Element, mit einer Mannschaft, die unfähig ist, eine Mannschaft zu bilden ... (wobei ich mich keineswegs von ihr ausnehme). Das sind die Tag- und Nachtträume Flucht-Europas, die mich verfolgen.

Paris, 8. Juni 1940

Seit Tagen machen wir Fluchtpläne, ein paar Intellektuelle hier im »Quartier Latin«,[252] und sind unfähig, uns von der Stelle zu rühren. Sind wir für jede Tat verdorben, sogar für die Flucht, die die negativste aller Taten ist? Wie Oblomoff, der sich nicht entschließen kann, sein Zimmer zu wechseln.[253]

Dabei haben wir ahnungsvoll schon vor Wochen ein Kollektiv-Telegramm an Thomas Mann nach Princeton gesandt,[254] einen Alarmruf, uns zu helfen, nach Amerika zu kommen. Immer wieder: Thomas Mann. Wir haben einen rührenden Glauben an seine helfende Kraft. Er ist wirklich so etwas wie ein »Chef«, Oberhaupt, Patriarch. (Nachträglicher Zusatz: Unser Kabel war nicht vergeblich und vielleicht einer der Impulse, die Evakuierung einer gefährdeten Berufsgruppe großzügig zu organisieren.)[255]

Paris, 9. Juni 1940

Es ist so unvorstellbar, Paris zu verlassen, Europa zu verlassen. Ich irre planlos in den Straßen umher. Einsamkeit in der Flucht ist etwas Unerträgliches.

In solchen Augenblicken ist das Bedürfnis nach Kameradschaft doppelt stark. Jeder sucht einen Fluchtgefährten, einen Anschluß, eine Fahrtgelegenheit, einen Ausweg. Die Bahnhöfe gesperrt und von Hunderttausenden umlagert. Plakate: Kein Zugverkehr. Vergeblich. (Nachträglicher Zusatz: Es war eine behördliche Täuschung: Es gingen Züge bis unmittelbar vor dem Einmarsch der Deutschen (14. Juni), aber nur für Bevorzugte, nur wenn man sich mit Bestechungsgeld und Ellenbogen einen Weg bis zum Perron bahnte.)

Das »Quartier« ist nicht wieder zu erkennen. Entstellt wie das Gesicht eines Sterbenden. In den Augen der Menschen eine irre Apathie. Die Straßen sind voll Abfall des großen Aufräumens und Einpackens. Die Lumpensammler von Paris, wenigstens sie haben einen großen Tag.

Selbst beim Nahen der Apokalypse fällt es dem Pariser schwer, sein »Quartier« zu verlassen. Mein braver Hotelwirt, ein »ancien combattant« des vorigen Krieges, wirft den alten Stahlhelm, den er als Luftschutz-Wächter trägt, in eine Ecke. Er hat mit seiner Familie zusammengepackt und packt wieder aus. Sein Gesicht ist totenbleich. »C'est trop tard. Fini. Les boches sont trent kilometres d'ici.«[256] Immer wieder flüstert er »trop tard«. Aber es erleichtert ihn zu wissen, daß er in seinem Quartier bleibt.

Wird Paris nicht kämpfen? Ist das noch Paris? Paris, das in der Verzweiflung singen und stürmen konnte, wie in den Tagen der

Bastille und Commune? Die Regierung hat Paris verlassen. Ohne ein Wort, stumm. Davongeschlichen. Ohne eine Parole. Ist das noch Frankreich?

Nur noch eine Bewegung und ein Geräusch ist wahrnehmbar: das endlose gespenstische Rollen und Rauschen von tausenden Wagen aller Art, Ochsengespanne vom Land, müde und verstaubt, Handkarren. Kinderwagen. Limousinen, mit Matratzen beladen – den Boulevard St. Michel entlang flieht Frankreich ins Nichts. 12 Millionen zogen so auf die Landstraße.

Ein alter Mann steht in der Sommerhitze reglos auf dem Trottoir und starrt stumm in die Auflösung. Sein Gesicht strömt, nicht zu unterscheiden, ob in Tränen oder Schweiß. Es ist in seinem zerfurchten Antlitz, in seinem weißen Schnurrbart etwas von Frankreichs alter Erde. Es ist das Gesicht eines Märtyrers. Man könnte denken, so steht der alte Clemenceau in seinem Grab.

Neben ihm ein feister Vierziger mit flinken Augen. »C'est la grand pagaille et de la debandade. Je l'ai toujours vu venir. Maintenant le jour d'Hitler est arrive ... C'est lui qui va faire l'ordre.« (Das ist das große Durcheinander und die Auflösung. Ich habe es immer voraus gesehen. Nun ist der Tag Hitlers gekommen. Er wird Ordnung machen.) Man könnte denken, es ist Marcel Déat.[257]

Eine verfrühte, unheimliche Dämmerung bricht über die Stadt herein, als ob grau-gelbe Unwetterwolken andrängten. Aber es ist ein klarer Sommerabend, unvorstellbar in seinem süßen Friedensduft. Ein beißender Geruch wie von brennendem Petroleum. Das ist die fahle Luft des untergehenden Pompeji. Über dem Seine-Tal liegt eine dunkle Rauchwand – brennende Gas-Reservoirs oder Rauchschleier, mit dem die Deutschen die Stadt noch mehr in Panik jagen – wir wissen nicht, was vorgeht. Nichts wissen wir, seit Wochen und Monaten. Die Zensur hat von Anfang an das Volk vernebelt, wie es jetzt die Nazis sichtbar tun.

Nur fort. Mit der Metro (subway) bis an die Endstation im Süden der Banlieu und dann zu Fuß auf die Landstraße. Ich eile, Ernst Weiß, den Romanschriftsteller und Arzt, in seinem Hotel abzuholen. Gemeinsam gehen wir zu Walter Mehring, dem Lyriker und Dramatiker. Es war unser Plan und Beschluß, gemeinsam zu fliehen. Mehring ist in einer vollkommenen Verstörtheit. Er spielt den Irren und Zerbrochenen; und er ist es auch. Es ist aus ihm kein Wort herauszubringen. Er und seine Freundin sind sichtlich im Aufbruch: ein gepackter Rucksack liegt im Zimmer. Die beiden reden kein Wort und machen nur hilflose, wirre Gebärden. Es ist klar, sie haben einen besonderen Plan, sie wollen allein sein. »Gehen wir«, lächelt Ernst Weiß.

Die Panik zerbricht Menschen, Kameradschaft, Bindungen, alles. Sauve qui peut.[258] Sie macht die Schwachen noch schwächer und nur die Starken noch stärker.

»Bis morgen«, sagt Ernst Weiß, als wäre noch eine Wendung möglich. Wir haben nicht mehr die Kraft, in diese Nacht hinaus zu fliehen, zu Fuß, von allem entblößt. Wir haben es immer noch nicht gelernt, was es heißt, das nackte Leben zu retten ...

Ich gehe durch die verlassene Rue Tournon, in der wir vor einem Jahr Joseph Roth begraben haben. »Hier sterben«, sagte er, »hier, hier«, und er skandierte die Worte mit seinem Finger hart auf dem Tisch in seiner Bistro-Ecke, von der aus er die Welt überblickte und tief in die Hölle sah.

Die alte Gasse ist voller Erinnerungen: vom Luxembourg schlägt eine verschollene Zeit die Stunde, aus dem Park haucht ein verwelkter Duft – mir ist, als wäre ich der letzte Überlebende in einer sterbenden Stadt. Wer flüstert das: »Hier sterben, hier, hier ...«

Die sterbende Stadt, der tote Freund, ich selbst?

Ich spüre den angenehmen Geruch einer Nachtapotheke und höre mich mit heiserer Stimme sagen: »Hören Sie, ich bin so schlaflos. Kein Wunder bei diesen Ereignissen – geben Sie mir eine Tube Veronal, es ist zur Beruhigung auch für unterwegs, ich will morgen nach Südfrankreich abreisen ...«

Wie ein Uhrpendel schwingt ein großer Zeigefinger vor meinem Gesicht: »Pas de Veronal ... Baldrian s'il vous plaît!«[259] Der alte Apotheker lächelt maliziös.

Draußen auf der Straße schwingt noch immer sein verwehrender Zeigefinger groß vor meinen Augen hin und her, wie der Stab eines Metronoms, der den Takt des Lebens anschlägt. »Wehe kommst du ungerufen ...«

Paris, 10. Juni 1940

Am nächsten Morgen suche ich Ernst Weiß auf. Es muß etwas geschehen. Wir gehen zu Mehring. Er ist in einem Auto fort, ohne ein Wort, lautlos.[260] Wir setzen uns auf eine Café-Terasse, frühstücken. Immer noch brandet die endlose Flucht über den Boulevard. Weiß trinkt seelenruhig seinen Tee, verträumt beinahe, als sähe er die Welt ringsum nicht versinken. Ein Gespenster-Idyll im brodelnden Chaos.

»Ich bleibe hier«, sagt Weiß müde. »Ich stürze mich nicht in diesen Malstrom. Es ist zu spät. Sauve qui peut. Ich kann es nicht.«

»Sie können nicht bleiben. Morgen kann Hitler hier sein.« Dabei weiß ich selber nicht, wie ich von hier fortkomme.

Er ist völlig unbeteiligt. Nichts scheint ihm in diesem Augenblick wichtiger, als sein Croissant mit Butter zu bestreichen. Sein Gesicht ist alt, fern und lächelnd. Er spricht nicht mehr von der Flucht. In seiner Haltung ist etwas von der Hilflosigkeit eines Kindes und zugleich von dem geistigen Hochmut eines Talmud-Weisen. Er versinkt in eine große Einsamkeit. Ich schaue ihn an und sehe mich selbst in ihm gespiegelt. Wir leben in Gestalten und erstarren, wenn die Wirklichkeit uns anpackt. Gib dem Künstler ein Stück Marmor in die Hand, und er macht eine Figur daraus. Aber der Sturz des Marmorbruchs betäubt und erschlägt ihn. Selbst der Instinkt des Tieres, das vor der Gefahr davonläuft, ist gebrochen.

Ich stürze davon. Er bleibt auf der Caféhaus-Terrasse sitzen. Die Junisonne von Paris erstickt apokalyptisch in einem schwefligen November-Himmel.

(Nachträglicher Zusatz: Wenige Tage später starb Ernst Weiß in seinem Pariser Hotelzimmer. Veronal.[261] Sein amerikanisches Visum lag in Marseille bereit. Und ein gekabelter Film-Vertrag von Goldwyn Mayer, Hollywood.)

Marseille, 12. Juli 1940

Es ist mir noch immer unerklärlich, wie es mir gelang, aus Paris fortzukommen und mich quer durch Frankreich durchzuwinden, von der Biskaya an der Atlantischen Küste bis zur Mediterrané – oft nur mit einem Vorsprung von wenigen Kilometern vor den anrückenden deutschen Besatzungstruppen.

Wie die Dinge in Paris lagen, war der Gedanke an ein Auto einfach absurd. Nicht einmal eine Handkarre war aufzutreiben. Überdies war es höchst ungewiß, ob man ohne ein »sauf-conduit«[262] Paris verlassen durfte. Ich ging aufs Polizeikommissariat. Ein alter Herr mit einer Baskenmütze auf dem kahlen Schädel registrierte gelassen die eingehenden Gesuche in eine große Kladde – ein unerschütterlicher Fels in der Brandung. »In vierzehn Tagen können Sie das ›sauf conduit‹ abholen.« – »Ich glaube, in vierzehn Tagen wird es zu spät sein.« Aberwitz des Flucht-Reglements. Nur die Bürokratie, aber nicht ein einfacher Sterblicher überlebt den Weltuntergang.

Stunden versäumt in der langen Schlange der Flucht-Aspiranten. Keine Zeitungen erhältlich. Aber man wußte ohne die Zeitungen mehr, als man bisher durch sie erfuhr. Kein Entrinnen: die Riesen-Falle schloß sich. Ich fühlte, daß ich nicht mehr die Kraft habe, davonzulaufen. Wie oft noch und wohin?

Die Vorstellung, daß schon in den nächsten Stunden deutsche Truppen durch Paris ziehen werden, war unerträglich. Man müßte beim bloßen Anblick sterben.

Ich stand wie gelähmt in meinem Hotelzimmer. Die Koffer waren gepackt. Es sind die Koffer der endlosen Flucht, manche noch beklebt mit den bunten Hotelbildern einer vergangenen Welt. Ich stieß sie beiseite, diese unnützen Überbleibsel. Ich wußte, daß das alles sinnlos ist, sinnlos die Bücher und Manuskripte in den Koffern. Man kann in der Hitler-Welt nichts behalten und nichts mitnehmen. – Sinnlos, sinnlos … wie von fremden Lippen sickerte das Wort vernehmbar in meine Einsamkeit. Ich wußte, daß, was ich jetzt tue, sinnlos ist, aber ich tue es, wie unter einem ungewissen Zwang. Ich öffnete den Schrank und nahm einen Pelz- und Wintermantel heraus. Ich glaube, daß ich dabei entgeistert-blöd lächelte. Ich nehme sie über den Arm und gehe über die menschenleere Straße. Um etwas zu retten, rette ich die Mäntel. Um die Ecke wohnt ein Kürschner. Ich deponiere das Zeug und lasse mir die Quittung ausstellen. Ich war mir der Lächerlichkeit durchaus bewußt, es ist eine gespenstische Scheinhandlung in der gräßlichen Unfähigkeit, etwas zu tun – es ist das »sauf conduit« der Mäntel.

In diesem Augenblick hielt ein Auto vor der Tür. Der Fahrer, ein polnischer Offizier in Zivil, verabschiedet sich von der Frau des Geschäftsinhabers, die seine Schwester ist. Er will nach Süd-west-Frankreich, um ein englisches Schiff oder eine polnische Autokolonne zu erreichen. Infolge einer Absage ist ein Platz in seinem Wagen frei geworden.

Ich saß im Auto und wußte nicht wie und schämte mich und lachte in mich hinein und kam mir vor wie ein Narr im Glück, wie ein Hans im Glück.

Ich tauschte zwei Mäntel gegen Freiheit und Leben ein. Ich nahm es wie einen höheren Beschluß hin, ich bin offenbar noch für ein Weiteres aufgespart. Da kein Wunder an der Marne geschah, geschah ein winziges persönliches Mirakel.

Der Boulevard Michel war noch immer ein gestauter Strom von Wagen – ein Hochwasser der Flucht, das keinen Abfluß findet. Daneben ganze Familien mit Kinderwagen und Handkarren, die rascher vorankamen als die Motore, die im Schritt oder Leerlauf ihr spärliches Benzin verzehrten. Es war, als ob ein ganzes Volk auswandere. Noch nie in moderner Zeit hat der Terror eines Siegers ein Volk so vor sich hergetrieben.

»Und so sieht es bis nach Orleans aus und weit darüber hinaus – alles verstopft.« Das Gesicht des Verkehrsoffiziers, der in das chaotische Geschiebe Ordnung zu bringen versuchte, war vor Trauer und Übermüdung entstellt.

An der Port d'Orleans in der »Faubourg« – normalerweise eine Fahrt von zehn Minuten, die zwei Stunden in Anspruch nahm – bemerkte ich, daß ich mich in die Ecke des Wagens drückte. Ernst Weiß fiel mir ein. Es war, als machte ich für ihn Platz. Die Scham preßte mich zusammen. Es kam mir schändlich vor, mich so allein gerettet zu haben. Wozu ist eine Rettung gut, wenn man nicht einem anderen hilft? Wie abscheulich, wenn die Angst das Herz verengt und den Geist verdunkelt. Sauve qui peut? Bald wird die ganze Welt von diesem Ruf widerhallen. Hitler ist ein Meister des Terrors, im Kleinen wie im Großen. Jeder wollte für sich allein gerettet sein, und alle waren verloren.

Ich bin betroffen, wie ich mich aus einem persönlichen Versäumnis in eine allgemeine Erkenntnis flüchte. Mir ist, als winde ich mich in einer Kette von Schuld. Der Gedanke ist keine Wiedergutmachung. Da es mir versagt ist, richtig zu handeln, bleibt mir nichts anderes zu tun, als zu denken.

Der Mitflüchtling, ein alter Pariser Rechtsanwalt, mißverstand meine Bewegung und sagte: »Transquillez vous, Monsieur! Si nous sommes à Orleans, nous serons mieux. Aucun boche ne reussira de passer la Loire!« (Wenn wir in Orleans sind, wird uns allen besser sein. Kein boche wird je die Loire überschreiten.)

La France ne se rendra jamais.[263]

Wie schön klingt das französische Pathos.

Marseille, 14. Juli 1940

In Marseille trafen wir uns alle wieder, die ganze antifaschistische Literatur, alle Schattierungen. Gehetzt, zerrissen, verstört, tatsächlich und zugleich paranoisch verfolgt – ein gespenstisches Zusammentreffen; eine Parade der Geschlagenen, eine Revue unserer falschen Voraussicht und unserer Illusionen. Wir hätten, wie wir da waren, einen PEN-Club eröffnen können.

Wir vermieden die Erinnerung an den letzten Abend in Paris.

Unter ihnen war auch X., der Lyriker und Dramatiker. X. hatte unterwegs furchtbar gelitten, wie wir alle. Unsere Fahrer hatten ihre Autos in der Gegend von Orleans auf der Landstraße stehen lassen, nachdem wir die Wagen mangels Benzin streckenweise geschoben hatten. Dann ergoß sich die Sturzflut der Trümmer weiter südwärts, dem Meere zu. Und als wollte Gott die Geschlagenen noch einmal schlagen, peitschte ein Regensturm auf die Obdachlosen. Der Himmel war in Aufruhr: Frankreich kapitulierte.

In Bayonne verbrachte ich eine Nacht von 9 Uhr abend bis neun Uhr früh vor der Türe des englischen Konsulats, in der Hoffnung, mit einem der englischen Flüchtlingsschiffe zu entkommen. Die nächste Nacht war dem portugiesischen Konsulat gewidmet, vor dem Tausende Menschen den Morgen erwarteten. Sie standen vor einer Fahnenstange und einem Konsulatsschild. Niemand amtierte.

1943

EIN ENKEL ENTDECKT SEINEN GROSSVATER. JOSEF NATONEK, EIN GROSSER RABBINER

Er geistert in meinem Blut, Ahnenverehrung, mitunter vergessen, dann taucht er wieder auf, so nahe, durch all die Jahre.[264]

Im Zimmer meiner Eltern hing Großvaters lebensgroßes Bild in langem Talar, Yarmilla[265] auf dem Kopf. Er war in seinen mittleren Jahren und trug den Bart kurz gestutzt. Seine feinen Hände ruhten auf einer verzierten Schreibtisch-Platte. Seine tiefliegenden Augen, intensiv und brennend, schienen mich anzusehen.

Neben meinem Großvater saß der Bischof von Stuhlweißenburg, Ungarn.[266] Wie mir mein Vater später erzählte, arbeiteten sie an einem deutsch-ungarisch-hebräischen Wörterbuch des Alten und Neuen Testaments. Das Werk gedieh nicht bis Omega und blieb schon bei den ersten Buchstaben des Alphabets stecken.

»Du bist noch zu jung, zu phantastisch«, sagte mein Vater, wenn ich ihn bat, mir die seltsame Geschichte meines Großvaters zu erzählen. Vater, ein erklärter Agnostiker und Freidenker, wie man es im ersten Jahrzehnt des 20. Jahrhunderts nannte, gehörte zu jener damals zahlreichen Gruppe, die von ihrem Judentum keinen Gebrauch machten. Bei Beginn jedes Schuljahrs schrieb er in die Rubrik des Fragebogens: »Welcher Religionsgemeinschaft gehören Sie an?« – »Keiner. Konfessionslos.« Diese Antwort befriedigte mich nicht, obwohl ich, zum Neid meiner Schulgefährten, vom Religionsunterricht dispensiert war.

Merkwürdigerweise war es mein Vater, der mich an Hand einer illustrierten Prachtausgabe der Bibel in das Alte und Neue Testament einführte. »All dies ist Dichtung, Legende und Mythos, die von tausendjährigen Begebenheiten zurückbleiben«, pflegte er zu kommentieren.

Um meine Mutter schwebte ein Geheimnis, das sie mitunter andeutete und zu bewahren liebte. Eines Tages – ich war damals sechzehn Jahre alt – fragte ich meinen Vater: »Ist es wahr, daß Mama (wir betonten das Wort französisch auf der zweiten Silbe) auf einem herzoglichen Gut aufgewachsen ist?«

Vater zögerte betroffen, als er die Frage bejahte. »Aber von da an ist alles Familienlegende.« Die Legende war, daß meine Großmutter eine Liebschaft mit einem jungen Erzherzog hatte; der kurzlebigen Affäre entsproß ein Kind; meine Mutter. Um die Sache zu vertuschen, wurde meine Großmutter, die sich, begründet oder nicht, für nicht-jüdisch hielt, mit einem erzherzoglichen Gutsbeamten jüdischer Konfession verheiratet.

Es war erstaunlich, mit welcher intimen Kenntnis und liebevollem Eifer Mama ihre Habsburg-Geschichten zu erzählen wußte. Die Atmosphäre des erzherzoglichen Schlosses, in dem sie aufwuchs, muß sie tief beeindruckt haben. Sie sah in der Tat »aristokratisch« aus. Es hieß, daß Mama heimlich Katholikin geworden sei. All dies verwirrte mich zu einem solchen Grade, daß ich Legende und Wirklichkeit nicht mehr zu unterscheiden vermochte.

Meine Eltern vermieden begreiflicherweise jede Berührung des heiklen, religiösen Themas. Umsomehr kreisten meine Gedanken um die Großvater-Figur, und immer dringlicher bat ich meinen Vater, mir die geheimnisumwobene Geschichte meines Vorfahren zu erzählen. Ein Mensch, der nicht weiß, woher er stammt und aus welchen Elementen sein Wesen sich zusammensetzt, gleicht einer Person, die ohne Vergangenheit lebt.

Eines Tages gestand ich meinem Vater, daß ich mich als religionsloser Halbjude nicht wohl fühle. Vater sah mich ernst und prüfend an; seltsam, wie sehr er in diesem Augenblick meinem Großvater ähnelte.

»Wenn die Zeit kommt«, sagte er, »wirst du wählen.« Er schloß eine Schreibtischschublade auf und reichte mir eine Sandelholz-Kasette. »Hier ist ein Teil der Geschichte deines Großvaters enthalten, studiere sie. Wenn du Fragen hast, komm zu mir.«

Es ist ein großes Erlebnis, wenn sich einem jungen Menschen ein fernes Leben, mit dem er sich verbunden glaubt, aus vergilbten Papieren erschließt. Da waren liturgische Schriften, Erlebnisse im ungarischen Revolutionskrieg von 1848, Segenssprüche für den jungen Kaiser, unter dessen späterer Regierung sich die Lage der ungarischen Juden wesentlich verbesserte. Da war ein Buch »Glaube und Wissenschaft«, das sich mit Darwin und dem Jenenser Naturwissenschaftler Ernst Haeckel auseinandersetzte.[267] Aber vor allem war es die tragische Laufbahn des kämpferischen Rabbiners, die mich tief berührte.

In jenem Unabhängigkeitskrieg Ungarns, den die Österreicher und Russen blutig niederschlugen,[268] preßte die ungarische Militärbehörde den jungen Rabbiner[269] in die Rolle des Heereslieferanten. Es war die allgemeine Voraussetzung, daß ein Jude auf dem Marktplatz der Waren tüchtig und erfolgreich sei. Der weltfremde Rabbiner versagte katastrophal. Die Bauern versteckten ihr Getreide und trieben ihre Herden fort. Die Armee hungerte und verlor eine entscheidende Schlacht. »Der Jude ist schuld« donnerte ein ungarischer General und befahl, den Saboteur an die Wand zu stellen.[270]

Ich weiß nicht, wie Großvater den ungarischen Gewehrkugeln entkam; es blieb einem ungarischen Gewehrkolben aufgespart, der ihn in späteren Jahren zum Märtyrer machte.

Es war in den fünfziger Jahren. Der junge Kaiser besuchte Ungarn, um das Land nach der Niederlage zu versöhnen. Empfangspforten, Glockenläuten, Böllerschüsse begrüßten den Monarchen in Stuhlweißenburg. Der katholische Priester, der protestantische Geistliche und der Rabbiner standen bereit, den Segensspruch zu sprechen. Als die Reihe an meinen Großvater kam, setzte der Kaiser den Federtschako auf; er wußte, was sich in einem jüdisch-religiösen Akt gehörte.

Kaum hatte der Kaiser die konventionellen Dankesworte gesprochen, entstand ein panikartiger Wirbel, Pferde scheuten im Lärm der Böllerschüsse zurück, die österreichischen Soldaten drängten die Menge zurück, und der heftige Stoß eines Gewehrkolbens traf meinen Großvater gerade über dem Herzen. Fast ohnmächtig vor Schmerz, überbrachte der Rabbiner die Wünsche der Gemeinde und sprach mit Mühe den Segensspruch » ... und lasse dein Antlitz leuchten ...«[271]

Der Vorfall blieb unbemerkt. Ob der übereifrige Soldat unabsichtlich oder aus Böswilligkeit zugestoßen hatte, wer kann es ergründen?

Eine unheilbare Wunde entstand auf der Brust.

Großvater blickte nach Ost und West, als suche er eine Lösung zwischen zwei Welten. Er appellierte an die einflußreiche Alliance Israelite in Paris,[272] die damals vergleichsweise die Rolle des amerikanischen »Jewish Appeal«[273] spielte. Er schilderte die Lage der in Ghettos zusammengepferchten russischen und rumänischen Brüder und entwickelte seinen Plan: Verhandlungen mit der Hohen Pforte in Konstantinopel, Ankauf von Ländereien in Palästina und Siedlung der pogrombedrohten Ostjuden im Lande der Väter. Reiche französische Juden stellten die Mittel zur Verfügung.

Großvater trat die mühselige Reise an und wurde vom Großvezier in Audienz empfangen.[274] Aber die Verhandlungen führten zu keinem Resultat. Die Zeit war noch nicht reif. Herzl und Nordau waren noch nicht in Sicht. Zion, Jerusalem, das »Land der Väter«, lebten nur als Traum und Vision in den Herzen Weniger. Enttäuscht kehrte mein Großvater zurück. Unvollendung schien sein innerses Gesetz zu sein.

Unter der Regierung des Kaisers und Königs von Ungarn ging es den ungarischen Juden unvergleichlich besser als unter den hochmütigen magyarischen Magnaten. Assimilation war das Losungswort. Alle Berufe standen, bis zu einem gewissen Grade, den Juden offen. »Wir können zu kaiserlichen Räten ernannt werden und das Verdienstkreuz zweiter Klasse erhalten. Unsere Söhne können es in der Armee bis zum Obersten bringen, sogar zu Generalstablern, wenn sie sich taufen lassen. An den Universitäten können unsere Kinder außerordentliche Professoren werden; die Berufung zum ordentlichen Professor setzt allerdings die Taufe voraus. Das Leben unserer Söhne und Enkel ist gesichert.« So sprachen die ungarischen Juden.

Großvater warnte, nicht zu vertrauensvoll auf den unsicheren Boden der Assimilation zu bauen, die uns von unkontrollierbaren Mächten abhängig macht. »Der Jude hat die Wahl unter mehreren Wegen, Assimilation kann sich als zeitlicher Ausweg bewähren und sogar kulturelle Werte hervorbringen. Aber er sollte nicht zum Dogma werden. Dogmatismus ist dem jüdischen Wesen fremd. Es gibt keine Lösung unserer ewigen Problematik; sie gehört zu unserem geistigen Erbe. ›Es geht uns hier gut‹ ist gewiß nicht das letzte Wort jüdischer Weisheit.« Also sprach der Rabbiner.[275]

Die Gemeinde billigte nicht diese Philosophie. »Das Land unserer Väter ist hier.« Es kam zu Auseinandersetzungen und zum Bruch. Mein Großvater gab sein Rabbinat auf, um seine Unabhängigkeit zu bewahren, und zog mit seiner Familie ins Ungewisse, nach Budapest. Trotz Armut und der schwärenden Wunde wählte er in späten Jahren die prekäre Laufbahn eines freien Schriftstellers und gründete und redigierte eine ungarisch-deutsch-hebräische Zeitschrift: »Der Jude«, die erste periodische Publikation in Zentral-Europa.[276] Wieviel Jahrgänge irgendwo in Bibliotheken vergilben, weiß ich nicht.

Persönlich bin ich meinem Großvater nie begegnet; ich war ein kleines Kind, als er fast achtzigjährig starb, ein blinder Seher.

Geschlagen, als er segnete ... dies ist die schwache Spur, die ein eigenwilliger Rabbiner hinterließ – für mich, als ich sie fand, war es eine goldene Spur, die mich in mein wankendes Judentum führte. Dies ist die jüdische Herzwunde, die er mir und uns allen vermachte.

1945

ZWISCHEN ZWEI SPRACHEN

Viele europäische, hauptsächlich deutsche Schriftsteller, die seit zwei Jahrzehnten im Exil leben, sehen sich heute vor einer beispiellosen Misere. Während die Jahre vergingen, hatten diese vor allem in Amerika lebenden Schiftsteller zunehmend mit einem Dilemma zu kämpfen: Sollten sie weiterhin in ihrer Muttersprache schreiben oder den Sprung in eine neue Sprache wagen?

Die meisten der älteren Autoren – wie Thomas Mann – verkündeten ihre unerschütterliche Bindung an ihre »Muttersprache«. Du kannst deine Muttersprache nicht aufgeben, argumentierten sie; es ist der einzige Besitz, den du aus dem Zusammenbruch deiner Welt gerettet hast. Die Sprache eines Schriftstellers ist sein Stil; er spiegelt seine Persönlichkeit wider, wie sein Lebensweg sie ausgeformt hat. Du kannst deine Staatsangehörigkeit ändern, aber nicht dein muttersprachliches Schriftstellertum ablegen. Der verstorbene Heinrich Mann betrachtete seine Muttersprache als »tote Sprache« und war entschlossen, bis zum Letzten an ihr festzuhalten. Es macht den Stolz und die Standesehre eines *homme de lettres* aus, sich mit einer aussichtslosen Lage abzufinden, auch wenn Verstummen droht.

Andererseits weigerten sich viele europäische Autoren der jüngeren Generation, aus unpraktikabler und emotionaler Loyalität heraus etwas zu verhätscheln, was Schopenhauer »Frau Muttersprache« nannte.[277] Geschieden von ihrem Vaterland, zu dem sie in absehbarer Zukunft nicht zurückkehren würden, wagten sie den entscheidenden Schritt; sie überquerten mit Erfolg die linguistische Scheidelinie, die als unüberwindlich gilt, und fanden eine Freistatt im weitläufigen Findelkinderheim der englischen Sprache. Viele, von Joseph Wechsberg bis zu Arthur Koestler, waren in der Lage, das alte Sprachgewand abzulegen, und fühlten sich in ihrem neuen Anzug ersichtlich bemerkenswert wohl.

Auch weitere Fälle zeigen, daß der riskante chirurgische Eingriff der Sprach-Transplantation ohne Nachteil für den Stil eines Schriftstellers durchführbar ist: Joseph Conrad entsagte seiner polnischen Muttersprache und prägte seine Persönlichkeit der englischen Sprache als seinem neuen Ausdrucksmedium auf; und in einer anderen Phase der großen Migrationsbewegung erwarben fast alle vor der bolschewistischen Revolution geflohenen Schriftsteller die Sprache ihres Exillandes.

Und doch besteht das Problem in aller Schärfe fort, in hin- und herschaukelnder Abwägung. Die emigrierten Autoren, die sich untrennbar an ihre Muttersprache gebunden glauben, können zurecht darauf hinweisen, daß Heinrich Heine, der den größten Teil seines Lebens im Pariser Exil verbrachte, nicht Heine wäre, wenn er vom Deutschen zum Französischen übergewechselt wäre.[278]

Solcherlei Argumentationen sind jedoch auf die gegenwärtige Situation nicht recht anwendbar. Heines Epoche und sein Fluchtort – das Paris des neunzehnten Jahrhunderts – waren eher förderlich, um für ein neues europäisches Milieu zu schreiben statt für ein streng nationales. Tatsächlich schrieb Heine als Europäer, indem er die schwergewichtige wagnerianische Diktion in die lichte Leichtigkeit des französischen Stils verwandelte. Die Lage ist völlig anders für europäische Autoren, die in Manhattan oder Hollywood leben und allen Kontakt zu einem unerreichbar fernen, bedrückend geteilten Europa verloren haben.

Als ihr Exil sich weit übers Kriegsende hinaus hinzog, erreichte das Dilemma vieler der geflohenen Autoren einen kritischen Punkt; sie spürten, daß sie zurück mußten, denn ihre Muttersprache verschmachtete in einem Vakuum, und ihre intellektuellen Batterien trockneten aus. In Paris und London wurde immer noch »Europäisch« auf verschiedene Arten und Weisen gesprochen, deren vorherrschende die Sprache der Verzweiflung aus der sartreschen Schule war. Für die Moskau-orientierte Gruppe war die Rückkehr in die Heimat leichter; ganz egal, ob ihre Sprache Deutsch, Polnisch, Ungarisch oder Tschechisch war – hinter dem eisernen Vorhang gab's nur *ein* Idiom nach Maßgabe der Kominform, das erlaubt gesprochen werden durfte.

Komplexe Probleme

Diese komplexen Probleme quälten auch mich: Sollte ich bleiben oder zurückkehren, sollte ich an meiner deutschen Sprache festhalten oder mich in ein neues Ausdrucksidiom hineinwagen und mich dadurch noch tiefer in jenem Land einwurzeln, das mir einen Hafen geboten hatte? Die Entscheidung fiel schwer und ergab sich nur schrittweise im Laufe der Zeit.

Als die Jahre des Exils sich hinzogen, spürte ich immer stärker, daß ein Schriftsteller ohne Land ein Schriftsteller ohne Sprache ist und umgekehrt. Sie (ja, »*sie*«, die Sprache, sie ist einem Schriftsteller eine »sie«, kein grammatisches Neutrum, sondern eine geliebte Frau, Mutter und Mätresse in einem[279]) begann zu verblassen, als könne sie einen Abstand von abertausend Meilen nicht überleben und die Kluft unbegrenzter Zeit nicht überbrücken. Ich vermißte ihre lebendige Gegenwart ganz schrecklich, jenen kraftspendenden Strom, der zwischen der Nation und dem Individuum fließt, den Strom, in dem die Sprache sich täglich erneuert. Die bedeutsame Legende des Antheus erzählt, daß er seine Kraft verlor, als er den Kontakt zum Erdboden verlor, auf dem er stand. Der Vergleich veranschaulicht das Dilemma, wenn der Sprache eines Autors ihr Nährboden entzogen wird.

Unterbewußt wurde ich vielleicht vom psychischen, traumatischen Schock der Nazi-Jahre getrieben, der zu meinem Widerwillen beitrug, weiterhin deutsch zu schreiben. Vergeblich sagte ich mir, daß die Sprache Goethes, Heines, Nietzsches, der ich meine intellektuelle Existenz verdankte, schuldlos war. Aber unabweisbar blieb das Gefühl, daß jenes kostbare Instrument, das ich so geliebt und so freizügig gebraucht hatte, von der Barbarei besudelt war, in der Deutschland während der Ära seiner Schande versank.

Nichts sonst als ein nostalgisches Abschiedsgefühl zu meiner Muttersprache war es dann, das mich noch anregte und bei der Arbeit hielt, als ich in meinem ersten Jahr in Amerika mein letztes deutsches Buch schrieb (In search of myself, G.P. Putnam's Son New York).[280] Schon damals ahnte ich voraus, daß es »ein schier übermenschliches Unterfangen ist, eine neue Sprache *in media vitae* zu erlernen, sie so intim zu erlernen, wie ein Schriftsteller sie kennen muß ... Doch eines Tages werde ich vielleicht ein Buch auf Englisch zusammenstammeln.«

In der Vorhölle

Aber in den folgenden Jahren lebte ich im Limbus,[281] zwischen zwei Sprachen, unwillig, auf deutsch, und unfähig, auf englisch zu schreiben.

Englisch schreiben – ein ehrgeiziger Plan, vielleicht ermutigt von einem Elan, der glücklich ahnungslos nichts wußte von all den Fährnissen und Fallgruben, die vor ihm lagen. Denn in der Mitte des Lebensstroms die Pferde zu wechseln – das geflügelte Pferd der kreativen Sprache – ist in der Tat ein äußerst halsbrecherisches Unterfangen. Viele rieten mir ab, kaum einer bestärkte mich.

Nur wenig hatte ich ja vorzuweisen, was meinen hochfliegenden Ehrgeiz rechtfertigen konnte. Alles, was ich in dieses Land mitbrachte, war das lächerliche Halbwissen um weltfremdes Schulenglisch. Als Junge hatte ich einen seltsamen alten Englischlehrer, einen aus der Bahn geworfenen Oxford Bachelor of Arts, dem es zu öde war, sich groß um Trivialitäten wie Grammatik und idiomatisches Reden zu kümmern. Statt uns Schülern ein alltagspraktisches Allerweltsenglisch zu vermitteln, hielt er seinen Unterricht als eine Art literarischen Leseclub ab, aus Freude an seinen Lieblingen: Shakespeare, Pope, Addison, und andere Klassiker. Wir lernten prunkvolle Sätze auswendig – was wenig hilfreich für diejenigen war, die sich bloß mal irgendwann auf einer Urlaubsreise nach London verständlich machen wollten.

Als ich rund fünfundzwanzig Jahre später im New Yorker Hafen einlief, stiegen die versunkenen Unterrichtsstunden jenes merkwürdigen Burschen spukhaft aus den Tiefenschichten meines Unterbewußtseins empor; es reizte mich, diese kostbaren, pompösen Sätze anzuwenden, die ich damals auswendig gelernt hatte. Es gab verdutzte Gesichter, wenn ich gelegentlich ins leichte Party-Geplauder ein paar »slings and arrows of outrageous fortune« einbaute (»Pfeil' und Schleudern wütigen Geschicks«, Hamlet), ohne zu merken, daß dies »cleaving the general ear with horrid speech« (»das allgemeine Ohr / Mit grauser Red erschüttern«) hieß.

Als ich andererseits zum ersten Mal einen amerikanischen Drugstore betrat, um mir Rasierseife, *shaving soap*, zu kaufen, scheiterte ich grandios. Der Verkäufer starrte mich mit leeren Augen an. In meiner Aussprache müssen die Wörter nach sowas wie *saving shop*, Spar-Geschäft, geklungen haben. »Wenn Sie eine *savings bank* meinen sollten«, sagte der Verkäufer, »eine Sparkasse, da gibt's eine direkt um die Ecke.« Obwohl ich, nach Stand der Dinge, keinerlei Bedarf an Sparkassen hatte, sagte ich: »Thank you very much«, und machte mich davon, um mein unrasiertes Gesicht zu wahren.

Stolpersteine und Schnitzer

Mein dorniger Weg zur neuen Sprache, eines Pilgers mühselige Reise,[282] war mit Stolpersteinen und Schnitzern gepflastert. Ich wußte nicht wo anfangen; ich hätte die Schulbank mit Erstkläßlern drücken oder genausogut nach Harvard gehen können. Ich kam mir vor wie eine winzige Ameise, die auf dem mächtigen Eichbaum der englischen Sprache herumkrabbelt; ich knabberte an den alten Wurzeln und befummelte die rasch welkenden Blätter des Slang. Ich sammelte Wörter mit der Gier eines Eichhörnchens, das mehr Nüsse hortet, als es jemals fressen kann. »Nicht noch mehr Wörter!« riet mir ein Freund. »Wenn du deinen eigenen Stil entwickeln willst, ist das beste, du verläßt dich auf deinen ureigenen spontanen Zugang zur neuen Sprache.«

Aber wenn es ans eigentliche Schreiben ging, kam ich mir vor wie jemand, der sich mit einem winzigen Floß auf einen unkartographierten Ozean wagt. Ich wollte mich aller Quellen und Elemente der englischen Sprache bedienen, von der majestätischen Prosa des achtzehnten Jahrhunderts bis zu den bissig-schmissigen blitzwitzigen Witzblitzen des neuesten hemdsärmeligen Slang-Amerikanesisch. Alles, ob archaisch oder slanghaft, kam mir gerade recht, um meinem Drang nach Selbstausdruck weiterzuhelfen. Ich verachtete Regeln und Normen; ich vermischte umgangssprachliches Kalauern mit dem Englisch der King-James-Bible. Für mich war Sprache keine funktionale Konfektion von der Stange, die sich so schnell verändert und obsolet wird wie die Mode von gestern. Mein Zugriff auf das neue Sprachmedium war anarchisch, eigenwillig – eine Art Vergewaltigung der neuen Geliebten. Ich war so verzweifelt um die neue Sprache bemüht, daß ich mich über sie lustig machte, und sie zahlte es mir heim, indem sie einen Narren aus mir machte.

Mein Notizbuch quoll über von dem, was ich das »Sprach-Kabarett-Kapitel« benamste. Einmal bot ich einem Verleger den Plan für ein Buch an, das »The Cockatrice with the Billycock« heißen sollte (was immer das heißen sollte), weil mir der Titel zutreffend schien für die Absurditäten und Konfusionen meines Kampfes mit der Sprache. Mein Agent schlug entsetzt die Hände vors Gesicht, und der Verleger schüttelte fassungslos den Kopf.

Das waren kindische Anfänge; eigentlich spielte ich mit der Sprache wie ein Kind mit einem neuen Spielzeug: es nimmt es auseinander um zu sehen, wie es funktioniert. Aber ich strebte für mein Schreiben nicht den Humor jenes »putzigen« gebrochenen Englisch an, mit dem so viele Neuankömmlinge das Zwerchfell der Leser kitzelten.

Ich mußte mich daran erinnern, daß ich in meiner verflossenen Muttersprache zu literarisch, zu schnörkelig und überformuliert geschrieben hatte. Nun mußte ich neu lernen, daß ein ordentlicher Satz nichts weiter braucht als ein Subjekt, ein Verb und ein klares Objekt.

Manchmal kam's mir vor, als spielte ich meine schlichten Sonatinen auf einem Klavier ohne Saiten, und später, als das Instrument sich Saiten beschafft hatte, waren sie oft ungestimmt und obendrein falsch aufgezogen.

Alles, was ein Schriftsteller ist und zu sein träumt, steht in Bezug zu seiner Muttersprache, die ihn mit den Wertbegriffen der Vergangenheit genährt hat. So sind der amerikanische Traum, der europäische Traum, der jüdische Traum tief in die Schreibmuster der Autoren der jeweiligen Tradition verwoben. Was mich betrifft, so schrieb und träumte ich »europäisch« – ein versunkener Traum – und jüdisch, ein wiedererwachter Traum; beide Träume kleideten sich in Rock und Robe des neu erworbenen amerikanischen Sprachmediums. In diesem verwickelten Prozeß durchtränkte, färbte meine erste Sprache die zweite und krachte mit jener zusammen. Wörter waren in Konfusion und Kollision, weil sich ihre Welten in nämlichem Zustand der Aufruhr befanden. Ich spürte, daß ich aus der Not eine stilistische Tugend machen und Mankos und Defizite in eine *tour de force* umwandeln mußte.

Ein geistiges Abenteuer

Ein Sprachwechsel ist ein geistiges Abenteuer, das das Wesen eines Schriftstellers stimuliert und zugleich auf die Probe stellt. Während ihm seine Muttersprache mehr und mehr dahinwelkt, erfährt er als ein Wunder, wie eine neue Welt ihm langsam zum Leben erwacht. Der Übergang ist ein sich wechselseitig beeinflussender Prozeß, als Abschied schmerzlich und glücksgesegnet in der Ankunft.

Ein Autor kann sich kaum auf einem Doppel-Geleis der Sprachen fortbewegen; indem er die eine verliert, gewinnt er die andere. Es ist eine das jeweils andere ausschließende Wahl, wie bei einer großen Liebe. Aber seine Muttersprache geht ihm nur in dem Sinne verloren, daß der Same verschwinden muß, um sich in einer neuen Blume entfalten zu können. Das darunterliegende Gesetz ist Goethes »Stirb und werde«. Die Geburt einer Sprache kann in der Tat eine Art Verjüngung bedeuten: die Wiedergeburt eines Menschen.

Ich wurde oft gefragt: »Denken, träumen und beten Sie auf Englisch?« Wenn das der ultimative Test sein soll, bin ich mir noch nicht ganz sicher. Aber ich war sehr froh, als ich unlängst merkte, daß sich in meinen Selbstgesprächen die Sätze spontan in Englisch formten. Ich halte das für ein gutes Omen. Ich hoffe, daß ich beim

Träumen und Beten auch bald diese Stufe erreiche. So einfach wie ein Kind sprechen, beten und träumen – das macht einen Schriftsteller in jeder Sprache aus.

6. April 1953

ICH LIEBE DIESE GRENZSCHILDER

Kurz nach meiner Ankunft in den Vereinigten Staaten[283] fuhr ich zum ersten Mal durchs Land, immer noch in einer Art Schockzustand, nachdem ich mit knapper Not aus dem entsetzlich geteilten, kriegszerrissenen Europa entkommen war.

Wie der Wagen so durch die Landschaft des Südwestens dahinglitt, entdeckte ich an der Fernstraße ein großes Schild. Ich hielt an und las: »Sie verlassen den Staat von New Mexico. Kommen Sie bald wieder«.

Ein paar Meter weiter, hinter der unsichtbaren Staatsgrenze, sah ich erstaunt und entzückt die Aufschrift auf einem weiteren Straßenschild: »Sie betreten jetzt den Staat von Arizona. Willkommen, Partner. Eisgekühltes Wasser 3 Häuserblocks weiter.«

Ein gebürtiger Amerikaner könnte diese freundlichen Grenzschilder als eine der vielen Segnungen seines Landes für selbstverständlich halten. Aber mich als europäische Ex-D.P.[284] packte unvermeidlich freudige Erregung. Wie die meisten Neuankömmlinge hatte ich ein Gespür für neue Entdeckungen, die an jeder Straßenecke zu machen waren, indem ich alles, was ich sah, mit den Dingen im alten Land verglich, und alles erschien mir wie ein Wunder.

Sogar jetzt, als inzwischen langjähriger amerikanischer Staatsbürger, erinnere ich mich noch immer mit Freude dieser Grenzschilder. Sie haben in meinem Denken eine fast symbolische Bedeutung erlangt. Es war eine glückliche und aufregende Erfahrung, durch ein ungeteiltes Land zu fahren, über riesige Entfernungen, und nirgendwo Straßensperren an Grenzübergängen, die mich aufhielten.

Ich reagiere besonders empfindlich auf alles, was auch nur entfernt mit Grenzübergängen zu tun hat, wie alle europäischen Flüchtlinge, und das aus gutem Grund. Solche Übergänge gehören zu den schrecklichsten Erinnerungen an meine Flucht. Stacheldrahtzäune und Straßensperren schrieen »Halt! Bei Strafe verboten!« Totenkopf-mit-gekreuzten-Knochen-Schilder warnten vor Minenfeldern. Schwer bewaffnete Grenzpatroullien durchsuchten Geist und Körper der Reisenden. Eine Grenzkontrollstation war ein Alptraum, ein Höllentor für einen Flüchtling bei seiner verzweifelten Suche nach einem Fluchtweg.

Das wahnsinnige eiserne Netz dieser trennenden Grenzlinien zerschnitt Staaten und Nationen, sogar Städte und Nachbarschaften, und errichtete Barrieren, wo keine sein sollten und wo damals, in einer besseren Vergangenheit, auch keine gewesen waren. Die kürzeste Reise machte oft Pässe, Genehmigungen und Kontrollen nötig, wenn man auf die schwer bewachten Grenzen stieß, weil die unsinnige Aufteilung Zentraleuropas ganze Staaten auf das Format amerikanischer Landkreise zurückstutzte. Diese grauenhafte Enge schafft ein Gefühl der Beklemmung, eine Art politische Klaustrophobie, die an der Wurzel der europäischen Krankheit sitzt.

All das schoß mir durch den Kopf, während ich die freundlichen Markierungen der Staatsgrenzen betrachtete. Wenn dieses Land nicht um Einheit gekämpft hätte – eine Einheit in der Vielfalt –, könnte es sehr wohl Grenzkontrollen an der Mason-Dixon-Linie[285] geben, oder ebensogut auch hier an der New Mexico-Arizona-Grenze.

Für mich nehmen diese freundlichen Grenzschilder die Bedeutung von Richtungsweisern an, die der Alten Welt zeigen, welchem Weg sie folgen sollte. Wie ich so grübelnd unter dem grenzenlosen Himmel stand, atmetet ich tief und frei ein und schritt langsam von einer Grenzlinie hinüber zur anderen. Am Trinkbrunnen »3 Häuserblocks weiter« trank ich eisgekühltes Wasser, genoß die gesegnete Weite Amerikas, das Glück der Bewegungsfreiheit und las noch einmal die warmherzige Einladung »Willkommen, Partner! Komm bald wieder ...«

nach 1957

AMERIKANISMUS VERSUS EUROPÄISMUS. LIEBEN DIE AMERIKANER DIE EUROPÄER WIRKLICH?

Neulich fragte ich einen Freund, einen bekannten amerikanischen Schriftsteller und Journalisten (der ungenannt bleiben möchte), wie er den weitverbreiteten Anti-Amerikanismus der Westeuropäer empfinde. Er wischte die Frage achzelzuckend mit gleichgültiger Miene weg. »Juckt mich nicht die Bohne. Wir haben sehr viel für sie getan, oder nicht? Und so vergelten sie's uns. Die sind, glaub ich, einfach nur neidisch und frustriert.«

Hat er das auch wirklich so gemeint? War da nicht, hinter seiner Kühle, enttäuschte Verletztheit? Seine Bemerkungen rührten an einen der Gründe für die latente anti-europäische Stimmung, die ihrerseits nur eine Reaktion auf den vieldiskutierten Anti-Amerikanismus im Ausland ist. Sie ist die Kehrseite ein- und derselben Münze.

Als Individuen oder Nation wollen wir so gesehen werden, wie wir uns selbst sehen. Wir denken von uns gern in den leuchtendsten Begriffen. Wenn nun den Europäern unsere Art der Zivilisation nicht schmeckt, schleicht sich bei uns gern eine gewisse Verbitterung ein. Das ist nur menschlich.

Tiefgehende Unterschiede im historischen Hintergrund, in Lebensart und Charakter sitzen an der Wurzel der amerikanisch-europäischen Beziehung; sieht man solchen Verschiedenheiten nicht klar ins Gesicht, führen sie leicht zu einer Verschärfung der gegenseitigen Mißverständnisse.

Amerika, der jüngste Sprößling der westlichen Familie, ist über seinen einst mächtigen europäischen Vorfahren hinausgewachsen. Sein Bewußtsein der eigenen materiellen Macht und Führerschaft zeigt sich in zahllosen kleinen Verhaltenszügen, die an Herablassung grenzen. Es ist, als würden wir einen verarmten Verwandten unterstützen (»Tja, Vetter, hast es dir selber eingebrockt!«), und doch verweigert man uns die Gegengaben Dankbarkeit und Liebe. Darin liegt eine andere Quelle für das Unbehagen und die Reibungen in unserer Beziehung zu Europäern. Eine recht traurige Erfahrung: Größe und Macht mag man nicht, wenn sie nicht

Begleiterscheinung geistiger Überlegenheit sind. Umgekehrt liebt man die kleinen Dinge und kleinen Menschen, den Bescheidenen, den Underdog allüberall. Wer würde je feindselige Gefühle gegen die kleine Schweiz, Österreich oder Luxemburg hegen?

Wir wollen Europa nicht amerikanisieren, und doch gelingt uns das durch die schiere Wucht unserer ungeheuren Macht und technischen Tüchtigkeit ziemlich gut. Unser Beispiel lockt die Europäer zur Nachahmung und Nacheiferung. Und dann (um kurz mal auf europäische Sichtweise umzuschalten) – dann sperren sich die Leute dagegen, ihre frühere, gemächliche Lebensart zu verraten; sie fürchten ihre Identität zu verlieren und schieben all das uns in die Schuhe. (»Na und«, hörte ich einen Amerikaner sagen, »ein bißchen Amerikanisierung könnte dem kaputten alten Kontinent nur nützen.«)

Letzten Sommer in Paris[286] beobachtete ich eine Gruppe lärmiger Amerikaner in einem Straßencafé im alten Viertel rund um St. Germain de Pres. Ein Mädchen, eine Limonadenflasche in der Hand, posierte für eine populäre Cola-Marke. Eine Filmkamera machte Aufnahmen für einen Werbespot, der die Pause anpreisen würde, die Paris erfrischt und erobert. Französische Zuschauer starrten finster in halb-resignierter Feindseligkeit auf die Szene, in widerwilliger Unterwerfung unter diese Invasion aus der Madison Avenue mit ihrem technischen Krimskrams. Aus dieser Stimmung wurde das Schlagwort von der »Coca-Kolonialisierung« geboren!

Viele Amerikaner haben eine ganz bestimmte, belustigte Art, die Europäer zu betrachten, mit scheinbarer Sympathie und ziemlicher Herablassung. Der anschwellende Strom des Massentourismus begeistert sich durchaus für alte Kathedralen, Kunstschätze und die ganz eigenen Düfte aus Küche und Weinkeller, aber der intellektuelle europäische Duft (was immer das sein mag) behagt dem Durchschnitt nicht. »Ach, diese Europäer!« heißt es dann gewöhnlich, in bissiger Aburteilung, »ihre Sanitäreinrichtungen sind weit unter unserm Standard, und hinterwälderisch, wie die sind, sind sie dann auch noch irgendwie – na ja – hochgestochen, aufgeblasen und eingebildet.«

Es ist schwierig, diese amerikanische Haltung, gepaart aus leichtem Widerwillen und Neugier, dingfest zu machen; aber darin liegt sie, eine antiintellektuelle Tendenz, die in unser mentales Make-up eingemischt ist. Die europäischen individuellen Denkweisen irritieren unsere kommerzialisierte Massenkultur, die unter hohem Konformitätsdruck üppig blüht, obwohl wir unserer Liebe zum Individualismus viel Lippendienst leisten. Es bedarf großer Einsicht, um solche schwer faßbaren Phänomene an die Oberfläche des Bewußtseins zu bringen, und wir neigen nicht sonderlich zur Innenschau und zum Aussprechen dessen, was wir denken. Es wirkt manchmal so, als würden die Werbeagentursprecher das Denken für uns übernehmen und unsern individuellen Charakter ersetzen; als würden sie ein amerikanisches Selbstbild propagieren, das der skeptische Europäer nur unwillig als bare Münze akzeptiert.

Die Vielschichtigkeit des amerikanisch-europäischen Verhältnisses ist vergleichsweise jungen Datums. Bis zu den zwei Weltkriegen und ihren Nachwehen war man sich der Unterschiede nicht gewahr, einfach aus Gründen der räumlichen Entfernung und des mangelnden Kontaktes. Die beiden Sphären waren unverbunden, wußten wenig voneinander, und waren daher reibungsfrei. Erst als wir enge Nachbarn wurden, stellte sich heraus, daß wir nicht die gleiche Sichtweise hatten; aber ob wir die Europäer schief ansahen, weil die Europäer uns schief ansahen, ist schwer zu sagen. Wie so oft zeugt Nähe Mißverständnisse. Das Vorurteil schlich uns ins Auge und schuf Zerrbilder. Gegenseitige Aversionen griffen ineinander wie Zahnräder. Generalisierungen dampften alles auf die »Ismen« des Amerikanismus und Europäismus ein (wobei letzterer stark im Nachteil war durch seinen Identitäts- und Einheitsverlust). Die Pseudo-Wissenschaft der Völkerpsychologie, auf zwei Kontinente angewendet, ist nicht viel mehr als ein Ratespiel aus Klischees und Vorurteilen und keine Hilfe bei der wechselseitigen Anerkennung der Unterschiede.

Organisierte Kulturpropaganda (wie jetzt von der United States Information Agency geplant) ist auch keine Lösung. Die Anpreisung unserer Errungenschaften im Madison-Avenue-Stil würde höchstwahrscheinlich nur auf Mißtrauen stoßen, dem die europäische Mentalität ohnehin zuneigt. Statt uns als eine blind überoptimistische, kindliche Pollyanna[287] darzustellen, sollten wir bei uns selbst den Grund suchen, warum Amerika nicht geliebt wird; wir sollten furchtlos, frank und frei die Ergebnisse unsere Seelenerforschung vor dem europäischen Forum diskutieren. Ein zeitgenössischer Thoreau, sogar ein heutiger Mencken würden mehr Zuneigung auf sich ziehen als ein Dutzend unserer Kulturpressesprecher. Auch die Europäer werden herausfinden müssen, warum sie so allergisch auf manche Facetten des Amerikanismus reagieren. So könnten beide Seiten fähig werden, die Malaise ihrer Allergien zu heilen.

Wenn wir einander als komplexe Gegenpole akzeptieren, werden wir zu unserer Freude entdecken, daß es eine natürliche Anziehungskraft zwischen Gegensätzen gibt und daß Amerika und Europa sehr viel voneinander lernen können. Dieses Zieles wegen sollten wir besser nur sparsam Gebrauch von dem aufgeblähten Wort »unamerikanisch« machen; es riecht nach Selbstgerechtigkeit, nach propagandistischem Expansionismus, der den Europäern auf die Nerven geht, weil sie nicht in einer Position sind, in der sie das äquivalente Wort »uneuropäisch« für sich beanspruchen könnten (welches nicht existiert).

Der Amerikanismus, wie er sich heute präsentiert, ist weit davon entfernt, eine Idee universellen Maßstabs zu sein; unglücklicherweise hat Europa seine Chance auf geistige Weltführerschaft verschleudert. Dieser Mangel an Katholizität in der ursprünglichen Bedeutung des Wortes, während der Kommunismus fürchterlich nach universeller Eroberung strebt – das ist vielleicht das grundlegende Übel unserer Zeit, das die gegenseitigen amerikanisch-europäischen Fehlinterpretationen überschattet.

1958

DAMALS IN DER BAR MISTRAL. ERINNERUNG AN LEONARD FRANK

Weit draußen am Strand von Marseille, in der schäbigen »Bar Mistral« hatte damals eine Gruppe von Flüchtlingen Unterschlupf gefunden: Leonard Frank, Professor Gumbel, Walter Mehring,

Hertha Pauli, Leo Lania und viele, die »unter anderem« liefen (und wie sie liefen) in jenem tödlichen Sommer 1940 ...

Wir saßen um Leonard Frank herum; auf einem eisernen Bettgestell seiner Kammer las er seelenruhig ein Fragment aus einem Romanmanuskript, als sei er in einem Züricher Café und als wäre die Gestapo nicht auf dem Sprung, ihr Fangnetz um Marseille zu ziehen. Werfel, Feuchtwanger, Heinrich Mann, Döblin, Polgar, Heiden – reichere Beute war kaum zu finden. Verstört und schwitzend liefen wir zwischen dem Amerikanischen Konsul und der Marseiller Polizeipräfektur herum, um ein Einreise- und ein Ausreisevisum bettelnd, beides unerreichbar.

Von unten, aus dem Bistro, stieg ein lockender Geruch von Pernod und Crème de Menthe. Franks Augen blitzten zornig. »Hört ihr denn zu?« Heute, nach einundzwanzig Jahren und so vielen Toden und Toten, wäre ich in Verlegenheit, die Frage ehrlich zu beantworten. Aber damals, mitten in unseren Fluchtgedanken, riefen wir einstimmig wie brave Schüler: »Gewiß doch, verehrter Meister!«

Einem von uns gelang es, im ausgehungerten Marseille eine Dose Antipasta und ein Ei aufzutreiben. Die Antipasta teilten wir uns, aber das Ei kochten wir für Leonard Frank, der ein Magenleiden hatte. (Drei Minuten, kernweich, bestellte er.)

Eines Tages erschien, von der Marseiller Fremdenpolizei entsandt, ein Polizist. Er führte ein langes, geflüstertes Gespräch mit dem ältlichen, gutartigen Wirt. »Was sollen alle diese Ausländer in Ihrem Bistro?« Lässiges Achselzucken und Augenzwinkern des Barbesitzers: »Ah, die – Ausflügler, Sommergäste ...« Er traktierte den Polizisten mit einem Glas nach dem anderen. Und die Sache war geregelt.

Wo sind sie alle, die Veteranen der Flucht, aus der Bar Mistral? Wer lebt noch, um sich an all das zu erinnern; die verlotterten Zimmerchen, den Absinthgeruch, den sumpfigen Strand, das tägliche Morgenbad des langbeinigen Professor Gumbel?

Und dünn und dünner wurde die Gruppe um die Bar Mistral, dieses verschwundene Miniaturzentrum, letzte Station europäischer Auflösung, in der der weißhaarige, scharfäugige, leicht gebeugte Leonard Frank, der Älteste, der Berühmteste unter uns, mit ironischer Grandezza dominierte, selbst in der Verlorenheit noch um literarische Form bemüht.

2. September 1961

HEIMKEHR

Herrn Landau zog es heim in seine alte Heimat. Das Herz kennt keine Logik; es fällt nach dem Gesetz geheimnisvoller Schwerkraft. Er ging zurück nach Ettenheim im Badener Land, wo einst die Gräber waren jahrhundertalter Landauer, schlummernd am Waldesrand, geborgen vor den Schergen.

Als nun der alte Mann, der am Broadway Heimweh litt, nach Ettenheim zurückkam, haben die Ettenheimer die haßzerstörten Steine, die stummen Grabeszeugen, schnell wieder aufgerichtet. Mit sinnend-verlegenem Lächeln, verträumt, gerührt, gebeugt, auf seinen Stock gestützt, humpelt der greise Landau durch wohlvertraute Gäßchen der alten Schwarzwald-Bergstadt, wo einst sein Laden stand. Halb scheu und scheel und schief, schauen die Leut' beiseite, andere aber nicken mit freundlich-reuiger Geste dem Heimkehrer-Fremdling zu. –

Altvater Noah Landau hat Kind und Kindeskinder und die Sintflut überlebt. Sie hat ihn heimgesucht. Er hat sein Heim gesucht nach fünfundzwanzig Jahren. Der Ort war da wie damals, doch wo sind die Kinder und Enkel?

☆

Wo ist der alte Landau und wo sind wir zuhause? Jeder löst sein Problem so gut er kann, mancher in Ettenheim und mancher in Israel, mancher in Washington Heights, und mancher in Arizona. Überall in der Welt ist Fremde, Diaspora; überall in der Welt kann Heimat sein, und mancher findet sie niemals und nirgends.

16. Februar 1962

Tagsüber saß Joseph Roth in der dämmerigen Leere des kleinen Pariser Cafés in der Rue Tournon, versunken, allein und müde, sein Sinnen skandiert von regelmäßigen Zügen aus dem ewig gefüllten Absinthglas. Aber im abendlichen Freundeskreis bis tief in die Nacht lebte er auf zu sarkastischer Gesprächigkeit.

Von Zeit zu Zeit kam ein Traktätchenverkäufer in das verräucherte Lokal. Er war immer wie in Eile und machte kaum einen ernsten Versuch, seine Schriften an den Mann zu bringen. Sein Blick streifte Joseph Roth. »Die Bibel!« flüsterte er, halb warnend, halb befehlend, und machte schon kehrt, ein flüchtiger Blick, der nichts zu bestellen hat.

»Halt!« rief ihm Roth nach, » ...und was vergeht, und was vergeht nicht?« Der Mann hielt eine Sekunde inne und stieß hervor: »Das ewige Leben vergeht nicht.« Und enteilte.

Die geheimnisvolle Zwiesprache verblüffte uns, und wir fragten Roth, was sie bedeute.

»Ich kenne den Mann seit vielen Jahren«, sagte er. »Als Mitglied der ›Zeugen Jehovas‹ leistete er in Berlin den Nazis Widerstand. Sie haben sein Gesicht übel zugerichtet. Er kreuzt immer wieder meine Fluchtstationen, mit einem Spruch im Mund und mit der Bibel in der erhobenen Hand. Er trägt sein zerschlagenes Gesicht durch die Zeiten, beinahe triumphierend, wie die Schönheit ihren Spiegel, wie die Gerechtigkeit ihre Waage. Er hat mir manches vorausgesagt.

Ich war vierundzwanzig Jahre und küßte eine Achtzehnjährige in einem Praterlokal. Da kam er zum erstenmal mit seinem raschen Schritt auf mich zu; auch sein Gesicht war damals noch jung und noch unversehrt. ›Die Bibel!‹, rief er leise aus. Ich kaufte ihm nichts ab. Er sah mich vorwurfsvoll an und sagte mit sanftem Ingrimm: ›Die Jugend vergeht.‹ Und verschwand wie ein Schatten.

In einer Berliner Hotelhalle traf ich ihn wieder. Damals verdiente ich mit meinen Büchern viel Geld. Er nickte mir zu, seine Hand bewegte die Bibel wie eine Glocke. ›Reichtum vergeht‹, sagte er leise im Vorüberstreifen.

Bald darauf kehrte ich nach Wien zurück und heiratete eine junge schöne Frau.[288] Wir saßen in der Bar des Imperial-Hotels, als sein entstelltes Gesicht – Zeugnis seines Bekennertums in Berlin – mich plötzlich aus dem großen Wandspiegel anblickte. ›Schönheit vergeht‹, flüsterte er im Vorbeigehen, wie in Fortsetzung eines alten Zwiegesprächs, in dem ich der stumme Partner war.

Ich war gar nicht erstaunt, als er bald nach der Nazi-Besetzung Wiens[289] in Paris auftauchte, hier im kleinen Café Tournon; ich lebte damals in einem kleinen Hotel mit einer afrikanischen Tänzerin – sie war in der Tat eine Prinzessin, Tochter eines Häuptlings.[290] Um meinem Traktätchen-Mann zuvorzukommen, rief ich: ›Wie die Zeit vergeht!‹ Er schüttelte den Kopf. ›Zeit vergeht nicht. Lust vergeht.‹

So begleitete mich diese Erscheinung; sie tauchte auf, verschwand, tauchte auf. Und was der Bote in seiner Einfalt sprach, geschah, denn die Einfalt, sancta simplicitas, ist die letzte Wahrheit. Die Achtzehnjährige lief mir davon, Jugend verging, Geld zerrann zwischen meinen Fingern; es bleibt nur bei jenen, die es wirklich lieben. Meine schöne Frau verfiel dem Siechtum, meine dunkelhäutige Freundin kehrte nach Afrika zurück, sie war die letzte Geliebte, nun brauche ich keine mehr. So ging alles in Erfüllung, indem alles verging, wie es der Bibelmann geflüstert, gemahnt und psalmodiert hat. Sein ist das hochmütige Besserwissen der Geschlagenen, die die ewigen Binsenwahrheiten anbieten.« Er betrachtete seine leise zitternden Hände: »Zuletzt so leer …« Er hob das Glas mit dem grünlichen Getränk. »Aber *das* ist mir geblieben! Und Gestalten sind mir geblieben.« Ein Hustenanfall verfärbte sein Gesicht fahlviolett.

Gerade da kehrte der Zeuge Jehovas zurück, als habe er etwas Versäumtes nachzuholen. Er trat ganz nahe an Roth heran, der in seiner Plüschecke zusammengesunken saß, und sagte leise, schon in der Kehrtwendung des Enteilens: »Das Leid vergeht.«

»Halt, gib mir eine Bibel!« rief Roth ihm nach und reichte ihm ein paar Münzen. Wenige Tage später starb er.[291]

27. Juli 1962

ZWISCHEN ZWEI WELTEN

Alte Welt? Nicht mehr.
Neue Welt? Noch nicht.
So schwank ich hin und her.
Und auch mein Schwergewicht.

So ist es uns verhängt,
fern unserm wahren Ort
Zu sein, wirr und bedrängt,
Nicht hier, nicht dort.

12. Januar 1963

ANGOULÊME

Die Zinnen der Stadt Angoulême erhoben sich auf einem steilen Felsenhügel, ein leuchtendes mittelalterliches Bild auf goldenem Grund. Ein verhaltener Ton schwebte über Wiesen und Fluß der alten Provinz Touraine (oder war es Anjou?). Irgendwo im Tal spielte ein Hirte sein Holzinstrument, ein langes, Oboe-ähnliches Horn, dessen drei Noten klangen, als ob sie »An-gou-lême« und »angelus« läuten würden.

»Halt den Wagen an und lausche«, sagte ich. »Laß uns zwei, drei Tage da oben verbringen.«

Der Motor pulsierte in der Ungeduld des neutralen Ganges, ruhelos wie der Fahrer. Er studierte die Michelin-Autokarte. »Es ist ein Umweg. Wir haben erst vierhundert Kilometer gemacht. Wir können es noch bis Limoges schaffen.«

Robert war ein Kilometerfresser, der seinen neuen deutschen Rennwagen »ausfahren« wollte. Mehr noch: Er war ein Getriebener, der soeben aus dem Dritten Reich nach Paris gekommen war, für eine befristete Atempause der Freiheit. Er trat hart auf den Gashebel, der Wagen schoß davon, und das liebliche, vom Abendlicht umspielte Bild versank. Der Dreiklang des Hirtenhorns schien mir zu folgen: An-gou-lême – die Schönheit des Augenblicks – verweile doch –

In jenem Frühsommer 1939 hatte ich ein banges Vorgefühl, daß diese kostbare Stunde nie wiederkehren werde. Ich hätte dann und damals aussteigen und meiner Sehnsuchtslaune folgen sollen. Wir paßten nicht mehr recht zusammen, mein Reisegefährte und ich. Robert war ein vormaliger Verlagskollege aus Berlin; ich war seit Jahren ein Flüchtling. Vielleicht hätte ich seine überraschende Einladung erst gar nicht annehmen sollen; aber die Gelegenheit, mich einer »Tour de France« anzuschließen – von Paris nach Bordeaux, Biarritz, die Pyrenäen, die Riviera, die französischen Alpen, das Elsaß – eine solche Gelegenheit war für einen armen Schriftsteller im Pariser Exil zu verlockend. Doch während der ganzen Fahrt stand ein Mißtrauen zwischen uns, und die ganze alte Freundschaft wollte nicht wieder erblühen.

Je näher wir der deutschen Grenze kamen, um so verschlossener wurde sein Wesen. Drüben am Rhein wehte die Hakenkreuzfahne. Auf unserem letzten Spaziergang zeigte ich ihm die verwitterte Inschrift eines historischen Grenzsteins, den die französische Revolution errichtet hatte: »Ici commence le pays de la liberté.«[292]

»Wie lange noch?« sagte er mit grimmiger Genugtuung. »Wenn der Herbst kommt, haben wir Krieg, und der Grenzstein wird zerstört werden.« Alles Verschwiegene, aller Groll und Selbstgroll kam in seinem verbissenen Gesicht zum Vorschein. Wir schieden ohne Händedruck.

Roberts Voraussage traf ein: Im September brach der Krieg aus, der Sitzkrieg zunächst, »la drôle de guerre«, »the phony war«. Aber im Mai schlugen die Panzer und die Stukkas los. Genau nach einem Jahr um diese Zeit, Anfang Juni, war ich wieder auf einer gehetzten »Tour de France«, diesmal im chaotischen Getümmel der Massenflucht aus Paris, in einem alten rumpelnden Camion der französischen Armee. Die Île de France, der Garten Frankreichs unter einem makellosen Sommerhimmel, war herzergreifend schön trotz den grauenhaften Bildern der Flucht. In den alten Städten an der Loire heulten die Sirenen, in den Dörfern läuteten die Sturmglocken; aus dem Fenster eines Bauernhauses starrte eine uralte Frau in die endlose, stockende Flut von Wagen und hochbeladenen Karren, Rad an Rad, als wäre ganz Frankreich auf die Landstraße geworfen – dann schloß die greise Bäuerin langsam die grünen Fensterläden; es war, als lege sie sich im Dunkeln zum Sterben hin, wie das Land.

Der Fluchtweg nach dem Südwesten Frankreichs – ich hatte die törichte Illusion, in Bordeaux ein Schiff nach Amerika finden zu können – wiederholte genau die Autoreise des vorigen Sommers und kam in Marseille zu einem verzweifelten Halt.

Auf der endlosen Elendsstraße der Flucht erhob sich wieder, hoch auf dem steilen Felsen, unberührt, die zeitlose Zinnenstadt Angoulême. Der tiefe Dreiklang des Hirtenhorns war verstummt; dennoch hörte ich in all dem Wagenlärm seine zarte Melodie: Angou-lême – verweile doch. Wie gern wär ich geblieben, als es in der Welt keinen Ort mehr gab, den ich »Heim« hätte nennen können.

Und wieder verschwand die unwirkliche Schönheit der zauberhaften Stadt hinter dem goldenen Nebel, den Heimweh und Erinnerung um unerreichbare, versäumte Dinge zu weben beginnen. Bis auf den heutigen Tag ist das Bild unverlierbar geblieben, als wäre der entrückte Ort nicht bloß eine Sommermelodie, nicht bloß eine zerfließende Luftspiegelung, sondern eine intim gekannte und erlebte Wirklichkeit. Ich kenne die winkligen Kopfsteinpflaster-Gassen, die Türme, Giebel, Schießscharten, die Wall-Promenade, das alte Gasthaus mit dem Zeichen der Trauben, als wär ich hier zu Hause; ich sitze mit dem alten Curé auf der Terrasse bei einem Glase Wein im gemächlichen Gespräch; ich lasse mich von der großen Dauer alles Vergangenen einhüllen und genieße die Stille und das schläfrige Gleichmaß der französischen Kleinstadt, die, zweimal versäumt, für immer entschwunden, für immer lebendig ist.

27. Januar 1963

DIE ROSEN VON KONOPISCHT

»Meine Herren, etwas Unheimliches geht in Schloß Konopischt vor«, sagte der Chefredakreur Karl Tschuppik[293] in der Redaktionskonferenz. »Ein Freund im Prager Korpskommando hat mir eine vertrauliche Mitteilung zugesteckt – eine geheime Zusammenkunft reichsdeutscher und österreichischer Generalstäbler beginnt morgen in der Sommerresidenz des Erzherzog-Thronfolgers

Franz Ferdinand, der in den nächsten Tagen zu den Kaisermanövern bei Sarajewo abreist. Wir werden das einzige Blatt sein, hier in Prag und in ganz Österreich, das einen Sonderberichterstatter nach Konopischt entsendet.«

Ein verwegener Auftrag, extravagant wie der genialisch-amüsante Chef des »Prager Tagblatts«. Er sah sich halb triumphierend, halb suchend im Kreise der Redaktoren um, die auf dem Sofa und auf den Stühlen lungerten und hofften, für diese abenteuerliche Mission *nicht* delegiert zu werden.

»Sie, Herr Birk, edler Ritter von Birkenfels, sind der rechte Mann.« Tschuppik benützte sonst nie den Adelstitel, der dem jungen Dietrich Birk von seinem Vater, einem kassierten, heruntergekommenen General anhing. Es war der Name, der die Wahl bestimmte und für die besondere Gelegenheit besser klang als Patacky, Kohner, Wokurka, Pollak und so fort.

»Ich?« sagte Birk, sein Zeigefinger auf der Brust in schwacher Abwehr. Wir kicherten und wunderten uns. Birk, ein blasser, schüchterner Junge, Mitte zwanzig, war weder als Redaktor noch als Reporter bemerkenswert; allenfalls ein guter Stilist, dessen Stärke Stimmungsbilder waren, die man damals »versonnen lyrisch« nannte und nicht ganz ernst nahm.

Tschuppiks Hände fuhren nervös durch seinen blonden Haarschopf. »Es ist die größte Aufgabe Ihrer Laufbahn, Herr von Birk – wehe dir, wenn du mit leeren Händen zurückkommst!«

*

Der schwüle Frühsommer 1914 war voller Kriegsdrohung – Spannung mit Serbien, Unruhen in Prag, Schlägereien zwischen italienischen und österreichischen Studenten in Triest, zwischen österreichischen und italienischen Studenten in Innsbruck, zwischen alldeutschen und slowenischen, polnischen, tschechischen und jüdischen Studenten an der Wiener Universität. Es war der kommende österreichische »Pallawatsch«, wie es die Tschechen, nicht ohne heimliche Genugtuung, nannten.

Am frühen Morgen fuhr Birk schweren Herzens nach Konopischt bei Beneschau, etwa vierzig Kilometer von Prag. Am Abend kehrte er zurück, blasser denn je, mit drei Rosen in der Hand.

»Wie war's?« rief Tschuppik voller Ungeduld, »legen Sie los!« Birk schüttelte den Kopf. »Fiasko«, sagte er mit tonloser Stimme.

»Was heißt das? Edler von Birk, wenn ich den Artikel bis Redaktionsschluß nicht habe, töt' ich dich!« Eine Welle leisen Gelächters plätscherte durch unsere Reihen.

Hilfloses Achselzucken. »Kein Artikel, Herr Chefredaktor, so leid es mir tut.«

»Wirf die dämlichen Rosen in den Papierkorb, und berichten Sie, um Himmels willen berichten Sie, was Sie gehört und gesehen haben!«

Birk sah die drei Rosen – eine weiße, gelbe und rote – zärtlich an und stellte sie in ein Glas Wasser auf Tschuppiks Schreibtisch, aus dessen chaotischer Papierflut Kaffeegeschirr und Biergläser wie Klippen emportauchten.

»Ich fühlte mich wie ein Narr. Der livrierte Pförtner am Schloßtor wollte mich nicht einmal in den Park einlassen. Ich zeigte meine Visitenkarte –«

»Aha! Die Visitenkarte mit der kleinen Adelskrone, die ich für die Gelegenheit rasch drucken ließ!« warf Tschuppik ein.

»Der Pförtner brachte die Visitenkarte ins Schloß; nach einer Weile erschienen einige Offiziere und Herren im Cutaway. Einer hielt meine Karte in der Hand und sah sehr bestürzt aus. Ich war der einzige Pressevertreter zur Stelle, und das war den Herren offenbar peinlich.«

»Peinlich!« rief Tschuppik aus. »Das war die bescheidenste Feststellung des Jahres. Weiter, was geschah dann?«

»Auf den Wink eines der Herren, ließ mich der Pförtner ein. Ein Würdenträger mit einer roten Schärpe quer über die Piqué-Brust – es war der Kastellan oder Majordomus – fragte mich, was ich wünsche. Ich sagte, ich möchte seine Kaiserliche Hoheit, den Erzherzog-Thronfolger, über die Konferenz befragen.«

»Gut, sehr gut, Herr von Birk. Und dann?«

»Die Herren eilten ins Schloß zurück und ließen mich im Park stehen wie einen vergessenen Regenschirm. Eine halbe Stunde oder so ging ich auf und ab und sah mir die seltenen Rosenpflanzungen an. Der Park ist eine prachtvolle Anlage im formalen Stil des 18. Jahrhunderts –«

Tschuppik faßte sich an den Kopf. »Krieg und Frieden, das Schicksal Österreichs hängt in der Schwebe, und er spaziert im 18. Jahrhundert und pflückt Rosen.« Dies wieder zum Chorus gesprochen.

Birks zartes Gesicht verfärbte sich mit der schwachen Röte der Erbitterung. »Ich pflückte keine Rosen; ein Adjutant des Erzherzogs schenkte sie mir, wie Sie gleich sehen werden. Zunächst sprach ich mit einem Gärtner und steckte ihm zwanzig Kronen zu – Sie werden sie auf meinem Speisezettel finden; ich fragte ihn nach den Gästen im Schloß; er erzählte mir –«

Birk holte einen Zettel aus der Tasche – »da ist der General von Tirpitz –«

»Tirpitz? Wozu Tirpitz? Österreich ist keine Seemacht. Wer noch?«

»Generalstabs-Chef der österreichischen Armee, Feldmarschall Conrad von Hötzendorf –«

»Verdammt, er ist die treibende Kraft, die einen Präventivkrieg gegen Italien will, anstatt den Italienern Trient und Teile Istriens abzutreten, wie es der Thronfolger plant«, kommentierte Tschuppik.

»Ferner war da ein gewisser Graf Helmuth von Moltke« – Birk las die Namen von seinem Zettel ab wie einen Appell.

»Ein gewisser –!« wiederholte Tschuppik spöttisch. Die Zigarette in seiner Hand begann zu vibrieren. »Chef des deutschen Generalstabs. Feldmarschall Moltke ist der Neffe des großen Strategen Moltke, der Frankreich 1871 schlug. Menschenskind, der Atem der Weltgeschichte hat dich gestreift. Franz Ferdinand ist der Mann des Schicksals, und Sie, adeliger Schlemihl, behaupten, daß Sie nichts zu schreiben haben!«

»Warten Sie's ab, Sie wissen ja nicht, was noch kommt. Als ich so auf und ab ging, erschienen auf der Schloßtreppe der Thronfolger und Admiral Tirpitz. Ein junger freundlicher Hauptmann, Adjutant des Erzherzogs, nahm mich beiseite und sagte, ich dürfe in seiner Begleitung, in gewissem Abstand, den hohen Herrschaften folgen. Der Thronfolger und Tirpitz gingen plaudernd und lachend die Rosenallee entlang, blieben vor einigen der blühenden Büsche stehen. Ich mußte dann auch stehenbleiben, aber ich konnte hören, daß Franz Ferdinand dem Besucher die Züchtung und Kreuzung seltener Spielarten erklärte. Es war alles so harmlos und rosig – rosig!« Das Wort kam fast wie ein hysterischer Schrei von Birks Lippen. »Ich weiß nun alles über Rosenkultur, Rosa Damascene, die Baroness Rothschild, Rose ...«

»Hören Sie auf!« schrie Tschuppik.

»Bei all dem gärtnerischen Idyll sah der Thronfolger, so schien es mir, schrecklich besorgt aus, in seinen Augen dämmerte Schwermut, und trotz seiner Robustheit hatte sein Gang etwas Müdes.«

»Gut gesehen, junger Dichter«, warf Tschuppik ein. »Zehn, fünfzehn Jahre auf die Nachfolge warten, während Reform und Rettung Österreichs zum Teufel gehen, das kann den stärksten Mann umbringen.«

»Tirpitz hingegen war in fröhlichster Laune und voll Elan; seine Finger spielten Harfe in den Strähnen seines prächtigen Barts. Ich fragte den Hauptmann, ob die hier versammelten Würdenträger die gespannte außenpolitische Lage etwa diskutiert hätten. ›Aber nicht die Spur‹, sagte der Hauptmann. ›Sie sehen ja, daß Kaiserliche Hoheit und Herr von Tirpitz begeisterte Rosenzüchter sind. Franz Ferdinand experimentiert gegenwärtig mit der Züchtung einer schwarzen Rose; leider noch nicht ganz gelungen; Kaiserliche Hoheit wollte das Exemplar seinen Gästen zeigen, die er zu diesem Rosenfest eingeladen hat.‹ Während wir so plauderten, beendigten der Thronfolger und Tirpitz ihren Rundgang. Ein Lakai überreichte mir auf einer Silberschale ein ›Communiqué‹, und der liebenswürdige Hauptmann schnitt drei Rosen ab und präsentierte sie mir mit einem maliziösen Grinsen. Hier ist der Wisch, und hier sind die drei Rosen. Ich stand wie ein Esel da. Es war schlimmer als ein unverblümter Hinauswurf.«

Tschuppik griff nach dem Papier und las: »Seine Kaiserliche Hoheit Erzherzog Franz Ferdinand veranstaltete auf Schloß Konopischt ein Rosenfest, zu dem einige Freunde eingeladen waren, die die ausgezeichnete experimentelle Rosenzucht des Gastgebers bewunderten.« – »Freche Lügner! Wollen sie das beste Blatt Österreichs zum Narren halten?« schrie Tschuppik und zerknüllte das Bulletin.

»Du mußt sie überbieten, entlarven, Birk! Erfinde eine fette Lüge; sollen sie dementieren! Ein Dementi ist besser als gar nichts.« Er schaute auf die Uhr. »Los geh und schreib, schreib!«

»Ich kann nicht. Was erwarten Sie denn? Soll sich ein geheimer Kriegsrat einem kleinen Reporter enthüllen?«

»Ich erwarte den Artikel in spätestens zwei Stunden – oder Sie sind entlassen!«

Birk setzte sich an eine der ramponierten Schreibmaschinen und starrte auf das Alphabet. »Der Artikel wird die Kündigung nicht verhindern«, dachte er in einer Aufwallung von Trotz. Er schrieb, mit einem verlorenen Lächeln, gleichsam in bitterem Widerstand gegen Tschuppik, gegen den Journalismus.

In Gegenwart des außenpolitischen und des Lokalredakteurs – bei Birk wußte man nie, ob ein Beitrag als Leitartikel oder als lyrische »Lokalspitze« zu verwenden sei – überflog der Chefredakteur die drei Seiten und brach in ein nervöses Gelächter aus, das ebenso Schimpf wie Anerkennung bedeuten mochte.

»Hört euch das an, er hat eine Rhapsodie auf die Schönheit und Unschuld der Rose geschrieben. Und da ist ein Vierzeiler von Friedrich Hebbel: ›Ich sah des Sommers letzte Rose stehn / Sie war, als ob sie bluten wollte, rot / Da sprach ich sinnend im Vorübergehn / So tief im Leben ist zu nah dem Tod …‹«[294]

Ein Schatten flog über sein Gesicht, als er müde und düster wiederholte: »zu nah dem Tod …«

»Und dann, wie Birk die verfehlte ›schwarze Rose‹ des Thronfolgers symbolisch mit dem Thema verwebt – das ist ganz unjournalistisch und unorthodox, aber es ist gut in seiner Indirektheit und versteckten Anspielung. Birk hat auf den Rosenbusch geklopft und die Kriegskamarilla getroffen, die Franz Ferdinands Reformpläne vereiteln möchte. Unsere Leser werden verstehen. Der Artikel erscheint auf Seite 1.«

4. Mai 1963

SCHLUMMERWEIN IM BLUT

Sanft wie ein trauriges Lied,
hüllt mich die Krankheit ein;[295]
Im Blut der schwere Schlummerwein
Macht mich so müd.

Verzicht! Ehrgeiz ist nur ein Schatten.
Ich kanns nicht mehr vollenden, was ich träumte,
Mein Werk zerfällt in Splitter, reich an Farben,
Kaleidoskop verstreuter Garben,
Und Schweigen hüllt alles Versäumte.

5. Juli 1963

DER VERSCHLOSSENE SCHRANK

Als ich in einer New Yorker Mietskaserne mein erstes möbliertes Kämmerchen mietete, bestand all mein Gepäck, das ich aus dem zerstörten Europa mitbrachte, aus einer ramponierten Aktentasche.[296] Mein Gepäck lag verstreut irgendwo auf dem langen Fluchtweg von Prag nach Frankreich, von Marseille über die Pyrenäen nach Lissabon. Mein Zimmerchen war winzig wie eine Schiffskajüte. Die Fahrt ist noch nicht zu Ende, dachte ich, und auf stürmischer See bietet eine Kabine guten Schutz.

»Sie können Ihr Gepäck in den Wandschrank stellen«, sagte Frau Walker, die »Landlady«, wie Zimmervermieterinnen in Amerika euphemistisch genannt werden. Ich stellte meine schäbige Aktentasche mit übertriebener Sorgfalt in den Schrank, verschloß die Türe und steckte den Schlüssel ein.

Frau Walkers Augen folgten jeder meiner Bewegungen. »Ist das Ihr ganzes Gepäck?« – »Yes, Lady«, sagte ich.

Frau Walker entfernte sich in bestürzter Eile. Am Bettrand sitzend, wartete ich auf die weitere Entwicklung der Dinge. Wie erwartet, kam sie nach einer Weile zurück, unter dem Vorwand, mir ein paar Magazine zu bringen. Mit einem scheuen Seitenblick streifte sie den Schrank, dann blickte sie mich fragend an; aber ich und der Schrank blieben verschlossen. Ihr zweiter Rückzug war noch hastiger als der erste.

Ich ahnte die Spannung, die sich im umfangreichen Busen meiner Vermieterin zu entfalten begann. Die fragwürdige Aktentasche enthielt natürlich nichts von Wert und Bedeutung, abgesehen von der, die ich seinem Inhalt gab. Da war ein alter Kamm, ein Notkauf aus Barcelona, eine ruppige Zahnbürste, ein Taschenspiegel mit einer Sprungnarbe über sein Gesicht, ein halbzerrissenes Notizbuch und dergleichen Habseligkeiten (seltsames Wort, das die Armut verklärt): Abfall einer verlorenen Reise – all das Eigentum, das ein Landstreicher in seinen Taschen ansammelt.

Es war meiner »Landlady« rätselhaft, was ein so armer Mann so ängstlich verschlossen halten mochte. Was verbarg sich hinter der versperrten Tür? Geheime Dokumente, kostbare Juwelen?

Ich konnte den Nachschlüssel, der in Frau Walkers Tasche brannte, fast sehen und wußte im voraus, daß sie eines Tages, beim Staubwischen, den Schrank heimlich öffnen würde. Ich entfernte die Aktentasche, verbarg sie in meinem Bett und verließ das Zimmer.

Als Frau Walker den Schrank mit dem Nachschlüssel öffnete und seine Leere entdeckte, war sie überzeugt, daß ich entweder verrückt oder von einer teuflischen Hinterlist besessen sei. Sie kündigte mir kurzerhand.

Wenn ich über den kleinen Trick des verschlossenen Schrankes nachdenke, ist mir, als wäre ich in der Falle meiner eigenen Parabel gefangen. Plagte ich sie nur für das bißchen Vergnügen, das mir das durchtriebene Spiel bereitete? War es das alte Verlangen, eine Frau zu prüfen, ob sie, wie Blaubarts Frau, der Versuchung des verbotenen Zimmers werde widerstehen können? Oder wollte ich den Eindruck erwecken, als wäre ich der Besitzer geheimer Schätze? Schämte ich mich meiner Armut, in die ich hinabgesunken war? War in meinem Unterbewußtsein ein Gefühl, das meine Habseligkeiten, diese Überbleibsel aufbewahrter europäischer Erfahrungen, in der Tat meinen verborgenen Wert und Besitz bedeuten?

Mitunter ist mir zumute, als wäre ich selbst ein Gespenst, im leeren Schrank eingeschlossen, hinter einer schweigenden Tür, die meine Vergangenheit bewahrt. *13. Juli 1963*

Am 20. Juni,[297] wenige Tage nach dem Zusammenbruch Frankreichs, wurde Hauptmann Richard Welker vom »Nachrichtendienst« nach Paris versetzt. Man brauchte Leute mit französischen Sprachkenntnissen, und Welker, der früher einige Zeit in Paris gelebt hatte, besaß die erforderlichen Qualifikationen.

Die plötzliche Ankunft in Paris versetzte Welker in eine seltsame Stimmung; in den Glanz der Siegestage mischte sich die heimliche Wehmut des Wiedersehens. Er kam sich »transferiert«, gleichsam verzaubert vor, als er vom Fenster des Hotels Continental in der Rue Rivoli auf die Tuilerien blickte.

Ihn fröstelte trotz dem milden Sommertag. Beim Blick aus dem Fenster wurde die Vergangenheit so nah und so deutlich in jeder Einzelheit. Wider Willen zog es ihn in jene fernen Tage, als er mit Doktor Louis Krahl eine köstliche Zeit, eine wahre Lehrzeit verbracht hatte, drüben auf der *rive gauche*, in dem alten saloppen Junggesellen-Appartement seines früheren Chefs und Freundes. Ihm war, als hörte er wieder Krahls lustig grollende Reden, die mitunter sarkastisch, aber immer heilsam waren; nach sieben Jahren nazideutscher Eingeschlossenheit spürte er wieder eine andere Welt.

Das Hotel Continental, Welkers künftige Arbeits- und Wohnstätte, war bis vor dem Einmarsch deutscher Truppen Sitz der französischen Zensur gewesen. Dicke Teppiche, verschnörkeltes Hotelmobiliar, kokette Badezimmer zeigten deutlich die ursprüngliche Bestimmung des Gebäudes als Luxushotel. Die französische Zensurbehörde hatte ihr Hotel offenbar Hals über Kopf verlassen.

Welker fand viele Namen, die er von früher gut kannte, ehemalige deutsche Kollegen, die in der Pariser Emigration publizistisch gearbeitet hatten. Er las sich durch Stöße von Ausschnitten und Manuskripten, und sein rotbackiges Gesicht bekam einen verkniffenen Ausdruck. Es ist ein bißchen anders gekommen, »Herrschaften«, dachte er mit spöttischer Überlegenheit und delektierte sich, die Fehlprognosen mit der triumphierenden Wirklichkeit zu konfrontieren.

Plötzlich verfärbte sich sein Gesicht, und seine Lippen wurden trocken. Vor ihm lag ein Manuskript von Louis Krahl. Hauptmann Welkers treuherzig blauer Blick flackerte und verlor sich im leuchtenden Grün der alten Tuilerien-Bäume. Er legte das Manuskript zögernd zu den übrigen Papieren, die er an die entsprechende Stelle weiterzuleiten hatte, nahm es wieder zurück, und in einer plötzlichen Aufwallung, mit einer scheuen Geste, verbarg er das gefährliche Schriftstück in seiner Brusttasche.

Mit leichterem Schritt ging er in das benachbarte Hotel Meurice, in dem eine Abteilung der Gestapo untergebracht war, erstattete seinen Bericht, und übergab dem Major das Material und die Namensliste der Emigranten.

Eine weiche Stimmung ergriff ihn. Er fühlte sich durch das verborgene Papier an seiner Brust wie ein Beschützer seines ehemaligen Chefs. Er hatte von sich selbst die Vorstellung, ein guter Kamerad zu sein, auch wenn die Verhältnisse ihn gezwungen hatten, Freunde preiszugeben, um »seinen eigenen Kopf zu retten«, wie er es nannte.

»Hoffentlich ist der alte Herr getürmt – es ist anzunehmen«, dachte Welker, als er die Tuilerien durchquerte. Es war so still, daß seine Schritte hallten. Die Bänke waren leer. Um ein Denkmal herum lagen aufgeplatzte Sandsäcke, die vom Luftschutz-Gerüst heruntergefallen waren; sie machten den grotesk-unheimlichen Eindruck von halb verwesten Menschenpuppen, aus deren Innerem Sägespäne quollen. Das große Brunnen-Bassin war ausgetrocknet. Keine Kinderstimme wurde laut, kein Frauenlächeln sichtbar. Es war, als ob der leuchtende Sommernachmittag in einem weinenden Novemberregen ertränke.

Am Quai Voltaire bog er in eine schmale Gasse ein, aus der ihm ein Kirchhofhauch entgegenwehte. Er hatte ein unangenehmes Gefühl im Rücken, als folgten ihm unsichtbare Blicke, und sein Nacken wurde feucht. Unwillkürlich tastete er nach dem Revolver in seiner Tasche.

Beklommen und gedankenverloren folgte Welker seinem Weg. Unter dem Manuskript in seinem Waffenrock klopfte sein Herz wie das eines Schuljungen, der seinem Lehrer zeigen möchte, daß er so übel nicht ist, wie jener glauben mochte.

Und da stand er vor dem alten Haus in der Rue Bonaparte

Nr. 4, in dem er einst in der Vorzeit wunderschöne Tage verlebt hatte.

Beim Anblick der deutschen Uniform prallte die Concierge zurück, und ein Aufschrei erstickte in ihrer Kehle. Ein Boche in ihrem Hause! Jetzt erst fiel Frankreich ...

*

Doktor Krahl war es nicht geglückt, rechtzeitig aus Paris zu entfliehen. Er war alt, etwas schwerfällig, zögerte, und als die Katastrophe hereinbrach – die Straßen waren blockiert, die Bahnhöfe geschlossen – versuchte er wohl, sich zu Fuß in den schrecklichen Wirbel der Flucht zu werfen, aber seine Nerven versagten. Er konnte nicht, vielleicht auch wollte er nicht mehr.

Krahl, der eine große demokratische Zeitung in Deutschland geleitet hatte, lebte seit zehn Jahren in Paris, in seiner mit altem Geschmack eingerichteten Junggesellenwohnung, und schrieb für einige englische und französische Revuen.

Krahl, der kommende Dinge häufig mit großer Klarheit sah, saß nun wie in einer Falle, ohne eine Möglichkeit, über die Demarkationslinie in das unbesetzte Gebiet zu entkommen. Er verließ sein Haus nicht mehr und lebte in großer Abgeschiedenheit und Bereitschaft.

Das Schrillen der Türglocke erschreckte ihn. Es gab keinen Besuch mehr, von dem er Gutes hätte erwarten können. Er bezwang sein Wanken; nur der mächtige grauhaarige Schädel zitterte leise, wie ein Fels, der unterirdisch erschüttert ist – seit dem Tag des französischen Zusammenbruchs war dieses kaum merkliche Vibrieren nicht mehr gewichen. Er öffnete.

Sie standen im Türrahmen einander gegenüber in einer seltsamen Beklommenheit, beinahe statuarisch und traumhaft. Hauptmann Welker lächelte verlegen; es war ein einnehmendes, biederes Lächeln. Krahls erste Reaktion war eine starre Abwehr, als wollte er den Besucher von seiner Schwelle weisen; aber plötzlich löste sich diese feindselige Anwandlung in eine etwas zu laute Überraschung und Lebhaftigkeit.

»Was – sieh da! Sie da? Entrez, entrez, Monsieur Capitaine! Was treiben Sie Schönes?« Es klang wie: schöne Sachen treiben

Sie ... Er schob Welker in sein Arbeitszimmer. »Was führt Sie zu mir? Ah, Ihr altes Versprechen, mich wieder zu besuchen, wenn Sie in Paris sind. Vous voila!«

Welker suchte Worte, indes Krahl eine Flasche und zwei Gläser aus dem Schrank holte und einschenkte. »Auf die alten Tage!« Krahl hob das Glas. Die Worte klangen voll undurchdringlicher Ironie, und Welker schluckte schwer. Der Raum, jedes Bild, jedes Buch, die Herme des Sokrates, die Couch, auf der er geschlafen hatte, alles starrte ihn an und war ein Vorwurf, wie das schattenhafte Paris, wie der alte Chef, wie sein eigenes Leben.

»Ich hätte eigentlich nicht geglaubt, Herr Doktor, daß Sie noch hier sind. Ich kam zufällig vorbei und wollte ... und dachte, du siehst einmal auf alle Fälle nach. Es wäre besser, Sie wären drüben in der freien Zone.«

Das leise Beben des grauen Kopfes schien einen Augenblick innezuhalten. »Was kann einem alten Mann wie mir geschehen? Ich bin schlecht zu Fuß. Ich gehe nicht gern. Man läuft den Dingen nicht davon. Sie werden es noch erleben, Welker ... Wenn man mich holen kommt: Für diesen Fall bin ich vorbereitet. Ich habe mein Leben gelebt. Hier war ich zu Hause ...«

»Ich möchte versuchen«, sagte Welker gepreßt, »Ihnen einen Passierschein auf einen falschen Namen zu verschaffen und Sie aus der besetzten Zone fortzubringen.«

»Das ist nett von Ihnen, Welker«, sagte Krahl mit wohlwollender Herablassung. »Darüber läßt sich reden. Ich will es mir überlegen.«

Welker war verblüfft und enttäuscht. Er hatte erwartet, daß Krahl in seiner Hilflosigkeit ihn, den Hauptmann, um Hilfe angehen werde. Stattdessen kein Ausbruch der Dankbarkeit für das rettende Anerbieten.

»Es ist nur ein Zeichen alter Kameradschaft«, sagte Welker bescheiden.

»Ich kenne Ihr Bedürfnis, sich selber in der Kameradschaft zu idealisieren, aber man ist kein guter Kamerad, wenn man seine Idee verrät. Wenn man seine Idee verrät, ist man imstande, seine Mutter zu verraten.«

Krahl war aufgestanden und ging auf etwas unsicheren Beinen

im Zimmer auf und ab. ›Er war ein guter Kämpfer, bis 1933, solange er mein Schüler war‹, dachte Krahl; ›dann wurde er ein Schüler Hitlers. Welker war immer nur ein Schüler. Jetzt möchte er sich gern vor mir reinwaschen.‹

»Erinnern Sie sich noch, Welker, als Sie Ende 1932 – in Deutschland sah es schon verzweifelt aus – auf einen Sprung nach Paris kamen? Sie saßen hier, hier in dem gleichen Armstuhl und weinten beinahe und sagten: ›Es wäre dem deutschen Volk wohler, unter amerikanisch-britischem Schutz zu leben, als dem Nazismus anheimzufallen.‹ Das war gar nicht übel, Welker.[298] Vergessen? Unterdessen habe ich mir das Vergnügen gemacht, in der Bibliothèque Nationale Ihre Artikel zu lesen. Wissen Sie, ich habe Ihre Fähigkeiten nie überschätzt. Sie waren nur gut, wenn Sie die richtige Leitung hatten. Aber so einen Sturz hätte ich nie für möglich gehalten. Sie haben ja Ihr Deutsch verlernt. Ihre Sprache verrät Ihr inneres Nichts. Sie schreiben ja nicht, Sie winden sich, Sie kriechen, Sie schleimen. Ihr Stil ist ja die kommandierte Unwahrheit und das verborgene schlechte Gewissen. Sie tun mir leid, Welker, denn im Grunde sind Sie nicht schlechter und nicht besser als Millionen Durchschnittsdeutsche. Was Ihnen geschah, ist viel schrecklicher, als mir geschehen könnte. Denn der Tod ist nichts, verglichen mit einem solchen Leben. Trinken Sie, trinken Sie, Herr Welker, auf den kommenden Sieg!«

Krahl stand an das Bücherregal gelehnt, sein Körper pendelte kaum merklich im Sturm der Rede, ähnlich wie in einer der bewegten Redaktionskonferenzen, und hinter seiner Schulter lächelte das marmorne Gesicht der Sokrates-Büste.

Unter dem Anprall dieser Worte vermochte Welker nicht, sich zu rühren. Sein knabenhaftes Gesicht lief purpurrot an. In seinem treuherzig-blauen Blick war etwas Flatterndes, Geducktes, eine gepeinigte Verwirrung. Trotz seiner Hauptmannsuniform saß er vor dem unrasierten, etwas saloppen Mann wie ein gescholtener Kadett vor dem Major. Er, der Sieger, war heimlich gekommen, um zu helfen, und der hilflose Alte, zu Boden geschlagen, sprach von Sieg! Die angemaßte Überlegenheit des Graukopfs war einfach unerträglich.

»Man kann Hitlers Macht nicht wegdisputieren«, sagte Welker

mit heiserer Stimme. »Wir ehemaligen Gegner der Nationalsozialisten haben eine Menge Einwendungen und Vorbehalte im Herzen. Der Krieg ist so gut wie gewonnen, eine neue Welt ist im Werden« – bedauerndes Achselzucken – »und wo gehobelt wird, da fallen Späne.« Seine Argumente sanken wie tote Fliegen zu Boden.

Um Krahls Lippen spielte ein Lächeln des Spottes und der Verachtung. »Kehren wir zu unserem Thema zurück. Sie sind gekommen, um mir zu helfen – Passierschein, falsche Papiere und so – parfait. Gute Verbindungen zur Gestapo trotz der ›belasteten Vergangenheit‹? Eh bien, ich nehme es an – unter der Voraussetzung, daß ich mich revanchieren darf am Tag nach dem Sieg. Junge, Junge, Sie werden in eine schlimme Situation geraten, wenn die Geschichte ihre Rechnung präsentiert. Sie wollen nur ›Ihren Kopf retten‹, aber *Sie* haben Ihren Kopf in eine Schlinge gesteckt. Es muß ein fatales Gefühl sein, dem Tag des Gerichts entgegen zu leben, mit dem Kopf in der Schlinge, die sich langsam zuzieht. Aber wenn Sie mir und den andern Emigranten, die noch in Paris sind, Hilfe bringen, will ich mich eines Tages für Sie verwenden.«

Welker lachte forciert. »Immer noch der alte Polemiker und sarkastische Phantast! Ihre Voraussetzung ist jedoch falsch, Herr Doktor – Deutschland ist unbesiegbar.« Er machte eine abschließende Handbewegung. »Aber ich bin nicht gekommen, um über Politik zu reden, sondern um auf einer menschlichen Basis einen alten Freund wiederzusehen, auch wenn er auf der anderen Seite des Grabens steht.«

Er erhob sich mit einem etwas zu betonten Ruck und trat ans Fenster. Man sah einen Winkel der efeuumsponnenen alten Kirche St.-Germain-des-Pres und den menschenleeren Boulevard, über den gerade ein riesiger deutscher Panzerwagen ratterte, als wäre der monströse Dinosaurier der Überlebende einer erstorbenen Welt.

*

Wieder allein, wischte Krahl seine Hand mit dem Taschentuch gründlich ab. Versunken saß er da, vor sich hin starrend. Vielleicht steckte noch etwas Gutes in Welker. Ihm ist nicht wohl zu Mute …

Pathetisch gesprochen hat er, der Sieger, den Tod im Herzen, und wir sind die »vaincus triomphants«[299] …

»Vielleicht, vielleicht«, flüsterte er vor sich hin, lächelnd, nickte ein, ein alter Mann.

Durch die dämmernden Straßen von Paris eilte mit dem Schritt eines Gehetzten ein deutscher Offizier, nicht nur, weil er noch vor dem *black-out* im Hotel sein wollte. Sein Blick, dunkel und stechend, hatte nichts Treuherziges mehr, Krahls Manuskript in seiner Brusttasche brannte.

»Warum bin ich hingegangen ... Dumme, gefährliche Sentimentalität ... Ich wollte sein Bestes – er zwingt mich, er zwingt mich geradezu ...« Seine Gedanken hetzten wie seine Schritte. »Niederlage und Abrechnung? Ich will es ihm zeigen ... Die Maus in der Falle spielt mit der Katze? Wie er mich hinuntermachte ... Wenn sie ihn finden, werden sie mich fragen, warum ich ihn nicht auf die Liste gesetzt habe. Sie könnten erfahren, daß wir ehemals befreundet waren – sie erfahren alles. Sie könnten Verdacht schöpfen – ich bin ohnehin nicht vollwertig, ein Parteigenosse erst seit dem Nazisieg ... Aber wenn es umkippt, was wird aus mir? – Der Kopf in der Schlinge ... Der Alte hat immer gut vorausgesagt ... Es darf nicht umkippen ... Ich kämpfe nur um meinen Kopf, immer noch, wie am ersten Tag ...«

Welker kam atemlos im Hotel an und nahm in der Bar einen Kirsch. Dann ging er mit gelassen wiegendem Schritt der Selbstgewißheit in das Gestapo-Büro und legte Krahls Manuskript auf den Schreibtisch des Majors: »Melde gehorsamst, habe noch einen Fund gemacht: Dr. Louis Krahl, Rue Bonaparte Nr. 4.«

14. Juli 1963

ALLER TAGE ABEND
(ALS ICH IM STERBEN LAG)

»Noch ist nicht aller Tage Abend.«
So sagte ich gestern, der Abend schien fern;
Der Tag war reich, als könnt er nie enden,
Die Jahre entglitten meinen Händen,
Nun ist aller Tage Abend.
Und auch das Zwielicht leuchtet schön.
Herr, lass es nicht so rasch vergehn.
Aller Tage Abend
Ist vollbracht,
Dämmerung verschwebt,
Bald ist es Nacht.

Tausend Tage münden
In den Abend ein,
Müd wie alte Sünden,
Reif wie alter Wein.

Aller Tage Abend
Krönt das Scheidelicht,
Und von letzter Höhe
Öffnen Ferne, Nähe
Sich zu weiter Sicht.

Ich überlasse euch den Sorgen
Der Welt. Ohne mehr
Für heute und für morgen.
Das letzte Blatt bleibt leer.

undatiert

TRAUM VON DEN LEEREN HÄNDEN

Mit meinem Bleistift in der Hand,[300]
Müde der Worte schlief ich ein.
Die Finger lösten sich entspannt,
Die Feder fiel, schwer wie ein Stein
In eine ungekannte Tiefe.
Mir war, als ob mich eine Stimme riefe:
»Zeig mir das Tagwerk deiner Hände!«
Sie lagen wächsern auf der Brust gefaltet
Und schämten sich, die Armut vorzuzeigen,
So wenig war vollendet und gestaltet,
Und nur ein Traum der leeren Schalen
Rieselte rhythmisch in das große Schweigen. –

Zuletzt ist jede Hand so leer,
Denn was sie hält, behält sie nicht,
Und muß doch Rechnung legen vor Gericht:
Was du erworben hast, wie und woher –:
Was du verlorst, wird als Gewinn erkannt,
Und eitle Schätze mindern dein Gewicht.
Ein letzter Traum vielleicht rechtfertigt dich
Und offenbart den Sinn der leeren Hand.

18. Oktober 1963

ANHANG

ZU DIESER AUSGABE

Die hier vorliegende Ausgabe der Texte von Hans Natoneks bietet erstmals einen umfassenden Überblick über seine publizistische Tätigkeit in den Jahren von 1933, als er aufgrund seiner jüdischen Herkunft (und seiner demokratischen, anti-nazistischen Haltung) aus der Redaktion der »Neuen Leipziger Zeitung« entlassen wurde, bis zu seinem Tod 1963 in Tucson, Arizona. Die Edition bildet den zweiten Teil zu dem vor einiger Zeit von mir herausgegebenen Band »Im Geräusch der Zeit«, der Natoneks Publizistik von den Anfängen 1914 bis zum Ende der Weimarer Republik 1933 bietet (Leipzig: Lehmstedt Verlag, 2006).

Da während der Jahre 1933 bis 1945 die Publikationsmöglichkeiten für emigrierte deutsche Autoren sehr begrenzt waren, wurden in allen Ländern, in denen Emigranten Zuflucht fanden, Exilzeitschriften gegründet wurden, sofern die Behörden dem nicht im Wege standen. Die Gastländer sahen es zum überwiegenden Teil nicht gern, wenn sich Flüchtlinge, die sie aufgenommen hatten, politisch betätigten, da sie damit Handel, Wandel und friedlichem Einvernehmen mit Hitler-Deutschland im Wege gestanden hätten. Die Öffentlichkeit der Gastländer war zudem nicht sonderlich interessiert an konkreten Vorgängen im Dritten Reich. So waren die deutschen Emigranten darauf angewiesen, sich in eigenen Zeitschriftengründungen in ihrer Sprache über ihre ureigenen Probleme auszutauschen.

Wie die meisten emigrierten Autoren nutzte Natonek alle Publikationsmöglichkeiten, die es ihm erlaubten, auf Deutsch zu schreiben, seien es Novellen, Kurzgeschichten und Glossen oder aktuelle Texte zum politischen Tagesgeschehen. Hier ergibt sich eine klare Strukturierung: Während Tageszeitungen, wie das »Prager Tagblatt«, das »Pariser Tageblatt« und später die »Pariser Tageszeitung« sowie österreichische und Schweizer Zeitungen und Zeitschriften in der Regel seine literarischen Texte abdruckten, waren Zeitschriften wie »Das neue Tage-Buch« und »Die neue Weltbühne« Organe, die in erster Linie politische aktuelle Texte publizierten. Während von letzteren alle nachgewiesenen Artikel in diese Ausgabe aufgenommen wurden, erfolgte für erstere eine strenge Auswahl. Viele dieser kleinen Geschichten folgten dem literarischen Geschmack und Humor der dreißiger Jahre, der uns heute oft etwas abgestanden und schal erscheint. Deshalb wurden nur die aus Sicht der Herausgeberin wertvollsten Texte ausgewählt.

Bei der mühevollen Suche nach den verstreut publizierten Texten waren die beiden Nachlässe von Hans Natonek von großem Nutzen. Jene Papiere, die Natonek 1940 bei der Flucht vor den Deutschen in Paris zurücklassen mußte – insgesamt fünf Koffer –, wurden von der Gestapo nach Berlin, dann 1945 von Angehörigen der Roten Armee nach Moskau und schließlich 1957 im Rahmen von Rückgabeabkommen mit der DDR nach Potsdam verbracht – heute lagert dieser erste Teil des Natonek-Nachlasses im Bundesarchiv Berlin-Lichterfelde. Darunter befinden sich auch viele Ausschnitte aus manchmal nicht identifizierten Zeitungen mit Abdrucken von Natonek-Texten sowie, besonders interessant, zahlreiche Typoskripte von offenbar ungedruckt gebliebenen Texten, vielfach undatiert. Knapp zwanzig dieser völlig unbekannten Texte erscheinen hier zum ersten Mal. Dabei konnte in vielen Fällen eine Datierung nachträglich anhand historischer Fakten in den Texten vorgenommen werden; oft gab auch die von Natonek auf dem Typoskript genannte Wohnanschrift Auskunft über den Zeitpunkt des Entstehens, da seine Adressen über den Zeitraum 1933 bis 1963 lückenlos nachgewiesen sind. Bei einigen wenigen Texten versagte allerdings auch diese Vorgehensweise.

Der zweite Nachlaß Natoneks befindet sich im M.E.Grenander Department of Special Collections and Archives, German and Jewish Intellectual Émigré Collection der University at Albany im US-Bundesstaat New York. Er wurde in den späten 1970er Jahren von Professor John M. Spalek von der Witwe Natoneks, Anne, aus Tucson übernommen und von Dagmar Malone wissenschaftlich aufgearbeitet. In ihm sind persönliche Unterlagen der Jahre 1940 bis 1963 enthalten, dazu Typoskripte von kurzen Aufsätzen, Zeitungsausschnitte von bereits veröffentlichten Texten, mehrere Romantyposkripte, darunter das der deutschen Originalvorlage von »In search of myself«, und eine Sammlung von 284 Gedichten. Die absolute Mehrzahl dieser Texte ist nie veröffentlicht worden. Auch hier mußte eine strenge Auswahl getroffen werden.

Erstmalig in dieser Ausgabe konnten zwei Pseudonyme Hans Natonek zugeordnet werden, die bisher nicht decodiert wurden. Hans Natonek hatte das Spiel mit Pseudonymen bereits in seinen Jahren als journalistischer Anfänger geliebt und bestimmte Texte mit bestimmten Pseudonymen gezeichnet. So stand der Name »Hans Egge« immer unter literarischen Texten, Reminiszenzen oder Novellen. Das Kürzel »Nek« oder »nek« benutzte er für heitere Alltagsbeobachtungen bzw. bissige Kommentare. »H. N.« oder »h. n.« war kurzen Meldungen oder Streiflichtern vorbehalten. Als Natonek 1934 nach Prag floh, lebte er offiziell für die deutschen Behörden weiterhin in Hamburg im Haus seines Schwiegervaters Martin Wassermann. Er konnte im Ausland also nur pseudonym publizieren. Ein neues Pseudonym, »Zett«, gebrauchte er zum ersten Mal im Artikel »Der Spiegel« in »Das neue Tage-Buch« am 27. März 1937. Natonek erwähnt das Pseudonym selbst in einem Brief an die Redaktion des »Neuen Tage-Buchs«, in dem er eine fällige Zahlung einfordert. Zwei weitere Kürzel, mit denen er Texte in der »Neuen Weltbühne« zeichnete, waren »ert« bzw. »Ert«. So gezeichnete publizierte Texte konnten Typoskripten im Bundesarchiv Berlin zugeordnet und Natonek deshalb eindeutig zugeschrieben werden.

Die Orthographie folgt weitgehend den Vorlagen. Stillschweigend vereinheitlich wurde die Schreibung von »ss«, wie sie beispielsweise in den Schweizer Zeitungen, aber auch in den amerikanischen Typoskripten vorherrscht, zu »ß«. Ebenso wurde die Diphthonge »Ae«, »Oe« und »Ue«, die in den Frakturdrucken der dreißiger Jahre begegnen, oder deren Kleinschreibungen, die durch die amerikanische Schreibmaschinentastatur erzwungen wurde, modernisiert.

Für die Auffindung weiterer, bisher nicht bibliographierter Arbeiten danke ich herzlich Frau Klimech von der »Stuttgarter Zeitung«, Herrn Helmut Maißer von der Universitätsbibliothek Wien, Herrn Marcel Münch von der »Basler Zeitung«, Frau Cathrin Meyer von der Zentralbibliothek Zürich und Herrn Ernst Baumeler von der »Neuen Zürcher Zeitung«. Für Unterstützung bei den Recherchen und Bereitstellung weiterer Materialien danke ich den Mitarbeitern des Bundesarchivs in Berlin, Professor John

M. Spalek und Mary Osielski in Albany, NY, den Mitarbeitern des Exilarchivs in der Deutschen Nationalbibliothek in Frankfurt am Main, den Mitarbeitern der Deutschen Nationalbibliothek in Leipzig, Herrn Rolf Bolt vom Thomas-Mann-Archiv in Zürich, Eckart Früh in Wien und Rainer Joachim Siegel in Leipzig.

Ganz besonders aber danke ich dem Shakespeare-Übersetzer Frank Günther, der drei in Englisch geschriebene Texte Natoneks erstmalig ins Deutsche übertragen hat.

*

Selbstverständlich hatte ich geplant, diese Ausgabe mit einem Vorwort zu versehen, in dem die biografischen Umstände wie die politischen Zeitverhältnisse dargestellt werden sollten, unter denen Hans Natonek in den Jahren seines 1933 erzwungenen, 1946 durch den Erwerb der US-amerikanischen Staatsbürgerschaft freiwillig fortgesetzten Exils gelebt und geschrieben hat. Aus dem Vorwort ist, ungeplant, ein ganzes Buch geworden, das parallel zu dieser Textedition erscheint und auf das der Leser freundlich verwiesen sei: »Für immer fremd. Das Leben des jüdischen Schriftstellers Hans Natonek« (Leipzig: Lehmstedt Verlag, 2013).

Steffi Böttger, Leipzig, August 2013

ANMERKUNGEN

1 Bei der Reichstagswahl vom 5. März 1933, die durch den Reichstagsbrand (27./28. Februar) und den unmittelbar danach einsetzenden offenen Terror gegen die politischen Gegner, vor allem die KPD und die SPD, geprägt war, erzielte die NSDAP knapp 44% der Stimmen. In Leipzig, wo Natonek die Wahl erlebte, verteilten sich die Stimmen im Wesentlichen auf NSDAP (37,2%), SPD (30,8%) und KPD (18,2%).

2 In der Nacht vom 27. zum 28. Februar 1933 brannte das Reichstagsgebäude in Berlin, der Sitz des deutschen Parlaments. Bis heute ist umstritten, ob es sich um das Werk eines Einzeltäters, des holländischen Anarchisten Marinus van der Lubbe, handelte. Unstrittig ist, daß Hitler und Goebbels daraus sofort politisches Kapital schlugen, indem sie am 28. Februar 1933 Paul von Hindenburg dazu brachten, die »Verordnung des Reichspräsidenten zum Schutz von Volk und Staat« zu erlassen, mit der die Bürgerrechte der Weimarer Verfassung (u.a. Versammlungsfreiheit, Pressefreiheit, Postgeheimnis) außer Kraft gesetzt wurden. Damit begann die offene terroristische Gewaltherrschaft des NS-Regimes.

3 Ruprecht von Bayern war ein Gegner des Nationalsozialismus und hielt geheimen Kontakt zu Oppositionsgruppen. Er mußte 1939 nach Italien ins Exil gehen.

4 Napoleon, dessen Rußland-Feldzug 1812 in einer der größten militärischen Katastrophen der Geschichte endete, die schließlich zu seinem Sturz 1814 führte.

5 In den Jahren, als Hans Natonek Schüler des K.K. Deutschen Staatsgymnasiums in Königliche Weinberge war, unterrichtete ausschließlich Prof. Wenzel Nowak Geschichte. Er war zugleich Kustos der Lehrerbibliothek, des geographisch-historischen Kabinetts und der Unterstützungsbibliothek. Vgl. die Jahresberichte des K.K. Deutschen Staatsgymnasiums der Jahre 1904–1910.

6 Hans Egge war das von Hans Natonek vor allem 1933–1936 benutzte Pseudonym.

7 Hier wohl im Sinne von: eine Fünf (als Zensur) erteilen.

8 Sprachspiel mit dem lateinischen Sprichwort: »Si vis pacem, para bellum« (Wenn du Frieden willst, bereite Dich auf den Krieg vor).

9 Altes deutsches Zählmaß, 1 Mandel = 15 Stück.

10 Altes deutsches Zählmaß, 1 Schock = 60 Stück.

11 Die Redensart ist vor allem im mitteldeutschen-sächsischen Sprachraum verbreitet und meint: einen Vorwand suchen, eine angeblich wichtige Angelegenheit vorschieben, um jemanden sprechen (sehen) zu können, um ihm einen unverfänglichen Besuch abzustatten.

12 Octave Aubry: Sankt Helena. 1.–2. Band. Zürich-Erlenbach: Eugen Rentzsch, 1936.

13 Auf der Place Vendôme wurde 1806–1810 die 44 Meter hohe Triumphsäule mit einer Statue von Napoleon im Stil eines römischen Imperators errichtet. Die von Pierre-Nolasque Bergeret entworfenen Reliefs folgen dem Vorbild der römischen Trajanssäule.

14 Seit 1840 befindet sich der Sarg Napoleons im Invalidendom, seit 1861 in der Krypta direkt unter der Kuppel.

15 Um die nicht identifizierbaren oder gar nicht mehr auffindbaren Leichen gefallener Soldaten des Ersten Weltkriegs würdevoll bestatten zu können, fand Frankreich als erstes Land eine Lösung: Am 11. November 1920 wurde unter dem Triumphbogen der Leichnam eines anonymen Soldaten bestattet. Bis heute finden hier ganzjährig Kranzniederlegungen und Ehrungen statt, die ihren Höhepunkt in der Parade am 11. November finden, dem Jahrestag des Waffenstillstands zwischen Frankreich und Deutschland im Jahr 1918.

16 Der 30. Mai ist in Frankreich Gedenktag für Jeanne d'Arc.

17 Shakespeare, Romeo und Julia, III, 7: »Julia: Willst du schon gehen? Der Tag ist ja noch fern. / Es war die Nachtigall, und nicht die Lerche, / Die eben jetzt dein banges Ohr durchdrang; … // Romeo: Die Lerche war's, die Tagverkünderin, …«

18 Franz.: Hier beginnt das Land der freien Menschen.

19 Mit den sogenannten Nürnberger Gesetzen (»Gesetz zum Schutze des deutschen Blutes und der deutschen Ehre« und »Reichsbürgergesetz«), beide am 16. September 1935 veröffent-

licht, wurde der Antisemitismus in Deutschland juristisch institutionalisiert.

20 Heinrich Heine: Romanzero. Hamburg: Hoffmann und Campe, 1851, hier gemeint das Gedicht »Donna Clara«.

21 Gemeint ist der 1. April 1933, als deutschlandweit ein allgemeiner Boykott jüdischer Geschäfte, Waren, Ärzte und Rechtsanwälte durchgeführt wurde. Zahlreiche Unternehmen entließen zum 1. April ihre jüdischen Angestellten.

22 Heinrich Heine lebte von 1831 bis zu seinem Tod 1856 in Paris im Exil.

23 Heinrich Heine: Die Wanderratten (Nachgelesene Gedichte 1845–1856, 1. Abteilung: Zeitgedichte).

24 Gemeint ist der im »Prager Tagblatt« vom 18. Mai 1937 auf Seite 1 erschienene, nicht gezeichnete Leitartikel mit dem Titel »Emigranten«, der im Tone einer Sonntagspredigt endet: »Wer über eine größere Zeitspanne hinwegblickt, der kann nicht übersehen, daß der Endsieg schließlich dem Guten gehört, nicht dem Bösen. Der Apostel Paulus – mit seiner Schärfe, seinem glühenden Temperament und seinem Organisationsgenie – hat sicherlich kein leichtes Leben gehabt, und er mag vielen Wichtigen seines Zeitalters recht unbequem gewesen sein. Aber er hat einen Endsieg für das Gute im Menschen erkämpft, der noch achtzehnhundert Jahre nach seinem Tode nachwirkt und Unvergängliches geschaffen – dieser Emigrant.«

25 Heines satirisches Versepos »Deutschland. Ein Wintermärchen« (1844).

26 Kurt Tucholsky, der seit 1930 in der Nähe von Göteborg lebte und 1931 weitgehend publizistisch verstummt war, starb am 21. Dezember 1935 in Göteborg. Sein Tod galt bis in die jüngste Vergangenheit als Selbstmord, inzwischen wird auch eine unbeabsichtigte Selbsttötung durch versehentliche Überdosierung von Medikamenten für möglich gehalten.

27 Carl von Ossietzky, der Herausgeber der »Weltbühne«, in der auch Natonek oft publiziert hatte, war unmittelbar nach dem Reichstagsbrand verhaftet und in mehreren Konzentrationslagern schwer mißhandelt worden. Bereits 1934 wurde er für den Friedensnobelpreis vorgeschlagen, was aber zeitlich zu spät

war. 1935 scheute sich das Nobelpreiskomitee, den Preis an Ossietzky zu vergeben, da die nationalsozialistische Regierung starken außenpolitischen Druck auf die norwegische Regierung ausgeübt hatte – der Preis wurde daher gar nicht verliehen. Die erneute, international organisierte Kampagne führte schließlich dazu, daß Ossietzky den Nobelpreis 1936 erhielt, den er auch trotz massivem Einspruchs von Hermann Göring annahm. Zur Preisverleihung durfte er jedoch nicht ausreisen.

28 Anspielung auf Franz Kafkas Roman »Der Prozeß« (1925).

29 Der Text ist ein Ausschnitt aus dem Roman »Die Straße des Verrats«, den Natonek 1935–1938 in der Zeit seiner Prager Emigration schrieb. Er blieb zu Lebzeiten unveröffentlicht und erschien erst 1982, herausgegeben von Wolfgang U. Schütte (Berlin: Buchverlag Der Morgen) auf der Grundlage des im Bundesarchiv Berlin, Nachlaß Hans Natonek, überlieferten Typoskripts, das die Gestapo 1940 in Paris beschlagnahmt hatte. Der Text des Vorabdrucks findet sich in der Buchausgabe wieder auf S. 273–280 (Kapitel 10. Vita nova. Noch nicht genug gestorben). In dem Roman verarbeitete Natonek, nur oberflächlich verschlüsselt, seine eigene Lebensgeschichte der letzten Jahre. »Peter Nyman« ist weitgehend identisch mit Hans Natonek, die »Ruth« des Textes ist seiner damaligen Freundin, dann zweiten Ehefrau Erika Wassermann nachgebildet. Mit dem Schriftsteller und Journalisten »Richard Dierks« ist zweifelsfrei Erich Kästner gemeint (siehe Anm. 33 und 34).

30 In einem der frühesten Konzentrationslager, Börgermoor bei Papenburg im Emsland, mußten die Häftlinge unter primitivsten Bedingungen das Moor kultivieren. Im Sommer 1933 entstand das »Moorsoldatenlied«, das – besonders durch die überarbeitete Komposition von Hanns Eisler – ab 1935 international berühmt wurde.

31 Es gibt keinen Beleg dafür, daß Natoneks Bücher verbrannt wurden. Allerdings wurde in einem Artikel in der Zeitschrift »Deutsche Studentenschaft«, Nr. 18 von 1933 gefordert, Natoneks Bücher aus öffentlichen Bibliotheken und Buchhandlungen auszusondern.

32 Die Bücherverbrennung vom 10. Mai 1933 fand nicht auf dem Berliner Gendarmenmarkt, sondern auf dem Opernplatz statt.

33 Der einzige persönlich anwesende Schriftsteller war Erich Kästner, der später darüber geschrieben hat: »Und im Jahre 1933 wurden meine Bücher in Berlin, auf dem großen Platz neben der Staatsoper, von einem gewissen Herrn Goebbels mit düster feierlichem Pomp verbrannt. Vierundzwanzig deutsche Schriftsteller, die symbolisch für immer ausgetilgt werden sollten, rief er triumphierend bei Namen. Ich war der einzige der Vierundzwanzig, der persönlich erschienen war, um dieser theatralischen Frechheit beizuwohnen. Ich stand vor der Universität, eingekeilt zwischen Studenten in SA-Uniform, den Blüten der Nation, sah unsere Bücher in die zuckenden Flammen fliegen und hörte die schmalzigen Tiraden des kleinen abgefeimten Lügners. Begräbniswetter hing über der Stadt. Der Kopf einer zerschlagenen Büste Magnus Hirschfelds stak auf einer langen Stange, die, hoch über der stummen Menschenmenge, hin und her schwankte. Es war widerlich. Plötzlich rief eine schrille Frauenstimme: ›Dort steht ja Kästner!‹ Eine junge Kabarettistin, die sich mit einem Kollegen durch die Menge zwängte, hatte mich stehen sehen und ihrer Verblüffung übertrieben laut Ausdruck verliehen. Mir wurde unbehaglich zumute. Doch es geschah nichts.« (Erich Kästner: Bei Durchsicht meiner Bücher) Kästner blieb während der gesamten Zeit der NS-Diktatur in Deutschland und arbeitete viel und sehr erfolgreich, wenn auch anonym oder pseudonym. Natonek hatte 1923 Kästners Schreibtalent entdeckt und ihn als Redakteur, dann als Feuilletonchef in Leipzig systematisch gefördert. Auch nach dem Krieg standen beide (wieder) in Verbindung, besonders bei Natoneks Bemühungen, Hilfe für seinen in der DDR inhaftierten Sohn Wolfgang zu organisieren.

34 Diese Argumente treffen auch auf Erich Kästner zu: Zwar fuhr er unmittelbar nach der »Machtergreifung« Hitlers für kurze Zeit nach Meran und in die Schweiz, wo er auch bereits emigrierte Kollegen traf; dann jedoch kehrte er nach Berlin zurück. Kästner begründete diesen Schritt damit, daß er vor Ort Chronist der Ereignisse sein wolle; außerdem könne er seine Mutter

nicht allein lassen. Im Epigramm »Notwendige Antwort auf überflüssige Fragen« heißt es: »Ich bin ein Deutscher aus Dresden in Sachsen. / Mich läßt die Heimat nicht fort. / Ich bin wie ein Baum, der – in Deutschland gewachsen – / wenn's sein muss, in Deutschland verdorrt.« – 1961 erinnerte sich Natonek an seine Begegnung mit Kästner: »Zu Erich Kästner, der viele Jahre mein Kollege an der Neuen Leipziger Zeitung war: Ich wußte, daß er in der Nazi-Zeit getarnt durchgehalten hat; aber seine Autorschaft des Ufa-Drehbuchs [zum ›Münchhausen‹-Film] war mir neu. Ich traf ihn zum letzten Male in 1933 auf dem Kurfürstendamm; er sagte mir, er kann nicht auswandern; er kann nur in Berlin leben (was er auch tat, bis zur letzten Zerstörung). Für ihn hätte Auswanderung wahrscheinlich das Ende bedeutet, und daran ist etwas Wahres. Exil ist keine Lösung. Die Sprache wandert nicht aus … ich habe es an mir selbst erlebt, mit allen Konsequenzen …« (Hans Natonek an Wolfgang Natonek, Tucson 18. Januar 1961; Hans Natonek, Wolfgang Natonek: Briefwechsel 1946–1962. Hrsg. und kommentiert von Steffi Böttger. Leipzig: Lehmstedt, 2008, S. 194).

35 Für seine neuen Werke wählte Kästner ab 1933 Verlage in der Schweiz – zunächst Rascher in Zürich (»Drei Männer im Schnee«, 1934), dann, für den Rest seines Lebens, Atrium in Basel (»Emil und die drei Zwillinge«, 1935; »Das fliegende Klassenzimmer«, 1935; »Lyrische Hausapotheke«, 1936 usw.).

36 Natoneks erste Ehe wurde am 6. April 1934 rechtskräftig geschieden.

37 In der Buchausgabe (1982, S. 280) folgt hier noch ein Absatz: »In diesem Augenblick sagte einer auf der Caféhausterasse des ›Coupole‹ in Paris: ›Dierks war immer ein Vorzugsschüler, genauer: ein Lausbub und trotzdem ein Vorzugsschüler; er hält seinen Popo der Zuchtrute hin.‹«

38 Dr. Theodor Wohlfahrt lebte in Hamburg-Eimsbüttel, Heimhuder Straße 66. Er wurde am 14. Dezember 1942 in Auschwitz ermordet. Natonek könnte ihn im Umkreis seines Schwiegervaters Prof. Martin Wassermann kennengelernt haben – dessen Haus in der Heilwigstraße 12 lag keine zwei Kilometer von der Heimhuder Straße entfernt.

39 Gustav Freytag war ein Autor mit starken antisemitischen (und antislawischen) Tendenzen. In seinem erfolgreichsten Roman »Soll und Haben« spielt der widerliche Jude Veitel Itzig, ein Mörder, eine zentrale Rolle. Im Nachwort zu einer Neuausgabe des Romans urteilte Hans Mayer: »Es führt ein gerader Weg von dieser bösartigen Karikatur zu den späteren Judenfratzen eines Julius Streicher.«

40 Das »Gesetz zum Schutze des deutschen Blutes und der deutschen Ehre« und das »Reichsbürgergesetz«, beide am 16. September 1935 veröffentlicht, mit denen der Antisemitismus juristisch institutionalisiert wurde.

41 Goethe, Wilhelm Meisters Lehrjahre, IV, 9: »Wenn ich dich lieb habe, was geht's dich an?«

42 Nach einem Zitat von Kurt Tucholsky: »Wenn einer bei uns einen guten politischen Witz macht, dann sitzt halb Deutschland auf dem Sofa und nimmt übel.« (Berliner Tageblatt, 27. Jan. 1919)

43 Temeswar (deutsch), Temesvár (ungarisch) bzw. Timişoara (rumänisch), das historische, wirtschaftliche und kulturelle Zentrum des Banats, gehörte ab 1716 zu Österreich bzw. Österreich-Ungarn, ab 1920 zu Rumänien. Bis 1930 gab es etwa gleich große deutsche (33 000), ungarische (31 000) und rumänische (25 000) Bevölkerungsgruppen, danach stieg der Anteil der Rumänen kontinuierlich an. 1930 lebten weniger als 400 Roma in der Stadt.

44 Die Pariser Conciergerie befindet sich im Westen der Île de la Cité. Während der Französischen Revolution diente sie als Gefängnis und beherbergte bis zu 1200 Gefangene. Vom 2. April 1793 bis zum 31. Mai 1795 fanden dort die Sitzungen des Revolutionstribunals statt, während derer fast 2600 Menschen zum Tode verurteilt wurden.

45 Der Platz vor dem Pariser Rathaus war jahrhundertelang berüchtigt für die hier abgehaltenen öffentlichen Hinrichtungen. Während der Französischen Revolution stand auf ihm eine Guillotine. 1803 wurde die Place de Grève in Place de l'Hôtel-de-Ville umbenannt.

46 Heute Holí im Nordwesten der Slowakei, vier Kilometer von der tschechischen Grenze entfernt.

47 In der Schlacht bei Austerlitz in Mähren besiegte Napoleon am 2. Dezember 1805 die österreichischen Truppen unter Kaiser Franz II. und die russischen Truppen unter Zar Alexander I. Schlapanitz (heute Šlapanice) liegt neun Kilometer östlich des Stadtzentrums von Brünn (Brno) an dessen heutiger Stadtgrenze.

48 Zar Paul I. von Rußland, der seit 1796 regierte, wurde am 24. März 1801 bei einem Attentat ermordet, nachdem er sich geweigert hatte, seine Abdankung zu unterschreiben. Nachfolger wurde sein Sohn Alexander.

49 Durchfallerkrankung des Dickdarms, früher auch als Ruhr bezeichnet.

50 Mit dem »Frieden von Tilsit« vom 7. und 9. Juli 1807 wurde der Vierte Koalitionskrieg (1806–1807) zwischen Preußen und Rußland einerseits und Frankreich andererseits beendet. Dabei wurde Osteuropa in eine französische und eine russische Interessensphäre aufgeteilt; Preußen wurde auf den Status einer europäischen Mittelmacht zurückgestuft.

51 Friedrich Wilhelm III., König von Preußen.

52 In der Doppelschlacht bei Jena und Auerstedt schlug Napoleon am 14. Oktober 1806 das preußische Heer. König Friedrich Wilhelm III. floh nach Ostpreußen, Napoleon zog am 27. Oktober als Sieger in Berlin ein.

53 Am 12. April 1814 unterzeichnete Napoleon die bedingungslose Abdankung als Kaiser von Frankreich. Die Reise auf die Insel Elba, die die alliierten Sieger ihm als Lebensort angeboten hatten, dauerte vom 25. bis 27. April 1814. Da Anschläge auf seine Person befürchtet wurden, trug Napoleon als Vorsichtsmaßnahme den Mantel des russischen Generals Schuwalow.

54 Hermann Leopoldi war einer der am meisten gefeierten Komponisten, Pianisten, Sänger und – wie er sich selbst nannte – »Klavierhumoristen« des Wiener Liedes sowie des deutschsprachigen Schlagers. Am 26. April 1938 wurde er als Jude zuerst nach Dachau und dann nach Buchenwald deportiert. Während sein Bruder Ferdinand und viele seiner Freunde ermordet wurden, konnte Hermann Leopoldi nach neun Monaten KZ-Inhaftierung von seiner Frau Eugenie (geb. Kraus)

und deren Eltern, die bereits in die USA geflohen waren, freigekauft werden.

55 Tatsächlich hatte Pawlow 1905 mit Glockentönen experimentiert.

56 Karl Kraus war am 12. Juni 1936 gestorben.

57 Shakespeare, König Lear I, 4: »Wahrheit ist ein Hund, der ins Loch muß und hinausgepeitscht wird, während Madame Schoßhündin, die großmäulige Petze, am Feuer stehn und stinken darf.«

58 Suzanne Catherine Gravet de Corsembleu de Livry war 1716 (und eventuell noch später) die Geliebte Voltaires.

59 Im Mai 1717 wurde Voltaire wegen satirischer Verse gegen die Herzogin von Berry in der Bastille inhaftiert, wo er seine erste Tragödie »Ödipus« vollendete. Dank der Fürsprache einflußreicher Gönner wurde er nach elf Monaten aus der Haft entlassen, blieb aber zunächst noch aus Paris verbannt. Als er im Oktober 1718, nach fast anderthalb Jahren, dorthin zurückkehrte, trat er unter dem neuen Namen »de Voltaire« auf.

60 Die Uraufführung von »Ödipus« fand am 18. November 1718 in der Comédie Française statt, die weibliche Hauptrolle spielte Charlotte Desmares. Es war ein großer Erfolg, der den Beginn von Voltaires großer Laufbahn als Bühnendichter einläutete. Das Stück blieb bis 1852 im Repertoire der Comédie Française.

61 Am 28. Oktober 1918 kam es zur Gründung der Tschechoslowakei (der sogenannten Ersten Tschechoslowakischen Republik), erster Staatspräsident wurde Tomáš Garrigue Masaryk.

62 Die »Böhmischen Brüder« waren eine religiöse Gemeinschaft, die im 15. und 16. Jahrhundert insbesondere in Böhmen auftrat und sich aus Mitgliedern der Taboriten und Waldenser bildete. Ihre Kennzeichen waren eine am Urchristentum orientierte religiöse Auffassung, Kirchenzucht, die Verweigerung der Leistung von Kriegsdienst und Eid sowie die Ablehnung, öffentliche Ämter zu bekleiden.

63 Beethoven absolvierte 1801 eine Kur in Pistyan (heute Piešt'any) im Westen der Slowakei. An seinen Besuch im nahegelegenen Ratnovce erinnert heute eine Gedenktafel. Als »unsterbliche

Geliebte« wird die Adressatin eines Briefes bezeichnet, den Beethoven elf Jahre später, am 6./7. Juli 1812, in Teplitz schrieb und deren Identität bis heute umstritten ist. Zu den oft genannten Namen gehören auch die Schwestern Therese und Josephine Brunsvik, Töchter des Anton Brunsvik de Korompa.

64 Beim Deutschen Turnfest in Breslau vom 24. bis 31. Juli 1938 wurde der Einmarsch der Wehrmacht in die Tschechoslowakei öffentlichkeitswirksam vorbereitet, indem das Propagandaministerium ohne Kenntnis der Öffentlichkeit die Teilnahme von ca. 27 000 Sudentendeutschen mit 1,3 Millionen Reichsmark finanzierte. Als »auslandsdeutsche« Frauen und Männer, die Hitler ergeben waren, wurde ihre Anwesenheit in die Dramaturgie des Deutschen Turnfestes eingeplant, indem speziell sie als Landsmannschaft medienwirksam in den Fokus gebracht wurden.

65 Walter Runciman, 1. Viscount Runciman of Doxford, hielt sich vom 3. August bis 5. September 1938 im Auftrag der britischen Regierung in der Tschechoslowakischen Republik auf, um in der Sudetenkrise zwischen den Tschechen und den Sudetendeutschen inoffiziell zu vermitteln.

66 Ekrasit: ein Sprengstoff auf der Basis von Pikrinsäure, der hauptsächlich im Ersten Weltkrieg verwendet wurde.

67 Der 1874 gegründete »Miesbacher Anzeiger«, bis zur Jahrhundertwende ein liberales Blatt, bildete 1918–1922 ein Forum der extremen Rechten, in dem frühe Weggenossen Adolf Hitlers wie Dietrich Eckart und Bernhard Stempfle publizierten. Hier erschienen auch die antisemitischen Artikel Ludwig Thomas.

68 Wenige Tage später, am 12. und 13. September 1938, startete Konrad Henlein den »Ersten Septemberaufstand«, den Versuch eines Staatsstreiches in den tschechischen Grenzbezirken. Die Rebellion wurde jedoch durch die tschechoslowakische Polizei und Armee rasch erstickt. Die Sudetendeutsche Partei (SdP) wurde verboten, die gesamte SdP-Führung floh nach Deutschland, wo Henlein die Bildung des »Sudetendeutschen Freikorps« veranlaßte, dessen Kommandeur er wurde. Am 21. September 1938 kam es zum »Zweiten Septemberaufstand«. Weil die tschechoslowakische Regierung eine Provokation

Hitlers mit dem Ziel, die tschechoslowakische Seite zu Kriegshandlungen hinzureißen, fürchtete, verhielten sich Polizei und Militär passiv. Am 30. September wurde das Münchner Abkommen geschlossen, vor dem die tschechoslowakische Regierung kapitulierte. Am nächsten Tag okkupierte die deutsche Wehrmacht etwa ein Drittel des tschechischen Landesteils.

69 Die Heirat von Amadeus Ferdinand Maria von Savoyen mit der italienischen Prinzessin Maria dal Pozzo della Cisterna fand 1867 in Turin statt. Von 1871 bis 1873 regierte er als Amadeus I., König von Spanien, anschließend lebte er wieder in Italien und nahm den Titel eines Herzogs von Aosta an.

70 Ein Jettatore ist nach süditalienischem Volksglauben ein Mensch, der Unglück bringt, ohne selbst zwangsläufig böse zu sein. Ihm wird nachgesagt, den Bösen Blick zu besitzen.

71 Rede von Adolf Hitler zum Abschluss des Reichsparteitages der NSDAP in Nürnberg am 12. September 1938, deren Hauptthema die Forderung nach Selbstbestimmung der Sudetendeutschen war.

72 Rudolf Kirchner war von Anfang 1934 bis Mai 1938 Chefredakteur der »Frankfurter Zeitung«, die unter seiner Führung »gleichgeschaltet« wurde; nach internen Konflikten ging er anschließend als Korrespondent der Zeitung nach Rom. Die Zeitung wurde von Propagandaminister Joseph Goebbels protegiert, da sie ihm für Propaganda im Ausland nützlich war, indem sie mit ihren zum Teil kritischen Artikeln für eine angebliche Freiheit in Deutschland stehen sollte. 1943 wurde sie durch Hitler persönlich verboten.

73 Downing Street 10 ist der Amtssitz des britischen Premierministers. Gemeint sind Demonstrationen gegen die Haltung der britischen Regierung in der Sudetenfrage, die wenige Tage später zum Münchner Abkommen führte.

74 Am 3. September 1938 hatte Hitler der Wehrmacht die Weisung gegeben, sich nach dem 27. des Monats für einen Angriff auf die Tschechoslowakei bereitzuhalten. Am 7. September schlug die »Times« in einem Leitartikel erstmals die Abtretung des Sudetenlandes vor. Am 10. September bezeichnete Göring bei einer Rede in Nürnberg mit Blick auf die Sudetenfrage den

Zustand als unerträglich, daß ein Kulturvolk dauernd unterdrückt und belästigt werde. Mit Spannung wartete man nun auf die Rede Hitlers zum Abschluss des Reichsparteitages vom 12. September. In einer äußerst aggressiven Rede erklärte er, er sei unter keinen Umständen gewillt, einer weiteren Unterdrückung der deutschen Volksgenossen in der Tschechoslowakei zuzusehen. Auf diese Rede hin brach im Sudetengebiet ein Aufstand mit zahlreichen Opfern aus. Am 15. September traf der britische Premierminister Neville Chamberlain mit Hitler zusammen, der kurzerhand die Anschließung des Sudetenlandes an das Reich verlangte. Hinsichtlich des weiteren Bestandes der Tschechoslowakei verwies Hitler auf ungarische sowie polnische Gebietsforderungen. Während in der deutschen Presse über tschechische Greueltaten berichtet wurde, ließ Hitler von dem nach Deutschland geflohenen Henlein das Sudetendeutsche Freikorps aufstellen, das die Städte Eger und Asch besetzte. Am 21. September akzeptierte die Tschechoslowakei einen Plan Frankreichs und Englands, nach dem Gebiete mit über 50 Prozent deutscher Bevölkerung an Deutschland zu übergeben waren. Edvard Beneš, der tschechoslowakische Staatspräsident, hatte im September 1938 in einem internen Schreiben an seinen Minister Nečas in Paris vorgeschlagen, Deutschland einen Teil des Sudetenlandes abzutreten (rund 5000 von 28 000 Quadratkilometern, also etwa 18 Prozent) und gleichzeitig einen großen Teil der in der Tschechoslowakei verbleibenden deutschsprachigen Bevölkerung (nach Beneš' Berechnungen etwa 2,2 Millionen Personen) zwangsauszusiedeln. Großbritannien und Frankreich verweigerten nach anfänglichen Zusagen ihre Zustimmung zu diesem Plan.

75 Tomáš Garrigue Masaryk, Mitbegründer und erster Staatspräsident der Tschechoslowakei, war am 14. September 1937 gestorben.

76 Nach Matthäus 8, 28–34: »Und warum sorget ihr für die Kleidung? Schaut die Lilien auf dem Felde, wie sie wachsen: sie arbeiten nicht, auch spinnen sie nicht. Ich sage euch, daß auch Salomo in aller seiner Herrlichkeit nicht bekleidet gewesen ist wie derselben eins. So denn Gott das Gras auf dem Felde

also kleidet, das doch heute steht und morgen in den Ofen geworfen wird: sollte er das nicht viel mehr euch tun, o ihr Kleingläubigen? Darum sollt ihr nicht sorgen und sagen: Was werden wir essen, was werden wir trinken, womit werden wir uns kleiden? Nach solchem allem trachten die Heiden. Denn euer himmlischer Vater weiß, daß ihr des alles bedürfet. Trachtet am ersten nach dem Reich Gottes und nach seiner Gerechtigkeit, so wird euch solches alles zufallen. Darum sorgt nicht für den andern Morgen; denn der morgende Tag wird für das Seine sorgen. Es ist genug, daß ein jeglicher Tag seine eigene Plage habe.«

77 Shakespeare, Romeo und Julia, II, 2.

78 Die vierte Bitte des christlichen Vaterunser-Gebets.

79 Am 21. September 1938 akzeptierte die tschechoslowakische Regierung einen Plan Frankreichs und Englands, nach dem Gebiete mit über 50 Prozent deutscher Bevölkerung an Deutschland zu übergeben waren.

80 Lord Walter Runciman hatte vom 3. August bis 5. September 1938 im Auftrag der britischen Regierung in Prag inoffiziell zwischen den Tschechen und den Sudetendeutschen zu vermitteln versucht.

81 Hitler hatte dies von Anfang an geplant, indem er die slowakische, die polnische und die ungarische Regierung durch Göring zu Gebietsforderungen an die Tschechoslowakei drängte – wie sich wenig später zeigen sollte, mit Erfolg.

82 Am 29./30. September 1938 tagte in München die Konferenz der Regierungschefs von Frankreich (Daladier), Großbritannien (Chamberlain), Italien (Mussolini) und Deutschland (Hitler). Am 30. September 1938 wurde das Münchner Abkommen abgeschlossen, in dem Italien, Großbritannien und Frankreich – in Abwesenheit der Tschechoslowakei – ihre Zustimmung zum Anschluß des gesamten Sudetenlandes an das Deutsche Reich gaben. Die Beschlüsse des Münchner Abkommens wurden der ČSR diktiert. Am 1. Oktober besetzten deutsche Truppen das Sudetenland. Zwischen dem 2. und dem 11. Oktober 1938 besetzten polnische Truppen das Olsagebiet.

83 Dies ist vermutlich der letzte Text, den Natonek in Prag ge-

schrieben hat. Am 10. November 1938 siedelte er nach Paris über.

84 Paul Morgan, einer der berühmtesten Kabarettisten der Weimarer Republik, Mitbegründer des »Kabaretts der Komiker« in Berlin, zugleich vielbeschäftiger Filmschauspieler, emigrierte im Mai 1933 nach Österreich. Am 22. März 1938, wenige Tage nach dem »Anschluß« Österreichs, wurde er verhaftet, angeblich wegen eines Briefes von Gustav Stresemann, und im Mai 1938 in das KZ Dachau deportiert, von wo er im September ins KZ Buchenwald verlegt wurde. Dort starb er am 10. Dezember 1938. Als offizielle Todesursache wurde eine Lungenentzündung angegeben.

85 Fritz Grünbaum, österreichischer Kabarettist, Schauspieler und Conférencier, versuchte nach dem Einmarsch der deutschen Truppen in Österreich mit seiner Frau in die Tschechoslowakei zu flüchten, wurde aber an der Grenze abgewiesen. Er versteckte sich in Wien, wurde jedoch verraten und am 1. April 1938 in das KZ Dachau deportiert. Hier starb er am 14. Januar 1941, laut Totenschein an »Herzlähmung«, tatsächlich entkräftet an der Tuberkulose, zermürbt von den Demütigungen und gebrochen von den Mißhandlungen. Seine spitze Zunge verstummte bis zum Schluß nicht, auf diese Weise versuchte er, seinen Mithäftlingen über die schwere Zeit hinwegzuhelfen.

86 Als Marasmus bezeichnet man einen Protein- bzw. Energiemangel, der zum Abbau aller Energie- und Eiweißreserven führt.

87 Besetzung des Sudetenlandes durch deutsche Truppen am 1. Oktober 1938.

88 Altgriech. ephēmeros: nur einen Tag lang dauernd, vergänglich.

89 Der Text ist allegorisch, nicht autobiografisch zu deuten – wenngleich Natonek sich damit wohl auch selbst ein wenig stilisieren wollte. Das »Prager Tagblatt«, für das er bereits seit den zwanziger Jahren geschrieben hatte und das ab 1935 sein Hauptpublikationsorgan im Prager Exil gewesen war, stellte sein Erscheinen erst am 4. April 1939 ein.

90 Natonek lebte seit etwa November 1938 in Paris in der Rue Toullier nahe der Sorbonne, wenige Schritte vom Jardin du Luxembourg entfernt.

91 Oliver Goldsmith: Le vicaire de Wakefield. Paris: Delarue, 1860. Diese von Natonek genannte Übersetzung stammte allerdings von Etienne Aignan aus dem Jahr 1858. Ein Übersetzer »Guizor« existiert nicht.

92 Gemeint ist die in den Roman integrierte »Geschichte vom Riesen und vom Zwerg«.

93 Das Konzentrationslager Dachau gehörte zu den ersten KZs, mit deren Errichtung die Nationalsozialisten unmittelbar nach dem Reichstagsbrand begannen. Die ersten Häftlinge trafen am 22. März 1933 ein. Durch Hans Beimler (KPD), dem im Mai 1933 die Flucht gelang, wurde das »Mörderlager Dachau« sehr früh international bekannt, sein im August 1933 erschienenes Buch war der erste authentische Bericht über die Zustände in einem KZ.

94 Paul Verlaine war am 8. Januar 1896 gestorben, am 10. Januar fand in Saint-Étienne-du-Mont, wenige Schritte hinter dem Panthéon gelegen, der Trauergottesdienst statt.

95 Maurice Rostand, Sohn von Edmond Rostand; sein Theaterstück »Verlaine« (1938) blieb ungedruckt.

96 Léon Vanier wurde berühmt als Verleger der französischen Symbolisten, darunter Rimbaud, Mallarmé und, vor allem, seit 1884 als Verleger aller Werke von Paul Verlaine.

97 In der traditionellen Rede zum Tag seiner »Machtergreifung« hatte Hitler am 30. Januar 1939 die Ausrottung der europäischen Juden angekündigt, falls der europäische Krieg, den er zur Neuordnung des Kontinents zu führen gedachte, zu einem Weltkrieg erweitert würde. Dies war der – vor allem an die USA gerichtete – Aufruf zum hemmungslosen »Appeasement«. Mit den europäischen Juden als Geiseln, so die Rechnung, würden die USA Hitlers geplante Expansionskriege nicht behindern. Im letzten Teil seiner Rede kam Hitler auch auf das Verhältnis zum faschistischen Italien zu sprechen und erklärte völlig unmotiviert, daß im Falle eines Angriffs auf Italien Deutschland an Mussolinis Seite stehe werde.

98 Zu dieser Zeit begann in Dresden Viktor Klemperer mit der Materialsammlung zu LTI.

99 Franz.: Raserei.

100 Legitimismus ist der Standpunkt der Unabsetzbarkeit des Herrscherhauses – im Unterschied zum Monarchismus, der eine andere Herrschaftsform als rechtmäßig ansehen kann, der Legitimismus per definitionem aber nicht. Politische Relevanz hatte die Position in Bezug auf jene Kreise, die in der 1. Österreichischen Republik die Abdankung Kaiser Karls I. nicht anerkannten, da dieser 1918 nur auf die Regierungsbeteiligung, nicht aber auf die Krone verzichtet hatte. Diese Position war nicht nur mit der Republik unvereinbar, sondern ebenso wenig mit der nationalsozialistischen Diktatur. Darum spielte diese Gruppe noch während des Zweiten Weltkrieges eine erhebliche Rolle im Widerstand und im Exil (es wurden ca. 4500 Legitimisten und ihnen nahestehende Personen verhaftet und in Konzentrationslager verbracht).

101 Das Konzentrationslager Buchenwald war eines der größten KZs auf deutschem Boden. Es wurde zwischen Juli 1937 und April 1945 auf dem Ettersberg bei Weimar als Arbeitslager betrieben. Insgesamt waren hier etwa 250 000 Menschen aus allen Ländern Europas inhaftiert. Die Zahl der Todesopfer wird auf etwa 56 000 geschätzt.

102 Kurz nach Erscheinen dieses Textes besetzten deutsche Truppen am 15. März 1939 die sogenannte »Rest-Tschechei« und stellten sie als Protektorat Böhmen und Mähren unter deutsche Verwaltung.

103 Dieser Text ist weitgehend autobiografisch; »Ruth« ist Erika Wassermann, Natoneks zweite Ehefrau, von der er sich jedoch bereits im September 1938 hatte scheiden lassen.

104 Tschech.: Wo ist meine Heimat? – seit 1918 die tschechische Nationalhymne.

105 Grynszpans Hauptverteidiger war Maître Vincent de Moro-Giafferi von der französischen Liga gegen den Antisemitismus. Der von Natonek interviewte Maître Weill-Godchaud gehörte zu seinen Mitarbeitern.

106 Herschel Grynszpan war 1935 als 14jähriger aus Deutschland

nach Frankreich emigriert. Als er Anfang November 1938 davon erfuhr, daß seine Eltern mit Zehntausenden anderen Polen zwangsweise unter menschenunwürdigen Umständen nach Polen deportiert worden waren, verübte er am 7. November 1938 in Paris ein Revolver-Attentat auf den deutschen Diplomaten Ernst vom Rath. Rath erlag zwei Tage später seinen Verletzungen. Dem NS-Regime diente diese Tat als Vorwand für die schon lange vorbereiteten Pogrome vom 9./10. November 1938 (»Reichskristallnacht«), bei denen über 1400 Synagogen, Betstuben und sonstige Versammlungsräume sowie Tausende Geschäfte, Wohnungen und jüdische Friedhöfe zerstört wurden.

107 David Frankfurter, ein jüdischer Medizinstudent, der im Oktober 1933 in die Schweiz geflohen war, hatte am 4. Februar 1936 in Davos den Landesgruppenleiter der NSDAP/AO in der Schweiz, Wilhelm Gustloff, erschossen und sich danach der Polizei gestellt. Am 14. Dezember 1936 wurde er in Chur zu 18 Jahren Haft verurteilt, aber nach Kriegsende 1945 freigelassen und aus der Schweiz ausgewiesen.

108 Entsprechend eidesstattlicher Erklärungen der behandelnden Ärzte litt von Rath an einer homosexuell übertragenen gonorrhoischen Mastdarmentzündung.

109 Symon Wassyljowytsch Petljura, 1919 bis 1920 Präsident der Ukraine, in welcher Zeit es bei Pogromen gegen die jüdische Bevölkerung 35 000 bis 50 000 Tote gab. Am 25. Mai 1926 wurde er in Paris von dem aus der Ukraine stammenden jüdischen Anarchisten Scholom Schwartzbard auf offener Straße niedergeschossen und starb kurz darauf. Der Täter wurde von einem französischen Gericht freigesprochen, weil er in Vergeltung für den Tod von 15 Familienmitgliedern, darunter seine Eltern, gehandelt habe.

110 1894 wurde der französische Artillerie-Hauptmann Alfred Dreyfus durch ein Kriegsgericht in Paris wegen angeblichen Landesverrats zugunsten Deutschlands verurteilt. Die Verurteilung des aus dem Elsaß stammenden jüdischen Offiziers basierte auf rechtswidrigen Beweisen und zweifelhaften Handschriftengutachten. Der Justizirrtum weitete sich zu

einem ganz Frankreich erschütternden Skandal aus. Höchste Kreise im Militär wollten die Rehabilitierung Dreyfus' und die Verurteilung des tatsächlichen Verräters Major Ferdinand Walsin-Esterházy verhindern. 1906 hob schließlich das zivile Oberste Berufungsgericht das Urteil gegen Dreyfus auf und rehabilitierte ihn vollständig.

111 Franz. (veraltet) für Spielzeug, Nippsachen.

112 Für zwei Aufführungen der »Lustigen Witwe« lud Hitler im Februar 1939 die amerikanische Nachtklubtänzerin Marion Daniels nach München ein, die in der amerikanischen Presse anschließend erklärte, Hitler sei ein »schrecklich netter und höflicher Mann«.

113 Stéphanie zu Hohenlohe-Waldenburg-Schillingsfürst, geb. Stephanie Julienne Richter, stand in den 1930er Jahren in England, Frankreich und Amerika unter Verdacht, als Spionin für das NS-Regime zu arbeiten, da sie über enge persönliche Kontakte zu Hitler, Göring und Ribbentrop verfügte. Am 10. Juni 1938 erhielt sie von Hitler das »Goldene Ehrenzeichen der NSDAP«, wodurch sie zur »Ehrenarierin« wurde.

114 Im April 1938 konfiszierten die Nazis die Vermögen österreichischer Juden, darunter auch das Schloß Leopoldskron in Salzburg, das Max Reinhardt gehört hatte. Angeblich schenkte Göring das Schloß der Prinzessin Stephanie; nach anderen Berichten sollte sie es im Auftrag Görings zu einem Gästehaus prominenter Künstler des Dritten Reichs und für Gäste der Salzburger Festspiele machen.

115 Die Frontenbewegung (auch Frontismus) war die Parallelbewegung der Schweiz zum Nationalsozialismus im Deutschen Reich und zum Faschismus in Italien. In einigen Städten gelang es den Frontisten, bei Wahlen in die Stände- bzw. Gemeinderäte zu kommen, so etwa 1933 in Zürich, wo sie zehn von 125 Gemeinderatssitzen erreichten, denen 1935 am gleichen Ort sogar ein Sitz bei den Nationalratswahlen folgte. Einen nennenswerten Einfluß auf die Schweizer Politik konnten die rechtsextremen Kräfte jedoch nie gewinnen. 1940 verbot der Bundesrat die Nationale Bewegung der Schweiz (NBS), 1943 verschwand die letzte Frontenorganisation aus der Öffentlichkeit.

116 Das »Prager Tagblatt« erschien letztmals am 4. April 1939, drei Wochen nach Natoneks Nachruf auf Sigmund Blau.

117 Dieser Aufsatz ist nicht bekannt. Frdl. Auskunft des Thomas-Mann-Archivs in Zürich.

118 Karl Tschuppik war seit 1898 Redakteur und von 1909 bis 1917 Chefredakteur und Herausgeber des »Prager Tagblatts«.

119 »Das neue Tage-Buch«.

120 Affidavit: Versicherung an Eides statt. In Ländern, in denen englisches oder verwandtes Recht angewandt wird, ist das Affidavit eine vom Aussteller unterzeichnete und durch dessen Eid beglaubigte Urkunde, die Aufschluß über die tatsächlichen Verhältnisse gibt. Eine bedeutende Rolle spielten Affidavits während der NS-Zeit. Freunde und Bekannte in Staaten außerhalb Deutschlands konnten mit einer beglaubigten Bürgschaftserklärung Verfolgten die Einreise in Überseeländer (Vereinigtes Königreich, USA) ermöglichen, die somit ihren nationalsozialistischen Verfolgern auf dem Kontinent entkamen.

121 Shakespeare, Hamlet, I, 5.

122 Das Staatsgebilde der 1918 geschaffenen Ersten Tschechoslowakischen Republik zerfiel 1938/39 in mehreren Etappen: Am 1. Oktober 1938 besetzten deutsche Truppen das Sudetenland, unmittelbar danach besetzten polnische Truppen das Olsa-Gebiet. Im November 1938 wurden Gebiete mit ungarischer Bevölkerungsmehrheit in der Südslowakei und in der Karpatoukraine von der Tschechoslowakei abgetrennt und Ungarn zugesprochen. Am 14. März wurde im verbliebenen slowakischen Landesteil unter direktem Druck Hitlers die Slowakische Republik, ein Staat unter deutschem »Schutz«, gebildet. Am 15. März 1939 folgte schließlich die Annexion der »Rest-Tschechei« durch deutsche Truppen und ihre Umwandlung in das »Protektorat Böhmen und Mähren« unter deutscher Herrschaft.

123 Ein »Rastelbinder« ist die österreichische Version eines Kesselflickers und zugleich der Titel einer Operette des Komponisten Franz Lehár und des Librettisten Victor Léon (Uraufführung 20. Dezember 1902).

124 Die Hlinka-Garde war von 1938 bis 1945 eine paramilitärische Vereinigung der Slowakischen Volkspartei Hlinkas – Partei der Slowakischen Nationalen Einheit und galt als Sammelbecken der ultranationalistischen, faschistischen und radikalantisemitischen Kräfte in der Slowakei. Namensgeber war der ehemalige Parteivorsitzende Andrej Hlinka.

125 Am 15. März 1939 besetzten deutsche Truppen die »Rest-Tschechei«, die in das »Protektorat Böhmen und Mähren« unter deutscher Herrschaft umgewandelt wurde.

126 Jozef Tiso war katholischer Priester, bevor er in die Politik wechselte: tschechoslowakischer Gesundheits- und Sportminister (1927–1929), Ministerpräsident des autonomen Landes Slowakei innerhalb der föderalisierten Tschecho-Slowakischen Republik (1938–1939) und Staatspräsident des Slowakischen Staates (1939–1945). 1947 wurde er in Bratislava als Kriegsverbrecher zum Tode verurteilt und hingerichtet.

127 Eugenio Maria Giuseppe Giovanni Pacelli war vom 2. März 1939 bis zu seinem Tod 1958 als Pius XII. Papst der römisch-katholischen Kirche. Von 1917 bis 1930 wirkte Pacelli als Nuntius in Deutschland, danach war er Kardinalstaatssekretär im Vatikan. 1938 wandte er sich erfolgreich gegen Hitlers Versuche, das Reichskonkordat auf das »heimgekehrte« Österreich auszudehnen. Alle Bemühungen, Pius XI., seinen Vorgänger, zu einer öffentlichen Aussage gegen die rassistische und antisemitische Politik des NS-Regimes zu bewegen, wurden von ihm ignoriert und hintertrieben. Seine eigene Haltung als Papst gegenüber dem NS-Regime ist bis heute umstritten.

128 Nach dem Rücktritt von Edvard Beneš wurde der tschechische Jurist Emil Hácha am 30. November 1938 zum Staatspräsidenten der Tschecho-Slowakei gewählt. Nach der von Hitler erzwungenen Unabhängigkeitserklärung der Slowakei wurde Hácha am 14. März 1939 zu Verhandlungen mit Hitler nach Berlin bestellt und von diesem und Hermann Göring unter Androhung der Bombardierung tschechischer Städte so massiv unter Druck gesetzt (»háchaisiert«, wie Hitler eine solche Behandlung später nannte), daß er nach einem Schwächeanfall am frühen Morgen des 15. März der Besetzung seines

Landes durch deutsche Truppen zustimmte. Nach dem deutschen Einmarsch wurde der übrig gebliebene Teil Tschechiens am 16. März 1939 zum »Protektorat Böhmen und Mähren« erklärt. Hácha fungierte nunmehr als »Oberhaupt« der vorgeblich autonomen Selbstverwaltung, die tatsächlich dem deutschen »Reichsprotektor in Böhmen und Mähren« unter-stand.

129 Kurt Schuschnigg war während der Zeit des von ihm als Justizminister mitkonzipierten austrofaschistischen »Ständestaates« von 1934 bis zum 11. März 1938 diktatorisch regierender Bundeskanzler des Bundesstaates Österreich. Nach dem »Anschluß« Österreichs, den er mithilfe einer Volksabstimmung verhindern wollte, wurde er von den Nationalsozialisten bis 1945 als sogenannter »Schutzhäftling« in verschiedenen Konzentrationslagern inhaftiert.

130 Vom 2. bis 11. Oktober 1938 besetzten polnische Truppen das Olsagebiet im Norden der Tschechoslowakei.

131 Tatsächlich hatte die Sowjetunion, die im September 1938 an der Münchner Konferenz nicht beteiligt wurde, militärische Hilfe angeboten, um den bestehenden tschechisch-französischen Beistandspakt durchzusetzen, was aber abgelehnt wurde. Ob dieses Hilfsangebot ernst gemeint war, ist umstritten.

132 Die politische NS-Organisation »Kraft durch Freude« hatte die Aufgabe, die Freizeit der deutschen Bevölkerung zu gestalten, zu überwachen und gleichzuschalten.

133 Am 15. März 1939 besetzten deutsche Truppen die »Rest-Tschechei«, die in das »Protektorat Böhmen und Mähren« unter deutscher Herrschaft umgewandelt wurde.

134 Bernhard Rust war von 1934 bis 1945 Minister für Wissenschaft, Erziehung und Volksbildung. Baldur von Schirach war seit 1933 »Jugendführer des Deutschen Reiches«, 1936 führte er die Pflichtmitgliedschaft in der Hitlerjugend ein.

135 Erika Mann: Zehn Millionen Kinder. Die Erziehung der Jugend im Dritten Reich. Mit einem Geleitwort von Thomas Mann. Amsterdam: Querido-Verlag, 1938.

136 Franz.: das friedliche Eindringen.

137 Miklós Horthy, 1920 bis 1944 »Reichsverweser« (Staatsoberhaupt) von Ungarn, unter seiner Führung näherte sich das

Land ab 1932 immer stärker an das faschistische Italien und das nationalsozialistische Deutschland an, von denen Horthy sich Unterstützung bei seinen Bestrebungen erhoffte, die 1918 verlorenen Landesteile zurückzugewinnen.

138 Léopold Victor de Lacroix war von 1936 bis 1939 Botschafter Frankreichs in Prag.

139 Griech.: Hinaufmarsch (von der Küste ins Landesinnere), Titel mehrerer aus der griechischen Antike überlieferter Schriften. Die bekannteste ist Xenophons Beschreibung des Feldzuges des jüngeren Kyros gegen Artaxerxes II.

140 Irredentismus: eine Ideologie, die auf die Zusammenführung möglichst aller Vertreter einer bestimmten Ethnie in einem Staat mit festen Territorialgrenzen hinzielt.

141 Der Erzherzog Franz Ferdinand von Österreich-Este fiel am 28. Juni 1914 in Sarajewo einem Attentat zum Opfer – dies wurde zum Auslöser des Ersten Weltkriegs.

142 František Palacký engagierte sich in den dreißiger und vierziger Jahren des 19. Jahrhunderts nachhaltig in der tschechischen Nationalbewegung, förderte die Gründung des Nationaltheaters und war Präsident des ersten Slawenkongresses in Prag. Nach dem Scheitern des Aufstandes von 1848 wandelte er sich in den sechziger Jahren zu einem führenden Mitglied der konservativen und kaisertreuen Tschechen und war seit 1861 sogar Mitglied des österreichischen Herrenhauses, beharrte aber auf der Gleichberechtigung des tschechischen Volkes innerhalb der Monarchie Österreich-Ungarn.

143 Siehe Anm. 128.

144 Die tschechische Nationalhymne.

145 Jan Žižka, der bedeutendste Heerführer der Hussiten, tschechischer Nationalheld. Im 16. Jahrhundert entstand die Sage, daß Žižka befohlen habe, seine Haut nach seinem Tod über eine Trommel zu ziehen. Auf dem Veitsberg (Vítkov) in Prag, der ihm zu Ehren in Vrch Žižkov umbenannt worden war, entstand seit 1928 ein Denkmal für ihn, dessen für 1938 geplante Einweihungsfeier wegen des Münchner Abkommens jedoch ausfiel, so daß die Anlage erst nach dem Zweiten Weltkrieg fertig gestellt werden konnte.

146 Natoneks Antrag auf die deutsche Staatsangehörigkeit wurde am 2. Juni 1928 stattgegeben, d. h. er bekam kurze Zeit darauf seinen Paß. Zum 1. Januar 1934 wurde er ausgebürgert.

147 Seinen Eid auf die Verfassung der Tschechoslowakischen Republik leistete Natonek am 27. Februar 1936, sein Paß wurde am 26. März 1936 ausgestellt.

148 Natonek verließ Deutschland Ende 1934, das genaue Datum ist unbekannt.

149 Franz.: Reiseausweis.

150 Am 1. April 1939 nahm Hitler in Wilhelmshaven am Stapellauf des Schlachtschiffes »Tirpitz« teil. Anschließend hielt er auf dem Rathausplatz eine Rede, in der er erklärte, er habe Europa den Frieden gegeben, der durch die deutsche Macht beschützt werde. Die Tschechoslowakei sei von den Engländern und Franzosen als Ausgangspunkt künftiger militärischer Angriffe auf Deutschland instrumentalisiert worden, daher habe Deutschland dort eingreifen müssen.

151 Tábor wurde 1420 von Anhängern des tschechischen Reformators Jan Hus gegründet und entwickelte sich in der Folgezeit zum Zentrum der hussitischen Bewegung (Taboriten).

152 In der Schlacht am Weißen Berg bei Prag am 8. November 1620 unterlagen die böhmischen Stände unter ihrem König Friedrich V. von der Pfalz den Truppen der Katholischen Liga. Friedrich V., der so genannte Winterkönig, mußte aus Böhmen fliehen, und Kaiser Ferdinand II. konnte seinen Anspruch auf die Krone Böhmens durchsetzen.

153 Das 1868–1881 in der Prager Neustadt errichtete Nationaltheater (Národní divadlo) ist ein tschechisches Nationalsymbol.

154 Konstantin Freiherr von Neurath war 1939–1941 Reichsprotektor in Böhmen und Mähren.

155 Libuše (deutsch Libussa oder Libuscha) ist die mythische Stammutter der Přemysliden-Dynastie in Böhmen. Die gleichnamige Oper von Bedřich Smetana wurde am 11. Juni 1881 in Prag zur Eröffnung des Nationaltheaters uraufgeführt.

156 Beide existieren bis heute, weil die Nationalsozialisten planten, sie in ein antisemitisches Museum zur Geschichte des Judentums einzubeziehen.

157 Möglicherweise ist hiermit Joseph Roth gemeint, den Natonek regelmäßig in dessen Stammlokal, dem Café Tournon, traf. Roth hatte bereits 1933, klarsichtig wie nur wenige, gesehen, daß es Krieg geben werde.

158 Hitler und Mussolini.

159 In der Rede zum Tag seiner »Machtergreifung« hatte Hitler am 30. Januar 1939 die Ausrottung der europäischen Juden angekündigt, falls der europäische Krieg, den er zur Neuordnung des Kontinents zu führen gedachte, zu einem Weltkrieg erweitert würde. In späteren Reden (bis zum 19. April 1939, dem Erscheinungstermin von Natoneks Text) hat Hitler diese Formulierung offenbar nicht noch einmal gebraucht – wie es scheint, ist Natoneks Text bereits im Januar geschrieben, aber erst drei Monate später gedruckt worden.

160 Am 15. März 1939 besetzten deutsche Truppen die übriggebliebenen Teile der einstigen Tschechoslowakischen Republik, die in das »Protektorat Böhmen und Mähren« unter deutscher Herrschaft umgewandelt wurden.

161 Gustav Meyrink: Der Golem. Leipzig: Kurt Wolff, 1915.

162 So nannte Franz Grillparzer in seinem Gedicht »Abschied von Wien« die »stolze Kaiserstadt« in Anspielung auf das üppige Wohlleben im reichen antiken Capua, das Hannibals Kriegern die Lust zum Kämpfen genommen hatte.

163 Eigentlich franz.: großes Kasperle. Hier aber als Gattungsbezeichnung für grotesk-triviale Grusel- und Horrorstücke gemeint.

164 Natonek verwechselt zwei Prager Brücken. Gemeint ist nicht die Franz-Joseph-Brücke, erbaut 1865–1868 als Kettenbrücke, die 1947 demontiert und 1951 durch die Šverma-Brücke (heute: Štefánikův most) ersetzt wurde. Die Rede ist vielmehr von der 1901 eingeweihten Franz-I.-Brücke (auch Franzens-Brücke), die ab 1918 den Namen Most legií (Legionärsbrücke) trug. In der Protektoratszeit erhielt sie den Namen Smetana-Brücke, 1945 wieder Most legií, ab 1960 Brücke des 1. Mai, seit 1990 erneut Most legií.

165 Zum Zeitpunkt der Einweihung der Brücke war Hans Natonek acht Jahre alt.

166 In der griechischen Sage erstarrte Niobe nach dem Selbstmord ihres Sohnes Amphion vom ungeheuren Schmerz über den Verlust.

167 Maxim Maximowitsch Litwinow war von 1930 bis 1939 Volkskommissar für Auswärtige Angelegenheiten (Außenminister) der Sowjetunion. Am 3. Mai 1939 wurde er überraschend abgesetzt und durch Wjatscheslaw Molotow, den Vorsitzenden des Rates der Volkskommissare (Regierungschef), ersetzt. Historiker bewerten dies als Versuch Stalins, sich zusätzlich zu den laufenden sowjetischen Verhandlungen über einen Pakt mit den Westmächten eine Hintertür für Verhandlungen mit Deutschland offenzuhalten. Diese von Molotow verfolgte Linie führte schließlich kurz vor Ausbruch des Zweiten Weltkriegs zum Abschluß des Deutsch-Sowjetischen Nichtangriffspakts – eine Interpretation, die sich mit Natoneks Deutung deckt.

168 Am 24. August 1939 (mit Datum vom 23. August 1939) unterzeichneten in Moskau die Außenminister Joachim von Ribbentrop und Wjatscheslaw Molotow den Deutsch-Sowjetischen Nichtangriffspakt. Er garantierte dem Deutschen Reich die sowjetische Neutralität bei einer kriegerischen Auseinandersetzung mit Polen und den Westmächten und gestattete andererseits der Sowjetunion, die im Ersten Weltkrieg verlorenen Territorien des russischen Kaiserreichs wiederzugewinnen.

169 Das ist Litwinow, der als Meir Henoch Mojszewicz Wallach-Finkelstein, Sohn einer wohlhabenden jüdischen Bankiersfamilie, geboren wurde.

170 Stalin war in die Münchner Konferenz vom September 1938 nicht einbezogen worden. Aus sowjetischer Sicht bewiesen die westlichen Demokratien damit, daß ihnen sogar die Zusammenarbeit mit Hitler recht sei, um die Sowjetunion außenpolitisch zu isolieren. Stalin schien es unmöglich, weiterhin mit den Westmächten zu kooperieren. In der Folge stellte er deshalb seine Außenpolitik um und suchte nun ebenfalls die Annäherung an Deutschland. Damit gehört das Münchner Abkommen zur Vorgeschichte des Deutsch-Sowjetischen Nichtangriffspaktes.

171 Gemeint ist das Ende des Ersten Weltkrieges. Durch den Frieden von Brest-Litowsk vom 3. März 1918 wurde aus dem Zweifrontenkrieg (aus deutscher Sicht) ein Einfrontenkrieg, der gewinnbar erschien. Es war vor allem das späte Eingreifen der USA, das schließlich den Sieg der Westalliierten ermöglichte.

172 So geschah es bekanntlich: Am 1. September 1939 wurde Polen vom Deutschen Reich angegriffen. Nachdem die westlichen Teile des Landes an die deutschen Invasoren verlorengegangen waren, begann ab 17. September, unter dem Vorwand des »Schutzes« der weißrussisch-ukrainischen Bevölkerung, die sowjetische Besetzung Ostpolens. Die Annexion und Aufteilung des polnischen Staatsgebietes war zuvor in einem geheimen Zusatzprotokoll zum Hitler-Stalin-Pakt beschlossen worden. Damit nahm der Zweite Weltkrieg seinen Anfang.

173 Mit dieser Voraussage irrte Natonek. 1936 hatten Deutschland und Japan den sogenannten Antikominternpakt zur Bekämpfung der Kommunistischen Internationale geschlossen, 1937 trat Italien diesem Pakt bei. Durch den Deutsch-Sowjetischen Nichtangriffspakt vom August 1939, der ohne jede Absprache oder auch nur Information der Partner des Antikominternpaktes Japan und Italien abgeschlossen wurde, waren dieser Pakt und auch das »Weltpolitische Dreieck« bedeutungslos geworden. Daraufhin verschlechterten sich die Beziehungen zwischen Japan und dem Deutschen Reich. Ein Jahr später schlossen Deutschland, Italien und Japan den Dreimächtevertrag (Achse Berlin – Rom – Tokio), der den Antikominternpakt um eine ausgedehnte militärische Kooperation erweiterte und den Kriegseintritt der USA verhindern sollte.

174 Nach der unter direktem Druck Hitlers erfolgten Gründung der Slowakischen Republik am 14. März 1939.

175 Slowakisch: zwischen, hier im Sinne von »Grenzfall«.

176 Das sogenannte Horst-Wessel-Lied, seit 1929 Kampflied der SA, dann Parteihymne der NSDAP, ab 1933 zweite deutsche Nationalhymne, seit 1945 verboten.

177 Joseph Roth war am 27. Mai 1939 in Paris an einer doppelseitigen Lungenentzündung, begünstigt durch plötzlichen Alko-

holentzug, gestorben.

178 Ernst Toller, der seit vielen Jahren an (schubweise eintretenden) Depressionen litt, war am 22. Mai 1939 in New York durch Suizid gestorben.

179 Im Hospital Necker, in dem Joseph Roth starb, besuchten ihn Friderike Zweig, die geschiedene Frau von Stefan Zweig, Germaine Alazard, die Besitzerin des Café Tournon, und Blanche Gideon. Mit keiner der drei Frauen hatte er vorher eine mehr als freundschaftliche Beziehung. Seine langjährige Freundin Manga Bell war nicht im Krankenhaus, da man sie nicht verständigt hatte. Irmgard Keun, mit der Roth seit 1936 lebte, hatte ihn bereits zu Beginn des Jahres 1938 verlassen.

180 Das ist Germaine Alazard.

181 Gemeint ist wohl eine Mischung aus Orangensaft mit Angostura. Der Zeichner Bill Spira erinnerte sich hingegen an »Suze à la Mirabelle«, die in größeren Mengen von Roth getrunken wurden. Für das Wort »Suze« gibt es keine Übersetzung.

182 Heinrich Heine: Romanzero. Zweites Buch: Lamentationen. Lazarus, 12. Gedächtnisfeier: »Keine Messe wird man singen, / Keinen Kadosch wird man sagen, / Nichts gesagt und nichts gesungen / Wird an meinen Sterbetagen. // Doch vielleicht an solchem Tage, / Wenn das Wetter schön und milde, / Geht spazieren auf Montmartre / Mit Paulinen Frau Mathilde. …«

183 Joseph Roth: Hiob. Roman eines einfachen Mannes. Berlin: Gustav Kiepenheuer Verlag, 1930.

184 Joseph Wirth, Wortführer der Zentrumspartei, war vom 10. Mai 1921 bis zum 14. November 1922 Reichskanzler der Weimarer Republik gewesen. Nach dem Mord an seinem Außenminister Walther Rathenau hatte er im Reichstag erklärt: »Da steht der Feind – und darüber ist kein Zweifel: dieser Feind steht rechts!« Im März 1933 stand das Ermächtigungsgesetz im Reichstag zur Debatte, dessen Ablehnung er in einer leidenschaftlichen Rede deutlich machte, dem er dann aber doch mit der gesamten Zentrumsfraktion zustimmte. Anschließend emigrierte der entschiedene Gegner der natio-

nalsozialistischen Ideologie in die Schweiz. Von 1935 bis 1939 lebte Wirth in Paris, dann ging er wieder in die Schweiz.

185 Unlesbare Stelle im Typoskript.

186 Joseph Roth: Hiob. Roman eines einfachen Mannes. Berlin: Gustav Kiepenheuer Verlag, 1930; Joseph Roth: Radetzkymarsch. Berlin: Gustav Kiepenheuer Verlag, 1932.

187 Franz Joseph I. aus dem Haus Habsburg-Lothringen war von 1848 bis zu seinem Tod 1916 Kaiser von Österreich, ihm folgte sein Großneffe Karl I., der von 1916 bis 1918 der letzte Kaiser von Österreich war. Otto von Habsburg war dessen ältester Sohn; als entschiedener Gegner Hitlers und des Nationalsozialismus setzte er sich ab Mitte der 1930er Jahre – zunächst unter christlich-monarchistischen Vorzeichen – mit der Paneuropa-Union für die europäische Einigung ein.

188 So der Titel des Romans von Marcel Proust.

189 Roth wurde 1894 in dem galizischen Schtetl Brody geboren, das damals zur österreichisch-ungarischen Monarchie gehörte, an der Grenze zum russischen Wolhynien lag und mehrheitlich jüdisch bevölkert war.

190 Joseph Roth wurde am 30. Mai 1939 auf dem Cimetière parisien de Thiais im Süden von Paris beerdigt.

191 Siehe Anm. 100.

192 Siehe Anm. 182.

193 Joseph Roth starb am 27. Mai 1939 in Paris im Armenspital »Hôpital Necker«.

194 Vgl. Anm. 120.

195 Diese Darstellung stimmt nicht. 1925 siedelte Roth als Korrespondent der »Frankfurter Zeitung«, von der er sich zuletzt nicht hinreichend geschätzt sah und die er daher verlassen wollte, nach Paris über, kehrte aber bereits 1926 nach Deutschland zurück. In den folgenden Jahren machte er für die Zeitung zahlreiche, oft monatelange Reportagereisen (Sowjetunion, Albanien, Jugoslawien, Saarland, Polen, Italien). Von einer Emigration kann jedoch erst ab 1933 die Rede sein – noch am 30. Januar 1933, dem Tag von Hitlers Ernennung zum Reichskanzler, verließ Roth Deutschland für immer.

196 Joseph Roth: Die Rebellion. Roman. Berlin: Die Schmiede, 1924.

197 Joseph Roth: Hotel Savoy. Ein Roman. Berlin: Die Schmiede, 1924.

198 Joseph Roth: Die Flucht ohne Ende. Ein Bericht. München: Kurt Wolff Verlag, 1927.

199 Joseph Roth: Die Kapuzinergruft. Roman. Bilthoven: De Gemeenschap, 1938.

200 Joseph Roth: Rechts und links. Roman. Berlin: Gustav Kiepenheuer Verlag, 1929.

201 Joseph Roth: Hiob. Roman eines einfachen Mannes. Berlin: Gustav Kiepenheuer Verlag, 1930.

202 Joseph Roth: Radetzkymarsch. Berlin: Gustav Kiepenheuer Verlag, 1932.

203 Siehe Anm. 100.

204 Joseph Roth: Radetzkymarsch. Berlin: Gustav Kiepenheuer Verlag, 1932; Joseph Roth: Die Kapuzinergruft. Roman. Bilthoven: De Gemeenschap, 1938.

205 Natoneks Rezension der einmaligen Aufführung des »Hiob« erschien am 1. Juli 1939, obwohl die Veranstaltung erst zwei Tage später stattfand. Es ist anzunehmen, daß er eine öffentliche Probe besucht hatte und die Besprechung vorher gedruckt wurde, um noch mehr Zuschauer zu gewinnen, da der potenzielle Interessentenkreis für eine deutschsprachige Theateraufführung in Paris klein war.

206 Paul Gordon gründete 1920 in Berlin den Paul Gordon Verlag, in dem er moderne Theaterstücke, wie 1927 z. B. »Schwärmerei« von Robert Musil herausbrachte. Joseph Roth gewann er noch zu dessen Lebzeiten für eine Dramatisierung seines »Hiob«, von dem er in den Nachkriegsjahren behauptete, die Weltrechte zu besitzen. In den USA produzierte Gordon später Filme, deren bekanntester »Concert magic« (1948) mit Yehudi Menuhin war.

207 Der Eiffelturm war am 31. März 1889 von seinem Erbauer Gustave Eiffel nach zweijähriger Bauzeit eingeweiht worden.

208 Am 8. August 1939 erschien in der »Pariser Tageszeitung« eine mit St. Fgl. (das ist Stefan Fingal) unterzeichnete Meldung, das vom König von Belgien dem Präsidenten Albert Lebrun geschenkte Okapi sei im Zoo von Vincennes (offizielle Be-

zeichnung: Parc zoologique de Paris) gestorben. Auf der gleichen Seite findet man eine kurze Meldung, Dr. Parrin, ein Radiologe am Marinehospital Berck sei, mit 51 Jahren ein Opfer der Strahlenkrankheit geworden. Beide Meldungen findet man auf Seite 3. Natonek muß also seine Informationen aus einer anderen Zeitung haben, denn er schreibt von Seite 1 und Seite 5.

209 Im Juli/August 1939 spitzten sich die Streitigkeiten zwischen der deutschen und polnischen Bevölkerung des seit 1920 unter Herrschaft des Völkerbundes stehenden »Freistaats Danzig« immer mehr zu, jeweils nachdrücklich befördert von den Regierungen in Warschau und Berlin. Im »Zollinspektorenstreit« wuchs die Kriegsgefahr von Tag zu Tag.

210 Der am 24. August 1939 (mit Datum vom 23. August 1939) unterzeichnete deutsch-sowjetische Nichtangriffspakt.

211 Frz.: Was wir getan hätten? Nun, wir hätten uns in die Hosen gemacht.

212 Siehe Anm. 128.

213 Am 8. und 9. November 1923 hatten Hitler, Erich Ludendorff und weitere Putschisten in München versucht, die Regierungsmacht an sich zu reißen.

214 Nicht ermittelt.

215 Wortspiel, angelehnt an Goethes »Bekenntnisse einer schönen Seele« (in: Wilhelm Meisters Lehrjahre, 6. Buch).

216 Hitlers Rede an die Hitlerjugend während des Reichsparteitages in Nürnberg am 14. September 1935.

217 Dabei handelt es sich um Pläne für eine gewaltsame Machtübernahme durch die NSDAP. Sie wurden am 5. August 1931 von dem NSDAP-Funktionär Werner Best verfaßt. Benannt wurden sie nach dem Boxheimer Hof bei Bühstadt/Lampertheim, in dem führende hessische NSDAP-Funktionäre im Sommer 1931 dazu mehrere Beratungen abhielten.

218 Adolf Hitler: Mein Kampf. 1.–2. Band. München: Franz Eher, 1925–1926.

219 Als Reaktion auf die Ratifizierung des Französisch-Sowjetischen Beistandsvertrages am 27. Februar 1936 ließ Adolf Hitler die entmilitarisierte Zone im Rheinland wiederbesetzen, um

die Souveränität des Reiches über die Westgrenze Deutschlands wiederherzustellen und die Versailler Vertragsbestimmungen weiter zu revidieren. Die Besetzung führte zu keinen nennenswerten negativen Folgen für Deutschland und stellte einen weiteren Schritt in Hitlers Programm dar, Deutschland wieder als Großmacht aufzubauen. Die Siegermächte des Ersten Weltkriegs, allen voran Großbritannien, ließen sich durch seine Friedensbeteuerungen ruhigstellen, womit die wohl letzte Möglichkeit vertan war, den Diktator durch einen »begrenzten« Krieg in die Schranken zu weisen. In den folgenden zwei Jahren ließ Hitler den 630 Kilometer langen Westwall (Siegfried-Linie) errichten, ein aus über 18 000 Bunkern, Stollen sowie zahllosen Gräben und Panzersperren bestehendes militärisches Verteidungssystem.

220 Am 1. September 1939 wurde Polen vom Deutschen Reich angegriffen und innerhalb weniger Tage besetzt – der Beginn des Zweiten Weltkriegs.

221 Therese Neumann, genannt Resl von Konnersreuth, starb tatsächlich erst am 18. September 1962. Offenbar hatte Natonek Anfang September 1939 in einer Zeitung die Nachricht von ihrem angeblichen Tod gelesen.

222 Nach dem Besuch publizierte Natonek einen Aufsatz »Kritik eines Mirakels. Mein Erlebnis in Konnersreuth« (Das blaue Heft, 15. September 1927, S. 539–547) sowie das 52 Seiten unfassende Büchlein »Heilige? Kranke? Schwindlerin? Kritik des Mirakels von Konnersreuth« (Leipzig: F. Krick, 1927).

223 Natonek kam auf diesen Vorfall noch einmal in einem seiner spätesten Texte zurück, vgl.: Unbesiegt (Basler Nachrichten, 14. Juli 1963; vgl. S. 296–302). Das konkrete historische Vorbild bot wohl Richard Lehmann, seit 1931 Chefredakteur der »Neuen Leipziger Zeitung«, deren Feuilletonchef Natonek war. Im Gegensatz zu Natonek, der ab April 1933 nicht mehr publizieren durfte und wenig später entlassen wurde, behielt Lehmann seinen Posten und wurde 1936 sogar zum Geschäftsführer des Zeitungsverlags ernannt. 1939 zog er als Freiwilliger in den Krieg und fiel 1940 in Frankreich.

224 Rudolf Kirchner, Chefredakteur der »Frankfurter Zeitung«.

225 Goethe, Wilhelm Meisters Lehrjahre, 1. Bd., 4. Buch, 13. Kapitel (»Wer nie sein Brot mit Tränen aß …«).

226 Angela »Geli« Maria Raubal, Tochter von Hitlers Halbschwester Angela Raubal, hatte sich am 18. September 1931 in München mit Hitlers Pistole erschossen; die Ursachen sind unklar, spekuliert wird über die (unlösbare) Frage, ob Raubal Hitlers Geliebte war.

227 Unity Valkyrie Mitford, begeisterte Nationalsozialistin und Hitler-Verehrerin, unternahm am Tag der britischen Kriegserklärung an Deutschland, am 3. September 1939, in München einen Selbstmordversuch, indem sie sich mit einer kleinen automatischen Pistole in den Kopf schoß. Der Suizidversuch mißlang jedoch. Sie starb erst am 28. Mai 1948 in Schottland.

228 Graf Gilles de Montmorency-Laval, Baron de Rais war im 15. Jahrhundert ein französischer Heerführer und Marschall von Frankreich. Wegen der großen Zahl seiner Opfer gilt er als einer der berüchtigsten Serienmörder aller Zeiten und diente als erzählerische Vorlage für die Sage von König Blaubart.

229 Nach der Besetzung der Tschechoslowakei durch die deutsche Wehrmacht flohen die meisten politischen Repräsentanten und fingen umgehend an, einen Widerstand im Exil zu formieren. Am 17. November 1939 entstand in Paris offiziell das Československý národní výbor (Tschechoslowakisches Nationalkomitee), das nach der Besetzung Frankreichs nach London verlegt wurde und die Funktion einer Exilregierung übernahm. Bereits am 2. Oktober 1939 hatte das (noch inoffizielle) Nationalkomitee mit dem französischen Premierminister Édouard Daladier einen Vertrag über die Errichtung einer tschechoslowakischen Armee in Frankreich geschlossen.

230 Franz.: Vorläufig untauglich.

231 Franz.: Sind Sie glücklich?

232 Ernst Erich Noth: Le désert. Roman. Paris: Edition Gallimard, 1939.

233 Edmond Jaloux rezensierte »Le désert« in: Les Nouvelles Littéraires, 17. Februar 1940. Der Vergleich mit Chamissos »Schlemihl« interessierte Natonek im besonderem Maß, hat-

te er doch einen Roman über Chamisso unter diesem Titel publiziert (Hans Natonek: Der Schlemihl. Ein Roman vom Leben des Adelbert von Chamisso. Amsterdam: Allert de Lange, 1936).

234 Das Münchner Abkommen vom 30. September 1938, das den Anschluß des Sudetenlandes an Deutschland regelte.

235 In der Zeit vor und während des Ersten Weltkriegs verfaßte Roth eine Vielzahl von Gedichten, teils gefühlsbetont-impressionistisch, teils grob-expressionistisch. Einige erschienen in verschiedenen Wiener und Prager Zeitungen, die meisten blieben jedoch unveröffentlicht. Ein Großteil der Manuskripte, die Roth seinem polnischen Freund Józef Wittlin anvertraut hatte, verbrannte bei einem Bombenangriff während des Zweiten Weltkriegs. Ein kleiner Teil gelangte später ins New Yorker Leo Baeck Institute. Die zu Lebzeiten publizierten Gedichte sind auch enthalten im Anhang zur Werkausgabe (Bd. 1: Das journalistische Werk, 1915–1923, hrsg. von Klaus Westermann, Köln: Kiepenheuer & Witsch, 1989). Die »Freundin Roths« verwechselt Natonek hier mit der Cousine Paula Grübel, die nach Roths Tod auf einer Karte an Natonek ihre Ankunft in Paris anmeldete und dabei mitteilte, sie bringe einige frühe Gedichte Roths aus den Jahren 1917–1920 mit (Karte von Paula Grübel vom 8. Juli 1939, Nachlaß Hans Natonek, Bundesarchiv Berlin).

236 Weder bei Rilke noch anderswo ist dieses Zitat aufzufinden.

237 Am 9. April 1940 waren die deutschen Truppen in Dänemark und Norwegen einmarschiert. Ziel war es, den Skagerrak und den Nordatlantik besser zu kontrollieren, die Eisenerzlieferungen aus Nordnorwegen und Schweden vor britischem Zugriff zu schützen und die landwirtschaftlichen Importe aus Dänemark zu steigern.

238 Der Gründungsmythos der Schweiz, demzufolge am 1. August 1291 Vertreter von Uri, Schwyz und Unterwalden auf dem Rütli, einer Wiese am Vierwaldstättersee, per Eid einen gegen die Habsburger »bösen Vögte« gerichteten Bund schlossen.

239 Gemeint ist besonders Vidkun Quisling, der »Führer« der norwegischen Nationalsozialisten. In Dänemark protestierte

die Regierung zwar gegen die Verletzung der Neutralität des Landes, ordnete sich dennoch der Okkupation unter, die offiziell zu einer friedlichen Besetzung wurde.

240 Fallschirmspringer. Das Besondere an der »Operation Weserübung« war der erstmals praktizierte, gleichzeitige, bis ins Detail abgestimmte Einsatz aller Teile der Wehrmacht (Heer, Marine, Luftwaffe).

241 Einen Monat nach dem Überfall auf Dänemark und Norwegen begann am 10. Mai 1940 der »Westfeldzug« mit dem Überfall auf die Niederlande, Belgien und Luxemburg, gefolgt ab 5. Juni 1940 vom Überfall auf Frankreich. Am 14. Juni 1940 wurde Paris eingenommen – unmittelbar zuvor war Hans Natonek aus der Stadt geflohen. Im Waffenstillstand von Compiègne diktierte Hitler die Bedingungen, denenzufolge 60 Prozent Frankreichs unter deutsche Besatzung gelangten, während im unbesetzten Teil das eng an Deutschland angelehnte Vichy-Regime die Macht übernahm.

242 Goethe, Urworte, orphisch, Dämon: » ...keine Zeit und keine Macht zerstückelt / Geprägte Form, die lebend sich entwikkelt.«

243 Der französische Schauspieler François-Joseph Talma wurde von Napoleon überaus hoch geschätzt. Da sich beide zeitweise sehr oft sahen, entstand das Gerücht – unterstützt von Karikaturen –, Talma gebe Napoleon Unterricht im (öffentlichen) Auftreten. Belegt sind dagegen Ratschläge, die Napoleon Talma zur angemessenen Darstellung von Herrscherfiguren auf der Bühne gab.

244 Anna Pawlowna Pawlowa, die Meistertänzerin des russischen Ballets, war am 23. Januar 1931 in Den Haag gestorben. Hans Natonek hatte sie 1925 anläßlich ihres Gastspiels in Leipzig persönlich kennengelernt, vgl. seine Berichte »Bei Anna Pawlowa« (Neue Leipziger Zeitung, 8. September 1925) und »Gastspiel Anna Pawlowa« (Neue Leipziger Zeitung, 9. September 1925). Anderthalb Jahre später erlebte er sie nochmals in Leipzig, vgl. seinen Bericht »Der sterbende Schwan. Pawlowa-Gastspiel im Neuen Theater« (Neue Leipziger Zeitung, 18. Fenruar 1927).

245 Nach einer abenteuerlichen Flucht durch Frankreich, Spanien und Portugal war Hans Natonek am 20. Januar 1941 an Bord der »Excambion« in New York eingetroffen. Der »Aufbau«, die deutschsprachige jüdische Wochenzeitung, bot ihm sofort Publikationsmöglichkeiten und unterstützte mit den (bescheidenen) Honoraren Natoneks Neubeginn.

246 Aus Rilkes Gedicht »Herbsttag« von 1902.

247 Aus Nietzsches Gedicht »Alle Lust will Ewigkeit« (aus: Also sprach Zarathustra).

248 Erster Vers von Goethes Gedicht »Dämon« (aus: Urworte, orphisch).

249 Am 20. Januar 1941 hielte Franklin D. Roosevelt die Ansprache zum Antritt seiner dritten Amtszeit als Präsident der USA.

250 Als Redakteur, dann als Feuilletonchef der »Leipziger Zeitung« bzw. der »Neuen Leipziger Zeitung« hatte Natonek von 1919 bis März 1933 nahezu alle Theaterereignisse Leipzigs besprochen.

251 Am 5. Juni 1940 begann der deutsche Überfall auf Frankreich. Am 14. Juni wurde Paris eingenommen. Am 17. Juni ersuchte Petain um einen Waffenstillstand, der am 22. Juni geschlossen wurde.

252 Natonek wohnte zu dieser Zeit in der Rué des Écoles, mitten im Pariser Universitätsviertel.

253 Oblomow, die Titelfigur des gleichnamigen Romans von Iwan Alexandrowitsch Gontscharow von 1859.

254 Laut Hertha Pauli setzten Hans Natonek, Walter Mehring, Ernst Weiß und sie selbst am 4. Juni 1940 ein Telegramm an Thomas Mann mit der Bitte um Hilfe auf und sandten es am 9. Juni 1940 ab.

255 Vgl. dazu ausführlich Böttger, Hans Natonek, S. 114-123.

256 Franz.: Es ist zu spät. Schluß. Die Deutschen sind dreißig Kilometer von hier.

257 Der frühere Sozialist Marcel Déat hatte sich ab 1936 dem Faschismus zugewandt und forderte die Regierung auf, Frankreich nach faschistischem Vorbild umzubauen. 1940 unterstützte er die deutsche Besetzung Nordfrankreichs. Mit seiner im Februar 1941 gegründeten Partei »Rassemblement national

populaire« wurde er einer der bedeutendsten Kollaborateure Deutschlands.

258 Franz.: Rette sich, wer kann!

259 Franz.: Kein Veronal, Baldrian, bitteschön.

260 Walter Mehring wurde 1939 in Frankreich interniert. 1941 konnte er durch seine Flucht aus dem Lager St. Cyprien der Auslieferung entgehen und über La Martinique in die USA entkommen.

261 Als Ernst Weiß am 14. Juni 1940 den Einmarsch der deutschen Truppen in Paris von seinem Hotel aus miterlebte, beging er Suizid, indem er sich in der Badewanne seines Hotelzimmers die Pulsadern aufschnitt, nachdem er Gift genommen hatte. Einen Tag später starb er im Alter von 57 Jahren im nahegelegenen Krankenhaus. Anna Seghers hat seinen Selbstmord in ihrem Roman »Transit« literarisch verarbeitet.

262 Franz.: Passierschein.

263 Franz.: Frankreich wird niemals kapitulieren.

264 Zu Josef Natonek, der 1892, im Geburtsjahr seines Enkels, verstarb, vgl. ausführlich Böttger, Hans Natonek, S. 17–20. Die ohne Unterlagen geschriebene Darstellung seines Enkels ist an vielen Punkten nicht korrekt.

265 Jiddisch für: Kippa, die vornehmlich in Ausübung der Religion vorgeschriebene Kopfbedeckung männlicher Juden.

266 János Pauer.

267 Josef Natonek: Wissenschaft – Religion. Eine pro- und contra-Beleuchtung des Materialismus, Darwin, Haeckel, Büchner etc., nach naturwissenschaftlichen Grundsätzen der mos. Entstehungsgeschichte, nebst historischer Beweisführung für eine waltende göttliche Vorsetzung. Budapest: Pester Buchdruckerei, 1876.

268 Die Revolution von 1848 entwickelte sich in Ungarn zu einem Unabhängigkeitskrieg gegen die Vorherrschaft der österreichischen Habsburger, der 1849 von österreichischen und russischen Truppen blutig niedergeschlagen wurde.

269 Josef Natonek leitete ab 1850 vier Jahre lang die jüdische Schule in Nagysurány (Schuran) in Nordungarn (heute in der südlichen Slowakei), begab sich dann als Oberrabbiner in die

kleine Gemeinde Jàszberèmy (75 km östlichen von Budapest). 1861 bis 1867 wirkte er in Székesfehérvár (Stuhlweissenburg) in Zentralungarn.

270 Laut Michael K. Silber war das Gegenteil der Fall: Während der Revolution von 1848/49 belieferte er erst die österreichische, dann die ungarische Besatzung der Festung Komárom, wo er lebte, mit Vieh. Später erhielt er ein Zeugnis des Wohlverhaltens, in dem ihm bescheinigt wurde, daß er während der Revolution nicht »um Haaresbreite« vom Pfad der Loyalität abgewichen sei. Vgl. http://www.yivoencyclopedia.org/article.aspx/Natonek_Yosef.

271 Psalm 80.18–20: »Möge deine Hand sein über dem Manne deiner Rechten, über dem Menschensohne, den du dir bestätigt hast. Wir werden nicht von dir weichen. Belebe uns wieder und deinen Namen wollen wir anrufen. Ewiger, Gott der Heerscharen, führ uns zurück, lasse dein Antlitz leuchten, daß uns geholfen werde.« (Übersetzung von Leopold Zunz)

272 1860 entstand in Paris die Alliance Israélite Universelle, um Juden in der ganzen Welt zu unterstützen und antijüdischen Haß zu bekämpfen. Erster Präsident war bis zu seinem Tod 1880 Adolphe Crémieux.

273 Der »United Jewish Appeal for Refugees and Overseas Needs« war eine im Januar 1939 gegründete philantropische jüdische Dachorganisation, die die Kräfte von drei älteren Organisationen bündelte: der American Jewish Joint Distribution Committee (unter Rabbi Jonah Wise), der United Palestine Appeal (unter Rabbi Abba Hillel Silver) und des National Coordinating Committee Fund (unter William Rosenwald).

274 Die Reise fand 1867 statt. Nach der Rückkehr gab Natonek sein Rabbinat auf und siedelte nach Budapest über, wo er fortan als freier Schriftsteller lebte.

275 Ab etwa 1860 war Josef Natonek, offenkundig unter dem Einfluß der ungarischen Nationalbestrebungen, zu einem Gegner der Assimilation und zu einem »Zionisten vor dem Zionismus« geworden, für den die wahre Heimat der Juden Palästina war. Er erläuterte seine Haltung in seinem Hauptwerk »Mesiás: A vagy értekezés a zsidó emáncipátióról, zsidónak s

kereszténynek egyaránt kedvezö« (Der Messias, oder ein Gespräch über die jüdische Emanzipation. Eine Studie, die gleichermaßen den Juden wie den Christen gefallen wird. Buda 1861), das er allerdings vorsichtshalber unter dem Pseudonym »Ábir Amiéli« publizierte.

276 1872 veröffentlichte Josef Natonek in Pest die Wochenzeitung »Das einige Israel. Organ zur Einigung Israels«, von der allerdings nur sieben Nummern erschienen und mit der er im innerjüdischen Streit zwischen Reformern und Orthodoxen zu vermitteln suchte. Dies war keineswegs die erste jüdische Zeitschrift in Mitteleuropa, wie Hans Natonek annahm.

277 Bei Schopenhauer nicht nachweisbar.

278 Heine hat im Bereich der Prosa souverän in beiden Sprachen geschrieben und publiziert.

279 Ein Beispiel für Natoneks weiter unten folgende Beschreibung, daß seine alte deutsche Sprache seine neue englische »durchtränkte«: Indem er für »die« Sprache im englischen Text das weibliche Pronomen »she« verwendet, verstößt Natonek absichtlich gegen englische Grammatik, die keine grammatischen, sondern nur natürliche Geschlechter kennt (Ausnahme: »Schiff« ist weiblich: »she«.) Während »die« Sprache im Deutschen grammatisch weiblich »sie« ist, so, wie »der« Baum grammatisch männlich »er« ist, ist im Englischen »Baum« und »Sprache« gleichermaßen neutral sächlich: »it« – »es«. Aus der deutschen rein grammatischen weiblichen Geschlechtszuweisung »sie« entwickelt Natonek metaphorisch das Bild der »weiblichen« Sprache als realer lebendiger Frau, Mutter und Geliebten. Dies ist im Englischen, der Grammatik wegen, eigentlich nicht möglich; »she, the language« ist für englische Muttersprachler ein unverständlicher Sprachfehler. Wenn Natonek hier also absichtlich »she« schreibt, muß er diesen ins Englische importierten deutschen Denkzusammenhang für amerikanische Leser in einem Klammersatz erklären: »She (yes, language to a writer is a beloved woman, mother and mistress all in one)«. [Anm. des Übersetzers.]

280 Das deutsche Manuskript ist erhalten im Natonek-Nachlaß, Albany.

281 Lat.: Rand, Umgrenzung, im theologischen Verständnis: in der Vorhölle.

282 Anspielung auf »The Pilgrim's Progress from This World to That Which Is to Come« von John Bunyan (1678), eines der einflußreichsten und am weitesten verbreiteten Bücher der englischen christlichen Erbauungsliteratur.

283 Hans Natonek war am 20. Januar 1941 in New York eingetroffen.

284 D.P.: Kurzform für »Displaced Person« (Person, die nicht an diesem Ort beheimatet ist), nach dem Zweiten Weltkrieg Bezeichnung der alliierten Streitkräfte für Zivilpersonen, die sich hilflos außerhalb ihres Heimatstaates aufhielten und nicht zurückkehren konnten, zumeist Zwangsverschleppte des NS-Regimes.

285 Die Mason-Dixon-Linie legte die historisch wichtige Grenze zwischen den Nord- und den Südstaaten der USA fest. Sie wurde zwischen 1763 und 1767 vermessen. Südlich davon war Sklavenhalterei erlaubt, nördlich nicht. Sie gilt daher heute insbesondere als kulturelle Grenze zwischen den südlichen ehemaligen Sklavenhalterstaaten und den fortschrittlichen Nordstaaten.

286 Im Juni/Juli 1957 besuchte Hans Natonek gemeinsam mit seiner Frau Anne Europa. Nach dem nur sehr kurzen Aufenthalt in Deutschland (Bad Wildungen und Baden-Baden, wo er seine Kinder Wolfgang und Susanne traf, nicht jedoch seine erste Ehefrau Gertrud) fuhren sie nach Venedig, Florenz, Rom, in die Westschweiz und schließlich nach Paris, wo sie zwölf Tage verbrachten. Vgl. Hans Natonek, Wolfgang Natonek: Briefwechsel 1946–1962. Hrsg. und kommentiert von Steffi Böttger. Leipzig: Lehmstedt, 2008, S. 138–144.

287 »Pollyanna« ist die Titelheldin eines weitverbreiteten, 1913 erschienenen Kinderbuchs der amerikanischen Autorin Eleanor Hodgman Porter; die Geschichte wurde von anderen Autorinnen bis heute weitergesponnen. Im angelsächsischen Sprachraum ist *Pollyanna* der Inbegriff eines extremen naiv-optimistischen Denkens, das sich durch keine Rückschläge in seinem kindlich-blinden Zukunftsglauben verunsichern läßt.

288 Am 5. März 1922 heiratete Joseph Roth in Wien Friederike (Friedl) Reichler. 1926 zeigten sich bei ihr erste Symptome einer geistigen Erkrankung, 1928 wurde ihre Krankheit manifest. Fortan lebte sie in Sanatorien und Heilanstalten. 1935 ließ Roth sich von ihr scheiden. 1940 wurde sie im Rahmen der »Aktion T4« vergast.

289 Am 12. März 1938 marschierte die deutsche Wehrmacht in Österreich ein.

290 Andrea Manga Bell, Tochter eines farbigen Kubaners und ehemals verheiratet mit einem Prinzen von Douala und Bonanyo aus der ehemaligen deutschen Kolonie Kamerun, mit der Roth seit 1929 liiert war und die ihm ins Pariser Exil folgte. Die Beziehung scheiterte erst 1938 endgültig, obwohl Roth in den Jahren davor bereits mit Irmgard Keun zusammenlebte.

291 Joseph Roth starb am 27. Mai 1939.

292 Franz.: Hier beginnt das Land der Freiheit.

293 Karl Tschuppik war von 1909 bis 1917 Chefredakteur und Herausgeber des »Prager Tagblatts«.

294 Friedrich Hebbels Gedicht »Sommerbild« wird von Natonek nur ungenau (wohl aus dem Gedächtnis) zitiert. Die erste Strophe lautet korrekt: »Ich sah des Sommers letzte Rose stehn, / Sie war, als ob sie bluten könne, rot; / Da sprach ich schaudernd im Vorübergehn: / So weit im Leben, ist zu nah am Tod!«

295 Hans Natonek war Ende der 1950er Jahre an Leukämie erkrankt.

296 Der Text ist auch unter dem Titel »Scherzo of a locked cupboard« – »Scherzo vom verschlossenen Schrank« englisch/deutsch mit Bemerkung »Fles: den folgenden Absatz habe ich beim Umschreiben gleich englisch zu fassen versucht«, enthalten in: Hans Natonek: To whom it may concern, S. 98 ff. (Typoskript, University of Albany, NY, M.E. Grenander Department of Special Collections and Archives. German and Jewish Intellectual Émigré Collection, Natonek Papers).

297 Gemeint ist das Jahr 1941.

298 Vgl. »Schuld und Strafe eines Volkes«, oben S. 221!

299 Franz.: die siegreichen Besiegten.

300 Das Gedicht ist die letzte Veröffentlichung zu Lebzeiten von Hans Natonek, der fünf Tage später in Tucson, Arizona, starb.

PERSONENREGISTER

INHALT

PRAG

PARIS

NEW YORK / TUCSON, ARIZONA

ANHANG

Steffi Böttger

Für immer fremd
Das Leben des jüdischen Schriftstellers
Hans Natonek

248 Seiten mit 38 Abbildungen, Festeinband,
12,5 x 20,3 cm, ISBN 978-3-942473-75-0, € 19,90

Ein Leben wie ein Roman, aber ohne *happy end:* Nach langjährigen Recherchen in europäischen und amerikanischen Archiven legt Steffi Böttger die erste Darstellung der außergewöhnlichen Biographie von Hans Natonek (1892–1963) vor, der wie Franz Kafka und Max Brod dem Milieu der Prager deutsch-jüdischen Literatur entstammte. Als Feuilletonist und Romancier zählte er zu den renommierten Schriftstellern Deutschlands, als er 1933 als Feuilletonchef der »Neuen Leipziger Zeitung« entlassen, seiner Staatsbürgerschaft beraubt und mit Berufsverbot belegt wurde. Über Prag und Paris gelangte er nach einer abenteuerlichen Flucht durch Frankreich und über die Pyrenäen 1941 in die USA, wo er sich vergeblich um eine Fortsetzung seiner literarischen Laufbahn bemühte und schließlich völlig vergessen in der Wüste von Arizona starb.

LEHMSTEDT VERLAG

Erich Kästner

Der Karneval des Kaufmanns

Gesammelte Texte 1923–1927
Herausgegeben von Klaus Schuhmann

492 Seiten, 23 Abbildungen, Festeinband,
12,5 x 20,3 cm, ISBN 3-937146-17-2, € 19,90

Anfang 1923 erscheinen die ersten Texte eines noch gänzlich unbekannten Autors im »Leipziger Tageblatt« und in der »Neuen Leipziger Zeitung«. Aufmerksame Leser werden sofort hellhörig: Hier ist ein ganz eigener Ton, wie man ihn noch nicht vernommen hat. Den Namen wird man sich merken: Erich Kästner, vorerst Student der Leipziger Universität, bald schon Dr. phil., dann Kulturredakteur und schließlich politischer Redakteur der NLZ. Er schreibt und schreibt und schreibt: Gedichte, Erzählungen, Theaterkritiken, Buchrezensionen, Aphorismen, politische Glossen und auch Leitartikel. 1927 geht er nach Berlin, zwei Jahre später erscheint »Emil und die Detektive«. Überstrahlt vom beginnenden Weltruhm des Kinderbuchautors, geraten die Schriften der Leipziger Zeit schnell in Vergessenheit. Erst der vorliegende Band gibt den Blick wieder frei auf den jungen Erich Kästner, dessen Texte mit ihrer unnachahmlichen Mischung aus Ironie und Melancholie heute noch so frisch wie damals sind. Eine literarische Ausgrabung ersten Ranges.

Max Schwimmer

Schriften zur Kunst

Kunstkritiken, Feuilletons und Essays 1920–1932
Herausgegeben von Inge Stuhr

368 Seiten mit 60 Zeichnungen von Max Schwimmer
12,5 x 20,3 cm, Festeinband
ISBN 978-3-942473-70-5, € 24,90

Max Schwimmer gehörte zu der kleinen Zahl bildender Künstler, die nicht nur mit Pinsel und Zeichenstift souverän umgehen konnten, sondern in gleichem Grade Meister der Schreibfeder waren. Seit 1920 betätigte er sich regelmäßig als Kunstkritiker und Feuilletonist, vor allem für die »Leipziger Volkszeitung«, deren Kunstreferent er von 1926 bis 1933 war. Die von Inge Stuhr herausgegebene Auswahl macht seine Texte erstmals wieder zugänglich, darunter fulminante Essays zu Lovis Corinth, Honoré Daumier, James Ensor, Lyonel Feininger, Vincent van Gogh, Francisco de Goya, Max Klinger, Käthe Kollwitz, Max Liebermann, Edouard Manet, Frans Masereel, Adolph Menzel, Claude Monet, Edvard Munch, Max Slevogt und Heinrich Zille, aber auch zu den jungen Künstlern, seinen Zeitgenossen und Mitstreitern George Grosz, Eugen Hamm, Rüdiger Berlit und Joachim Ringelnatz.